한국연극 전환시대의 질주

(1975-1995)

한국연극 전환시대의 질주(1975-1995)

인쇄 2011년 11월 25일 | 발행 2011년 11월 30일

지은이 · 이태주
펴낸이 · 한봉숙
펴낸곳 · 푸른사상사
주간 · 맹문재 | 편집 · 지순이 | 마케팅 · 이철로

등록 제2-2876호
주소 서울시 중구 초동 42번지 아시아미디어타워 502호
대표전화 02) 2268-8706(7) | 팩시밀리 02) 2268-8708
이메일 prun21c@yahoo.co.kr / prun21c@hanmail.net
홈페이지 www.prun21c.com

ISBN 978-89-5640-868-2 93680
값 25,000원

연극이론 총서 **4**

한국연극 *1975-1995*

전환시대의 질주

이태주

푸른사상
PRUNSASANG

독자들에게

이 책에 담긴 글은 필자가 2000년과 2001년 사이 『한국연극』에 연재한 「한국 현대연극과 평론」, 『연극평론』에 발표한 「한상철」, 그리고 『인물연극사』에 실린 「김동훈」, 「권오일」, 『이진순 선집』에 발표한 「이진순과 그의 시대」 등과 그 밖의 글을 수정 보완한 것이다. 이 책에 담은 내용을 보니 미국의 연극인 해롤드 클러먼이 자서전 『사람들은 모두가 유명하다』에서 한 말이 가슴에 저민다. "우리들 인생은 내 것이 아니다. 그 속에는 '타인들'이 있다." 필자는 지난 세월 실로 많은 동행자들을 만나 함께 연극의 길을 갔다. 이 책은 그들을 위한 기념이요, 그들에 바치는 감사의 표징(表徵)이 된다.

1967년 미국 유학에서 돌아와 매달린 일은 학교와 연극평론이었다. 미국에서 받은 충격은 교육의 높은 질과 연극의 문화형성력이었다. 그것은 말 그대로 경악(驚愕)이었다. 돌아와서 연극 현장을 누비면서 본 것은 평론의 부재였다. 막이 오르고 막이 내리면 연극은 끝나고 무거운 침묵만이 흘렀다. "그래도 막은 오른다"라는 차범석의 말은 거의 자조(自嘲) 섞인 체념이었다. 연극의 기록과 평가는 간 곳이 없었다.

그래서 동료들이 모여 평론 모임을 만들었다. 그리고 1972년 계간지 『드라마』를 발간했다. 신문사, 잡지사 찾아다니면서 평론 지면을 확보했다. 똘똘뭉친 평론 전사(戰士)들은 정치 사회의 격변기에 연극의 사회적 책임을 강조하고 인생의 성찰을 독려하면서 버티고, 싸우고, 저항하며 연극이 개혁을 위한 일에 나서도록 격려했다. 점차 연극은 활기를 띠었고 관객이 몰렸다. 7, 80년대

연극은 소리를 내고, 몸을 틀고, 뜀박질하며 앞으로 나아갔다. 극장과 극단이 늘고 관객은 폭발했다. 평론의 단체성도 강화되어 지방으로, 해외로 밀고 나 갔다. 한국이 국제연극평론가협회(IATC)와 국제극협의회(ITI)의 집행위원국이 되고, 어느새 회장국(國)이 되었다. 86아시안게임, 88서울올림픽과 '연극의 해' 를 계기로 세계총회와 공연축제, 국제 연극 심포지엄이 열리면서 연극은 국제 화되었다. 이들 활동의 핵심에는 언제나 평론가들이 있었다.

20년 동안의 연극과 평론을 고찰하면서 직면한 일은 그 많은 내용을 어떻게 담을 것인가 하는 문제였다. 그래서 몇 가지 지침을 세웠다. 시대적 특징, 주 류의 선택, 사람의 탐구, 부관(俯觀)과 집중(集中), 평론 방법과 평가 기준의 제 시, 전통과 현대의 맥락 등이었다. 이 지침에 따라 광범위한 것을 요약하기로 했다. 이 모든 것에는 언제나 최종(最終)적인 생각이 담겨 있다. "우리 연극은 발전하고 있는가?" 이 말은 필자의 시작과 끝에 도사리고 있는 의문 부호이 다. 70년대 중반 이후 20년간 연극과 평론의 궤적을 따라가면서 90년대 후반의 연극을 전망하게 되는데, 주로 동료 평론가들을 인용하고 필자의 글은 축소하 기로 했다. 필자의 다음 평론집이 이 책의 보완 자료가 되며, 이 책은 평론 선 집 같은 성격이 된다.

선배, 동료, 후배들의 알차고 빛나는 평문을 읽고 인용한 것을 무한한 영광 으로 생각하며 이 자리서 감사의 말을 전하고 싶다. 출판사 푸른사상 한봉숙 사장의 배려와 유민영 교수의 우정에도 사의를 표하고 싶다. 서두에 비친 대 로 나는 결코 나 혼자가 아니다.

2011. 11.

이 태 주

제I장

격동기의 연극과
평단의 형성

1. 이진순과 그의 시대

이진순

1935년 이진순이 일본대학 예술과에 입학하던 해 서울 동양 극장이 신축 개관하고, 극예술연구회가 제2기 활동으로 진입 했지만 조선총독부는 연극영화 통제계획을 입안하고 우리 문화에 대한 압살정책을 밀고 나갔다. 같은 해 봄, 러시아 땅 모스크바에서는 에드워드 고든 크레이그, 에르빈 피스카토어, 매이 랑황(梅蘭芳), 베르톨트 브레히트(Bertolt Brecht) 등이 스타니슬라브스키, 메이엘 홀드, 타이로프, 오브라초프, 에이젠슈타인 등 당대 쟁쟁한 연극계 인사들을 만나고 있었다. 고든 크레이그 아들의 증언(에드워드 크레이그, 『고든 크레이그의 생애』, 1985)에 의하면 이 자리서 고든 크레이그의 실험극 워크숍 개최와 그의 〈맥베드〉 공연 등을 논의했다고 한다. 메르힝거가는 그의 『정치연극사』에서 이 만남이 장관(壯觀)이었다고 서술했다. 매이 랑황이 경극(京劇) 연기술을 피로(披露)하고, 브레히트는 서사극 이화효과를 설명하면서 "새로운 시대는 새로운 예술을 필요로 한다"고 역설했다고 한다. 우리 연극은 그 당시 그 "새로운" 연극과는 거리가 멀었다. 그 "새로운" 것을 몽상(夢想)하며 이진순은 일본으로 갔다.

이 자리에 있던 메이엘 홀드는 스탈린 시대 정치와 예술에 대한 비판적 발언으로 관헌(官憲)에 의해 '인민의 적'으로 지목되어 1939년 6월 20일 체포되고, 1940년 2월 2일 처형되었다. 그의 젊은 아내 지나이다 라이흐는 그의 제자이며 배우였는데 집에서 참살(慘殺)낭했다. 메이엘 홀드는 사후 '행방불명자'로 금기(禁忌)시되다가 1955년 복권되어 세계 연극에 큰 영향을 미치게 되었다. 타강카극장의 유리 류비모프(Yuri Lyubimov)는 그의 연극을 계승한 대표적 예술가이다. 메이엘 홀드는 스탈린 시대 연출가의 비극이었다. 독일의 연출가 에르빈 피스카토어(Erwin Piscator)는 1938년 나치 정권을 피해 소련을 거쳐 미국으로 망명했다. 브레히트는 1933년 히틀러 정권을 피해 덴마크, 스웨덴, 핀란드로 유랑하다가 1941년 소련을 경유해서 미국으로 갔다. 그와 피스카토어는 히틀러 시대 연출가의 비극이었다. 이탈리아 연출가 스트렐러(Giorgio Strehler)는 2차 세계대전 중 스위스로 망명해서 카뮈의 〈갈리귈라〉 연출로 명성을 떨치고 종전 후 조국으로 돌아왔다. 그는 1947년 밀라노에서 '피꼴로 떼아뜨르' 극단을 창설한 후 반세기에 걸친 연극 발전의 공로로 아리안느 므느슈킨(1988)과 피터 브루크(1989)에 이어 1990년 유럽 연극상을 수상했는데, 그는 무솔리니 시대의 비극이었다.

이들 연출가의 생애와 업적을 보면 우리는 '시대'가 예술가를 만들고, 예술의 힘이 세계를 바꾸는 일에 기여한다는 사실을 알게 된다. 소포클레스의 시대도, 셰익스피어의 시대도, 라신느의 시대도, 아서 밀러의 시대도 그러했다. 셰익스피어가 활동했던 1600년대 영국 르네상스 시대 사람들은 겉으로는 햄릿처럼 '인간의 무한한 가능성'을 믿고 열광하며 흥청댔지만 속은 햄릿의 울적한 심경(心境)처럼 어둡고 포악한 격동의 시대였다. 셰익스피어의 정신적 지주였던 철학자 조르다노 브루노가 로마에서 화형을 당했다. 신·구교회 충돌과 싸움이 격화되고, 영국의사당 폭파 음모 주동자들이 처형되고, 엘리자베스 여왕 충신 에섹스 경이 반란죄로 런던탑에서 처형되었다. 셰익스피어는 그 시대의 병을 앓고 있던 예술가였다. 우리는 그가 고뇌하고, 신음(呻吟)하며, 꿈꾸면서 때로는 환호하던 그런 시대의 거울 속에 우리 시대를 비추어 보면서 그와 동시대인이 되어 연극을 하고 있다.

연출가는 두 시대를 살고 있다. 작가가 표현하는 시대와 연출가가 살고 있는 시대이다. 연출가는 자신의 시대를 조준(照準)하면서 작가의 시대를 재현한다. 연출가가 중개한 무대에서 관객은 그들의 시대를 경험하고, 심중(心中)에 닿는 전율(戰慄)을 느낀다. 연출가의 무대와 관객의 눈이 접선해서 불꽃이 일면 관객은 '인식의 충격(shock of recognition)'을 느끼고 정신적이며 감성적인 체험의 공유가 실현된다. 이 순간 혹자는 시대에 대한 항거와 개혁의 의지를 굳힌다. 무대가 연출가의 '안경'에 비친 시대라 한다면, 이진순 연출에 투영된 시대는 무엇이고, 그 시대는 그를 어떻게 변하게 했는가. 그리고 관객은 무엇을 얻었는가.

1910년부터 45년까지 36년간 우리나라는 국명이 한국에서 조선으로 변하는 일제(日帝) 시대였다. 병합조인이 8월 22일에 있었고, 9월에 조선총독부가 출범했다. 대장 출신 데라우치(寺內) 총독은 무단정치를 감행했다. 조선은 집회, 결사, 언론의 자유를 잃고 '군영화(軍營化)'된 헌병정치 시대로 변했다. 이런 폭거(暴擧)에 반발해서 1919년 3월 1일 독립만세 운동이 전국에서 발생했다. 항일 투사들은 1914년경 대거 만주로 이주했다. 이진순 집안이 만주로 간 내력이 이와 연관된 것인지 알 수 없는데, 이 문제는 이진순 성장의 중요 단서가 된다.

간도 지방은 병합 이전부터 이주민으로 붐볐는데 1910년 이주 인구는 195,000 명, 1921년 307,806명, 1931년 395,847명, 1937년에는 933,333명으로 증가했다. 이주 이유는 생활난과 정치적 망명이었다. 당시 간도 이주민 80%는 농민이었고, 이들에 대한 중국 관헌의 탄압이 심했지만 일본국의 보호는 없었다. 그러다 간도지방은 조선인 독립운동의 온상지가 되었다.

3·1운동은 이광수 등이 중심이 되어 현상윤, 최린, 손병희, 최팔용, 배관수, 김도연, 서춘, 김철수, 최근우, 김상덕, 송계백 등 서울, 북경, 동경 등지의 동지를 규합해서 시작되었다. 특히 주목할 일은 당시 동경 유학생들이었다. 그들은 독립선언문을 만들어 국내에 반입했다. 동경 유학생 6백여 명은 동경 기독교 청년회관에서 독립선언문을 발표했는데 이들의 독립운동이 국내에 전파되어 3·1운동의 도화선이 되었다.

3·1운동의 책임을 지고 하세가와(長谷川) 총독이 사임하고 후임에 사이로(齊藤) 총독이 1919년 9월 2일 부임했는데, 그가 서울 남대문 역에 도착했을 때 폭탄세례를 받았다. 이 때문에 사이로 총독은 심기(心氣)일변 무단정치에서 문화정치로 통치방향을 바꾸었다. 이들 두 총독의 차이는 전임자가 탄압일변도였는데 반해 후자는 조선인 매수 정책을 폈다는 것이다. 이 때문에 민주주의자들은 해방운동의 주도권을 점차 상실하고 운동의 주도권이 공산주의자에게 넘어가기 시작했다.

조선공산당운동의 시작은 러시아혁명 후가 되는데, 확실한 시일은 알 수 없고 다만 일본 사회주의동맹 명부에 조선인 정수홍, 강인수 두 사람의 이름이 확인되고 있다. 일본의 사회주의동맹은 1920년에 시작되었다. 1922년 일본 동맹이 조선에 선전여행을 할 때 일본 조선인 유학생 일부가 조선 사회주의자들과 연락을 취하게 되었다. 그 당시 사회주의는 무정부주의와 공산주의가 합친 일종의 사회개혁운동이었다. 1922년 1월 모스크바에서 개최된 '극동근로자대회'에 조선에서 52명이 참석하고 있었지만, 이 당시는 공산당이 조선에서 조직되기 이전이었다. 1921년 7월 20일 중국 상해(上海)에 있던 이동휘가 상해 공산주의 집단의 코민테른 승인을 위해 모스크바로 향해 출발했고, 소련 이루크츠쿠 그룹도 같은 목적으로 모스크바로 갔다는 사실이 밝혀지고 있다. 이를 계기로 블라디보스토크에 통합된 한국위원회가 발족했다. 이를 기반으로 1925년부터 26년에 걸쳐 조봉암, 김재봉, 김준연 등이 주동이 되어 조선공산당 창립운동을 시작했다.

1929년 11월 3일, 광주학생사건이 발생했다. 이 사건을 계기로 공주, 고창, 서울, 개성, 평양, 신의주, 원산, 부산 등지에서, 소학생에서부터 대학생에 이르는 학생항일운동이 전개되었다. 학생운동이 도화선이 되어 1930년대에는 파업과 소작쟁의가 전국에 파급되었다. 그 대표적인 경우가 1930년 1월 10일부터 부산 방직공장 2,000명 노동자의 파업이다.

만주사변이 1931년 9월 18일 발생했다. 중일전쟁이 1937년 발발(勃發)했다. 1938년 4월 1일 국가총동원법이 조선과 대만, 사할린에 공포되었다. 1939년 제2차 세계대전이 발발했다. 조선에 근대공업이 시작된 시기는 제1차 세계대전 전후가 된다. 그러나 이 당시는 방직, 식료품 공업, 경공업 중심이었다. 중공업이 본격적으로 시작된 시기는 만주사변 이후가 되어 대규모 전력발전소와 흥남 화학공장이 건설되었다.

1936년 이후 건설된 공장은 대부분 일본 재벌계 회사로서(32사) 조선인 경영은 단 하나 조선비행기주식회사였다. 조선 내 주요 산업의 자본 중 일본인 자본은 90%, 민족자본은 6%뿐이었다. 제2차 대전 중 조선의 미곡공출, 징용, 징병은 혹독한 수난이었다. 조선 농민의 생활은 극도로 비참해서 춘궁(春窮)민, 토막민, 화전민의 숫자는 계속 늘고 있었다. 1938년 2,946명, 1939년에는 12,348명이 조선에서 모병되었다. 처음에는 지원제도였는데, 1944년부터 징병제가 실시되어 청년들은 경악과 공포 속에서 도피행각을 했다.

총독부가 내건 '내선일체' 또는 '황민화'는 조선인 민족말살정책이었다. 문화, 전통, 풍속, 습관이 다른 민족에게 일본국 '신도(神道)'를 강요하면서 신사(神社)참배를 강요했다. 또한 군사비 징수, 금속물품 징발이 상습화되었고, 창씨개명이 강요되었다. 신문제호 한글 삭제, 한글 공부 및 연구의 탄압이 심화되어 1942년 10월 1일 조선어학회사건이 발생했다. 총독부가 한글학회의 자진해산을 강요했지만 이에 불응한 학자들이 『한글대사전』 편수작업을 계속했기 때문에 치안유지법 위반혐의로 학자들을 체포한 것이 이 사건이었다. 이윤재, 이극로, 최현배, 김윤경, 정인승, 이희승, 장지영, 이은상 등이 검거되어 고초를 겪었다. 조선총독부 통계에 의하면 1931년부터 1936년까지 압록강 대안에서 항일전투 23,928회, 연인원 1,369,027명, 총기 약탈 3,179정이라는 놀라운 항일무력투쟁이 계속되고 있었다.

1910년대에 일본 신파극이 서울에 유입되었다. 임성구가 일본 신파극을 배워 혁신단을 창단했다. 한국 최초의 신파극 극단이다. 광무대를 중심으로 서울에서는 창극이 공연되었지만 송만갑의 협률사 등 한국 전래의 창극단들이 일제의 탄압과 신파극에 밀려 지방을 유랑하게 되고, 판소리, 창극, 탈춤, 꼭두각시놀음 등 전통극은 소멸 위기에 직면했다. 1915년에 이어 1917년 일본 극단 예술좌가 내한 공연을 갖고 〈카추사〉, 〈콜시카의 형제〉 등을 무대에 올렸다.

1920년대 동경 유학생 홍해성, 조희순, 서항석, 유치진, 최정우 등에 의해 시작된 '극예술연구회'가 20년대에 소개한 해외작품은 셰익스피어, 싱그, 그레고리 여사, 오스카 와일드, 메리메, 모르나르, 빅토르 위고, 괴테, 게오르그 카이저, 하우프트만, 체호프, 톨스토이, 츠르게네프, 입센, 메텔링크 등의 작품이었다. 30년대에 이르면 이들 외에도 션 오케이시, 슈니츨러, 버나드 쇼, 골드워시, 스트린드베리, 고골리, 아놀드 베네트, 필란델로 등 작가들이 추가된다.

제1차 세계대전을 전후해서 세계 연극은 놀라운 변화의 조짐을 보였다. 독일은 뷔흐너, 스트린드베리, 배드킨트 등의 작품에서 표현주의 연극이 나타나고, 연출가 라인하르트는 괴링의 표현주의 작품 〈해전〉을 성공적으로 무대에 올리고 있었다. 브레히트는 20년대와 30년대에 왕성한 서사극 공연 활동을 펼치고 있었다. 프랑스의 자크 코포(1897~1949)는 앙트완느의 후계자로서 20년대 실험연극의 기수가 되었다. 샤를 뒬랑(1885~1949)은 '라트리에극장'에서 1921년부터 1938년까지 반사실주의 연극 실험을 계속했다. 삐토에프(1886~1939)는 1919년부터 1939년까지 체호프, 입센, 셰익스피어의 작품을 무대에 올렸을 뿐만 아니라 장 콕토, 앙드레 지드, 아누이 등의 작품을 연출했다. 앙토냉 아르토가 로제 비트락과 함께 알프레드 자리극장을 창립한 해가 1927년이었고, 아르토의 '잔혹연극 선언문'이 발표된 해가 1932년과 1935년이었다. 1920년대와 30년대 미국 연극은 유진 오닐의 시대였다.

우리나라 극예술연구회는 입센의 〈인형의 집〉, 체호프의 〈벚꽃동산〉, 버나드 쇼의 〈무기와 인간〉, 헤이워드 부처의 〈포오기〉, 맥스웰 앤더슨의 〈목격자〉, 클리포드 오데츠의 〈깨어나 노래하라〉 등을 무대에 올렸다. '극연(劇研)'은 이들 작품을 통해서 우리나라 번역극 공연과 신극운동의 기초를 다졌는데, 일본 신극 공연 자료와 비교해 보면 극연이 일본 신극의 영향 아래 있었다는 것을 알 수 있다. 그도 그럴 것이 20년대와 30년대는 이 나라 신극이 일본에서 이식되는 모방의 시대였고, 그 주체들이 동경 유학생들이었기 때문이다.

당시 일본의 신극 상황은 다음의 기록으로 알 수 있다.

〈부활〉(톨스토이, 명치좌, 1916, 극연 1937), 〈어둠의 힘〉(톨스토이, 예술클럽, 1916, 극연 1936), 〈베니스의 상인〉(일본 최초의 셰익스피어 공연, 1885, 셰익스피어/극연

1933), 〈무기와 인간〉(버나드 쇼, 무명회, 1915, 극연 1933), 〈인형의 집〉(입센, 신예술좌, 1923, 극연 1934), 〈승자와 패자〉(골드워시, 동지사, 1923, 극연 1936), 〈해전〉(괴링, 쓰기지소극장, 1924, 극연 1932), 〈검찰관〉(고골리, 신시대극협회, 1911, 극연 1932).

이진순 세살 때 3·1운동이 일어났다. 그는 부모가 만주에 살았기 때문에 소학교를 그곳에서 다녔고, 귀국해서 평양 광성보통학교와 중등학교를 졸업했다. 그 당시 일본 동경으로 유학 갈 정도면 집안 경제사정은 좋았다고 보아야 한다. 부모의 만주행은 가난이 아닌 다른 이유였을 것이다. 1927년 이진순이 진남포 조부 댁에 머물고 있을 때, 그는 창극단 '광월단' 공연과 조천성(趙天星) 일행의 신파극을 보았다. 그는 다시 평양으로 돌아와서 '취성좌(聚星座)'의 〈눈오는 밤〉을 보았다고 한다. 그는 이처럼 세 가지 유형의 무대를 접했는데 그것은 운명적인 일이었다고 생각된다. 왜냐하면 그가 평생 관여한 분야가 공교롭게도 악극과 창극 그리고 연극이었기 때문이다. 일본은 그 당시 우리 학생들이 가고자 원하는 마지막 면학의 목적지였다. 1910년대에 이기세(李基世), 윤백남(尹白南)이 가고, 다음은 김우진(金祐鎭), 박승희(朴勝喜), 홍해성(洪海星)이 갔으며, 유치진(柳致眞), 서항석(徐恒錫)은 그 뒤를 이었고, 30년대 후반에 김동원(金東園), 이해랑(李海浪), 이진순(李眞淳), 박동근(朴東根), 주영섭(朱永涉), 허남실(許南實) 등이 갔다. 1910년대에서 1940년대로 이어지는 연극계 해외유학파 인맥이 이렇게 완성된다.

이들의 노력으로 신극이 한국에 들어온다. 안타까운 일은 이들이 수용한 신극은 서양에서 일본을 거쳐서 들어온 간접적인 것이었다는 사실이다. 일본 신극의 지도자들 츠보우치 쇼요(坪內逍遙), 오사나이 가오루(小山內薰), 시마무라 호게쓰(島村抱月), 히치카타 요시(土方與志) 등이 서양에서 들여 온 연극이었다. 일본 신극의 지지층은 당시 학생들과 지식인들이었는데, 극연 회원들은 이들의 연극에서 영향을 받았을 것이다. 특히 오사나이 가오루가 주도한 일본 신극의 온상지 '쓰키지(築地)극장'이 1924년 개관해서 오사나이는 체호프의 〈백조의 노래〉를 무대에 올리고, 히지카타는 필링의 〈해전〉을 상연했다. 전자는 스타니슬라브스키의 리얼리즘을 수용했고, 후자는 메이엘 홀드를 추종하며 1933년 모스크바시립혁명극장에서 연수를 마치고 귀국 후 표현주의 연극 운동에 헌신했다. 오사나이 가오루는 1차 외유를 마치고 1913년 귀국했다. 그는 러시아, 독일, 스웨덴, 노르웨이, 오스트리아, 영국, 프랑스 등지를 돌면서 현대연극의 상황을 살폈는데, 그가 깊은 인상을 받은 것은 모스크바예술극장(MAT)이었다. 1928년 쓰기지소극장에 입단한 배우 나가오가(長岡輝子)는 샤를 될랑의 '라트리에극장'에서 수련을 마친 후 귀국해서 '떼아뜨르 코메디' 극단을 설립하고 프랑스 현대극을 알리는 선구자가 되었다.

우리나라 연극이 만난 첫 번째 충격과 암벽이 바로 이것이다. 우리나라 유학생들은 일본의 연극을 보고 눈을 떴다. 그러나 이들은 일본 영토를 지나 구미 각국으로 갈 수 없었기 때문에 서구 연극을 직접 접하지 못했다. 일본으로 유학 간 이진순은 1935년 6월 유학생들로 구성된 동경학생예술좌의 동인이 되었다. 이해랑 회고록 『허상의 진실』에 의하면 이 집단은 "당시 유학생들이 주머니돈을 털어 1년에 1~2회 공연하던 극단"이다. 이해랑, 이진순, 김동원, 박노경, 박용구 등이 이 모임에 가입하고 있었다. 이들은 당시 쓰기지극장으로 가서 연극을 보면서 "연극에 대한 안목과 견식을 넓혔다"(이해랑, 『허상과 진실』). 그 영향은 극예술연구회 공연에서 알 수 있고, 귀국 후 이진순의 공연 활동에서도 드러나고 있다.

극예술연구회는 쓰기지극장에서 활동한 홍해성이 중심이 되어 유치진, 서항석, 모윤숙, 이헌구, 이하윤 등 해외문학파들이 주동이 되어 1931년 7월 8일 '극예술 연구와 신극 수립'을 목표로 창립된 단체이다. 대표는 윤백남(尹白南)

이 맡았다. 전문극단을 지향하던 극연은 1937년 5월 중순 17회 공연을 고비로 일경(日警)의 탄압 때문에 기관지 『극예술』이 폐간되고 존립이 위태로워졌다. 홍해성은 쓰기지극장에서 7년 동안 연기와 연출을 연구하고 1930년 6월 귀국해서 고한승(高漢承)의 지원으로 신흥극장을 창설하고 단성사에서 공연 활동을 했다.

1938년 6월 '국민정신총동원조선연맹' 발족을 계기로 친일단체들이 속출했다. 대표적인 친일 어용 문학잡지였던 『국민문학』에 조용만의 〈광산의 밤〉과 유치진의 〈대추나무〉 두 편의 희곡작품이 실렸다. 유치진은 〈흑룡강〉, 〈북진대〉 등 친일 작품을 발표했다. 이진순은 극연의 20회 공연 〈깨어나 노래하라〉(클리포드 오데츠 작, 서항석 역, 이서향 연출, 강성범 장치) 무대에 이해랑, 김동원과 함께 무대에 섰다(이 공연은 동경에서 상연한 것을 일역·중역판으로 공연한 것인데 역자로 밝혀진 서항석은 자신의 이름이 도용당했다고 회고록에서 밝히고 있다). 극연의 공연은 성공이었다. 당시 이운곡(李雲谷)의 평을 보면 이진순의 연기는 좋았는데 배우 생활에 흥미를 느끼지 못하고 북경의 어머니 곁으로 갔다고 한다. 북경에서 경극(京劇)에 심취해 〈춘향전〉과 〈심청전〉을 중국에서 공연한 것은 그의 앞날을 감안할 때 중요한 전환점이 되었다고 생각한다. 그가 중국으로 간 것은 당시 국내 사회문화적 환경이 여의치 않았기 때문인 것은 이해랑의 증언으로 확인할 수 있다. "우리가 귀국해서는 극예술연구회 선배들과 손잡고 그럴듯한 연극 활동을 하려 한 것인데 그만 당국의 간섭이 있게 된 것이다. 전문극단으로서 상업주의를 표방, 밥을 빌어먹는 것은 허용되지만 지식인들의 모임으로서 연극 연구를 한다는 것은 금지 불순하며 다른 저의가 있지 않느냐는 얘기였다"(이해랑, 『허상의 진실』). 1939년 5월 13일 극연은 총 27회 공연기록을 남기고 해체되었다. 이 당시 극연은 창립 동인 12인을 포함해서 총 69명의 문화예술계 인사들이 참여하고 있었다.

이후 서항석은 1940년 3월 18일 조선예흥사를 창립해서 설의식(薛義植)의 권유로 가극운동을 시작했다. 설의식은 콜롬비아 레코드사와 협의해서 콜롬비아 악극단을 조선예흥사 산하에 두었다. 조선예흥사는 전래 민화를 소재로 만든 대중가극을 보급하려는 데 목적이 있었다. 이는 일제의 언어 및 문화말살 정책에 맞서는 한 가지 방편이었다. 그러나 조선예흥사는 오래 가지 못했다. 일제의 연극통제가 갈수록 심해지고 있었기 때문이다. 1940년 연극통제를 위한 어용단체로서 조선연극협회가 12월에 창립되었다. 유치진은 이 단체의 이사가 되었다. 1941년 3월 16일 유치진은 현대극장을 창단했다. 동년 7월 조선 연예협회가 결성되었다. 서항석도 조선연예협회의 이사가 되었다. 연극과 연예 두 친일 어용 단체는 동년 7월 조선연극문화협회로 통합되고, 이 단체가 주최한 제1회 공연 〈대추나무〉(유치진 작, 서항석 연출)가 현대극장 무대에 올랐다. 이런 달갑지 않는 공연 활동에 이진순이 휩쓸리지 않게 된 것은 자당(慈堂) 덕분으로 그가 북경에 갈 수 있었기 때문이다. 북경으로 몸을 피한 것은 시대에 대한 그의 민감한 적응력과 매몰찬 상황 판단 때문이었다고 생각된다.

그의 출발은 귀환의 원점이었다. 1946년 8월 15일 해방된 고국에 돌아온 그는 의리와 인정의 행동원리를 중시하는 '파토스(情念, pathos)' 인생 궤적(軌跡)을 달리기 시작한다. 그러나 좌우익 이념 갈등으로 뒤죽박죽된 그의 새 시대는 그의 앞을 가로막는 암벽이었다.

이진순은 북경에서 7년을 보냈다. 그는 1946년 연극 활동을 시작했다. 해방 직후 이 나라 연극은 이진순의 연극사(「현대연극사」, 『극작에서 공연까지』 봄 호, 2008) 서술에서도 요약되는 것처럼 좌우익 투쟁이 극심한 방향 상실의 혼란기였다.

"해방을 맞이한 극계는 그 수용태세의 허약점과 좌익적 경향에 기울어지는 연극인들, 그리고 신파극단의 구태가 범벅이 되어 우왕좌왕했고, 좌익사상 선전으로 일관된 상업주의적 평이 판을 치고 있었다. 자유, 민주, 공산주의, 사회참여, 반탁, 찬탁 이런 와중에서 방향 감각을 상실한 연극인들은 폐쇄된 상태 속에서 세계 연극과의 교류가 단절된 채 창작의 척도를 잃고 있었다."

좌익단체인 연극동맹이 독주하던 연극계에 민족진영 연극이 서서히 고개를 들기 시작했다. 이진순은 1946년 음악가 이 안드레아의 재정적 후원 속에서 극단 '극예술원'을 창립하여 이해랑, 김동원, 이화삼, 박상익, 장훈, 김선영, 김복자, 한성녀 등의 배우들을 참여시켜 맥스웰 앤더슨의 〈목격자〉(이진순 연출) 연습에 들어갔다. 이 극단의 출현은 좌익계 연극인들에게 큰 충격을 안겨주었다. 연극동맹은 '극예술원'의 창립공연을 와해시키려는 방해공작을 시작했다. 극예술원은 〈목격자〉 연습을 중단하고, 1947년 3·1절 기념공연으로 〈조국〉(유치진 작)을 이 '안드레아탱고악단'과 공동으로 2월 25일 국제극장 무대에 올렸다. 그러나 극예술원은 이 공연 이후 재정난으로 해체되었다. 극예술원의 해산은 '극예술협회'와 '신지극사(新地劇社)'의 창립을 가능케 했다. 이진순은 신지극사의 대표가 되어 창립공연으로 1946년 10월 17일부터 〈태양이 그리워〉(원명 일출, 조우 작, 김광주 역, 이진순 연출)를 국도극장에서 공연한데 이어 제2회 공연으로 이진순 작·연출로 〈언덕에 꽃은 피고〉를 수도극장과 지방에서 공연했다. 극예술협회와 신지극사는 민족진영 순수연극의 시발점이었다. 연극동맹은 이들 단체의 활동을 계속 방해하면서 집단 공세를 감행했다. 좌익 계열 낙랑극회, 혁명극장, 예술극장, 민중극장, 자유극장, 문화극장 등 6개 극단과 무대예술연구회는 함세덕의 〈태백산맥〉과 조영출의 〈위대한 사랑〉 두 작품을 1947년 2월 26일부터 16일간 공연하면서 관객 10만 명을 동원했다.

이념적 갈등이 빚는 연극 이외에도 이 시기에는 상업적이며 오락적인 신파극 공연이 날로 번성해갔다. 신파극단 '청춘극장'과 '황금좌'는 그 중심에 있었다. 구태의연한 연극과 좌익이념 연극에 환멸을 느낀 지식인들은 외국영화에 쏠리고, 일반 대중들은 신파극으로 몰려들었다. 1947년 전국연극예술협회가 탄생하면서 우익진영 연극단체가 재정비, 통합되고, 이로 인해 좌우익 투쟁은 더욱더 심화되었다. 차범석은 1945년부터 1950년을 우리나라 연극의 혼란기로 보았고, 1951년부터 1955년까지를 방황기로 보았다. "우리의 정신세계에 일대 혼란과 빈곤과 혼미를 가져온"(『동시대의 연극인식』, 1987) 이 시기에 이진순은 여러 분야에서 의욕적인 활동을 전개했다.

이진순 연출의 '다양성'이 발휘된 시기에 그가 종횡무진 활동했던 기록을 보면 놀랍다. 1947년 그는 악극 〈쾌걸 데아블로〉(가극단 樂樂)와 연극 〈난영(亂影)〉(김영수 작)을 연출했다. 악극과 연극을 겸한 것은 당시 시대 상황 때문이었다. 1948년 학생 연극단체가 좌익극과 저질 상업극을 차단하면서 극계에 새바람을 일으켰다. 4월 문교부는 문화대상을 창설하고 학생극 운동에 활기를 불어넣었다. 각 대학은 경쟁하듯 연극을 공연했다. 동국대 극예술연구회의 〈앵화원(櫻花園)〉(체호프 작), 약학대학의 〈퀴리 부인〉(이무영 각색, 이진순 연출), 고대극회의 〈쥬노와 공작〉(숀 오케이시 작, 이진순 연출), 중앙대학의 〈햄릿〉(셰익스피어 작, 이해랑 연출) 등이 열띤 관객의 호응을 얻고 있었다. 이에 힘을 얻은 유치진, 이광래, 서항석, 김진수, 오영진, 이진순은 연극학회를 5월 31일 창립했다. 연극학회 주최로 제1회 대학연극경연대회가 10월 18일부터 6일간 시공관에서 개최되었다. 이진순은 1948년 6월 〈애정문답〉(이진순 작, 극단 신영)과 〈황포강〉을 무대에 올리고, 작품 〈8·15전야〉를 들고 10월 충청북도로 떠났다.

1949년 이진순은 문교부 예술위원으로 임명되었다. 그는 〈살아있는 이중생각하〉(오영진 작, 극협), 〈여성은 위대한가〉(정치대학 연극부), 〈반역자〉(이운방, 이광래 각색) 등을 연출했다. 이진순은 오영진 작품으로 각광을 받고 연출가로서 인정을 받았지만 여전히 연극계의 비주류에 속했다. 그가 극계에서 소외된 이유는 "국내가 어려울 때 중국으로 도피했다"(김흥우, 『연극갈』, 2006)는 연극계의 비난 때문이었다. 그는 해방 후 극예술협의회를 주동한 유치진, 김동원, 이해랑 등의 계열에서도 빠지고, 유치진과 대립하던 서항석 측근에도 가담하지 않았다.

1950년 2월 이진순은 국립극장 전속극단 신극협의회 간사가 되면서 자신의 독자적인 길을 개척했다. 1950년 4월 국립극장에서 〈원술랑〉과 〈뇌우〉가 공연되었다. 1950년 오페라 〈춘향전〉(서울대 음대)을 유치진과 함께 연출했다.

1951년에는 〈붉었던 서울〉(김영수 작)의 연출을 맡았지만, 1·4 후퇴로 대구로 가서 정훈국 문예중대에 소속되어 그해 5월 키네마극장에서 유치진 작의 반공극 연출을 맡게 된다. 1952년 10월 6일 대구 자유극장에서 그는 작품 〈폭풍〉을 쓰고 연출했다. 이후 이진순은 신협과 결별하고 부산으로 가서 클리포드 오데츠의 작품 〈골든보이〉(극단 신청년)를 부산극장 무대에 올렸다. 이 당시 그는 여성국악 공연인 〈콩쥐팥쥐〉(김대현 작곡)의 연출도 맡았다. 1953년 1월 대구에서 대구문화극장 건물을 접수해 국립극장이 재개관되고 서항석이 극장장으로 취임하자 그는 서항석 연출 작품 〈야화(野話)〉(윤백남 작) 무대를 돕고, 〈클레오파트라〉(서항석 작, 희망가극단) 연출에 전념한다. 같은 해 그는 배우 전택이, 노경희, 최은희 등이 출연한 〈난영(亂影)〉(김영수 작)을 대구 자유극장에서 공연했다.

1953년 서울이 수복되자 신협은 환도해서 반공극 〈나도 인간이 되련다〉(유치진 작·연출)를 공연했지만 관객의 반응은 여의치 않았고, 〈자유부인〉(한로단 각색, 이해랑 연출)은 대중적 환대를 받았다. 이진순은 이 당시 유치진, 이해랑 등과 멀리하면서 독자적인 연출 작업의 길을 가고 있었다. 오랫동안 이진순이 연극계 2대 인맥의 일익(一翼)이었던 것은 이해랑과의 해묵은 위화감(違和感) 때문이었다. 그런데 이상하게도 두 사람은 국립극장에서도, 동국대학에서도 함께 하는 사이였다. 1954년 4월 23일 이헌구, 이진순, 김광섭이 침체에 빠진 연극계 부흥책으로 극예술협의회를 결성했는데, 창립공연으로 6월 7일부터 시립극장에서 〈바람과 함께 사라지다〉(마가렛 미첼 작, 이원경 각색)를 이진순 연출로 무대에 올렸다. 제2회 공연은 〈이창(裏窓)〉, 제3회 공연은 〈제3족〉(1957)이었는데 모두 이진순 연출이었다. 1954년 10월 이진순은 중앙국립극장 기획위원이 되었다. 기획위원회는 서항석 극장 시절 만든 제도로서 극본의 선정, 스태프의 결정, 연기자의 영입, 공연 기획 등의 일을 맡고 있었다.

이진순은 악극 분야에서도 분주한 시간을 보냈다. 악극의 붐을 일으키면서 그는 다음의 작품을 연출했다. 〈나는 이렇게 싸웠다〉(1953), 〈님의 품에 안기리〉(1954), 〈애수의 밤〉(1954), 〈꿈속의 사랑〉, 〈꿈의 궁전〉, 〈사랑무한〉(1955), 〈서울의 밤〉(1955), 〈노들강변〉(1956), 〈내 공향으로 날 보내주오〉(1956), 〈얼굴〉(1956). 그의 여성국악 연출은 〈백년초〉(1956), 〈옥루(玉漏)〉(1957), 〈이차돈〉(1957), 〈내 사랑〉(1957), 〈꽃이 지기 전에〉(1958), 〈별 하나〉(1959), 〈밤〉(1959), 〈모란꽃 필 때〉(1959), 〈목동과 공주〉(연대미상), 〈무영탑〉(1950) 등 작품이 된다. 〈토스카〉(1964), 〈라보엠〉(1965), 〈자유의 사수〉(1967), 〈마농 레스꼬〉(1968), 〈사랑의 묘약〉(1968), 〈로미오와 줄리엣〉(1969), 〈원효대사〉(1971) 등은 오페라 그의 연출 기록이다.

창극 발전을 위한 이진순의 노력은 놀랄만하다. 국극 정립에 대한 그의 집념은 국립창극단에 기여한 업적을 보면 쉽게 알 수 있다. 특히 국립극장에서 공연된 〈심청가〉(1969), 〈춘향전〉(1971), 〈흥보가〉(1972), 〈배비장전〉(1973), 〈수궁가〉(1974), 〈대업〉(1975) 등은 그의 기념탑이라 할 수 있다.

일제 시대 서항석이 설의식(薛義植)과 함께 〈콩쥐팥쥐〉와 〈견우직녀〉를 무대에 올린 가극운동은 항일운동의 일환이었다. 서항석 극장장 시절 특기할만한 일은 연극계와 국악계 전문가들로 구성된 국극정립위원회의 발족이었다. 이 진순이 참여한 이 위원회의 목표는 판소리의 독창성을 살려 창극의 형식을 체계적으로 정립하자는 것이었다. 국극정립위원회는 다음의 목표를 세웠다.

1. 종래 창극에서는 고수나 악사를 단순히 음향효과로 간주해서 무대에 노출시키지 않았는데, 고수나 악사는 판소리의 유기적 부분이니 무대에서 '추임새'를 하도록 한다.
2. 창극이 대화창으로만 이뤄지면 판소리의 설명창은 소실되기 때문에 설명창을 '도창' 형식으로 재정립한다.
3. 연출을 '도연(導演)'이라고 명명한다. 판소리의 연출은 판소리의 전수와 보존을 위한 "연희지도"이다.
4. 판소리 각 마당의 이본(異本)을 하나의 정본(定本)으로 정리하는 작업을 한다.

이진순은 판소리의 전통을 독자적인 창극 방식으로 계승하는 작업을 꾸준히 해왔다. 가극은 엄밀한 의미에서 예술성과 대중성을 적절하게 조율한 중간극 형식이라 할 수 있다. 피난 시절과 환도 후 참담한 전쟁의 상처를 달래고, 삶의 의욕을 고취하기 위해 안출(案出)해낸 이 같은 악극 공연은 6·25 전후 시대에 폭넓은 관객들의 호응을 얻고 있었다. 이진순은 이런 시대적 요청에 적절하게 부응(副應)한 셈이다. 이진순은 국극정립위원회가 설정한 목표를 실천해 나갔다. 국립극장 창극단에 명창 김연수가 단장으로 부임하고 부단장에 김소희가 임명되어 초기에는 김연수 단장과 박진(朴珍)이 연출을 맡았는데 김연수는 도창 등 소리는 좋았지만 연출 능력이 없어서 극적인 무대 창출에 어려움을 겪었다. 개화기 판소리에서 파생된 창극이 1960년대 중반까지 양식화 작업이 이루어지지 않고 방황과 혼미를 거듭하고 있었던 것은 연출력 부재 때문이었다. 그러던 중 신극과 악극, 오페라 등 분야에 폭넓은 활동을 하고 있었던 이진순이 창극단 연출을 맡으면서 창극 공연이 새로운 활력을 받게 되었다. 이진순의 〈흥보가〉(1972)는 "재래의 창극 양식을 탈피한 것이었고, 특히 동양화적인 무대미술이 신선감을 주었다"(유민영, 『한국연극운동사』 재인용)는 평가를 받았다. 다음에 인용한 창극 발전에 관한 이진순의 글을 통해 우리는 그의 소신을 알 수 있다.

> "홍보가, 심청가의 두 작품을 창극화하는 연출을 맡아 시도해 보았으나 아직 뚜렷한 목표를 세우지 못하고 있는 것도 창극 정립이란 얼마나 어려운 과제냐 하는 것을 여실히 증명하는 바다. 창극 정립의 문제점은 판소리의 충분한 극적 요소를 어떻게 하면 전통연극 수립이란 목표로 승화시킬 수 있느냐는 문제다. 원래 우리나라는 극장이 없었고 무대가 없었다. 그러니 고유의 연극 형식을 갖고 있지 못했던 것이다. 외국 고전극과 비교해 볼 때 서양의 희랍극, 로마극, 중세기극이 다 극장 구조에서 부터 연기에 이르기까지 일정한 형식을 가지고 있었고, 중국의 경극, 일본의 가부키, 노오도 오랜 세월 속에서 계승해 내려온 훌륭한 고유의 형식을 가지고 있다. 우리나라는 앞서도 말한 바와 같이 극장이 없었고, 무대가 없었으니 고유의 창극과 형식이 없었다. 지금 바로 그것을 새로 만들어보려 한다." (유민영, 『한국연극운동사』, 101쪽 재인용)

이진순은 북경에서 경극을 관극하고, 일본에서 가부키와 노를 체험했다. 그는 이 같은 동양의 전통예술의 미학과 방법을 창극 연출에 원용해서 새로운 경지를 개척해나갔다. 유민영도 이 점을 특히 강조하면서 창극 〈춘향전〉의 경우를 예로 들고 있다.

> "이진순은 판소리의 극적 내재원리를 십분 활용하는 연출을 했다. 가령 1971년 가을에 무대에 올린 〈춘향전〉(강한영 구성)의 경우 생략 없이 전, 후편으로 나누어 공연한데다가 각각 9장씩 도합 18장으로 구성함으로써 서양식 무대전환 방식을 과감히

탈피한 것이다. 그러니까 그가 주창했던 대로 판소리가 갖는 음악적 요소와 극적 요소를 동시에 살리는 방향으로 나아간 것이다. 이러한 창극정립 작업은 1973년 장충동 신축 국립극장의 넓은 무대로 옮겨와서는 더욱 박차가 가해졌다." (유민영, 『한국연극운동사』, 102쪽 재인용)

〈흥보가〉 연출을 맡은 이진순은 말했다.

"판소리가 지닌 예술성, 특히 연극성은 엄청나게 풍부하여 문학성도 높으려니와 이 세계야말로 한국 고유의 형식을 갖춘 전통극 수립을 전제로 하여 대사와 액션의 일부로 그대로 발전시킬 수 있으나 이것만 가지고 폭넓은 의미를 표현하기 어렵다. 그러므로 민속극 중에서 탈춤사위, 가면극 액션, 그 속에서 도사리고 있는 마임을 판소리에 적용시켜 새로운 의미의 창극 작업을 할 수 밖에 없다. 어찌 보면 창극이야말로 우리 고유의 극예술의 집대성이라 할 수 있다." (유민영, 『한국운동연극사』, 102쪽 재인용)

1948년 여성 국악인들이 여성국극단을 만들어 큰 인기를 얻은 탓으로 남녀 혼성 단체들은 자연히 쇠퇴 일로였다. 또한 창극단은 당시 신극과 신파극에 밀리고 있었다. 이들의 레퍼토리는 전래 판소리 다섯 마당과 고전소설 각색 작품이어서 구태의연하고 진부(陳腐)했기 때문에 관객은 줄고 공연은 침체하고 있었는데, 이와는 대조적으로 6·25전쟁 중과 그 이후에도 여성국극은 더욱더 기세를 올리고 번창했다. 이때가 바로 이진순 여성국극 연출이 1956년부터 1959년까지 계속된 시기가 된다.

창극의 명맥이 소멸 위기에 직면하고 있을 때, 5·16군사혁명 직후인 1962년 2월 국립극장 창극 전속단체가 탄생되어 창극은 다시 활기를 찾게 되었고, 여성국극은 상대적으로 몰락하게 된다. 국립극장 창극단이 단단한 기반을 다지고 활기찬 공연을 통해 다시 관객을 찾을 수 있었던 것은 이진순이 창극단 연출을 맡았던 1969년부터 1982년의 기간이 된다. 이진순이 궤도에 올려놓은 창극을 계승해서 더욱더 발전시킨 연출가는 허규였다. 허규는 극장장에 취임하면서 창극 르네상스의 전환점을 만들었다. 이진순이 음악극과 창극 연출을 통해 다양한 활동을 전개했던 시대적 상황은 이진순 연극의 운명이었다. 오늘날 전성기를 이루고 있는 뮤지컬 등 전통과 현대가 융합된 가무극의 한국적 '패턴(pattern)' 의 시발점을 이진순 연극에서 찾을 수 있다는 생각은 결코 헛된 일이 아닐 것이다.

이토록 다양하고 활기찬 이진순 연출에 대한 종합적이며 심층적인 분석과 평가는 아직도 이루어지지 않고 있는데, 그에 대한 관심이 줄어들고, 그에 대한 편파적 오해가 사라지지 않고 있기 때문이 아닌가 생각된다. 더욱 안타까운 일은 그에 관한 연극관련 자료가 유족의 협조로 모 대학에 기증되었는데 관리 부실로 그 자료들이 유실되었다는 사실이다. 이 일은 연극사 기록 보관의 재난이며, 연극사 집필의 난제라 할 수 있다. 그럼에도 불구하고 그에 대한 연구는 연극사적 측면에서 공정하게 계속 추진되어야할 것이다.

1957년 서울에 온 이진순은 국립극장 연출 시대의 막을 올린다. 국립극장 기획위원이었던 이진순은 국립극장 환도 기념공연 〈신앙과 고향〉(홍해성 연출) 무대 일을 돕는 한편 이해랑, 이원경, 김진수 등과 힘을 합쳐 극장 발전에 진력(盡力)했다. 1957년 그가 연출한 〈태풍경보〉(코프만·하아트 공동창작)에 대해서 차범석은 "경묘하고 아이러니컬한 원작의 매력을 형상화하는 데 어느 정도 성공을 거두었다"고 긍정적인 평가를 했다(《조선일보》, 1957.12.30). 또한 그는 〈고래〉(임희재), 〈이상〉(오상원), 〈바람과 함께 사라지다〉(마가렛 미첼) 등 극예술협회 작품을 연출했다. 그가 〈제3족속〉 대본을 직접 쓰고 연출한 것은 화제가 되었다. 신협과 국립극장이 마찰을 빚으며 충돌할 때 그는 한 발 물러나서 1958년 〈우물〉(김홍곤)과 〈시라노 드 벨쥬락〉(로스탕) 등을 연출하면서 지냈다. 유치진과 서항석 간의 불화(不和)는 그의 관심사가 아니었다. 그는 오로지 연출 일에 몰두하면서 중용의 길을 갔다.

1957년부터 국립극장과 극단 '광장'에서 이진순 대장정 시대가 열린다. 1960년 〈여인천하〉, 〈분노의 계절〉, 1961년 〈여당원〉에 이어 공연된 〈산불〉(차범석, 1962) 연출은 그의 저력을 유감없이 발휘한 무대였다. 이 작품은 당시 침체하고 있던 극계를 자극하고 관객 저변 확산에도 크게 기여했다. 1963년 국립극장 최초의 버나드 쇼의 작품 〈세인트 존〉(이진순 연출)은 신선하고 충격적인 무대로 인해 "세상을 놀라게 했다"(한상철, 「초창기 번역극 무대」, 『국립극단 50년사』). 1964년 셰익스피어 탄생 400주년 기념 무대 〈베니스의 상인〉(이진순 연출)은 국립극장이 올린 최초의 셰익스피어 작품이었는데 원작에 충실한 정통적인 연출 기법은 성공적이어서 평론가 여석기는 축제 총평에서(『한국연극의 현실』) "대중적 인기로 해서 관객 동원에는 비교적 자신을 갖게 하였던" 무대라고 말했다. 이 무대는 당시 명배우들-김성옥(샤일록), 백성희(포오샤), 김동훈, 김순철, 나옥주, 변기종, 고설봉, 전예출- 등이 출연했다. "생기 넘치는 앙상블 이룬 무대였다"(《서울신문》, 1964.4.25). "김성옥의 연기는 일품이었다. 특히 그 시대의 매너를 우리 시대에 가깝게 끌어다 놓은 점은 번역극으로서의 난점인 소원감을 극복하는 데 큰 힘이 되는 창의였다" 등 공연 평은 이진순 연출을 칭찬하고 있었다(《일간스포츠》, 1964.4.29 : 심정순, 「국립극장과 셰익스피어 공연」, 『국립극단 50년사』 재인용). 이진순은 1965년 이재현 작 〈바꼬지〉, 1966년 신명순 작 〈이순신〉, 1969년 오태석 작 〈여왕과 기승〉, 1969년 뒤렌마트 작 〈로물루스 대제〉, 1971년 김경옥 작 〈신라인〉, 1972년 하유상 작 〈꽃상여〉 등을 연출하고 장충동 시대 국립극장으로 갔다.

장충동 국립극장 시대는 군사정권의 그림자가 짙게 깔리고 있었다. 이진순은 이런 시대의 높은 파고(波高)를 다시 넘어야 했다. 국립극장에서 "박정희 정권의 민족주의적인 분위기와 더불어 역사적 영웅이나 수난시대의 투사들을 극화하는 무대가 80년대 초까지 적극적으로 추진되었다"(서연호, 「국립극단의 과거, 현재, 미래」, 『국립극단 50년사』)라는 평문에서 지적된 것처럼 〈성웅 이순신〉, 〈세종대왕〉, 〈활화산〉, 〈손탁호텔〉, 〈남한산성〉, 〈함성〉, 〈징비록〉, 〈고랑포의 신화〉, 〈광야〉, 〈북향묘〉, 〈학살의 숲〉, 〈흑하〉, 〈공녀 아실〉 등 정권 친화적인 작품들이 국립극장 무대를 차지했다. 번역극의 경우 김윤철은 "장충동 시절의 번역극 레퍼토리가 그 이전의 레퍼토리에 비해 오히려 더 고전에 치우쳐 있다. (중략) 외국의 국립극단들도 고전을 자주 무대화하지만 그들은 대체로 시대와 장소, 의식을 현재화하고 지역화하는 실험을 하는 데 비해서 우리의 국립극단은 원작에 충실하려는 태도를 견지해 왔다"(김윤철, 「고전주의와 작품선정」, 『국립극단 50년사』)라고 지적했는데 이런 현상은 교묘한 현실도피적 방안이요, 무비판적 순응과 독단의 예술적 입장이라는 비판이 뒤따랐다.

5·16혁명 후 국립극장이 소속된 "문교부 장관에 군 출신이 임명되고, 해병 대위가 국립극장 감독관으로"(고설봉, 「국립극단과 나」, 『국립극단 50년사』) 오면서 공연물 심의가 강화되고, 관주도 문화가 심화되는 암담한 상황은 1971년 4월 15일 《동아일보》의 '언론자유수호선언' 과 동년 5월 15일 한국기자협회의 '언론자유수호행동강령' 발표를 보면 그 심각성을 알 수 있다. 사법파동, KAL빌딩 방화사건, 실미도 군 특수범 난동사건, 대학생들의 반정부 시위 등으로 사회불안이 확산되면서 군사정부는 위수령을 발동하고 국가비상사태를 선언했다.

1974년 1월 8일 대통령 긴급조치 제1호와 제2호가 선포되었다. 성직자들과 지식인들은 같은 해 이에 항의하는 선언 운동을 전개하고, '문학인 101인 선언', '국민선언', '교수자율권 선언'이 발표되었다. 1975년 3월 1일 "민주주의 확립과 신장은 우리에게 주어진 사명이다"라는 '민주국민헌장'이 발표되자 유진정권은 1975년 5월 13일 긴급조치 9호를 선포했다. 한국 사회는 이 때문에 불안과 혼란의 소용돌이에 빠져들었다.

이 시대 연극은 "우리들 생활에 깊이 뿌리를 박지 못한 까닭으로 우리들의 감성을 자극하지도 못할 뿐만 아니라 우리들의 의식을 변혁시키지도 못하고 있다"(한상철, '연출의 개혁' 심포지엄), "현실에 대한 고발과 비판, 풍자극으로 그들의 고뇌를 읽을 수는 있었으나 결과적으로 무대 위에 예술은 없고, 불만의 통분만이 넘쳤던 것이다"(유민영,《경향신문》), "연극 속에 우리의 참모습이 담겨져 있지 않다"(이태주, 『연극은 무엇을 할 수 있는가』, 1983) 등 평론가의 지적대로 국립극장이나 재야 극단들은 도피와 방관의 무기력한 연극을 계속하고 있었다. 국립극단의 경우 관료의 지시로 제작 공연된 〈활화산〉(차범석 작, 이해랑 연출) 등 새마을 연극은 그 대표적인 경우로서 "진실을 인식하는 현명함과 진실을 말하는 용기가 부족하고, 진실이 힘이 되는 기술이 없는 연극"(이태주, 『연극은 무엇을 할 수 있는가』, 1983)의 한계였다. 그런 연극에서 관객은 역사의 경적(警笛) 소리를 들을 수 없었고, 보이는 것은 현실의 잔해(殘 骸)요, 남는 것은 삶의 권태감이었다. 〈활화산〉을 연출한 이해랑은 5·16혁명 후 예총 6~10대의 회장이 되었고, 유신국회 유정회 의원으로 영입되었다. 그 는 정부의 시책을 따를 수밖에 없는 입장이었다. 그러나 이진순은 달랐다. 그 는 정치로부터 멀리 물러나 1964년 창단한 극단 '광장'에서, 1971년 부임한 동 국대 연극영화과에서 묵묵히 일했다. 그는 1975년 한국연극협회 이사장으로 선출되었고, 같은 해 국립극장 운영위원이 되었다.

이진순은 고난을 겪는 불행한 시대의 연출가였다. 〈남한산성〉, 〈고랑포의 신화〉, 〈함성〉, 〈페르귄트〉를 1974년부터 1976년에 걸쳐 국립극장 무대에 올렸다. 그는 『한국연극』지 창간사에서 밝혔던 내용의 당찬 계획을 이사장 재임 시에 실천하기 위해 노력했지만 문화억압, 인권 탄압시대 문화풍토에서는 갈 길이 막막하고 여의치 않았다.

"우리나라에 신연극이 도입된 지도 어언 70년의 연륜을 헤아리게 되었다. 이 70년의 발자취를 더듬어 볼 때 문자 그대로 암흑과 혼돈의 수난기(일제)를 거쳐 광복, 6·25, 4·19, 5·16의 역사의 장을 지나왔던 것이다. (중략) 우리는 지금 어려운 시대에 살고 있다. 이러한 시점에서 오늘의 우리의 연극이 무엇을 어떻게 창조해야 하는가 하는 과제를 안고 있기도 한다. (중략) 예술은 어렵다. 연극 또한 예외일 수 없다. 70년대는 잃어버렸던 의식을 되찾아 우리 세대가 왜 연극을 해야 하는가에 대한 진정한 발언을 해야 할 때라고 본다."

1976년 『한국연극』지 3월호 권두언은 그의 하소연이었다. 그의 어려움은 대부분 시대가 주는 고난이었다. 마음은 간절했지만 몸이 움직이지 않았다.

"연극하기가 자꾸 어려워지고 있다. 외면상으로는 경제적인 이유이지만 주로 극장 문제가 가장 큰 난관이 아닌가 생각된다. (중략) 극장은 너무 큰 문제이니까 그렇다 하더라도 우리들의 재능은 어떠한가? 무엇보다 공연을 준비하는 우리들의 성실성은 어떠한가? 본인은 감히 우리들의 노력과 성실성이 나무랄 데 없었다고는 말하지 못하겠다. (중략) 오늘의 연극은 그 어느 때보다도 어려운 여건 속에 있지만, 그만큼, 아니 이제까지 노력의 두 배 세 배의 정신적 물질적 자산을 투입하고, 연극예술이 현대 한국인에게 필요불가결한 사회 공동의 재산이요 자랑이며 보람으로서 살아남지 않아서는 안 될 것이다."

1976년 『한국연극』 4월호 권두언에서 그는 의미심장한 말을 했다.

"우리 극단들이 심기일전하여 공연 활동에 새바람을 일으킬 때라고 본다. (중략) 작년 1년간 한국연극협회는 여러 가지 어려운 문제들을 해결하기 위해 노력해야했다. 공연장 확보 문제와 공연법에 의한 연극인들의 권익 옹호를 위하여 성의를 다하였다. 안으로는 지방연극 강좌와 연극상 제정, 숙원이던 연극전문 월간지의 발간을 보았다. 오늘의 한국연극이 어디까지 왔으며, 앞으로 어떤 방향으로 나가야 할지, 그것은 연극인들에 달려있다. 하지만 한편 이론의 전개가 허약하다. 무엇보다도 이론예술이 부재한 것이다. 모름지기 이론도 연극을 통해서 예술로 평가되어야 함은 말할 것도 없다. 오늘의 연극인은 안에서 보는 것 보다는 훨씬 많은 어려움 속에 있다. 우선 연극을 아는 이론가, 창조할 수 있는 이론가, 인격이 있는 이론가, 연극적 현실을 몸소 체험하고 있는 이론가의 출현을 기대한다."

그는 '어려움'의 문제를 반복하면서 희망찬 의지를 내보이고 있다. 이진순은 〈남한산성〉으로 제11회 한국연극영화TV예술상(《한국일보》 제정) 대상(작품상, 희곡상)을 받고, 대한민국문화예술상을 수상하면서 용기와 자신감을 얻게 되었다. 그가 이론의 중요성을 강조한 것은 특기할만한 일이라고 본다. 연극학과 교수로 부임하면서 이론과 실천의 상호 보완을 통감한 것이다. 〈남한산성〉은 그의 대표적인 연출 작품으로 기억될 것이다. 1970년대는 번역극이 우세한 시대였다. 안경호는 국립극단의 창작극 공연과 〈남한산성〉(김의경 작)에 대해서 회고하고 있다(안경호, 「50」, 『국립극단 50년사』).

"장충동 시대를 맞아 공연한 〈성웅 이순신〉 이후에는 당시 정치, 사회적 분위기와 함께 새마을 분위기가 〈활화산〉과 같은 관제(?) 연극이 주를 이룬 사실을 부인할 수 없을 것 같다. (중략) 1974년 〈남한산성〉(김의경 작, 이진순 연출)을 보고 나서 그런 생각을 접었던 기억이 새삼스럽다. 그렇게 명동의 짧은 시절을 그리워할 때 〈남한산성〉을 볼 수 있었던 것은 내게 큰 기쁨이었다. (중략) 〈남한산성〉은 내가 국립극장을 찾는 이유를 분명하게 얘기할 수 있도록 해준 작품이었다. 역사극이면서도 진부하지 않게 갈등의 구조가 확실하였으며, 역사에 기초한 것이지만 주전론자와 화친론자의 열띤 공방, 인조의 외로운 결단의 표출은 연극의 묘미를 만끽하게 하였으며, 마지막 장면에서 인조(김동원 역)가 가파른 계단을 오르는 뒷모습은 극의 내용상으로나 무대

미학적으로나 그리고 노배우의 무대 열정으로나 두고두고 잊혀지지 않았다."

노경식은 장충동 시대 국립극장 창작극 공연이 "예술적 경직성과 타율성은 피할 길 없었고, 순수예술의 길은 요원했다"고 말하면서도(노경식, 「장충시대의 창작극 무대」, 『국립극단 50년사』), 〈남한산성〉, 〈산불〉 등 이진순 연출작품의 성과는 인정하고 있다.

> "수많은 작품 중에는 우리나라 역사에서 소재를 가져온 역사극 작품이 대부분을 차지하고 월등히 많았다. (중략) 그것은 왜냐하면, 그동안 국립극단이 안고 있었던 관료체제적 위상과 태생적 성격에서 연유한다. 이러한 극단의 위상과 성격은 군사정권의 시대상황과 맞물려 있었다고 할 것이다. '73년의 장충동 국립극장 개관이라는 것이 그 당시로는 박정희 정권의 유신체제하에 이른바 '남북애화'를 앞둔 시점에서 고안된 산물이 아니던가. (중략) 그러다보니 그야말로 '무난하고 무해무득한(?) 역사극 공연이 안성맞춤이었을 것이다.' 앞서 말한 대로 십수 년에 걸친 군사정권하에서 관료중심의 극장체제와 행사성 위주의 일회용 공연에 근본원인이 있었다고 해도 지나친 말은 아니다."

〈남한산성〉(국립극단 69회 공연, 김의경 작, 이진순 연출)은 병자호란을 소재로 한 사극이다. 이 극의 내용은 3단계로 구분된다. 마부대로 대표되는 청군의 위협과 압력, 남한산성과 인조를 둘러싼 척화논쟁, 그리고 청군에 대한 인조의 굴복으로 이어지는 삼전도의 수항단 부분이다. 이들 세 부분이 서로 충돌하고, 분열하며 다시 결합하는 전개 과정은 팽팽한 극적 긴장감을 조성하고 있으며, 이 세 가지 플롯을 연결시키는 화전논자 최명길(장민호)의 성격을 알맞게 부각시킨 연출의 공(功)은 컸다.

첫 부분에서 청군(淸軍)은 남한산성을 공략하고 있었는데 이 때문에 40여 일 고립된 패배감은 화전론의 끈질긴 주장을 가능케 했고, 최명길의 역할은 타당성을 얻었다. 최명길과 마부대(이성일)가 직면하는 첫 장면, 성벽의 계단 장면, 인조(김도원) 앞에서 펼쳐진 김상헌(민지환) 등의 논쟁 장면, 상자 속의 박난영을 보는 장면, 전쟁 장면 등은 최명길의 내면적 갈등과 고민을 뒷받침하고 있으며 이를 강조한 연출 의도는 성공적이었고, 충분히 이해할 수 있었다. 특히 관객의 시선을 집중시킨 수항단 장면은 장치와 음악과 연기가 박진감 있는 조화를 이루어 남한산성의 비극을 뇌리에 깊이 각인시켜 주었다.

최명길의 항서 낭독 장면, 오달제(김병상)와 윤집(정상철)의 이별 장면, 수항단 장면 등의 무대 구성은 배우들의 대사 처리 연기와 조화를 이루어 가슴 벅찬 감동을 불러 일으켰다. 타악기의 생음악, 김희조의 음악, 조상현의 창(唱)도 이 작품을 성공시킨 요인이었다. 특히 미술의 김동진은 무대 창조의 일등 공신이었다. 극작가 김의경은 〈남한산성〉으로 이 나라 역사극 작품의 새 장(章)을 열었다. 연출가 이진순은 〈남한산성〉 극본 한 장, 한 장 속에 징소리, 북소리 요란하게 울리고 깃발 휘날리는 무대적 형상(形象)의 생명을 불어넣었다.

이진순은 국립극장의 여건상 하지 못한 일은 자신의 극단 '광장'에서 성취하고 있었다. 광장이 올린 31회 공연의 중요 레퍼토리를 보면 이 일을 짐작할 수 있다.

〈윈저의 즐거운 아낙네들〉(셰익스피어 작, 1966), 〈인간부결〉(고동율 작, 1966), 〈벚꽃동산〉(체호프 작, 1967), 〈사춘기〉(베데킨트 작, 1967), 〈다시 뵙겠습니다〉(고동율 작, 1968), 〈학마을 사람들〉(이범선 작, 이재현 각색, 1968), 〈죽은 나무 꽃피우기〉(조성현 작, 1969), 〈동거인〉(김자림 작, 1969), 〈바벨탑 무너지다〉(김숙현 작, 1969), 〈천사 바빌론에 오다〉(뒤렌마트 작, 1970), 〈내 거룩한 땅에〉(1970), 〈로물루스 대제〉(뒤렌마트 작, 1970), 〈수전노〉(몰리에르 작, 1971). 〈카라마조프의 형제들〉(도스토옙스키 작, 하유상 각색, 1971), 〈군도〉(쉴러 작, 1973), 〈무녀도〉(김동리 작, 하유상 각색, 1974), 〈하늘아 무엇을 더 말하랴〉(이재현 작, 1974), 〈차라리 바라보는 별이 되리〉(박진 작, 1975), 〈빵

집 마누라〉(마르셀 빠뇰 작, 1976), 〈왜 그러세요〉(이근삼 작, 1976), 〈전쟁과 평화〉(톨스토이 작, 1976), 〈그 날 밤은 아무런 변화도 없었다〉(카이저 작, 1977), 〈뿌리〉(헤일리 작, 하유상 각색, 1977), 〈화조〉(차범석 작, 1977), 〈갈매기〉(체호프 작, 1983).

공연 작품을 보면 국내 작가들과 고전 명작을 안배하고 대중성과 예술성을 배합하는 용의주도한 기획의 치밀성을 읽을 수 있다.

특히 주목할 일은 장편 명작 소설의 각색 무대라는 점이다. 이진순 연출의 장대(壯大)한 스케일을 엿볼 수 있는 부분이다. 그러나 문제는 부실한 각색과 무대 창조 기술의 후진성, 그리고 재원의 부족이다. 이 일의 해결은 결코 쉽지 않았다. 이진순이 해외 명작 소설을 각색하려고 마음먹은 것은 창작극에 대한 욕구불만의 표시이면서 동시에 번역극을 중시하고 명작 소설을 선호하는 관객 취향을 감안한 때문이다. 특히 이 경우 무대기술의 문제는 심각했다. 당시 무대기술은 무대의 부수적인 보완작업 수준이었다. 무대 디자이너들은 연출가와 배우들처럼 제작 중심에 자리를 잡지 못했다. 이들은 언제나 무계획한 임시응변 상황에서 부족한 예산과 시간에 쫓기고 있었다. 한극회가 1974년 개최한 '연극기술의 개혁' 심포지엄에서 전대준(소도구), 최보경(의상), 홍순창(무대미술), 전예출(분장), 박수명(분장), 심재훈(음악효과) 등이 증언한 내용이 이를 증명하고 있다. 예산, 시간, 자료와 전문기술의 빈곤, 그리고 공동체 작업의 부재 등을 이들은 이구동성으로 개탄하고 있었다. 이런 제작 환경에서 연출이 본연의 실력을 발휘하는 일은 불가능한 일이고, 이진순도 예외 없이 그 난관에 부딪치고 있었다. 국립극단이 공연한 〈페르귄트〉(제77회 공연, 입센 작, 차범석 역, 1976)의 경사(傾斜)무대, 어설픈 춤, 동화적 분위기로 노출된 빛과 소리는, 국립극장 무대기술이 총동원되었지만 장대한 무대 창출은 역부족이어서 연출의 한계점이 여실히 드러났다. 총체적 종합예술을 내건 〈북벌〉

(김의경 작, 이진순 연출, 1974)의 경우도 이에 해당된다. 이 작품은 221억이 투입된 서울 세종문화회관 4,200석 객석, 500평 무대에서 공연되었는데 탁월한 무대기술의 지원이 없으면 대형 무대는 불가능하다는 것을 여실히 보여 주었다.

70년대에는 강추자, 김병준, 이언호, 이반, 이하륜, 이병원, 차지현 등 유망 작가들이 진출하고, 이재현, 김용락, 오태석, 윤대성, 노경식, 윤조병, 전진호, 김의경, 신명순 등 중진작가들이 왕성한 활동을 하고 있었으며, 차범석, 이근삼, 박조열, 하유상 등 선배 작가들 작품도 무대에 오르고 있었다. 그러나 이진순은 작가들의 역량 부족을 걱정하면서 창작극을 위해 작가들이 더 노력해야 된다고 강조하고 있었다(이진순, 「80년대에 바라는 마음」(권두언), 『한국연극』 1월호, 1980). 차범석의 〈산불〉은 이진순 연출을 돋보이게 만들었지만 차범석이 1977년에 발표한 제2회 반공문학상 수상작품 〈학살의 숲〉(국립극장, 이진순 연출, 1977)은 인간적인 고뇌와 비극보다는 공산주의자의 잔혹성이 일방적으로 강조되고 선악 양면 구도가 도식적으로 부각된 단조로운 무대가 되었다. 극작가의 부진은 연출가의 불행이다. 지극히 평범한 이야기의 단조로운 극 전개 〈꽃상여〉는 평범하고 무미건조한 연출 무대가 되기 쉽다. 〈무언가〉(국립극단, 이병원 작, 이진순 연출, 1980)의 경우도 이와 같다. 한상철은 "지나치게 설명에 의존한 작품과 그 작품의 연출방향에 이의를 제기"했으며, 갈등과 동기의 구성이 약하기 때문에 액션이 전개되지 못하고, 액션이 허약하기 때문에 변화가 없는 무대가 되었다. 송동준은 "작중인물 고대수의 인물창조 불합리성"을 지적(『문예연감』, 1980, 446쪽)했다. 그 밖에도 수많은 극작품 연출에서 작가의 진부한 상상력이 연출을 자극하지 못하고, 연극이 혼미(昏迷)의 늪에 빠진 것은 이진순이 직면한 우리 연극의 현실이요, 시대적 환경이요, 또 그가 직면한 예술적 고난의 암벽이었다.

이진순은 『한국연극』 1980년 1월호 권두언 「80년대에 바라는 마음」에서 과거를 회고하며 현재를 반성하고 미래를 내다보는 의미심장한 말을 하고 있다.

"연극의 발전은 사회적 환경과 함수관계가 있다는 것은 지난 세계 연극사에서 증명되었다. 한국의 신극 개장은 개화의 물결을 타고 필연적으로 이 땅에 등장하였지만, 불운과 시련의 사회적 환경 때문에 순리적인 발전을 저지당했던 우리 신연극의 과거를 언제나 잊을 수 없다. (중략) 거듭되는 우리 사회의 시련과 변천 속에서 견고한 뿌리를 내리지 못한 안타까움이 암담하게 짓누르고 있었던 50년대까지의 긴 지난날을 또한 잊을 수 없다.

60년대에서부터 회복기를 찾은 연극계가 70년대로 접어들어서는 제법 많은 극단의 다양한 공연과 문제점을 제시하며 연극의 사회적 기능면에서 고급예술로, 대중예술과는 근본적으로 성격을 달리하며 현장예술의 동시성이 크게 조명을 받은 연대이기도 하다. 이런 현상은 언제나 사회의 경제 양상과 함수관계를 갖게 마련이다. (중략) 이제 80년대의 첫 장이 열리는 지금, 조용히 반성의 기회를 가질 필요가 있지 않을까? (중략) 우리가 살아온 근대사와 현대사는 그야말로 수난, 불행, 시련의 연속이었다. 이러한 입지에서 산다는 것은 의지로써 그 슬기를 보여줘야 한다. 연극이 사회성과 예술성을 동시에 지니고 있는 현장성이 강한 예술이기 때문에, 남의 뒤만 따를 것이 아니라 자기 소리, 자기 몸짓, 자기의 의사로 분명히 활성화할 때가 바야흐로 왔다고 본다. (중략) 창작극이 문제되고, 창작극이 주도적 역할을 할 수 있는 노력과 권장의 시대로 접근해 나갈 수 있는 80년대가 됐으면 한다."

이진순은 모든 것을 털어났다. 그의 연극이 무엇에 영향을 받고, 무엇에 향해 가고 있었는지, 그리고 연극과 시대의 상관성은 무엇인지 말하고 있다. 이진순이 일본에 유학하고 있었던 1936년은 쓰기지소극장 활동이 왕성했던 시기였다. 이진순은 유학 시절 쓰기지소극장에서 연극을 보고, 배우면서 학창시절을 지났다. 귀국 후 올린 작품 가운데는 이 당시 보았던 공연이 큰 줄기를 이루고 있다. 〈파우스트〉가 공연되고, 〈포오기〉(헤이워드 부처), 〈군도〉(쉴러), 〈봄에 눈뜨다〉(베데킨트 작, 극단 광장이 이진순 연출로 1967년 '사춘기' 라는 제목으로 공연) 등 작품은 이미 도쿄에서 공연된 것이었다. 1936년 3월 입센의 〈들오리〉, 6월 몰리에르의 〈수전노〉, 이듬해 1월 〈윈저의 즐거운 아낙네들〉, 3월 체호프의 〈벚꽃동산〉, 5월 〈햄릿〉 등이 쓰기지극장에서 공연되었다. 일본의 신협극단이 우리나라 〈춘향전〉을 공연한 것은 이색적이었다. 이 극단의 연출 조수였던 안영일(安英一)이 연출가 무라야마 도모요시(村山知義)와 함께 1938년 장혁주(張赫宙) 작 〈춘향전〉(6막 11장)을 쓰기지소극장을 위시해서 교토와 오사카, 서울, 평양, 대전, 전주, 군산, 대구, 부산 등지를 순회하며 공연했다. 1939년 일본에서 이동연극단 운동이 시작되고, 1940년 쓰기지소극장에서는 〈퀴리 부인〉(에바 큐리 원작)이 공연되었다. 이진순은 유학 시절 각인(刻印)된 이런 작품들을 오랫동안 기억하고 있었을 것이다.

이진순의 생애와 연극을 시대의 거울에 비추어 고찰하면서 나는 그의 인생은 너무나 지혜롭고, 순수 일변도의 삶이었다는 느낌이 든다. 일본에서 서양 연극과 일본 고전극에 접하고, 귀국 후 식민지 시대의 억압을 피해 중국에 가서 다시 경극을 보고, 해방 후 민족진영 연극 단체에서 활동하다가 국립극장과 자신이 창단한 '광장'에서 연출 활동을 꾸준히 하면서 창극의 현대적 수용에 업적을 남기고, 연극협회 시절에 전문지 『한국연극』 창간의 공로를 세운 경력을 보면 그는 바쁘게 움직이고 왕성하게 일했던 연극인이었음을 알 수 있다. 그가 대학 강단에서 후진 양성에 힘쓴 경력은 그 당시로서는 지극히 모범적인 처세라 할 수 있다. 식민지 시대, 해방된 조국의 혼돈, 6·25전쟁, 군사정부 시대, 민주화 시대 등 격랑과 시련의 암벽에 부딪치면서도 좌초(坐礁)하지 않고 그는 악극에 손을 대고, 때로는 창극에 몸 바치는 희열을 느끼면서, 정치에 한눈팔지 않고 오로지 연극에 헌신하며 묵묵히 연출의 길을 갔다. 그는 신파극과 신극이 갈라지던 이 나라 역사에서 전통 예능의 가치를 발견하고, 그 미학을 서양연극에 접목시키면서 우리 연극이 건너야 하는 미래의 다리를 놓기도 했다.

나는 이진순이 연극계를 주도하던 70~80년대 시절 그의 연극에 반기를 들고 그와 끊임없이 논쟁하고 충돌했다. 당시 서울평론가그룹에 속하는 회원들은 예술의 표현이 제한되고 인권이 탄압받는 암울한 시대의 삶을 통탄(痛嘆)하면서 연극이 우리 사회에 대해서 무엇을 할 수 있는지 그 존재방식에 대해서 강한 의문을 제기하고 있었다. 2차 세계대전 이후 사르트르, 카뮈, 브레히트, 베케트, 그로토브스키, 리빙 시어터 전위연극 등이 주도했던 연극은 역사적 도전에 대한 성실하고도 진지한 연극적 해답이었기에 우리는 그들의 격렬한 반항과 도전에 놀라고 공감하면서 우리 연극의 현실을 성찰하고 새로운 연극의 가능성을 모색했다. 나는 연출가 이진순에게 불만과 분노의 메시지를 평론으로 전달했다.

통제와 억압의 시대에 연극을 통한 민중적 '깨우침' 을 갈구(渴求)했던 나는 지금 생각하면 지나친 기대였다고 생각되지만, 당시 그의 영향력으로서는 어떤 면에서라도 시대적 사명을 다하는 일을 할 수 있다고 믿었기 때문이다. 특히 국립극장 연극에 막중한 영향을 미치고 있었던 그의 연극적 행보에 대해서 나는 기대를 걸면서 때로는 박수를 보냈지만 또 한편으로는 실망하면서 격하게 비판하고 그와 날카로운 대립각을 세우고 있었다. 나는 당시 그가 보여준 무대가 남루(襤褸)한 리얼리즘 의상을 걸친 현실도피적인 연극이라고 판단했다. 그 당시 나의 입장은 다음 글에 반영되어 있다.

"1930년대 미국 산업사회가 파탄의 길을 가면서 개인의 존엄성이 무참히 짓밟힐 때, 미국 연극은 이에 대항하는 예술적 노력을 기울였다. 번영의 대행진을 구가하던 미국 경제가 하루아침에 붕괴되면서 실업자가 속출해서 빵을 배급받으려는 긴 행렬이 도시마다 목격되고 파업이 곳곳에서 일어나고 있는 사회적 격동기에 사회의 진상을 충실하게 작품 속에 반영하여 사회개혁의 의지를 표명한 극작가들—유진 오닐, 시드니 킹슬리, 클리포드 오데츠, 리리안 헬만, 그리고 그 이후에 등장한 아서 밀러 등은 삶의 현장과 극장 사이에 있을 수 있는 단절을 극복하면서 그 유대감을 확고히 하는 데 공헌했다. 그러기 때문에 극장은 정신이 마취당하는 오락의 장소가 아니라 정신이 눈을 뜨는 각성의 장소가 되었던 것이다. 그것은 환각의 세계가 아니라 일상적 생활이 날카롭게 관찰되고, 토의되는 현실의 공간이었다."

"연극은 진실의 발견에 공헌하는 일이기 때문에 우리 연극을 지켜보는 갈망의 눈길은 그 어느 때보다도 숨 가쁜 열기에 차 있다. 연극은 우리 사회에 대해서 무엇을 할 수 있어야 하는가? 우리를 변혁시킬 수 있어야 한다. 오늘의 세계를 재현할 수 있어야 하고, 그 재현은 이 세계의 창조적 발전에 기여할 수 있는 것이어야 한다. 연극은 역사에 등을 돌리고 잠들어 있는 우리들 의식의 타락에 심한 매질을 해야 한다."
(이태주, 『연극은 무엇을 할 수 있는가』, 단국대 출판부, 1983)

이진순 연극은 나의 주장을 쉽게 수용할 수 있는 '카테고리(category)'에 속하지 않았다. 이 엄연한 사실을 나는 보다 일찍 파악했어야 옳았다. 그는 사실 너무나 많은 고통스런 시대를 겪었다. 본인이 그를 만났던 당시 그는 이미 질풍과 노도의 시기를 지나 온건하고 보수적인 연극의 틀 속에 안주하고 있는 그런 시기였다. 그 틀에서 그가 벗어나는 일은 불가능했다. 때가 늦은 것이다. 평소 성격으로 보아서 그는 파괴지향적 기질과 전위적 정신을 타고 났는지도 모른다. 그러나 파란만장한 시대가 그 기질을 마모(磨耗)시켰다. 그의 시대는 지나치게 각(角)을 세우는 일이 어려웠던 인간 굴절(屈折)의 시대였다. 순응의 미덕이 존중되고 반항적 자세가 금기시되었던 굴욕의 시대였다. 그러나 생각해 보자. 위대한 예술은 대부분 그런 역경의 산물이 아니었던가.

이 글 서론에서 이진순이 일본으로 떠난 시기에 모스크바에서 회동한 일단의 연극인들을 소개했다. 그들도 이진순의 경우처럼 시대의 무서운 벽 앞에 서 있는 외로운 방랑자들이었다. 그러나 그들은 약속이나 한 듯이 세계 연극사에 길이 남는 중요한 일들을 해냈다. 그 일의 추진력은 어디서 왔는가. 예술가와 그 시대의 문제를 거론하면서 알고 싶었던 나의 과제가 바로 이것이었다. 내가 얻은 해답은 이러하다. 우리 예술의 역사는 대결 정신을 피하고 중용(中庸)과 절제를 숭상하는 전통이어서 긍정적 순응(submission)의 역사는 지속되는데 '부정적 능력(negative capability)'으로 도전하는 충돌의 역사는 희귀하다는 것이다. 순응하는 자세는 '이(利)'와 '손(損)'의 일상적 삶에서는 바람직한 처세로 치부(置簿)된다. 그러나 예술 세계에서는 패배가 된다. 왜냐하면 그런 경우에는 새로운 혁신을 위한 파괴가 불가능하기 때문이다. 그것은 현상 유지의 온건한 길이다. 예술가에게 '시대'는 창조의 모태가 될 수도 있고 도피의 온상이 될 수도 있다. 예술가와 시대의 만남, 그 갈림길에서 이진순은 중용의 길을 택해서 갔다.

2. 새로움에 대한 열정적 탐구

— 1975년의 연극현황

1970년대는 현대 한국연극이 새로운 전환을 모색하는 격동의 시대였다. 이 시기에 우리 연극은 활기에 넘친 활동을 시작했고, 연극의 형태도 다양해지면서 무대 형상화(形象化) 기술이 새로워지기 시작했다. 공연장도 늘고, 관객의 수도 증가했다. 연극에 대한 사회적 관심을 불러일으키는 일은 극단의 일이기도 했지만, 또한 평론가들의 과제이기도 했다. 평론가들은 이 일에 집단적인 노력을 경주하기 시작했다.

그러나 예술 활동을 펴나가는 환경은 열악하고 험악했다. 1970년의 정치, 경제, 사회는 반문화적인 기류가 휩쓸고 있었다. 1967년의 부정선거와 삼선개헌은 그 이후의 정치를 격랑 속으로 몰고 갔다. 정치 사회에 번지고 있던 부조리와 모순들이 누적되어 한계점에 이르자 억눌렸던 국민의 불만들이 표출되면서 사회적 반항이 불붙기 시작했다. 1971년 4월 15일에 있었던 동아일보사 기자들의 언론자유수호선언은 5월 15일에 한국기자협회의 〈언론자유수호행동강령〉 발표로 발전되어 나갔다. 경제적으로도 점차 국민의 생활은 어려워지고 있었다. 소비자 물가상승은 1970년의 12.1%에 이어, 1971년에는 12.1%를 기록했으며, 민관차관기업 147개 중 26개가 부실기업으로 판정난 것은 경제파탄의 일부 징조였다. 사법파동, 광주대단지사건, 한진상사 노사분규로 인한 KAL빌딩 방화사건, 실미도 군 특수범 난동사건, 대학병원 레지던트 파업, 물가파동, 대학생들의 반정부 시위로 인한 박정희 대통령의 위수령 발동과 국가비상사태 선언 등은 사회불안의 구체적 사례가 되었다. 군사독재에 의한 정치는 날로 악화되어 1974년 1월 8일 대통령 긴급조치 제1호, 제2호가 선포된다. 성직자들과 지식인들은 이에 항거하는 선언운동을 전개한다. 1974년도의 GNP 성장률은 전년도의 14.7%에서 7.5%로 떨어졌고, 물가는 도매물가 42.1%, 소비자물가 23.8%로 앙등하였다. 1974년에는 문학인 101인 선언, 국민선언, 교수 자율권 선언이 발표되고, 1975년 3월 1일에는 "민주주의의 확립과 신장은 우리에게 주어진 사명이다"라면서 민주화 투쟁을 선언하는 '민주국민헌장'이 발표된다. 그러자 유신 정권은 1975년 5월 13일 긴급조치 9호를 선포했다. 한국사회는 이 때문에 혼란의 소용돌이에 빠져들게 된다.

1974년도 당시 연극협회에 가입된 단체는 19개, 국립극단은 68회 공연을, 실험극장은 〈썰물〉로서 43회 공연을, 극단 산하는 〈약산의 진달래〉 20회, 자유극장은 〈동리자전〉 40회, 여인극장은 〈나비의 탄생〉 24회, 광장은 〈무녀도〉 19회, 극단 가교는 〈30일간의 야유회〉 21회 공연을 각각 기록하고 있었다. 산울림은 〈건강진단〉으로 9회 공연을 했다. 1974년은 예년에 볼 수 없었던 왕성한 창작극 공연이 이루어졌다. 유민영은 1974년 가을 연극계의 창작극 공연에 대해

> "창작물의 풍작은 신극사상 거의 없었던 일로서 연극 장래가 밝아 보이는 것 같기도 했다. (중략) 모두가 현실에 대한 고발과 비판, 풍자극으로 그들의 고뇌를 읽을 수는 있었으나 결과적으로 무대 위에 예술은 없고, 불만과 통분만이 넘쳤던 것이다"

라고 논평했다.(《경향신문》, 1974.11.14).

　그가 논평의 대상으로 삼았던 작품은 〈달나라와 딸꾹질〉(전진호), 〈우보시의 어느 해 겨울〉(신명순), 〈내마〉(이강백), 〈흐르지 않는 강의 전설〉(이기영), 〈건강진단〉(조해일), 〈하늘아 무엇을 더 말하랴〉(이재현)였다. 그러나 그의 지적에도 불구하고 "연극이 우리들 생활에 깊이 뿌리를 박지 못한 까닭으로 우리들의 감성을 자극하지도 못할 뿐만 아니라 우리들의 의식을 변혁시키지도 못하고 있다"(한상철, '연출의 개혁' 심포지엄)라는 비판의 소리와 "연극 속에 우리의 참모습이 담겨져 있지 않다"(이태주, 『연극은 무엇을 할 수 있는가』) 등 여러 평론가들의 공통된 지적에 호응하듯 〈달나라와 딸국질〉, 〈건강진단〉, 〈우보시의 어느 해 겨울〉, 〈내마〉 등 상황연극이 집중적으로 시도된 것은 그 해의 문제작으로 평가되었다.

　문예진흥원이 1974년 봄가을에 9개 극단을 선정해서 창작극 지방공연을 조건으로 250만원의 지원을 하게 된 것이 창작극 붐을 조성했다. 이 지원 사업은 중앙과 지방의 문화격차를 줄이는 일에 도움을 주었다. 이진순, 임영웅, 표재순, 안민수, 유덕형, 허규, 김영열, 오태석, 윤대성, 전무송, 김정옥, 이윤영, 이강백, 이재현, 김동훈, 이승규, 강유정, 차범석, 김의경, 이근삼, 노경식, 윤조병 등이 74년 연극계에서 작품 활동을 했는데, 특히 안민수 연출의 〈태〉(드라마센터)와 김영열 연출의 〈심판〉(실험극장)은 이 해의 걸작무대로 높이 찬사를 받았다. 이 두 작품은 우리 시대의 암울한 삶을 반영한 작품이라는 평가 때문에 관객들의 관심을 모았고 공연의 예술적 성과도 컸다. 1974년 7월 5일 연극인 소극장이 개관되었다. 대관료가 하루 6원으로 저렴해서 소극장 활동에 큰 도움이 되었다.

　1975년 1월 17일과 18일 양일간 아카데미하우스에서 개최된 ITI의 '전통연극의 현대적 수용' 심포지엄은 전통연희의 현대적 활용에 대한 관심이 점차 높아지고 있는 추세를 반영하고 있었다. 허규의 민예극장은 이 일을 선도하고 있었다. 김열규(「제의적 연극의 성격에 대한 몇 가지 생각」), 심우성(「전통연극의 현대적 수용」), 허규(「전통극의 현대극에의 정립 시도와 과제」), 오태석(「작가로서의 한 시도」) 등이 주제논문을 발표하고, 차범석, 이두현, 김갑순, 한상철, 김정옥 등이 질의토론을 펼쳤다.

1975년 국립극단은 국립극장에서 〈懲毖錄〉(노경식 작, 이해랑 연출), 〈고랑포의 신화〉(윤조병 작, 이진순 연출), 〈광야〉(김기팔 작, 이해랑 연출), 〈빌헬름 텔〉(쉴러 작, 서항석 역, 허규 연출) 등을 공연했다. 명동예술극장에서는 민예극장의 〈탱고〉(므로체크 작, 권경선 역, 허규 연출), 〈한강은 흐른다〉(고 동랑 유치진 선생 추모공연, 유치진 작, 허규 연출), 실험극장의 〈맹진사댁 경사〉(오영진 작, 김영열 연출), 극단 고향의 〈혈맥〉(김영수 작, 박용기 연출), 산하의 〈산불〉(차범석 작, 문고헌 연출), 가교의 〈햄릿〉(셰익스피어 작, 여석기 역, 김상열 연출), 민예극장의 〈위대한 실종〉(이근삼 작, 허규 연출), 신협의 〈미풍〉(하유상 작, 오사랑 연출), 광장의 〈학마을 사람들〉(이범선 작, 이재현 각색, 이창구 연출), 자유극장의 〈파우스트〉(괴테 작, 서항석 역, 이윤영 연출), 민중극장의 〈토끼와 포수〉(박조열 작, 이효영 연출) 등이 막을 올리고 있었다. 이 밖에도 젊은 연극인들의 집단들이라 할 수 있는 극단 밀은 〈지평선 너머〉(유진 오닐 작, 오화섭 역, 김하세 연출), 극단 원방각은 〈흑인 연가〉(헨스베리 작, 양병탁 역, 임권규 연출)와 〈칵테일 파티〉(엘리엇 작, 이창배 역, 정진 연출), 극단 작업은 〈오이디푸스 왕〉(소포클레스 작, 조우현 역, 길명일 연출), 극단 프라이에뷔네는 〈구조자〉(라인하르트 괴링 작, 김영초 역, 최병준 연출), 극단 넝쿨은 〈뱀〉(반 이탤리 작, 신정옥 역, 박상일 연출) 등의 작품을 공연했다.

1976년 한 해 동안 서울의 50여 개 극단이 160여 편의 작품을 공연하면서 예년에 비해 배 이상의 관객(15만)을 동원했다. 창작극은 부진해서 30편에 불과

한국연극 전환시대의 질주

했고, 나머지는 번역극이었다. 공연장별로는 연극인회관 60편, 1976년 4월 22일 유석진 박사가 인수해서 개관한 삼일로 창고극장 17편, 1976년 5월 1일 개관한 세실극장 30편, 시민회관 별관 25편, 드라마센터 8편, 국립극장 4편, 그리고 기타 실험극장, 국립극장소극장, 민예소극장 등이었다. 자유극장이 창단 10주년을 맞아 10편의 작품을 공연하고, 실험극장은 6월에 끝난 〈에쿠우스〉 공연 총 188회 공연에서 관객 2만 7천 명을 동원했다. 1976년의 화제작은 〈옛날 옛적에 훠어이 훠이〉(최인훈 작, 표재순 연출, 극단 산하), 〈쉬쉬쉬잇〉(이현화 작, 자유), 〈이어도〉(이청준 작, 신협), 〈기적을 파는 백화점〉(이어령 작, 실험), 〈춘풍의 처〉(오태석 작), 〈여우〉(정복근 작), 〈사당네〉(이병원 작) 등이다.

새로운 연극의 바람은 남산 드라마센터에서 일고 있었다. 극단 동랑레퍼터리가 〈초분〉(오태석 작, 유덕형 연출), 〈보이체크〉(뷔헤너 작, 안민수 역 연출), 〈맨발로 공원을〉(닐 사이몬 작, 안민수 역 연출), 〈태〉(오태석 작, 안민수 연출), 〈소〉(유치진 작, 안민수 연출) 등의 화제작을 무대에 올렸다. 남산 기슭, 명동 번화가에 둥지를 마련한 자유극장의 카페 떼아뜨르는 신선한 충격의 무대를 보여주었다. 매주 다른 요일에 자유극장은 〈색시공〉(장윤환 작, 김정옥 연출), 〈수업〉(이오네스코 작, 김정옥 역, 이윤영 연출), 〈이화부부 일주일〉(김영태 작, 이윤영 연출), 〈결혼〉(이강백 작, 최치림 연출), 〈타이피스트〉(시스갈 작, 김정옥 연출) 등을, 민예극장은 〈허풍쟁이〉(이언호 작, 허규 연출)를, 극단 가교는 〈끝없는 아리아〉(밀레이 작, 이승규 연출)를 무대에 올리고 있었다. 1975년 5월 15일 에저또소극장이 개관 되었다. 에저또 8년의 노력 끝에 연출가 방태수의 집념이 결실을 맺은 것이다. 개관 기념공연으로 〈새타니〉(박제천 시, 이언호 극본, 박정옥 연출) 공연과 6개 극단의 축하공연에 이어 7월 25일에는 〈뱀〉(반 이탤리 작, 신정옥 역, 김종찬 연출) 공연이 이어졌다. 이 무대에서 민예극장이 〈놀부뎐〉(최인훈 작, 허규 연출)을, 민중극장은 〈풍경〉(핀터 작, 정진수 연출)과 〈스트립티즈〉(므로체크 작, 정진수 역·연출)를, 극단 고향은 〈늦가을의 황혼〉(뒤렌마트 작, 홍경호 역 박용기 연출)을 보여주는 의욕을 보였다.

극단 에저또의 〈뱀〉 공연은 자유극장과 실험극장의 진취적인 모험과 더불어 실험극 시대의 도래(到來)를 알리는 획기적인 공연이었다. 1975년 8월 5일자 《조선일보》는 '실험극 전망 밝다' 라는 제(題) 아래 "프로시니엄 무대에 구속된 한국의 리얼리즘 연극의 안일성을 아리나 무대로 파괴한 고무적인 공연"이라는 평(이태주)과 함께 인체 중심의 연기, 관객과 무대가 하나로 통합되는 종교의식의 도입, 집단동작의 앙상블 등에서 보여준 신인 연출가 김종찬의 역량을 높이 평가했다.

이 공연은 관객의 절찬 속에서 재공연되었다. 구석회, 노혜경, 이근우 등 12명의 배우가 출연했다.

3. 연극개혁운동과 평단의 형성

연극평론가들은 본인이 1972년 창간한 연극전문지 『드라마』에 모이기 시작하다가, 1973년에 발족한 '한극회'(이상일, 한상철, 이태주, 유민영, 김세중, 신정옥, 김문환, 김의경, 양혜숙)를 중심으로 '연극의 개혁' 장기 심포지엄을 열게 되었다. 이 심포지엄은 '연출의 개혁', '연기의 개혁', '연극기술의 개혁', '관객의 개혁', '연극의식의 개혁' 등 분야별로 진행되었다.

'연출의 개혁'은 연출가 허규가 주제발표를 맡고, 질의 토론에 연출가 이진순, 김정옥, 표재순, 안민수가 참여했으며, 사회는 한상철 교수, 진행은 김문환 교수가 맡게 되었다. 개회사에서 밝힌 이 심포지엄의 '비평의 확립'과 '바람직한 연극의 탐구'는 향후 70년대 이후에 전개되는 격렬한 비평 활동의 지침이 되었다. 허규는 발제 논문에서 연출개혁의 의미를 두 가지로 분류해서 논의를 전개시켰다.

첫째, 연출이 그 기능을 제대로 발휘하지 못하는 현실이기에 그 원인을 규명하여 연출의 기능을 회복하려는 의미와, 둘째, 이상적 연극, 완전연극 실현을 위한 이론과 실천 방안을 모색하려는 노력의 의미였다. 허규가 특히 문제로 삼은 내용은 연출의 자기비판 및 반성이었다. 그는 "먼저 연극인의 창조태도에 혁명이 있어야겠다"고 전제한 다음, 연출가의 작품해석이 독창적이어야한다고 말하면서, 연출가의 연극론 주장과 확립의 중요성을 제기했다. 끝으로그는 배우술의 개발이 시급하다고 주장하면서 몇 가지 방법론을 제시했다. 질의 토론에서 허규가 주장한 "오도된 사실주의 연기법에서 탈피하여 대담한 양식화의 실험이 필요하며, 가면극의 연기술을 재검토해야 한다"는 주장에 대해서 이진순은 "오도된 리얼리즘이란 말은 어폐가 있고, 리얼리즘의 주류에서우리 연극이 벗어나야 한다는 주장도 옳지 않다"고 반박했다. 김정옥은 "서구적인 연극만을 해 온 우리들은 동양연극의 고유성을 발견하고 그것을 현대 한국연극에 부활시키는 방향으로 연출은 개혁되어야 하며, 또한 연출의 개혁은연출 이외와의 관계개선이 이루어질 때 가능하다. 즉 연출과 작가와의 관계에있어서 연출은 작가의 예속으로부터 벗어나야 하고, 연출과 연기와의 관계에있어서는 연출의 일방적인 지배로부터 연기가 해방되어야 한다"라고 역설했다. 표재순은 "연출의 기능은 연출가의 주장, 해석, 창조가 있을 때 발휘된다. 한국연극의 가장 큰 모순은 연출 부재라는 사실이다"라고 비판했다. 안민수는"연출가는 남의 작품을 해석하는 입장이 아니고, 스스로 창조하는 예술가"라고 말했는데, 이 점은 허규의 "작품을 해석하는 연출가"의 입장과 대립되었다.

'연기의 개혁' 심포지엄은 1974년 3월 2일 배우 양광남의 주제논문 발표와배우 오사랑, 박정자, 양정현, 작가 윤대성, 연출가 방태수의 논평토의 참여로김문환 교수의 사회로 진행되었다. 주제논문은 연기술의 기본적 성격과 조건을 검토하면서 스타니슬라브스키의 연기론에 입각해서 연기개혁의 방안을 제시한 것이었다. 그의 개혁 방안을 간추리면 몇 가지로 요약할 수 있다. 첫째, 연기술의 기본을 습득해야 한다. "기본적인 기술이라고 하는 것은 연기자가 작품을 분석하고 작품 속에 그려진 현실세계를 찾아 성격창조의 과정에 들어가기 전에 연기자 개개인이 전 육체적 기관을 자유자재로 활용할 수 있는 능력"이라고 설명했다. 둘째, 연기자가 반드시 지녀야하는 것은 성격창조의 능력인데, 그는 이 점에 대해서 "성격창조란 연기자가 작품 내에 그려진 인물을 발굴해서 그 인물을 자기 자신에게 갖고 오는 작업"이라고 규정했다. 이 작업의 어려움을 연기자들이 어떻게 극복하느냐가 연기의 개혁과 밀접히 연관되어 있음을 그는 강조했다. 셋째, 그는 연기의 창조과정에서 치밀한 과학성에 바탕을 둔 연기훈련이 필요하다는 것을 스타니슬라브스키의 4단계 과정인 생각하는 과정, 느끼는 과정, 행동하는 과정, 표현하는 과정을 예로 들면서 설명했다. 질의 토론 시간에 오사랑은 "연기교육과 훈련 태세가 확립되지 못한 현재의 연극교육은 시정되어야하고, 스타니슬라브스키 연기훈련이 어느 곳에서도 이루어지고 있지 않다"고 말했다. 연기자는 연기이론을 배우고, 배우술의 개발에 힘써야한다고 말하면서 그는 "연기론을 지닌 배우가 한국에 있었는가?"라고 문제를 제기하기도 했다. 방태수는 "서구연극이 하고 있는 작업과 동양연극이 하고 있는 작업 사이에 분명한 선을 긋고 출발해야 한다"고 말했고, 윤대성과 박정자는 "스타니슬라브스키 이후의 연극은 리얼리즘 연극을 박차고 나온 연극이기 때문에, 새 연극을 가능케 하기 위해서는 새로운 스타일의 연기가 모색되어야 한다. 연기의 개혁은 그런 각도에서 추구되어야 한다"라고 강조했다. 방태수의 발언에 대해서 오사랑과 양광남은 서구의 연기술 연구는 우리의 연기개혁을 위해 필요한 조건이라고 말했다. 배우 김동훈은 "우리말이 갖고 있는 특성을 무대언어로 개발하는 일이 시급하고, 무대공간의 차이에서 오는 발성과 연기의 차이에 대한 충분한 연구 등 사소하고 구체적인 면에서의 개혁은 계속 이루어져야 연극은 새로울 수 있다"고 말했다. 연출가이며 민속연구가인 김세중(무세중)은 연기의 개혁은 우리 민족 고유의 '연기소(演技素)' (2백여 춤사위 패턴과 판소리의 다양한 발성법)를 발견하여 이것을 오늘의 우리 연극에 활용할 때 연기의 개혁은 가능해진다고 역설했다.

'연극기술의 개혁' 은 1974년 4월 20일 전대준(소도구), 심재훈(음악효과), 전예출(분장), 이태영(무대감독), 최보경(무대의상), 조영래(무대미술), 홍순창(무대미술), 이우영(조명), 박수명(분장), 유경환(무대감독), 제씨 등 무대기술 분야 전문가들이 모여 김세중 사회로 주제논문을 정하지 않고 자유토론 형식으로 진행되었다. 이들이 제기한 다음의 문제들을 해결하는 일 자체가 곧 기술개혁의 길임을 확인하게 되었다.

1. 연극공연의 전체적 조화를 위한 충분한 사전토의가 없다. 스태프회의를 열어 모든 문제들을 상호 협의하여 과학적으로 구명하고 합리적으로 해결방안이 모색되어야 하는데 대부분 무계획적인 운영에 의하여 기술면이 처리되고 있다.
2. 참고자료, 도서, 재료 등을 충분히 활용 못하고 있다.
3. 연기술 교육의 부재.
4. 기성세대의 아집과 편견 속에서 새로운 인재들이 양성되지 못하고 있다.
5. 예술가로서의 긍지와 의식이 결핍되어 있어 예술창조 기술자(장이)로서의 열등감을 탈피하지 못하고 있다.
6. 제작시일과 제작비가 충분치 않다.
7. 기술용어가 통일되어 있지 않다.
8. 연출진과의 견해차가 심한데, 그것이 예술적 차원에서 해결되지 않고, 연출진의 일방적인 강요로 결정된다. 따라서 예술적 성취감을 맛볼 수 없다.
9. 연출가의 연출 계획이 일관성이 없다.
10. 연구가 부족하다. 기술면에서의 창의성을 발휘할 수 없다. 매너리즘에 빠져 있다.
11. 무대미술가는 작가, 연출가, 배우와 동등한 위상을 확보해야 한다.
12. 제작자 중심의 체제에서 제작진과 갈등이 빚어지면 언제나 피해는 기술 쪽이다.
13. 기기, 시설의 개선이 시급하다.
14. 과학적 이론의 도입이 시급하다.
15. 무대감독의 위치, 역할, 기능 등이 무시당하고 있다.

16. 극단체제가 동인제 시스템에서 프로듀서 시스템으로 전환되어야 한다.
17. 기술면의 철저한 분업화가 이루어져야 한다.

1974년 6월 15일 '관객의 개혁' 심포지엄이 열렸다. 「관객은 무엇인가」라는 주제논문과 「한국 관객의 현황과 그 평가」라는 자료를 공동연구 형식으로 연출가 정진수, 김영열, 극작가 김의경, 기획자 구자홍 등이 담당해서 발표했고, 논평토의에 안병섭 교수, 극작가 이재현, 배우 오현경, 손숙, 관객 장덕수 등이 참여하고 김의경이 사회를 맡아 진행했다. 정진수는 "한국의 평균적인 관객은 공연작품을 올바르게 이해할 수 있는 식별력 있는 의식집단"이라고 말했다. 또한 그는 "한국의 관객은 2, 3년 만에 계속 교체되는 유행성 관객이 되고 있다"고 분석했다.

결국 연극이 정상적으로 발전하려면 사회를 리드하는 지도층이 관객의 핵심을 형성해야 한다는 의견이 질의 토론에 참가한 연극인들의 중론이었다. 김영열과 구자홍이 작성한 「한국연극 관객현황 조사」 중 '관객감소의 원인 분석'에 나타나 있는 내용은 연극계가 특히 관심을 기울이고 주목해야 되는 내용이었다.

1. 작품의 질적 수준의 저하로 감동을 느낄 수 없다.
2. 창작극의 빈곤.
3. 우수한 연극인의 빈곤.
4. 극단의 개성이 없다.
5. 극단의 재정적 기반이 허약해서 충실한 공연준비를 할 수 없다.
6. 관극훈련이 되어있지 않다.
7. 비평이 확립되어 있지 않아서 관객을 가이드할 수 없다.
8. 극장의 대관 일자가 짧다. 따라서 공연기간이 짧아진다.

결론적으로 관객의 개혁은 관객의 발견, 유치, 유지의 전략을 세우고, 대학생, 직업인, 지도층으로 관객층을 확대하는 연극계의 노력이 있어야 하는데, 이를 위해서는 관객을 모으는 양질의 연극이 창조되어야 한다는 주장이었다.

　　군사독재와 사회적 부패가 날로 심해지고 있는 위기 속에서 연극은 너무나 안일하게 관권에 타협하고 굴복하고 있는 것이 아닌가라는 우려와 분노의 소리가 높아지고 있는 가운데 '연극의식의 개혁'(1974년 9월 14일)에서 발표한 극작가 전진호의 발언은 연극계에 파문을 던진 충격적인 내용이었다. 이 심포지엄은 전진호의「작가의식」, 안민수의「연출의식」, 이상일 교수의「비평의식」의 주제논문 발표에 이어 안병섭, 극작가 노경식, 박조열, 박영서 교수, 김의경, 김세중, 신정옥 교수, 한상철의 논평 토의로 진행되었다.

　　　"작가의 보편적 양심은 작가가 처한 현실 속에서 작가자신의 노력으로 발견되므로 작가는 보편적 양심을 가진 현실적 존재로서 존재하게 된다. 그러므로 작가는 언제나 보편적 양심을 찾기 위해서 그 원천인 현실과 만나야 한다. 이 때 작가는 현실을 거부하거나, 기피하거나, 또는 부정할 수가 없다. 그러나 오늘날, 우리의 현실은 과연 객관적 관찰자의 작가를 요구하는가?"

　　전진호는 현실에 대해서 책임지는 작가적 양심을 말하고 있었다. 이 문제는 이상일의 주제논문 속에서 더욱더 명료한 내용으로 제시되었다.

　　　"비평의식은 우리 시대, 사회, 역사, 인간에 대해 '깨어있는 상태'를 지속, 유지시켜 주기 위해 필요로 하는 분석 능력이다. 그것은 연극공동체에서도 특히 관객계층의 의식과 밀접히 관련되어 있고 따라서 민중이라는 근원에 접목되어 있다. 깨어있는 상태의 지속을 통해 예술은 타락에서 구원된다. 의식은 깨어있는 상태, 각성의 의식이어야 사회와 역사를 투시할 수 있고, 참과 거짓을 식별할 수 있으며, 일상성의 오염된 환경에서 인간을 해방할 수 있는 기능을 발휘한다. 따라서 연극의식의 개혁은 연극이 연극답지 못함을 비판하고, 연극인이 연극인답지 못함을 비판하는 일이다. 연극의 세계에 우리의 역사적, 시대적, 사회적 발언이 없고, 오직 타협과 생경의 목소리만 있을 때, 왜 무엇을 위한 연극이냐 하는 질의가 생기는 것이다."

안민수는 말했다. "나는 이 시대를 신화를 잃은 시대, 인간을 잃은 시대로 파악하고 있다. 나는 인간과 우주 속에 도사리고 있는 파괴력을 응시하고 있다. 이 파괴력과 처절한 정면충돌만이 남아있다." 이 같은 그의 연출의식은 다음의 방법적 안출(案出)을 가능케 했다. "무대창조는 연출가의 철학세계와 그가 구사하는 연극언어에 대한 뚜렷한 의식을 전제로 한다. 연극은 형이상(形而上)이며 상징이다. 그리고 그것은 선택적이어야 하고, 표현 위주이어야 하며, 기능적이어야 한다." 전진호는 현실에 책임지는 작가적 양심을 부르짖었고, 안민수는 인간성의 회복을 위한 노력으로써 인간의 존재를 위협하는 막대한 파괴력과 팽팽한 대결을 선언하고 있었으며, 이상일은 각성의 연극을 주장했다. 이런 발언들은 '한극회'가 밝힌 연극개혁의 주장과도 일치하는 내용이었다. '한극회'에 모인 평론가들은 "혼미(昏迷)한 의식의 연극은 인간에게 정신적 정화를 일으키는 예술이 될 수 없고, 예술이 못된 연극은 우리 사회와 문화에 창조적 충격을 주지 못할 것"이라는 개혁선언에 모두가 동조하고 있었다.

새로운 연극에 대한 갈망은 오도된 리얼리즘의 연극에 대한 분노에서 발단되었다. "우리를 깊이 감동시키고, 우리들로 하여금 깊이 생각하게끔 해주면서 뜻있는 행동으로 인도해주는 그런 연극은 어째서 일어나지 않는가? …현실을 보는 작가의 눈은 현실을 해석하는 눈이다. 해석의 눈이 흐려질 때, 현실비판의 눈도 흐려지고, 예술의 눈도 마비된다… 리얼리즘 연극은 '아무렇지도 아닌 것을' '매우 중요한 것으로' 만드는 일이라 한다면, 〈활화산〉(차범석 작)의 리얼리즘은 '매우 중요한 것을' '아무 것도 아닌 것으로' 만든 것이었다.

…우리는 〈활화산〉에서 '휴화산' 처럼 식은 현실만을 느낄 뿐이다"(이태주, 「활화산, 오도된 리얼리즘」, 『신동아』, 1974.4). 〈활화산〉에 이은 극단 산하의 제20회 공연 〈약산의 진달래〉(차범석 작)도 "유형화된 인간관의 표출, 선악 개념으로 구분되는 도식적인 도덕적 판단, 극적 발전의 우연성 등으로 볼 때, 이 작품은 풍속희극의 멜로드라마였다. 이런 연극을 보고 한바탕 웃어넘기기에는 우리들의 시대는 너무 복잡하고, 고통스럽다. 적나라한 인간의 모습을 오늘의 상황 속에서 비판적으로 포착하는 괴로움이 있을 때 비로소 고차원의 희극은 가능하다는 것을 알아야 한다"(이태주, 「풍속희극 〈약산의 진달래〉」, 『신동아』, 1974.5)는 평론에서 알 수 있듯이 극작가가 안일하게 오도된 리얼리즘 연극에 안주하는 것을 비판하는 평론가들의 논의가 극계의 주목을 받기 시작했다.

평론가 한상철은 극작가의 안일한 자세를 질타하면서 이 시대 극작가로 살아남는 요건에 관해서 분명한 선을 그었다.

"표현의 자유는 연극의 생명이다. 그러나 표현의 구속은 극작가에게 던져진 도전이고 그의 예술을 보다 정교하고 심화시킬 수 있는 계기도 된다. 현실은 언제나 극작가에게 호의적이 아니다. 폴란드는 가혹한 시련 속에서도 위대한 극작가를 배출시켰다. 사무엘 베케트는 더듬는 의미 없는 말로도 현대인의 의식에 혁명을 가져왔다. 극작가에게 필요한 것은 직접적이고 거친 말을 할 수 있는 권리가 아니라, 인간과 인생을 통찰하는 눈과 그것을 해석하고 의미를 부여하는 지성과 사상을 가져야할 의무이다. 한국 작가에게 치명적인 결함이 있다면 바로 그 점일 것이다. …불의나 부정이 어떤 타성과 안일 속에서 불의로, 부정으로 보이지 않게 되면 그 사회는 이미 죽은 사회이다. 우리는 그런 사회를 갖지 않기 위해서 명료한 의식과 날카로운 지성을 갖고 끊임없이 감시하고 경고해야 한다. 그러한 의무가 특히 극작가에게 주어져있다. 우리가 젊은 작가에게서 기대하는 것은 원숙한 인생관과 뚜렷한 비전의 제시가 아니라 그만이 갖고 있는, 세상과 인간을 바라보는 신선한 눈과 때 묻지 않은 지성이다. 그리고 그의 삶에 대한 왕성한 의지이다. 우리 젊은 연극이 살아갈 수 있는 것은 미숙해도 좋으니 얼마만큼 건실하고 믿을 수 있는 것이냐에 달려 있다. 기술은 익히면 되지만 정신은 익혀지는 것이 아니다. 모방은 생명이 없다. 결국 연극은 그것을 통해 자기를 깨닫고 삶의 방법을 터득해가는 자세를 가진 자에게만 맡겨져야 할 것이다. 자기의 모든 것을 연극 속에 던지는 자에게 맡겨져야 할 것이다. 자기의 모든 것을 연극 속에 던지는 자에게 말이다. 인간이 자기 홀로 무슨 가치가 있겠는가?"(한상철, 『한국연극의 쟁점과 반성』, 1992, 현대미학사 재인용)

1974년 2월 2일에 시작되어 동년 9월 14일에 끝난 연극개혁 심포지엄의 성과로 1975년 한국연극학회를 창립하게 되었으며, 이 단체를 모태로 1977년에는 서울극평가그룹이 탄생했다. 따라서 75년의 연극학회 창립은 평단(評壇) 형성의 원점이 되었다고 할 수 있다. 서울극평가그룹은 연극계의 중심적인 개혁세력으로 활동하다가 1987년 한국연극평론가협회라는 전국 규모의 단체로 발전하게 되었다. 이들의 집단적 연극혁신 운동은 비언어적 육체중심 연극의 실험과 전통연희의 현대적 수용을 중요시하고, 그 가능성을 격려하는 일에 힘쓰게 되었는데, 저널리즘의 일간지 기자들(장윤환, 임영숙, 박금자, 김유경, 고명식, 정중헌, 김담구, 이경희, 구희서 등)과 『주간조선』 그리고 『신동아』, 『여성동아』, 『세대』, 『문학사상』, 『뿌리 깊은 나무』, 『공간』 등의 월간지 편집자들은 이들의 활동을 열성적으로 지원했다.

1975년 명동예술극장에서 공연된 작품은 모두 28편으로 관객 116,847명을 동원했다. 총 공연일 139일로 따져볼 때 하루 평균 입장객은 840명이고, 1회 평균 입장객은 420명이었다. 1974년 6월에 실시한 관객조사에 의하면 70년대 초반에 단일 작품으로 최다관객을 동원한 공연은 〈해믈릿〉(실험극장)인데, 관객 수 9,020명이었다. 1회 평균 유료관객은 782명이었다. 60년대에 비하여 극장, 극단, 관객, 공연 횟수 등이 현저하게 증가했다. 70년대 초 연극계에서 화제가 되었던 작품은 〈오델로〉(실험극장), 〈꽃상여〉(국립극장), 〈쇠뚝이 놀이〉, 〈로미오와 줄리엣〉(드라마센터), 〈유랑극단〉(가교), 〈키브스의 처녀〉(산하), 〈겨울 사자들〉(산울림), 〈버찌농장〉(예술극장) 등이었다. 이들 공연에서 알 수 있듯이 리얼리즘 연극의 예술적 심화와 완성은 연극인 모두의 과제였다. 그러나 드라마센터를 중심으로 모인 오태석, 유덕형, 안민수와 자유극장의 김정옥, 이병복, 이윤영, 최치림 등은 반(反)사실주의적 추상적인 상징적 연극 창조 작업에 집중하고 있었다. 이들은 도식적이며 현실 도피적인 멜로드라마 연극에 식상한 관객들이 다양한 연극적 표현을 갈구하는 현실에 잘 적응하고 있었으며, 이 같은 입장이 평론가들과 저널리즘의 지지를 얻고 있었다.

4. 공연법과 소극장 폐쇄의 위기

극단 실험극장(대표 김동훈)은 창단 15주년에 전용 소극장(종로구 운니동, 객석 145, 무대 13평)을 마련해서 1975년 9월 1일 개관하고, 2일과 3일에는 연극 심포지엄을 열었으며, 9월 5일에는 작품 〈에쿠우스〉(피터 셰퍼 작, 신정옥 역, 김영열 연출)의 막을 올렸다. 심포지엄의 주제는 '젊은 세대의 연극은 가능한가' 였다. 「한국연극의 좌표」(이상일), 「대학연극의 방향」(박영서), 「소극장의 방향」(정진수), 「기성연극의 역할」(김정옥), 「피터 셰퍼─작가와 작품, 작가론」(이태주), 「작품론」(한상철), 「에쿠우스와 피터 셰퍼」(신정옥) 등으로 심포지엄이 계속되었다. 소극장을 개관하면서 김동훈 대표는 명작 연극 상설무대, 연극 심포지엄, 창작희곡과 뮤지컬의 개발, 젊은 연극인 양성, 실험극 공연, 관객 저변 확대 등 제반 사업을 추진할 계획이라고 개관 인사말에서 알렸다. 김동훈 대표는 그가 내건 약속을 성실히 지켜나가는 공을 세웠다.

1974년 6월에 실시한 관객 수 조사에 의하면 1970년대 초반에 단일 작품으로 최고 관객을 동원한 것이 1971년의 〈햄릿〉(실험극장)인데, 총 관객 수 9천 20명

〈에쿠우스〉 초연시 강태기(알런 역), 우측 신신범(너제트 역)
1975 〈에쿠우스〉-피터 셰퍼 작, 신정옥 역, 김영렬 연출

이었다. 〈에쿠우스〉는 최장기 공연(10개월)과 최다관객 수(9만 명)의 기록을 세웠다(이후 이 작품은 1999년까지 단속적으로 공연되어 관객 50만 명의 기록을 세우게 된다). 〈에쿠우스〉가 점화시킨 관극 열풍은 연극 활성화에 도움을 주어 연극보기운동이 전국적으로 확산되었다. 〈에쿠우스〉 발단의 순간은 숭실대학교 연구실이었다. 1974년 겨울, 실험극장 대표였던 김동훈이 기획을 맡았던 유용환, 작가 이재현과 함께 새로 개관하는 소극장 레퍼토리를 의논하러 필자를 찾아왔다. 나는 그에게 〈에쿠우스〉 기사가 실린 주간지 『타임』, 『뉴스위크』 지, 〈뉴욕타임〉 지 등을 보여주면서 강력히 이 작품을 추천했다. 작중 다이사트 의사 역은 명배우 리차드 버튼이 맡고 있었다. 주간지 『타임』의 극평 담당 재크 크롤(Jack Kroll)은 버튼의 대사를 "꽃과 쇳덩이로 충만된 소리"라고 말했는데, 그 말이 나의 시선을 끌었고, 지면마다 호평이요, 대서특필하는 것이 뭔가 무서운 폭발력을 지니고 있다는 느낌이었다.

그런데 대본이 없었다. 다행히 신정옥 교수의 부군이 뉴욕 출장 길에 오른다기에 부탁해서 일주일 만에 작품을 입수한 나는 무작정 대전행 고속버스에 몸을 싣고 대본을 읽은 후, 신 교수에게 번역을 부탁하고, 김동훈 대표에게 공연 여부를 물었다. 일부 단원들이 말을 소재로 한 연극이 소의 나라에서 호소력이 있겠느냐고 불안했지만 김동훈의 입장은 대찬성이었다. 이 순간이 아시아권 최초의 〈에쿠우스〉를 한국에서 선보이는 결정의 시간이 되었다. 그 결정

한국연극 전환시대의 질주

은 극단의 비약적인 발전을 도모하는 행복한 여정(旅程)의 시발점이 되었다.

그러나 여정은 정치 · 사회적 여건 때문에 결코 순조롭지 않았다. 첫 시련은 1975년 11월 21일에 닥쳤다. 절찬 속에 네 차례 연장되면서 연극사상 처음으로 유료관객 1만 명을 돌파한 공연이 돌연 서울시로부터 공연 중지 통첩을 받았다. 이유는 연장공연 신청을 하지 않았다는 것이었다. 공연연장 허가는 전례가 없었던 일이었기 때문에 극장 대표가 모르고 있는 사이 법을 어긴 셈이 되었다. 그러나 연출가 김정옥이 지적한대로(《한국일보》, 1975.11.22) "근본적인 문제는 공연법에서 찾아야 한다"는 주장이 점차 설득력을 얻었다. 연장 허가 문제는 구실이고, 당국은 이 공연에 불온(不穩)한 사상을 감지했을 것이라고 사람들은 추측했다. 사실상 시민들과 학생들은 이 공연에서 말(馬)이 난동(亂動)하는 역동감을 통해서 암울한 시대, 억압된 체제에 대한 반항과 통분의 배출구를 찾고 있었다.

관객들은 극장 문을 나서면서 후련하고 시원하다는 소감을 털어놓았다. 혹자는 터질 것 같다고 말했다. 평론가들은 이 공연을 크게 다루기 시작했다. 언론은 계속 협조 기사를 냈다(《동아일보》, 1978.6.23, 《서울경제신문》, 1978.6.25, 《한국일보》, 1978.6.23, 《부산국제신보》, 1978.6.26). 평론계와 학계 인사들은 냉엄하게 사태를 관찰하면서 공연 중지로 유발되는 문제점을 검토하게 되었다. 그 결과 공연법 독소조항의 문제를 확인하게 되었다. 평론가들은 범연극인의 결속된 의지로 공연법 개정운동의 필요성을 정부 요로(要路)와 문화예술인들, 사회 각계각층 인사들에게 알리면서 소극장 살리기 운동을 펼쳐나갔다.

이상일은 소극장 위기와 그 타개책에 대해서 거론했다.

"에저또 극장에서 모인 '젊은 연극제'는 분산된 그룹의 힘을 집결시키고 그 연극의식을 조직화시키려고 한 것 같다. 그러나 앞서가는 의식을 다듬어 줄 만큼 능숙한 조형력이 없어서 큰 성과를 올리지는 못했지만 '젊은 연극'이라는 의식은 분명히 점화시켰다고 보아야 한다. 연극운동이라고 했을 때, 그 운동이라는 움직임과 아울러 의식의 예각화(銳角化)는 연극을 '보고 즐기는 연극'으로 끝나게 하는 것이 아니라 연극을 '생각하고 만드는 문화형성력'으로까지 고양시키는 것이다. … 우리의 연극에는 예술로서의 긍지 그리고 문화로서의 긍지가 없다. 스스로 내부에서 발화되는 긍지라야 밖으로 빛을 내며 그 섬광이 일상의 세속에 눈 먼 무리에게 충격을 주고 그 충격과 전율이 그들을 눈뜨게 하는 것이다. 연극의 충격은 그렇게 하여 문화형성력으로 발전한다. 그 출격은 세속에 가려진 신성의 회복일 수 있으며, 현실에 쫓겨난 환상과 유희의 회귀일 수도 있으며, 급기야 무감동의 노화에 대응하는 싱싱한 젊음의 반응일 수도 있는 것이다…충격의 연극은 인간의 충격이며, 그 긴장의 정신이 주는 충격인 것이다." (「소극장 운동의 착오와 성과」, 『현대드라마』, 1973)

"젊은 연극이란 소극장 운동이다. … (젊은 연극은) 첫째 동류의식이다. 둘째는 예술의식이다. 셋째는 현대의식이다. 넷째는 문제의식이다. 젊은 연극의 행위를 규정짓는 것은 이상과 같은 네 가지 의식의 보갑작용이 어떻게 전개되느냐에 달려 있다… 한국연극의 그늘진 변경을 개척하기 위하여 구도의 행각에 나선 소극장 추진 멤버들이 '젊은 연극'이 계몽연극과 신파연극의 테두리에서 맴돌고 있다면, 1930년대 이래의 오도된 사실주의 연극을 추종하고만 있다면, 아마 그대로 한국연극은 절망의 화석이 될 것이다. … 젊은 연극의 실험정신은 새로운 것을 발견하는 과정이어야 하기 때문에 그것은 일종의 개척자 정신이어야 한다. 결코 추종하고 모방하는 현실주의자의 타협정신이어서는 안 될 것이다. 젊은 연극인은 그것을 명심해야 한다." (「소극장 운동-젊은 연극과 그 의식」, 『연극수첩』 창간호, 1973)

"최근 들어 소극장들이 공연법상 시설 기준 미달 등으로 폐쇄될 위기에 처하게 되어 연극계의 태풍의 씨가 되고 있다. … 소극장의 시설 보완 조치시한이 6월말로 다가오고 소극장협회가 결성된다. 연극인들의 서명운동이 벌어진다하니까 연극계 기성세대들이 움직이기 시작해서 시설 보완조치를 연기하는 방향으로 문제를 해결한다는 풍문도 들린다. 문제가 그것으로 해결된다면 얼마나 다행한 일이겠는가. … 1960년대 후반기의 소극장 현상을 우리가 연극사의 중대한 전기로 간주하는 것은 이 소극장 운동이 무대 형식으로서 뿐만 아니라 연극의 의식으로 제창되었다는 점에서이다. 그것은 젊은 연극의 의식이었다. … 이 의식의 연극은 비로소 운동이 될 수가 있게 되었다. 만약에 그것이 의식되지 못했다면 '젊은 연극'이라는 캐치프레이즈는 사문화되었을 뿐만 아니라 소극장 운동이라는 우리 신극사의 새로운 장도 열리지 못했을 것이다. 젊은 연극을 의식적으로 펴 나간 세대들에게 문제의식으로 떠오른 것은 연극과 문화뿐만 아니라 사회, 정치, 경제 구조의 모순과 부조리에 관련된 인간관계의 모든 적신호들이었다. 이것은 우리 연극의식이 갖지 못했던 의식 차원의 확대였다. …극장운동의 특색은 종래의 연극이 갖지 못했던 계몽성, 교양성, 오락성의 극장연극—즉 극장무대에서 이루어지는 극장연극을 반드시 극장이라는 특정 장소로 규정짓지 않고 연극만 있으면 그 공간이 극장이 될 수 있다는 극장 공간 개념을 바꾸었고, 연극 주제를 규정하는 의식마저 높여 준 것이다. 그것은 우리 신극사가 가지고 있던 껍데기와 알맹이의 겉돌던 관계를 밀착시켜 주는 계기가 된다." (이상일, 「소극장 운동의 연극적 기여」, 『주간조선』, 1978)

1975년 12월 11일 공연법 중 개정 법률안이 국회문공위원회를 통과했다. "미래적인 공연회위를 강력하게 규제하고 공연실적이 없는 공연자를 정비하며, 순수무대예술에 대하여 보조금을 지급할 수 있게 하여 공연질서를 바로잡으려는 목적"으로 제출된 이 개정안은 당초 정부안에 약간의 수정을 거쳐 문공위원회를 통과했다. 이 법안의 핵심은 그동안 시와 도에 하도록 되어 있는 공연자 등록을 문공부장관에게 하도록 행정적 규제를 강화한 것과 공연을 심의하기 위해 공연윤리위원회를 문공부 산하에 설치한 일이었다. 공연예술계 인사들(20명)은 동년 12월 11일과 12일 양일간 아카데미하우스에 모여 공연법 개정에 관한 대화의 모임을 가졌다. 이 자리에서 연출가 김정옥은 "현재의 공연법으로는 똑똑한 관리가 따지려들면 걸리지 않을 극단이 없다"고 말하면서 전근대적인 공연법의 개정을 비판했다. 필자는 관주도의 연극정책을 비판하면서 "전위적인 실험극은 도저히 보장될 수 없는 공연법"이며 "정부는 미봉책에 급급하지 말고, 미래지향적인 심층적이고 실효성 있는 지원 정책을 펴야한다"고 말했다(《동아일보》, 1975.12.15).

1961년 12월 30일에 제정되어, 1963년 3월 12일, 1966년 4월 27일에 개정되어, 1975년 12월 11일에 개정 법률안 공연법이 통과된 것에 대해 연극계가 크게 반발한 것은 이 법안이 품고 있는 전근대적 조항 때문이었다. 연극이 이 법의 시행으로 어려워지는 점을 요약하면 다음과 같다. 첫째, 공연법 제1장 제2조 공연의 정의 규정 때문에, 저질 대중가요 공연이나 쇼 무대가 연극과 동일시되어 퇴폐성 단속에서 연극은 법적 구속력을 받게 되고, 법을 위반할 경우 징역형에 처해 진다. 둘째, 극단 등록에 대한 법적 규제 때문에 프로듀서 시스템에 의한 공연 제작을 할 수 없게 된다. 이 때문에 자유롭고, 창의적인 공연 활동을 할 수 없게 된다. 셋째, 문화의 중앙집권이 강화되어 지방문화가 위축된다. 넷째, 공연행위에 대한 지나친 규제와 간섭 때문에 문화예술의 자율성이 손상되고, 발전이 저해된다. 공연윤리위원회 심사는 또 다른 검열제도로서 문화 탄압의 구실이 될 수 있다.

관객 1만을 넘어 1만 3천 명에 도달한 시점에서 〈에쿠우스〉 공연을 중단시킨 사건은 공연법과 연계되는 민감한 사안이 되었다. 더욱이 문화예술계가 긴장한 것은 공연법이 소극장 건축법을 들먹이며 소극장 폐쇄령을 발동하고 있었기 때문이다. 소극장을 새로 설치하고 운영하고자 할 때, 공연법은 연극인에게 큰 장해가 되었다. 공연법의 문제점은 교육법이 "학교로부터 300미터 거리 내에 극장을 설치할 수 없다는" 조항을 두고 있어서, 공연법은 이를 위반할 수 없기 때문이다. 이런 반(反)문화적 법이 존립하는 근거는 공연법의 공연 정의(定義)가 순수예술(연극)무대와 오락적인 쇼 무대를 동일한 것으로 규정했기 때문이다. 학교에서는 연극 관람을 장려하고 학교 안에 공연장을 두고 예술교육을 실행하고 있는데 이런 경우 법은 어떻게 적용되어야하는지 알 수 없게 된다.

법은 공연장 시설 규정도 5백 석 이상의 극장을 대상으로 삼고 있는데, 150석 규모 소극장의 경우는 보호규정이 없어서 소방법에 의해 언제라도 철거시킬 수 있고, 새롭게 설치하는 경우에는 해결 방법이 없다. 소극장은 나라의 연극 문화를 발전시키는 중요한 역할을 한다. 대극장 중심의 기성 연극에 대한 예술적 항거와 도전의 공간이 소극장이기 때문이다. 소극장은 실험적이며 전위적 연극의 온상(溫床)이다. 그 소극장이 공연법 보호를 받지 못하고, 존립 근거도 없으며, 폐쇄 위기에 직면하고 있는 것이다.

공연법 중, 공연심사 조항에 "공무원으로 하여금 공연장소를 임검(臨檢)할 수 있게 한다"는 조항과 "각본, 가요대사, 설명서 등 조항(條項)은 항시 공연장에 비치하여 임검 공무원의 요구가 있을 때는 즉시 이를 제시할 것" 등은 연극을 위축시키는 독소조항으로서 연극 활동을 해칠 우려가 있다. 공연법은 본질적으로 문화보호법 내지는 진흥법의 취지로 제정되는 것이다. 퇴폐공연을 규제하고, 순수예술을 육성하기 위한 공연법이 한국 문화를 말살하기 위해 총독부 령(令)으로 제정된 탄압 법령의 잔재(殘滓)였다는 것이 더 큰 문제였다. 그 독소조항이 사라지지 않고 망령처럼 떠돌아다니는데도 이 일을 거론하지 않고 있는 국회, 정부, 문화예술계의 무지와 무기력, 무관심도 문제였다. 연극평론은 연극인과 함께 일제히 궐기했다. 그리고 이 오점을 집중적으로 타격했다.

"관객 1만 명 돌파의 감격이 채 사라지기도 전에 실험극장은 공연연기 신청을 하지 않았다는 이유로 〈에쿠우스〉 공연이 당국에 의하여 공연중단 명령을 받았다. … 현재 연극계는 공연장 문제로 크게 고민하고 있다. 각 극단의 연극 자립은 결국 재정적인 안정을 전제로 하는 것인데, 그 재원은 굵직한 스폰서 없는 현재의 실정으로서 관객의 입장료에 크게 의존할 수밖에 없다. 이 때문에 각 극단은 자체 공연장에서의 장기 공연을 기획할 수밖에 없는 실정이다. 자유극장, 실험극장, 민예극장, 에저또 창고극장 등은 이 같은 이유 때문에 자체 공연장을 마련하여 그동안 연극자립과 문화예술진흥의 과업에 헌신해왔는데, 자유극장의 까페떼아뜨르 폐관, 에저또 창고극장의 폐관 위기, 실험극장의 공연 중지 등은 연극자립의 길이 연극계 단독으로는 얼마나 감당하기 힘든 일인가하는 것을 실감케 해주었다.

현재의 공연법으로서는 예술로서의 공연 활동이 불가능하기 때문에 이의 개정은 시급한 문제가 아닐 수 없다. 현재의 공연법이 지니고 있는 문제점은 공연 정의(定義) 규정이 잘못된 점, 소극장에 대한 법적 보호가 없는 점, 시설기준상의 특별조치가 없는 점, 제52조의 실연심사 조항의 위헌성(違憲性), 그리고 제6장, 보칙 제24조에 규정된 공연자 또는 공연장의 감독규정이 '문예진흥선언문'에서 명기(明記)된 '문화의 자주성'이 관(官)에 의해 간섭되고 침해된다는 점, 제4장 제18조의 임검 조항과 제5장 제22조 10항의 각본 제시 조항은 시대착오적인 조항 등이었다. 연극예술은 결국 법으로 규제되는 이상으로 관객의 심판과 규제를 직접적으로 받기 마련이라는 특수성을 고려하여 소극장 공연 활동을 위시한 연극공연 활동이 예술적 차원에서 법적 보장을 받도록 해당 관청이 노력해주기를 연극계는 갈망하고 있다."(이태주, 「공연법 시비」, 『신동아』, 1976.1)

"1978년 6월 30일을 기해 서울의 기존 소극장(세실극장, 공간사랑, 실험극장, 창고극장, 중앙소극장) 등이 공연법, 건축법, 소방법 등에 저촉되어 폐쇄되리라는 관계 당국의 통보가 있자 연극계의 소극장 존속을 위한 건의에도 불구하고, 소극장은 존폐의 위기에 서 있다. 5월 25일 해당 소극장에 통고된 문공부 지시에 의한 서울시 당국의 공문내용은 주거지역에 위치한 세실극장과 공간사랑은 관계기관의 협의가 이루어질 때까지 잠정적으로 연극공연을 허가키로 하고, 기타 세 극장에 대해서는 종래의 폐쇄 방침을 재확인(시설개선, 용도변경승인, 공연장 면적 확보 등을 전제로 한 공연장 승인)하는 것이었다.

이외에도 5월 1일 개관할 예정이었던 엘칸토예술극장은 극장시설을 완료해놓고 문도 열어보지 못한 채 재개발지역에 묶이는 용도변경의 불허방침 때문에 폐쇄 위기에 직면하게 되었다. 소극장에 대한 해결방안으로서 제시된 이 같은 결정은 소극장 연극을 장려하고 떠받쳐주는 방향의 해결책이 아니라 허술한 보장에 의한 임기응변의 미봉책에 지나지 않는다. 당국의 이번 처사는 예술극장이 폐쇄되어 증권회사로 팔린 충격적 사건 이래로 한국연극의 발전을 저해하고 한국연극을 위기에 몰아넣는 중

대사건으로 간주돼 연극인들과 문화예술인들을 놀라게 하고 있다.

소극장 폐쇄방침에서 확인된 행정적 결함은 현대연극의 공간개념과 극장개념에 대한 당국의 인식 부족이다. 현대 연극이 지향하는 목적 가운데 한 가지는 프로시니엄아치 무대를 탈피해서 관객과 배우가 긴밀하게 접촉할 수 있는 '접촉연극(contact theatre)'의 이상을 달성하는 일이다. 이 때문에 연극공연장의 개념을 확대하고 변형공간, 야외공간, 집합공간, 가두(街頭)공간의 이념을 실현하고 있다.

구미 각국의 예술정책은 극단을 장려하여 이용 가능한 공공건물, 상공용 건물, 방송국 공간, 역사 유적지, 카페, 식당, 창고, 예배당, 고양, 운동장, 체육관, 시장, 공원 등 모든 생활공간을 극장공간으로 활용하는 일에 박차를 가하고 있다. 도시와 환경 전체를 연극공간으로 설정하는 기민하고 지혜로운 행정적 결단은 미래지향적 문화행정력이다. 그러나 우리는 2백 석 미만의 소극장을 존속시키는 일도 제대로 하지 못하고 있다. 소극장의 기능과 역할은 어느 나라 연극사를 보아도 주요한 것이어서 어느 시대에나 그 나라 정부와 사회의 따뜻한 보호를 받고 성장했다. 영국의 국립극장만 하더라도 한 극장 속에 제각기 기능이 다른 세 가지 무대를 지닌 극장이 있다. 그 가운데 필자에게 제일 감명을 준 것은 소극장 형식 개방무대 극장 크트솔로극장이었다. 가변무대를 갖고 있는 이 극장은 연극의 미래를 창조하는 실험장이요, 교육장이었다. 뉴욕에서는 조셉 팝이 이끄는 소극장이 새로운 연출가, 극작가, 배우들을 배출하고 있다. 오프 브로드웨이와 오프 오프 브로드웨이는 라마마소극장 같은 유별난 소극장들이 세계적인 명성을 날리고 있다. 독일도, 프랑스도, 일본도, 세계 문화 국가 어느 나라에서도 소극장에서 젊은 연극이 힘차게 자라고 있다.

2백 평방미터의 면적을 확보해야하는 창고극장과 중앙소극장은 현실적으로 대지 확보가 어려운 실정에 놓여 있다. 용도변경, 기타로 묶여있는 실험극장이나 엘칸토극장도 현행법으로는 쉽사리 헤어나기 힘든 곤경에 처해 있다. 국력을 신장하고, 외화를 획득하고 경제입국을 지향하는 일에는 법이 신축성 있게 뒷바라지하고 있다. 공연예술을 장려하고 지원하기 위한 법은 어째서 신축성을 발휘하지 못하고 있는가? 가장 바람직한 것은 임시 편의로 공연이 연장되는 소극적 해결이 아니라 법의 보장에 의해 보호되는 적극적 해결이다. 이 일이 가능하기 위해서는 국가의 예술정책 차원의 연극 육성책이 선행되어야 한다.

우리들의 소극장은 하루아침에 쉽게 이루어진 것이 아니라 연극인들의 노력, 독지가들의 숨은 공헌, 문화예술 애호가들과 관객들의 성원 속에서 고독하게, 어렵게, 그리고 끈질기게 성장해 왔다. 이들이 가꾼 문화의식, 그리고 이들이 성취하고 있는 문화형성력을 간단히 좌절시킬 수는 없다." (이태주, 「소극장의 위기와 존폐 위기」, 『신동아』, 1978.7)

문공부 지시에 의한 소극장 폐쇄조치는 연극계의 반발을 사서 이 문제를 거론하기 위해 연극협회 임시총회가 소집되었다. 극도로 흥분된 회원들은 문공부 조치에 강경하게 맞서기로 결의했다. 한국연극학회에서는 항의 표시로 '현대연극 100년과 소극장'이라는 주제를 걸고 1978년 6월 22일 문예진흥원 강당에서 학술강연회를 열었다. 한상철은 서구근대극 발전의 모태였던 소극장 운동의 내력을 설명했고, 유민영은 한국연극사에서 확인된 소극장의 역할과 소극장 보호 육성책을 강연했으며, 이태주는 우리나라 소극장 실태와 연극공간의 문제를 해명했다. 이상일이 사회를 맡은 토론회는 여석기, 최경호, 이중한, 정병호, 서연호, 정진수 등이 토론자로 참가했다. 이 토론회에서는 참가자들이 소극장을 사멸시키는 예술정책의 졸렬성을 일제히 비판했다.

1979년 3월말 연극공연장 개관 일자, 장소, 객석 현황은 다음과 같다.

드라마센터	(예장동)	62.4.	496
국립극장 대극장	(장충동)	73.10.17.	1496
국립극장 소극장	(장충동)	74.3.1.	344
중앙소극장	(저동2가)	75.1.5.	120
실험소극장	(운니동)	75.9.5.	156
세종문화회관 별관	(세종로)	75.11.	1236
창고극장	(삼일로)	76.4.22.	100
세실극장	(정동)	76.5.1.	312
공간사랑	(원서동)	77.4.22.	150

76소극장	(대현동)	77.4.27.	135
코리아극장	(명동)	77.10.15.	567
엘칸토예술극장	(명동)	78.7.15.	152
거론스튜디오	(대현동)	78.7.10.	70
민중소극장	(용산)	78.2.9.	100
민예소극장	(대현동)	79.3.15.	130

공연장 시설을 볼 때 15개 극장 중에 5개 극장을 제외하고 나머지 극장들은 장면 변화를 위한 공간의 가변성, 배경 장치, 분장실, 조명설비, 음향설비, 객석, 로비, 여타 부속 시설 등이 부족하거나 미비해서 공연장으로서의 여건이 너무 빈약했다. 이런 극장 환경으로서는 좋은 무대, 알찬 무대를 만들어 나갈 수 없었다(「국내연극공연장 실태조사」, 『문예진흥』 제6권 46호, 1979.4 참조). 전체적으로 낙후된 극장 공간을 국가적인 문화 위기로 간주해서 정책적으로 지원하고 후원하는 방책을 세우는 일은 너무나 요원한 일이었다. 서울도 이러한데 지방은 더 말할 필요가 없다. 극장 문화는 국가 문화예술의 축도(縮圖)이기에 연극인들과 평론가들은 이 일을 모르는 체 지나칠 수 없었다.

월간 『문예진흥』이 기획한 '연극과 소극장' 특집의 필자와 논제는 다음과 같다. 「소극장 활동 개관」(정진수), 「국내연극공연장 실태조사」(진흥원 기획실), 「해외 소극장 운동과 현대연극의 흐름」(여석기), 「미국의 소극장 운동」(이태주), 「프랑스의 소극장」(윤동진), 「스웨덴, 영국, 우간다의 소극장」(이반), 「서독과 소극장 운동」(김학천), 「일본 신극과 소극장 운동의 개관」(이진순), 「동양권의 소극장 운동」(고승길), 이 밖에도 「소극장 증설과 문제점」(정중헌, 『문예진흥』 6권 4호), 「다시 소극장에 관하여」(이태주, 『주간조선』, 550), 「소극장 지원에 관한 제언」(양혜숙, 『문예진흥』), 「소극장에 지원금을 줄 수 없을까」

(정진수, 『춤』) 등이 있다.

소극장 폐쇄에 대한 문화예술계의 반발이 극대화되고, 사회여론이 악화되었다(이상일, 「소극장운동의 연극적 기여」, 『문예진흥』 통권 46, 1979 ; 이태주, 「다시 소극장에 관하여」, 『문예진흥』 통권 46, 1979 ; 김태원·강준혁·강영걸, 「한국소극장 운동, 70년대 이후의 맥―소극장 '공간사랑'과 문화적 복합공간」, 『공간』 9월호, 1987 참조). 문공부는 6월 30일 폐쇄시한 몇 시간을 남겨놓고 실행을 유보시켰다. 이로서 소극장 문은 다시 열리고 공연법과 소극장 위기는 일단 휴면상태로 접어들었다. 1978년 7월 2일자 《조선일보》는 '소극장 폐문 직전에 회생'이라는 제목으로 다음의 기사를 내보냈다.

> "문공부는 시한 마지막 날인 30일 서울시에 공문을 보내 '기존 소극장을 포함, 공연이 가능한 모든 소극장과 앞으로 생길 소극장에 대해 공연을 할 수 있도록 유보해줄 것'을 시달했다. 이로써 건축법, 소방법 등에 저촉되어 문을 닫지 않을 수 없었던 삼일로 창고극장, 실험극장과 지어만 놓고 빛을 보지 못할 뻔한 엘칸토소극장 등이 구제되어 전과 다름없는 공연 활동을 할 수 있게 되었다.
>
> 평론가 이태주는 '마지막 시한을 넘기지 않고 성의를 보인 것이 기쁘다. 유보조치로 시간을 벌었으니 이제부터 소극장 육성을 위해 법과 예술정책 양면에서 근원적인 문제를 해결해 가야할 것이다. 소극장의 문이 열린 만큼 이를 발판으로 알찬 공연을 해나가면서 실험 및 인적자원 개발을 위한 워크숍을 활발히 전개해야 할 때다'라고 말했다.
>
> 6월 29일 반공문학상 시상식이 끝난 후, 김성진 문공부 장관은 소극장 문제를 놓고 연극인들과 격의 없는 대화를 가진 바 있다."

70년대 상반기 연극은 세종문화회관이 개관되고, 신연극 70년 기념공연이 진행되었지만 소극장 폐쇄를 앞둔 어수선한 주변 사정 때문에 눈에 띌만한 공연성과를 거두지 못했다. 1978년 1월부터 6월까지 공연윤리위원회를 통과한 97편의 공연 가운데서 재공연과 국립극장 공연을 포함해서 공연된 편수는 76편이며 이 가운데 번역극이 58편이었다. 창작극 부진 현상이 두드러졌다. 창작극 진흥을 위해 대한민국연극제가 활동을 개시했다.

제2회 대한민국연극제에 신청을 한 21개 극단 가운데서 1978년 7월 25일 다음과 같이 참가 작품이 발표되었다. 〈태풍〉(정복근 작, 가교), 〈바다와 아침등불〉(허규 작, 민예), 〈카덴짜〉(이현화 작, 민중), 〈종〉(오태석 작, 산하), 〈달 나오기〉(김용락 작, 에저또), 〈이상무의 횡재〉(이근삼 작, 충주시민극장), 〈산국〉(황석영 작, 여인극장), 〈무엇이 될고 하니〉(박우춘 작, 자유극장), 〈길〉(김상열 작, 작업), 〈전범자〉(이재현 작, 현대극장).

1978년 후반기 가을 시즌은 연극공연 활동이 활발해졌다. 극장마다 관객들이 몰려들었다. 8월 25일 막을 올린 실험극장의 〈리어든 양은 조금씩 마시기 시작했다〉(구희서 역, 김효경 연출)은 10월 3일 종연되었는데 70회 공연에 관객 약 7천 명을 동원했고, 창고극장도 연일 만원을 이루고 있었으며, 연극제가 열리고 있는 세실극장과 세종문화회관 별간도 관객동원이 순조로웠다. 국립극단 제88회 공연 〈물보라〉(오태석 작·연출)는 명작 공연의 이미지를 살리면서 그 동안 고갈되었던 관객을 다시 끌어들이는 데 성공했다. 10월 20일 실험극장이 〈롤러스케이트를 타는 오뚜기〉(김동훈 1인극, 김동훈 연출) 리바이벌 공연의 막을 올렸다.

5. 70년대 중반의 창작극 공연과 평론의 도전

1) 창작극 지원공연과 기타 작품들

문예진흥원의 창작극 지원 공연은 1974년도에 시작되었다. 이 지원의 일차 목표는 창작극 공연 지원과 활성화였다. 대한민국연극제를 통한 창작극 진흥책에 찬의를 표시한 극단들은 저마다 참가에 열을 올리고 있었다. 평론가들은 지원방법과 시행절차를 개선해야 한다고 주장했다. 극단 지원과 창작극 작가 지원을 구분해야 된다고 제안했던 것이다. 창작극 공연을 시도하는 극단에 대해서만이 아니고, 극작가를 집중적으로 지원해야 된다는 것이었다. 극작가 지원의 경우는 충분한 고료, 창작기금의 혜택, 표현의 자유를 위한 검열의 폐지, 희곡 발표지면의 확보 등이 강조되었다. 또한 지방공연이라는 부대조건을 철폐해서 지방연극은 지방 단체가 책임지고 육성하는 방향으로 가는 것이 좋겠다는 의견이었다(이태주, 「1975년의 연극을 위하여」, 『공간』 92, 1975.1 참조).

한국극작 워크숍(여석기, 박조열, 한상철 주관)의 극작가 육성 활동은 장기적이면서, 신중한 일 진행 때문에 극단의 기대를 모으고 있었다. 1974년에 간행된 『단막극 선집』(제1집)은 이 워크숍의 성과를 말해주고 있었다. 이 워크숍에 참가하고 있는 극작가들은 강추자, 김병준, 기명무, 김정자, 엄한얼, 오태영, 이강백, 이광복, 이기영, 이병원, 이언호, 이하륜, 차지현 등이었다.

여석기는 다음과 같이 말했다.

> "극작 워크숍은 처음 〈드라마 센터 아카데미〉에서 시작하여, 그 후 독립된 워크숍은 65년께부터 본격화되었는데 윤대성은 처음부터 참가한 멤버이고, 뒤이어 국립극장의 장막공모에서 당선한 이재현이 참가했다. 그리고 이강백은 74년에 다시 시작한 2차 극작 워크숍의 중심 멤버였으며 그도 이미 《동아일보》를 통해 신춘 등용을 하고 난 뒤였다. 이 워크숍 활동은 60년대 후반에서 70년대에 걸쳐 10년간, 한국연극에 신예의 기풍을 주입해 많은 젊은이들이 거의 참가해왔다. 그들은 재능도 있었고, 연극에 대한 새로운 감각을 몸에 지니고 있었으며, 그 보다 극작을 위해 헌신하겠다는 각오와 집념의 소유자들이었다." (여석기, 『희곡선 '70』, 1976, 민학사 : 『70년대연극평론자료집(I)』, 1989 재수록)

1974년에 이어 75년에도 극작가 이재현, 김용락, 오태석, 윤대성, 최인호, 전진호, 신명순 등의 창작 활동에 극단들은 기대를 모으고 있었다. 소설가 조해일, 조선작, 송영 등이 희곡에 관심을 기울인 것도 화제가 되었다. 차범석, 이근삼, 박조열, 하유상, 김의경, 노경식 등도 극작 활동을 계속하고 있었다. 연극 〈초분〉에 이어, 1974년 상반기에 역작 〈태〉를 발표한 극작가 오태석은 동랑 레퍼토리극단의 집단창작 시스템의 이점을 활용하여 1974년 하반기 국립극장 공연을 위해 〈이춘풍의 처〉를 탈고했으나 공연상의 견해 차이로 무대에 오르지 못했다.

연출이 연출 이외의 분야와 어떻게 유기적으로 결합되느냐는 문제는 75년 연극의 과제였다. 공연의 전체적 조화를 위해서는 연출과 극작, 연기 그리고 여타 무대기술 분야와의 사전 협의 방식에 의한 집단창작은 동랑이 실천하고 있는 일이었다. 안민수, 유덕형, 김기주(金箕柱) 등이 주축이 되어 끈질기게 추구하고 있었던 '보는 연극'의 창의성은 우리 공연예술의 전통적 가치와 서구의 「잔혹연극론」에 대한 인식이 새롭게 모색되는 계기가 되었다. 반사극(反史劇) 이론을 토대로 프랑스 희극의 방법을 살려 유머와 아이러니가 교차되는 재미를 선보인 김정옥의 무대도 신선한 충격이었고, 민속적 가락과 몸짓 속에서 우리 공연예술의 전통을 찾아 그 현대적 무대화에 전념하고 있는 허규의 노력도 그의 민예소극장과 함께 관객의 주목을 끌고 있었다. 리얼리즘 연극을 세우고 있는 이원경, 이진순, 표재순, 임영웅, 유흥렬, 강유정, 나영세, 김현일, 이승규 등을 위시해서, 최치림, 이윤영, 정진수, 김영열, 김효경, 이창구 등의 의욕과 실험정신도 관객을 매혹시키고 있었다.

각 극단에 자리 잡고 있는 배우들의 연기도 관객들의 주의를 끌고 있었다. 산울림의 이성웅·김인태·김무생·오지명·이정길·함현진·김용림·사미자·손숙·윤소정·최선자·김동수·백수련, 동랑의 이호재·전무송·김종구·양정현·양서화·여무영, 실험극장의 김동훈·이락훈·김순철·이승호·이한승·홍계일·채희재·정호영·김혜련, 여인극장의 김수아·김동주·임동진·송재호, 국립극단의 김성원·신구·민지환·이진수·권성덕·심양홍, 극단 고향의 민욱·정운용 등은 70년대를 화려하게 수놓았던 무대의 별들이었다.

그러나 평론가 한상철은 1974년과 1975년에 발표된 창작극을 논평하면서 불안과 실의를 감추지 못하고 있었다. 1974년 상반기 작품을 논하는 글에서(한상철, 『한국연극의 쟁점과 반성』) 그는 "차범석의 〈활화산〉과 〈약산의 진달래〉, 이근삼의 〈30일간의 야유회〉, 김용락의 〈동리자전〉, 최인호의 〈가위 바위 보〉 등이 보여주고 있는 것은 그것들이 오늘의 한국 현실을 얼마나 피상적으로 보고 있느냐 하는 것이다. (중략) 상반기 창작극이 특히 우리를 실망시킨 것은 그 여러 편의 작품 가운데서 단 한 명의 인물도 우리에게 인상 깊은 인물이 없었다는 사실이다. 그들은 그 어느 누구도 보편적인 인간의 본질에 대해서 새로운 빛을 던져주지 못하고 있음은 물론이거니와 지금 우리가 살고 있는 이 시대의 체험마저도 같이 나누지 못하고 있는 형편이었다"라고 언급했다. 그러나 74년 하반기 창작극은 뚜렷한 변화를 보이고 있었다. 한상철은 그 변화에 대해서 이렇게 말했다.

"하반기 희곡에서 가장 주목해야 할 사실은 젊은 세대에 속한 작가들이 왕성하게 오늘의 한국 현실을 응시하고 탐구하고 분석하고 비판하려는 태도라고 볼 수 있다. 그들은 직접적으로 현재의 상황 내지 존재의 의미를 천착해 보려고 하거나 간접적으로 우화를 빌어 인간과 생존의 참 모습을 제시해 주려고 노력한다. 그들은 한결 같이 오늘의 상황이 부조리하고 비인간화되었고, 이성이 마비되어 의식이 혼란되어 있음을 보여주면서 이 시대의 질병을 경고해주고 있는 것이다. (중략) 그러나 그들의 희곡은 강한 설득력과 감동을 수반하지 못하고 있다. 그것은 형식적으로 불완전하거나 사상이 미숙하거나, 주제 파악이 명료하지 못하기 때문이다." (한상철, 「희곡문학의 확대」, 『서울평론』, 1974)

그는 이 문제와 관련해서 구체적으로 이강백의 〈내마〉, 신명순의 〈우보시의 어느 해 겨울〉, 조해일의 〈건강진단〉, 전진호의 〈달나라와 딸꾹질〉, 윤대성의 〈출세기〉 등의 작품을 예로 들어 논평했다. 〈출세기〉에 대해서 한상철은 다음과 같이 논평했다.

"이 작품이 장치를 없애고 신파나 뮤직홀 코미디언의 움직임과 제스처를 활용한 점이나, 관객을 직접 무대와 연결, TV · 스튜디오 · 방청객으로 이용한 점 등은 이색적이다. 그런데 우리는 왜 그 충격적인 사건들 앞에서 엄숙해질 수 없었을까? 다 보고 난 뒤 왜 존엄성과 개성을 상실해버린 인간이 뇌리에 남지 않았을까? 그것은 〈출세기〉가 하나의 TV쇼였지, 매몰되고 파괴된 인간을 깊이 그려주지 않았기 때문이다." (한상

철, 「희곡문학의 확대」, 『서울평론』, 1974)

그러나 서연호는 견해를 달리하고 있었다.

"1974년 10월에 처음으로 공연되었던 윤대성의 이 작품은 동랑레퍼토리 극단의 재공연(김기주 연출)에서 원작 자체도 좀 고치고 연출에서도 지난번의 모자랐던 부분을 보완하고 있음이 눈에 띈다.

(중략) 마당극이라는 전제를 내걸고 공연히 억지스럽게 관중을 작품 속으로 이끌고 들어가려는 무리한 시도 등을 제외한다면 무척이나 흥미 있게 볼 수 있는 연극이었다. 사실 1974년의 창작극 중에서 〈출세기〉만큼 현실의 문제를 연극적으로 부각시킨 작품은 없었다. 이 작품에서 작자는 한 광부가 겪는 사회적 체험을 열린 공간 속에서 함축적으로 표현하고 있는데, 그러한 체험이 오늘의 삶과 어떻게 관련을 맺고 있으며 오늘의 대중사회가 인간을 어떻게 변모시키고 있는가를 폭넓게 더듬어 나가려는 시도를 담고 있다. 연출자 역시 이러한 의도에 맞추어 복잡하게 전개되는 국면들을 간결하게, 선명하게 표출시키려는 긴장된 노력을 집약시키고 있다. 상황의 빠른 변화, 거기에 따라 민감하게 변질되어 가는 인물들의 모습, 적절하게 응용되는 무대 메커니즘 등, 연출, 연기자들의 움직임은 괄목할만하고 감동적이다." (서연호, 「70년대 한국연극 문제작을 말한다」, 『연극평론』, 1979. 한국연극평론가협회 편, 『70년대 연극평론자료집』 1989 재수록)

75년 상반기 창작극 공연은 12편의 리바이벌 공연이었다. 12개 극단이 광복 30년을 기념해서 문공부의 지원(공연지원금 1백만원)을 받아 4월 17일부터 7월 9일까지 창작극 중심 공연을 했다. 이들 극단이 공연할 작품은 해방 이후 30년 동안 발표되고, 공연된 작품 가운데서 재공연할 가치가 있다고 심의위원회(서항석, 이진순, 차범석, 여석기)가 판단한 것들이다. 선정된 작품은 다음과 같다.

〈맹진사댁 경사〉(오영진 작, 실험), 〈혈맥〉(김영수 작, 고향), 〈산불〉(차범석 작, 산하), 〈햄릿〉(셰익스피어 작, 가교), 〈위대한 실종〉(이근삼 작, 민예), 〈미풍〉(하유상 작, 신협), 〈학마을 사람들〉(이범선 작, 이재현 각색, 광장), 〈파우스트〉(괴테 작, 자유), 〈토끼와 포수〉(박조열 작, 민중), 〈환절기〉(오태석 작, 산울림), 〈달집〉(노경식 작, 여인), 〈마의태자〉(유치진 작, 동랑).

한상철은 재공연 무대에 대해 "이번 재공연들은 거의 모두가 작품만도 못했고, 초연보다도 못했다"(한상철, 「무산된 태기」, 『한국연극의 쟁점과 반성』, 1975)라고 날카롭게 비판했다.

여석기는 광복 30주년 리바이벌 공연에 관해서 논평했다.

"연극계 내부의 호응이 약했고, 지원금에 이끌려간 것 같은 느낌을 준다. 적어도 30년을 대표하는 문제작이라고 한다면 그것이 초연되었을 때의 사정과 현재를 비교하여 무언가 새로운 의미를 찾아야 마땅했고, 오늘의 관객에게 던져주는 것이 무엇인가에 대해 좀 더 면밀한 연구와 배려가 있어야 했다. 그런데 결과적으로 초연의 단순한 답습에 불과했거나 아니면 새로운 해석, 새로운 연출의 방향이라 해서 말초적 기교나 신기한 잔재주를 보여주는 데 그치고 말았다. 그렇게 되지 않을 수 없었던 보다 근본적인 원인으로서 연기수준의 현저한 후퇴 내지 퇴폐현상을 들어야겠다."(『여성동아』, 1975.9. 한국연극평론가협회 편, 『70년대 연극평론자료집』, 1989 재수록)

다만 그는 예외로 동랑의 〈마의태자〉에 대해서만은 유덕형 연출의 성공과 이호재의 호연, 그리고 태자 역의 정동환이 발산한 매력을 칭찬하고 있었다.

서연호는 〈우보시의 어느 해 겨울〉(신명순 작, 허규 연출, 민예극단)에 대해서 긍정적인 평가를 내리면서 "오늘의 연극이 민중에게로 다시 돌아가자면, 실로 〈기존의 연극〉에서 탈피해야 할 것이다. 이미 기존하는 대부분의 연극은 죽은 연극이기 때문이다"라고 비판하고 있었다(서연호, 『공간』 92,

1975.1). 그는 신명순의 작품은 "우화가 취할 수 있는 상징성을 최대로 이용하고 있다는 점에서 크게 주목된다. (중략) 이 작품에서는 소시민의 일상생활이 자연스럽게 비판되고 있을 뿐 아니라, 참다운 시민의식이 어떻게 구체화될 수 있느냐를 넌지시 밝히고 있다. 이 작품은 또한 서구적인 연극형식이, 더 정확히 말하면 브레히트의 서사적 방법론이 어떻게 실제로 우리 연극에 적용될 수 있는가를 아울러 제시하고 있다.(서연호, 「민족극의 이념」, 『공간』 92, 1975.1)라고 말했다.

2) 전통극의 현대적 수용문제 – 민예극장, 그리고 한국연극학회의 제언

1975년 1월 17, 18일 아카데미 하우스에서 국제극예술협회 한국본부(위원장 여석기) 주최로 '전통연극의 현대적 수용' 심포지엄이 개최되었다. 주제논문과 발표자는 다음과 같다.

「제의적 연극의 성격에 대한 몇 가지 생각」(김열규), 「전통연극의 현대적 수용」(심우성), 「전통극의 현대극에의 정립 시도와 과제」(허규), 「작가로서의 한 시도」(오태석).

발표와 질의토론의 사회는 차범석, 이두현, 김갑순, 한상철, 김정옥 등이 맡아 진행했다.

김열규는 말했다.

"탈춤과 굿거리 가운데의 〈놀이〉는 그 연희형태나 주제에서 많은 동질성을 갖고 있다. 놀이가 지닌 특징은 우선 그 〈현장성〉을 들 수 있다. 이 현장성에는 몇 가지 검토가 따른다. 첫째 공간적 현장성이다. 이는 무대공간이 마을 속의 생활의 현장이라는 것을 의미한다. 무대도 닫힌 무대가 아니라 관중이 무대공간을 둘러서서 본다. 둘째, 시간적 현장성이다. 놀이는 결정적인 순간에 베풀어진다. 속(俗)의 세계와 성(聖)

의 세계가 마주치게 되는 제의의 찰나에 베풀어지는 것이다. 셋째, 관중의 현장성이다. 이것은 관중이 관시(觀視)만 하는 객(客)에 그치지 않음을 의미하고 있다. 연희가 주(主)가 되고, 구경꾼이 객(客)이 되는 그러한 관계 이상의 것이 있음을 나타내는 것이다. 관중은 거의 자연발생적으로 놀이에 참여한다. 미적 경험에서 보면, 관중이 창조 자체에 참여하고 있다. 관중과 연희자가 지닌 현장성은 민간전승의 일반적인 속성이기도한 대중적 취향에 의해 조종되는 창작의식을 의미한다."

심우성은 말했다.

"전통예술의 관광상품화, 괴기취미에서 생기는 골동화 풍조가 또 하나의 벽이 되고 있다. 한국의 연극으로 내세워질 전통연극의 앞날을 위해 원형보존 문제, 실체와 독창성의 분석, 전공을 분화하는 전문연구, 독창적 무대공간의 개발 등을 위해 당국의 정책적 배려가 긴요하다". (중략) 한국연극협회에 '전통연극분과'를 두어야한다."

허규는 말했다.

"놀이와 연극, 탈춤과 연기는 분리해서 신중히 검토, 실천해야 한다. 지금까지 민속극 속에서 음악적인 면과 무용적인 면만을 도입하려 했다는 것이 많은 시행착오를 낳게 만들었다. 이 일이 제대로 이루어지려면, 작가와 연출가, 기능보유자들이 함께 재구성, 재창조할 수 있어야 한다. 동양연극에 대한 이해와 비교연구를 통해 한국전통연극에 관한 이론의 확립이 시급히 요청된다. 탈놀이와 판소리, 인형극 등의 연기술을 습득하기가 어렵고, 연기자와 기능자 양성의 문제가 여의치 않다. 전문적인 연구기관이 없는 것도 문제다. 지금까지의 시도가 소재선택에 있어서 극히 제한적이었고, 형식도입에 치중한 것이었다."

오태석은 말했다.

"전통극에서 사설조와 욕설을 빼면 남는 것이 없는데, 실은 이것이 연극에서는 큰 에너지원이다. 전통극은 환상, 꿈, 공포, 욕망 등 내면적 현실의 조우 지점을 아주 잘 취급하고 있다. 그리고 시조의 경우처럼, 연극도 전래(傳來)의 형식에 통제되어야 한다. 서구적 연극에 고착화된 우리 연극의 무대를 해방시키고 확대시키기 위해서라도 전통극 형식의 연극 내 도입은 바람직한 일이다."

전통극의 현대화 문제는 극단 민예극장이 역점을 두고 추진하는 일이었다. 1975년 3월 31일 『공간』사 회의실에서 민예 대표인 연출가 허규, 민속극 연구가 심우성, 민예의 연출가 손진책 등이 민예극장이 무엇을 어떻게 하고 있는지에 관한 좌담회를 열었다(『공간』96, 1975.5). 민예는 창단 후 75년 5월 15개 작품을 공연했는데, 이 가운데서 9개 작품은 〈서울 말뚝이〉(장소연), 〈놀부전〉(허규), 〈배비장전〉(김상렬), 〈심청가〉(민예 집단창작), 〈꼭두각시놀음〉, 〈허풍쟁이〉(이언호), 〈덜덜다리〉(장소현), 〈불구경〉, 〈당신을 찾습니다〉 등이었다. 민예는 전통적인 소재를 다루면서 전통극의 전승문제에 관심을 쏟고 있었다. 이토록 형식적으로는 전통극적 요소를 현대연극 속에 도입하는 작업을 하고 있었지만 작품의 주제는 "우리들의 현실이나 또는 우리들 삶의 어떤 본질과 직결되는 그런 내용이어야 한다"라고 허규는 강조하고 있었다.

이 문제에 관해 손진책은 "우리들의 전통극은 일제의 탄압 이후 거의 60년간 전통의 전승(傳承)력을 상실했다. 우리들의 전통극이 그대로 바람직하게 전승되었더라면 민중극으로 어떻게 변모되었을 것인가라는 문제에 우리는 관심을 두었다. 말하자면 당대의 민중이 체제에 대해서 반항하고 비판하던 그러한 양식을 오늘날 그대로 되살리자는 의도를 갖고 작품 활동을 해왔다"라며 의미심장한 발언을 하였다.

최인훈의 작품을 토대로 허규가 각색해서 만든 연극 〈놀부전〉에 대해서 허규는 그 창작과정을 다음과 같이 설명했다.

"이 작품의 공연 의도는 전통극의 수법으로 하자는 데 있었습니다. 작품 주제는 흥부전을 뒤엎은 것이라 할 수 있습니다. 말하자면 원작에는 흥부만을 두둔해주고 있는데, 최인훈은 그와 반대로 놀부를 두둔한다고 할까요. 하여간 최인훈의 의도는 인간의 가치판단이란 그렇게 일방적일 수가 없다는 것이에요. 우리가 그르다고 보는 쪽에는 그 나름의 이유와 어떤 정당성이 있다는 것이지요. 말하자면, 인간의 어떤 양의성(兩義性)이라고 할까. 그런 것을 테마로 한 작품인데요, 제기 각색하면서 느낀 것은 이 작품을 판소리 형식으로 소화할 수 없겠는가, 사실 원작에도 대사는 4·4조로 되어있거든요. 그래서 대사는 판소리로 처리하고, 거기에 탈춤형식을 끌어들여 조화시키면 무엇인가 될 것 같은 생각이 들었지요. 그래서 인물도 흥부와 놀부, 그리고 해설자가 한 사람이 있는데, 나중에 그는 형님으로 분장되기도 하지요. 아무튼 간단한 인원으로 제한하였고, 거기에 가면을 씌웠지요. 물론 분위기는 민속극이 가지는 춤사위를 도입하고 또 해설은 서사극적 효과를 노리기도 했습니다. 그리고 대사처리에 있어서는 우리들의 판소리에서 쓰고 있는 다섯 가지의 가락(장단)을 전부 활용해보았어요. 이렇게 작품 전부를 전통적인 수법으로 처리했던 것은 그것이 처음이 아니었던가 생각됩니다. 아무튼 그 때의 반응은 아주 가능성이 풍부한 그런 실험이라고 했던 것 같아요." (『공간』 96, 1975.5)

　전통극의 현대적 수용의 문제에 관해 손진책이 특히 강조한 부분은 "배우가 판소리나 탈놀이, 인형극과 같은 전통극의 연기술을 완전히 익혀야 한다"는 것이었다. 그러나 문제가 되는 것은 "우리 것과 서구적인 것을 어떻게 조화시키는가"였다.

　민예극장은 아현동 고갯길 한쪽에 약 칠십 명을 수용할 수 있는 소극장을 갖고 있었다. 그들은 이 극장을 근거지로 해서 직장이나 학교, 지방으로 관객을 찾아 나섰다. 〈서울 말뚝이〉는 70회의 지방공연을 기록했다. 지방의 공연장은 대학교, 고등학교, 산장, 병원, 공장, 교도소 등이어서 관객은 다양했고 열광적이었다. 민예극장은 민속극워크숍을 개최해서 이 때 모인 대학생들 중심으로 한국민속놀이연구회라는 공부 서클을 만들기도 했다. 이 단체에서 연구한 대학생들이 주축이 되어 대학생들에 의한 전국적인 민속극 공연 붐이 형성되고, 이들의 공연방식이 민중항거의 투쟁방식으로도 전용되는 경우가 생기기도 했다. 심우성은 대학생들의 이같은 열기에 대해서 "한쪽에서는 대학생들의 그러한 연극 활동에 대해서 오히려 전통극의 원형을 파괴하는 행위라고 비난하는 의견도 있다"고 지적했다. 이 좌담회에 이어 서연호는 「전통연극의 현대적 계승 ─특히 민예소극장 연극을 중심으로」(『공간』 96, 1975.5)라는 평론을 발표했다. 이 평론에서 서연호는 전통연극의 범위, 특징(놀이판, 공연방식과 극적 형식, 탈놀음, 인형놀음, 연극의식), 계승, 소극장 공연의 실태 등 중요한 문제들을 다루고 있었다. 특히 〈서울 말뚝이〉와 〈놀부전〉에 대해서 예리한 분석을 시도했다. 이 글에서 그는 다음과 같은 공연상의 문제점을 지적했다.

"〈놀부전〉에서 보면 민속극과 판소리의 극작술이 별다른 무리 없이 내용과 잘 조화되고 있으며, 결과적으로는 새로운 연극의 창조에 적지 않게 기여하고 있다는 점에서 우리는 하나의 가능성을 확인하게 되는 것이다. (중략) 〈놀부전〉에서 욕심을 더부린다면, 이 작품이 보다 더 '목격되는 사건(witnesss event)'으로 무대화되어야 할 것이라는 점이다. 앞에서 필자가 지적한 바와 같이 이 작품은 판소리 사설이 갖는 서사성을 연극적으로 행동화시키는 데 상당한 노력을 기울이고 있으나, 아직도 '보여주는이야기'이기보다는 '들려주는 이야기' 형식에서 크게 탈피하지 못하고 있기 때문이다. 그 원인은 소설(서사성)이 갖는 언어적 설득력과 흐름을 그대로 무대에 옮겨 놓으려는 무리한 작업에서 비롯되는 것이다. 판소리의 서사성은 최대로 살리되 그것이 보다 행동화된 갈등으로 표현되도록 세분, 압축, 생략되어야 할 것이다. 무리하게 긴 사설, 중복되는 불필요한 사설, 같은 리듬으로만 반복되는 사설이 대폭적으로 정리되면서 '보여주는 갈등'으로 재편성되어야 할 것이다. 또 한 가지 이 작품에 대한 욕심을 지적한다면, 관중들에게서 추임새를 유발시키는 방안이 검토되어야 하겠다는 점이다. 아울러 악사의 개입은 더욱 살려야 할 것이라 생각한다. 앞에서 '실험적'이니, '현대화'니 하는 말의 무책임한 사용을 잠시 지적해 둔 바 있었거니와, 모든 우리들

한국연극 전환시대의 질주

의 소망은 오늘의 연극인들이 낡은 가치관과 예술의식에서 과감히 탈피하여 예술 행위와 민중의 의지를 일체감 있게 승화시키는 연극을 창조해주길 목마르게 기대하고 있는 것이다." (『공간』 96)

유민영은 「전통계승과 소재주의의 극복」(유민영, 『한국연극의 미학』, 1982)에서 전통극의 창조적 계승 문제를 다루고 있다. 전통극의 원형보존과 전통극의 현대적 재구성 및 창작의 문제를 다루는 데 있어서 그는 "보존의 문제만 하더라도 가면, 대사, 연희과정, 인형제작 등 분야에서 원형을 잘 유지하고 있는가에 대해서는 논란의 여지가 많다"고 지적하고 있다. 재창조 측면을 논하는 부분에서 그는 다음과 같이 논술하고 있다.

"박승희의 고전소설 차용이 오영진에 와서는 통과제의, 설화, 고전소설 등 민속과 고전 전반으로 그 소재원천이 확충되었던 것이다. 이러한 경향은 70년대에 와서 크게 각광을 받았고 최인훈, 오태석, 박성재, 이언호, 노경식 등 젊은 작가들에게서 다양하게 실험되었다. 소설에서 희곡으로 전향한 최인훈이 주로 설화에서만 소재를 가져온 데 반해 오태석의 경우는 전통극, 무속, 설화 등 광범위하게 수용하고 있으며, 윤대서, 노경식, 박성재 등은 무속, 설화, 장승(長丞) 등에서 소재를 취택하고 있다. 최인훈의 경우를 볼 때, 온달설화는 〈어디서 무엇이 되어 만나랴〉가 되었고, 아기 장수설화는 〈옛날 옛적에 훠어이 훠이〉가 되었으며, 호동왕자설화는 〈둥둥 낙랑둥〉이 되었다. 재생설화 구조의 〈봄이 오면 산에 들에〉나 심청 이야기 〈달아 달아 밝은 달아〉 등도 모두 고전에서 가져온 것들이었다. 최인훈과 좀 다른 오태석은 처음에는 전통극에서 소재를 얻어왔다. 경기도 지방의 가면극을 모리엘의 작품에 투입한 〈쇠뚝이 놀이〉를 비롯해서 인형극에서 힌트를 얻은 〈이식수술〉, 그리고 남해 도서 지방의 장례습속에서 가져온 〈초분〉, 고전소설 「이춘풍전」과 연관이 있는 〈춘풍의 처〉, 남해 지방의 무속의례 고풀이를 자연스럽게 끌어들인 〈물보라〉, 전통적인 한을 현대에 가져와 본 〈사추기〉 등 다양하다. 그러니까 오태석은 전통적인 민속에서부터 고전 전반을 일단 작품의 소재원천으로 삼았던 것이다. 그런 의미에서 지엽적이지만, 〈너도 먹고 물러가라〉를 쓴 윤대성이나 〈탑〉을 쓴 노경식, 〈무엇이 될고 하니〉를 쓴 박성재, 〈새타니〉

를 쓴 이언호 등도 같은 부류에 들것이다. 황해도 지방의 장대장비굿을 바탕으로 한 윤대성의 작품 〈너도 먹고 물러가라〉는 통렬한 사회풍자로서 주목을 끌었고, 지귀설화를 바탕으로 고대불교 정신을 현대에 되살려 본 노경식의 〈탑〉도 좋은 작품이었다. 그리고 장승에 얽힌 민화를 바탕으로 죽음의 문제를 파고들은 박성재의 〈무엇이 될고 하니〉도 현대극에서의 전통수용이 상당한 효과를 내고 있음을 어느 정도 보여준 것이었다. 그런데 극작가들이 너무나 소재주의에 빠지고 있지 않나 싶다. 그러니까 극작가들이 너무도 민속에 빠짐으로써, 민속 자체에서 헤어나지 못하고, 생경한 민속놀이를 그대로 현대극에 옮겨놓고 있다는 이야기다."

유민영은 「한국연극에 나타난 민중정신」과 「창극의 양식화 시도에 대하여 — 〈수궁가〉의 경우를 중심으로」에서 그가 위에서 제기한 문제들을 심도 있게 분석하고 있다.

전통극의 현대화 문제를 평단이 적극적으로 수용해서 다각도로 논의한 것은 70년대 중반에 각 극단들이 전통적인 수법의 공연을 시도한 일과 관련이 있으며, 이 같은 연극공연의 방향 설정은 군사독재 시대의 억압적 문화 풍토와도 깊은 연관성이 있었다. 그런데 우리가 특히 주목할 일은 이런 문화 탄압 현상이 시국과 어떻게 관련되고 있었느냐, 그리고 이 시기 창작극 공연에서 어떻게 처리되고 있었느냐는 것이 된다. 이 문제는 장을 달리해서 다시 논의하기로 한다.

1975년 5월 3일 미국문화센터 강당에서 한국연극학회(회장 이두현)가 창립되고(발기인: 이두현, 장한기, 여석기, 이태주, 유민영, 이상일, 김세중, 양혜숙, 심우성, 한상철, 김문환, 박영서, 양광남, 신정옥, 정진수), 기념 강연회가 열렸다. '민족연극의 이념'을 주제로 발표한 서연호는 "민족연극이란 민족의 현실인 오늘에서 민족의 통념화된 사회의식과 역사의식을 연극인의 의식으로 새로이 승화시키면서 역사 속에 참여하는 예술로 창조되는 연극"이라고 규정했다. 그는 "민족연극이란 민중들이 역사적 상황을 연극이라는 행위를 통하여 슬기롭게 극복하려는 노력이며, 연극인들이 역사적 현실에 대하여 책임을 느끼고, 민중으로서의 사명의식을 가장 설득력 있는 형식을 통해서 표현하면서 민중들의 의식을 끊임없이 발전시키려는 예술행위"라고 정의했다. 그는 유치진의 〈소〉와 이광래의 〈촌선생〉이 1930년대 우리나라 농촌현실을 문제삼은 작품으로서 중요시되지만, 저항적인 민중의식이 결여된 희곡이기에 민족극으로서는 결함이 있다는 비판적인 분석을 시도했다. 이상일은 「민속연극과 미속연희」라는 주제논문을 발표했다. 이 논문을 통해 그는 "우리의 전통적인 굿에는 제의적 성격, 놀이적 성격, 드라마적 성격들이 혼재되어 있다. 굿의 제의절차와 굿의 연희오락성, 그리고 그 연희 속에서 제의와 여흥이 효능을 상승시키는 드라마성은 따로 독립적으로 탐구되어야한다"고 주장했다. "연희적 미분화 상태를 한국 전통연극으로 특성화시켜 보존하려고 하면, 민속연희는 살 수 있어도, 전통연극이 설 땅은 없다. 굿과 놀이 속에서 전승되어 나가는 연희의 드라마성이 연극으로 탈바꿈되려면, 연극적 개념의 확립과 의식적인 작업이 있어야 한다"라고도 말했다. 유민영은 '한국연극학의 현황과 과제'라는 주제로 발표를 했다. 한국연극학의 역사를 성찰하면서, 그는 "한국연극학의 앞으로의 과제는 연극사의 새로운 정리, 전통극의 양식연구, 연출론, 연출사, 무대구조론, 극장사, 배우론과 연기사, 관객론, 비평론과 비평사 등으로 연구 대상의 폭을 넓히는 일"이라고 말했다.

6. 허규 연극의 이론과 실제

허규

연출가이며, 극작가이고, 극장의 운영자였던 허규는 1934년 경기도 고양군에서 출생하였다. 1957년 서울대학교 농과대학을 수료하기 전, 그는 이미 연극의 길로 가고 있었는데, 1956년 극단 제작극회 연출부에서 일하고 있었기 때문이다. 1960년 극단 실험극장 창단 동인이었고, 1961년부터 1972년까지 그는 KBS, TBC, MBC에서 드라마 연출을 했다. 1973년에서 81년까지 극단 민예극장 대표였으며, 1981년부터 1989년까지 국립중앙극장장이었다. 1988년부터 판소리학회 회장, 1989년 축제문화진흥회 회장 등을 2000년 3월 타계할 때까지 맡고 있었으며, 1993년에는 북촌 창우극장을 설립했다.

그의 연출 작품은 다양하고 활동은 왕성했다. 1961년 연출 데뷔작품 〈껍질이 깨지는 아픔 없이는〉 이후 그는 〈안티고네〉, 〈리어왕〉, 〈돈키호테〉, 〈사할린스크의 하늘과 땅〉, 〈휘가로의 결혼〉, 〈유다여! 닭이 울기 전에〉, 〈허생전〉 등으로 그의 활동은 쉴새없이 이루어졌다.

그는 〈고려인 떡쇠〉(73), 〈궁정에서의 살인〉(74), 〈놀부뎐〉(74), 〈우보시의 어느 해 겨울〉(74), 〈탱고〉(74), 〈심청가〉(74), 〈허풍쟁이〉(75), 〈덜덜다리〉(75), 〈당신을 찾습니다〉(75), 〈위대한 실종〉(75), 〈고대 상상 모양도〉(75), 〈구세평전〉(75), 〈삼각모자〉(76), 〈쌍둥이의 모험〉(76), 〈바보와 울보〉(76), 〈물도리동〉(77), 〈바다와 아침등불〉(78), 〈알비장〉(79), 〈우리읍내〉(79), 〈부자 2〉(79), 〈다시라기〉(79), 〈빛이여, 빛이여〉(79), 〈벌거숭이의 방문〉(80), 〈배뱅이굿〉(80), 〈애오라지〉(80), 〈깨어진 항아리〉(80) 등을 발표한 이외에도 〈춘향전〉, 〈홍보전〉, 〈토생원과 별주부〉, 〈부마사랑〉, 〈심청가〉, 〈홍보가〉, 〈적벽가〉, 〈용마골장사〉, 〈수궁가〉, 〈윤봉길 의사〉, 〈토끼타령〉, 〈배비장전〉, 〈세종대왕〉, 〈나래섬〉, 〈내일 그리고 또 내일〉, 〈태평천하〉 등의 작품을 연출했다. 그가 직접 쓰고 연출한 작품은 〈물도리동〉, 〈바다와 아침등불〉, 〈다시라기〉, 〈애오라지〉, 〈부마사랑〉, 〈최병도전〉, 〈용마골 장사〉, 〈윤봉길 의사〉 등이 된다.

그는 제2회 한국연극영화예술상 연극연출부문상(1965), 제1회 대한민국연극제에서 〈물도리동〉 연출로 대통령상(1977), 제4회 대한민국연극제에서 〈다시라기〉로 연출상(1979), 제5회 한국연극예술상(1980), 제12회 대한민국 문화예술상 연예부문상(1980), 제18회 한국연극영화예술상 연극연출상(1982), 대한민국 보관문화훈장(1995) 등 여러 상(賞)을 타기도 했다.

허규는 1991년 30년 연출 작업을 정리하면서 『민족극과 전통예술』이라는 책을 펴냈다. 이 책의 내용을 보면 그는 어떤 이론에 근거해서 연출 활동을 했는지, 그가 지향했던 연극은 무엇이었는지, 그의 예술적 환희와 고뇌는 무엇이었는지 알 수 있다. 그는 이 책에서 현대극과 전통극, 민족극의 창조적 계승, 축제문화 등의 문제를 다루고 있으며, 무대 작업에서 얻은 체험을 연출노트에 적고 있다.

우선 그의 연극론의 내용을 살펴보자. 그의 글 「연출의 개혁」에서 그는 말하고 있다.

"먼저 연극인의 창조 태도에 혁명이 있어야겠다. 이 땅의 연극이 방향감각을 잃고 방황하고 있는 중요한 이유는 바로 우리들 자신의 불순한 창조 태도에서 비롯된 것이다. 기술의 빈곤, 철학의 빈곤, 창작 여건의 불합리 등 여러 가지 이유가 있지만, 근본적인 문제는 우리 연극인이 연극예술의 가치를 어떻게 평가하느냐에 달려 있다. 진정한 예술가로서의 긍지와 자존심 그리고 순수한 의지로 연극행위를 하였다면 연극이 지금처럼 무기력하고 민중으로부터 소외당하지 않아도 됐을 것이다.

연출가는 쉬지 않고 연극을 만들어내는 기술자이어서는 의미가 없다. 자기 내부로부터 일어나는 근원적 심성의 폭발이 그 동기가 되어 착상, 내적 정련(精練)작용을 거쳐 무대에 표현된 작품이어야 관객들의 근원적 심성을 자극할 수 있다. (중략) 예술인은 자기의 창작 활동에 대해서 변명이나 누구 탓을 하여도 아니되고 어쩌면 해명마저도 불필요한 것이다. 진정한 연출가는 오직 연극을 통해서만이 자기를 주장하고, 자아를 계발할 수 있고, 자기 존재의 의미를 찾아야 할 것이다. 자신을 연극 속에 맡기고, 나를 아끼는 것만큼 연극을 아끼는 마음, 연극예술의 숭고함, 존엄함을 확신하고 연출의 직능을 자랑스럽게 여길 수 있어야 한다. 그렇게 된다면 연극에 대한 정열과 정성이 쉬지 않을 것이며, 한눈을 팔지 않아도 되고, 슬금슬금 남의 눈치를 살피지 않아도 되고, 여러 외적 여건의 불리함에서 오는 탄식의 소리도 사라질 것이다. 우리 연극이 안고 있는 핵심적인 문제는 재정적 불안정이나 공연장소 부족도 아니고 관객 수준의 미흡함은 더구나 아니며, 위정자의 몰이해도 아니다."

그는 이토록 철저한 자기비판의 입장에서 연극을 출발하고 있다. 그는 우리 연극에서 드물게 보는 비평정신의 소유자였다. 그는 연출 작업에서 중요한 것은 첫째가 연출가의 작품해석의 정확성이며, 둘째가 연출가 자신의 연극관의 정립인 것을 강조하고 있다. 그 연극관은 "연극적 사고를 하는 사람에게만 가능한 것이다"라고 그는 말하고 있다.

"연극적 사고의 소유자는 생명의 신비, 우주의 변화, 자연의 오묘한 이치, 인간과 인간, 개인과 조직 등의 함수 관계에서 연극성을 발견할 수 있을 것이다. 극성이란 연출가에 있어서는 자기를 확인하는 유일무이한 언어요, 기호인 만큼 모든 사상(事象)을 극성으로 분석하고 미분(微分)할 수 있는 능력이 있어야 하고 그것을 재구성하여 새로운 우주를 창조할 수 있어야겠다. 이러한 연극의 천재성이야말로 지금 우리의 연극현실에 가장 중요한 것이 아닌가 한다. 이런 능력은 직접적으로 작품을 형상화하는 데 없어서는 안 되며, 우리나라 고유의 전통예술 가운데서 풍부한 극성을 분석해낼 수 있을 것이다. 그리고 그 분석한 자료들을 인류공동의 기원을 축으로 삼아 이상적으로 창조했을 때 그 연극은 우리 시대의, 우리 민족의 독자적 극예술이 될 수 있다고 믿는다." (「연출의 개혁」)

그는 특히 배우술의 개발이 "우리 민족의 독자적 극예술" 창조에 필요하다고 역설했다. "연출에 있어서의 배우술이란 지극히 중요한 것으로, 연출의 개혁은 배우술의 개혁에다 주안점을 두고 수많은 연출가들이 실험하고 확인해왔다. 우리의 연극개혁은 배우술의 개혁에 의하여야 하는바, 배우의 완전 예술가적 자질을 요구하고, 연기력의 확장, 개발이라는 과제가 뒤따른다"고 말했다. 그는 이 글에서 연기력 확장과 개발을 위해서 몇 가지 방법을 제의했다.

(1) 동작 – 오도된 사실주의적 연기법에서 탈피하여 대담한 양식화의 실험, 가면극의 연기술 재검토.
(2) 음성 – 한국적 음성 표현술의 극치인 판소리를 새로운 차원으로 재창조.
(3) 음률 – 한국 특유의 여러 장단과 가락을 연기의 양식화에 활용해서 우리 나름의 독자적인 연극 문법, 기호를 창안.
(4) 연기에 장애가 되는 요소를 대담하게 제거(예로 장치, 의상, 소품, 조명 등 제요소의 간소화).
(5) 고유의 전통예술 가운데서 극성이 풍부한 요소를 추출해서 기교를 검토, 재정리하여 세련시키고 정밀감을 높이며 대담한 생략으로 압축시켜 다듬는 작업 등을 계획성 있게 추진한다. (「연출의 개혁」)

또한 한국연극의 중흥을 위하여 몇 가지 실천 방안을 내놓기도 했다.

(1) 우리 연극은 희곡, 연출, 연기 공히 감상주의에서 탈출해야 한다.

(2) 연극을 단순한 상품가치로 전락시키는 비양심적인 극 행위는 멈춰져야 한다.

(3) 매스컴의 횡포 및 편애로부터 독립하여야 한다.

(4) 문화적 사대주의를 버려야 한다.

(5) 연극에 대한 애정을 갖지 않는 연극인은 스스로 물러나야 한다.

(6) 관객에 대한 매춘부적 태도를 버리고 잃어버린 신뢰를 회복하여야 한다.

(7) 창작의 자유가 보장되어야만 한다.

(8) 공연장을 개발하고 연출의 다양화를 촉진시킨다. (「연출의 개혁」)

특히 우리나라 연극의 문제점 가운데서 오도된 리얼리즘의 병폐를 지적한 것은 당시 평론가들의 견해와 일치하고 있다.

"우리나라 연극은 그 형식이나 내용면에서 너무나 오랫동안 빗나간 리얼리즘에 잠겨 있었다고 본다. 즉 작품, 연출, 연기 등이 다분히 일반적 현상을 묘사하거나 상식적 논리에 근거한 연극관으로 작업에 임한 관계로 연극의 추상미, 작위의 재미, 창조된 멋, 은유, 암시의 묘미, 배우의 재치 등 연극만이 줄 수 있는 즐거움과 신비감을 소홀하게 생각했고, 애매하고 딱딱한 관념적 주제의 노예가 되어, 생명감 없는 연극행위를 습관적으로 해왔음을 자인해야 한다. 리얼리즘 연극론은 내용의 현실적 진실성을 추구하는 이론이라는 것을 망각하고 형식적으로만 추구해 온 듯한 인상을 주고 있는 것도 부인할 수는 없을 것이다. 형식적이거나 기계적인 연극술을 비판하고 부정하면서 역사적, 사회적, 인간적 진실을 연극으로 형상화하려는 경향이 사실주의 연극론을 탄생하게 간 것인데, 우리는 그것에 관한 충분한 연구나 실험을 거치지 않고 형식 도입에 급급한 것이 사실이다." (「우리 연극의 오늘과 내일」)

그는 자신의 연극관의 형성에 도움을 주고 그의 연극 인생을 바꾸어 놓은 전통연희에 대해서는 다음과 같이 심중을 털어놓고 있다.

"나는 연극하는 사람으로서 이 시대에 우리가 이루어 놓을 새로운 한국적 연극을 정립해야겠다는 생각으로 우리의 선조들이 이루어 놓은 연극, 즉 〈민속극〉이라는 것에 관심을 갖기 시작했었다. 우리나라 민속극의 대명사처럼 되어 있는 〈양주별산대놀이〉를 처음 보았을 때 크게 실망했었다. 〈꼭두각시놀음〉을 처음 보았을 때도 매한가지였다. (중략) 그때로부터 20년이란 세월이 흐르는 동안, 나의 민속극에 대한 관념이나 인식은 전혀 다르게 변했다. 그리고 민속극에 대한 인식의 변화는, 나의 연극관, 예술관의 변화와 함께 일어난 것이다. 다른 말로 하면, 나의 초기의 연극 활동은 서구연극의 일반적 개념이 그 바탕을 이루고 있었는데 지금은 우리 고유의 연극관 내지 독창적인 한국적 현대극관을 정립해야겠다는 결심으로 바뀐 것이다." (「굿, 놀이, 연극」)

허규는 그의 연극적 소신을 실천하기 위해서 〈춘향가〉, 〈수궁가〉, 〈심청가〉, 〈흥보가〉 네 편의 판소리를 삭제 없이 창극화하여 국립창극단 무대에 올렸다. 1977년 봄은 그가 창극 연출을 시작한 해로 기록된다. 창극 연출 활동이 심화되고, 국립극장의 운영을 맡은 다음부터는 놀이마당, 또는 마당놀이를 발상하게 되어 국립극장 뜰 안에 놀이마당을 지어 1982년 5월 15일 개장하게 된다. 1982년부터 86년까지 5년 동안 놀이마당을 운영하면서 그는 다음과 같은 문제점을 발견하게 된다.

(1) 주간공연은 집중력이 약하다.
(2) 탈춤보다 농악(남사당 농악 포함)이 역동성이 있다.
(3) 분명 우리 선조들의 것인데 마치 이웃 나라 것을 처음 보는 듯 서먹한 분위기 (관객의 경험, 인식 부족).
(4) 주기적 공연 필요.
(5) 전통 공연물 야외공연, 특히 대중을 대상으로 하는 공연기술을 발전시켜야 함.
(6) 전문인 공연과 아마추어들의 공연 활동은 엄격히 구분되어야 한다.
(7) 축제적 분위기 조성의 난점.
(8) 극장(무대)공연 전문분야의 기피 현상.
(9) 연희자의 자긍심 부족.

(10) 관중들이 공연을 예술로 보지 않고 공연에 참여하지도 않는 애매한 입장.

(11) 기존 마당놀이의 재창조와 창작 마당놀이 개발 필요.

(12) 현대적 축제로서의 마당놀이 모델 개발 필요.

(13) 지난날의 가난의 상징, 감상주의, 피해의식 등이 청산되어야 함.

(14) 놀이마당, 마당놀이가 이념의 도구가 되어서는 안 되며, 특정 계층만의 전유물인양 곡해하는 사고방식은 불식되어야 함. (「놀이마당, 마당놀이의 발상」)

이런 문제점에 대해서 그는 다음과 같은 해결책을 제시했다.

(1) 전국 공원의 일부와 학교 강당, 기업체의 강당, 실내 체육시설을 수준 높은 공연예술 공간으로 활용해서 공연예술을 진작시키고 활성화시켜야 한다.

(2) 신설 놀이마당은 지역문화의 특성을 발전시키기 위한 독창적, 전문적 공간설계가 필요하며, 음향, 조명 등 과학 장비 설치 및 악천후에 대비한 시설확보를 목표로 계획되는 것이 바람직하다.

(3) 청소년과 지역주민의 건전한 문화예술 제공을 위해 높은 수준의 야외극, 야외음악회, 전통예술, 다중 참여 예능축제, 놀이문화 등을 기획, 연구, 개발하는 연구팀 구성이 필요하다.

(4) 민속예능을 한국 고유 공연예술로 발전시키기 위해 악(樂), 가(歌), 무(舞), 희(戲)는 물론 가면, 의상 소도구, 장신구, 분장 등의 공연술 개발을 위한 전문가 양성이 필요하다.

(5) 각 지역의 역사적 사실, 전설, 신화, 의식, 풍속, 민요, 춤, 각종 놀이 등을 지역사회의 시민 참여 축제로 구성 연출하여 지역적 대표 축제로 발전시키는 방안이 연구되어야 한다. (「놀이마당, 마당놀이의 발상」)

허규는 전통예술의 현대적 수용문제에 대해서도 출중한 의견을 냈다.

"우리의 연극 유산을 현대에 수용하는 데는 크게 나누어 두 가지 방안을 생각할 수 있다. 첫째, 현재 문화재로 지정된 것 중 연극성이 있는 각종 놀이와 무속의식, 제의 등을 그 원형을 손상하지 않는 범위 내에서 다듬고 보완하여 그 특성과 기능을 살릴 수 있는 공연장에서 정기적으로 공연할 수 있도록 극장예술화하는 보수적 방안과 둘째, 연극유산의 고유성, 본질을 토대로 하여 재구성하거나 현대감각으로 창작하는 창조적 수용 두 가지 방안이다.

그런데 이 두 가지 방법은 많은 문제를 안고 있다. 전통 단절의 위기에 처해있던 우리 선대의 문화양식은 그것이 설령 높은 예술적 가치를 지니고 있다 해도, 오늘에 그대로 수용되기는 힘들다. 공연예술에 있어서는 더욱 그렇다. 그것은 현장성과 생활감각, 가치관의 변화 때문이기도 하다. 이런 전제하에서 두 가지 방안을 구체적으로 검토해 본다.

1. 보수적 수용방안 – (1) 민속예능 전문공연장 확보, (2) 발전적 계승의 구체적 방안 수립, (3) 인간문화재의 범위 확대.
2. 창조적 수용방안 – (1) 한국 민족 연극론 확립, (2) 연구 시스템 구성, (3) 기능보유자의 보호와 자질 향상을 위한 교육 및 훈련, (4) 독창적인 공연장의 설립, (5) 재정적 지원." (「한국적 극장예술의 정립 가능성에 대하여」)

허규의 연극론과 그 실천 방안에 대한 평론계의 반응은 뜨거웠다. 유민영은 『주간조선』에서 평론 「전통극 계승에 대해」(1980.8.7)에서 이 문제를 재론했다.

"1973년도부터 민예극장이 일련의 전통극 재창조 작업을 벌임으로써 바야흐로 전통극 현대화의 길을 열어갔다. (중략) 우선 가면극적 계승을 볼 때, 현재 세 가지 양태로 나타나고 있다. 극단 민예극장 등에서 시도하고 있는 창작가면극이 첫 번째 방법이고, 두 번째로는 유덕형, 오태석 등이 시도하고 있는 현대적 재창조 방법이다. 그리고 세 번째가 가면극에다가 판소리, 민요 등을 뒤섞은 마당극 수법이다. 민예극장의 〈서울 말뚝이〉와 〈춤추는 말뚝이〉의 경우, 줄거리는 근대 이야기지만, 양반(혹은 일본)과 서민의 갈등이라는 점에서 전통가면극과 궤(軌)를 같이하고 있으며, 가면의 모양만 다를 뿐, 춤을 기본으로 한 극적 구조는 전통가면극과 흡사하다. 그와 같은 일련의 실험은 아직 초기 단계이므로 성패를 단정하기는 좀 이르지만, 그런 방법이 낙관적이지는 못할 것 같다. 그것은 일종의 '신가면극' 운동인데, 사회계층이 재편되고, 서양문화행태와 감각을 닮아가는 오늘에 있어서 민예극장의 접근은 전통가면극에 대한 관심 이상을 넘지 못함은 물론, 극장예술의 주류에 끼어들지는 못할 것이기 때문이다. 그러니까 현대 민속극 정도로 남을 가능성이 많다는 이야기다. (중략) 극단 민예극장은 전통극의 연출양식과 연극성을 존중하고 십분 활용하면서 대중의 호응을 많이 받은 것은 사실이고, 연극사에 한자리를 차지할 것만은 확실하다. 그러나 단순한 놀이의 전승이 아닌 예술화 작업을 어떻게 해나갈 것인가가 민예극장의 남은 과제이다."

한상철은 허규가 연출한 민예극장 공연에 대해서 논평했다.

"'한국의 전통연극의 현대적 조화'를 이념으로 한 민예극장은 새로운 작품으로 이언호의 〈소금장수〉와 허규작 연출의 〈물도리동〉을 공연했다. (중략) 〈물도리동〉은 하회탈에 얽힌 전설을 극화시킨 것인데 이번 공연을 위해 작곡, 안무, 미술, 가면 등을 독창적으로 제작한 이 극단의 의욕은 높이 살 만하다. 그것이 이 극단에 연극제 대통령상을 수상케 한 요인이 되기도 했지만 공연 자체에 있어서는 여러 가지 문제점을 가지고 있었다. 가장 큰 문제점은 연극이 정리가 안 되었다는 점이다. 이 점은 작가와 연출가가 동일인이라는 데도 원인이 있겠지만 잡다한 모든 요소들을 한 연극에 모두 집어넣으려는 과욕이 예술은 선택과 절약을 원칙으로 한다는 근본 원리를 무시했고, 따라서 극의 주제가 애매해졌다는 점이다."(한상철, 「신극 70주년의 창작극」, 1978. 『한국연극의 쟁점과 반성』, 현대미학사, 1992 재인용)

한상철은 평론 「전통극의 재창조─물도리동의 경우」(『주간조선』, 1978. 6.11)에서 〈물도리동〉의 재공연을 보고, 민예가 추구하는 한국적 연극정립 작업에 대해서 긍정적인 평가를 하면서 심도 있는 논평을 추가했다.

"민예는 그간 오랫동안 '한국적인 연극의 체취'를 느끼게 해줄 만한 연극을 만들기 위해 많은 고통과 노력을 기울어 온 극단으로서 수많은 재야 극단 중에서 가장 뚜렷하게 극단의 성격을 명시하고, 실천해 온 유일한 극단이며, 특히 모든 단원들이 한국인 고유의 춤과 노래를 익히고 전통극의 여러 가지 연극적인 특징들을 살려내고 전통과 현대를 잇는 가교의 역할을 해내려고 해 왔다. 그들은 이미 〈놀부전〉이나 〈한네의 승천〉에서 우리 고유의 연극적 유산을 활용, 어느 정도 현대의 관객들에까지도 호소력과 흥미를 가질 수 있을 만한 작품을 만들어냈으며, 그러한 작업을 바탕으로 〈물도리동〉에서는 한층 그들의 작업성과를 집약시키고 완성시키려는 의도하에 많은 시간과 정력을 기울였던 것이다.

전통이 다만 과거에만 존재하는 것이 아니고 현재 속에 그 생명을 유지하는 것이 되려면 전통은 끊임없이 파괴와 재창조의 과정을 겪지 않으면 안 되고, 이 때 전통은 형식과 내용의 완전한 결합과 통일을 보여주는 양식 속에서 숨쉬게 되는데, 그것은 전혀 옛 양식도 아니며, 완전히 새로운 양식도 아닌, 그러면서 동시에 그 두 가지가 다 될 수 있는 어떤 하나의 추상이 되어야 한다. 바로 이러한 추상화야말로 전통의 현대적 재창조의 열쇠이며, 동시에 그 척도가 된다.

이제까지의 대부분의 시도는 기껏해야 전통극의 어느 형식만을 그대로 모방하거나 빌려와 새로운 내용 속에 억지로 덧붙이는 것이 고작이라 형식과 내용이 따로따로 별개의 것처럼 존재했거나 아니면 현대적인 양식의 극 속에 마치 혹처럼 갑자기 옛 춤이나 노래가 튀어나와 강한 위화감을 주는 것들이었다. 이번 〈물돌이동〉은 한국적 연극을 재정립하기 위한 단계적 작업이라 했다. 사실 무엇이 한국적 연극이냐 하는 문제부터 심각히 연구되어야 하겠지만, 서로 일단 그것을 단순히 전통극의 외양만 닮으면 되겠지 하는 종래의 생각에서 벗어나 한국인의 의식과 정서의 핵을 한국의 설화에서 찾아 이를 연극적으로 형상화시켜야겠다는 의도는 바람직한 것이었다. 또한 그러한 연극적 형상화를 위해 모든 연극적 요소들을 새로이 창안해서 만들어나가려던 계획도 좋은 것이었다. 의도와 계획 그 자체와 완성된 예술 작품은 엄격히 구분되어야겠지만 민예의 작업이 궁극적인 목표를 향한 단계적 작업이며, 따라서 시행착오를 각오하는 것이기에 방향 설정 자체에 일차적으로 의미를 부여할 수 있을 것 같다."

제Ⅱ장

70년대의 번역극 공연과 평론의 발전

1. 서구연극의 한국적 수용

1976년 공연된 창작극은 장·단막을 합쳐서 45편이었고, 번역극은 80편이었다. 이런 비율은 연극계의 창작극 빈곤과 번역극 선호 경향을 말해주고 있다. 이 정도의 창작극 공연 실적도 문예진흥원이 창작극 공연 지원 정책을 쓰기 때문에 성취한 것이었다. 국립극단은 〈페르 귄트〉(입센 작, 차범석 역, 이진순 연출)와 〈1월 16일 밤에 생긴 일〉(에이렌드 작, 이진수 역·연출)을 공연했다. 실험극장은 〈그린 줄리아〉(폴 에이블만 작, 김윤철 역, 윤호진 연출), 〈휘가로의 결혼〉(보마르셰 작, 민희식 역, 김동훈 연출)를 무대에 올려 호평을 얻었다. 극단 산하는 〈결혼중매〉(소온톤 와일더 작, 오화섭 역, 표재순 연출), 〈유령〉(헨릭 입센 작, 김종무 역, 차범석 연출), 〈살로메〉(오스카 와일드 작, 이가형 역, 차범석 연출) 등 의욕적인 공연을 했다. 자유극장은 〈주머니 속의 탱고를〉(조르 주 페이도 작, 이병주 역, 김정옥 연출), 〈미란돌리나의 연인들〉(골도니 작, 한상철 역, 최치림 연출), 〈대머리 여가수〉(이오네스코 작, 김정옥 역, 김정옥 연출)를 무대에 올렸다. 실험적 연극을 계속 선보인 창고극장에서는 〈티타임의 정사〉(핀터 작, 정진수 역, 김영열 연출), 〈고도를 기다리며〉(베케트 작, 홍복유 역, 오태석 연출), 〈유리동물원〉(윌리엄스 작, 오화섭 역, 김도훈 연출), 〈니나〉(와이마크 작, 한상철 역, 오태석 연출), 〈시소〉(깁슨 작, 강숙자 역, 장제훈 연출), 〈다음 사람〉(맥넬리 작, 신정옥 역, 이원경 연출), 〈바다풍경〉(올비 작, 신정옥 역, 이원경 연출) 등이 공연되어 신선한 충격을 안겨주었다. 극단 산울림은 명작 공연으로 착실하게 우수 관객을 확보하고 있었다. 〈밤으로의 긴 여로〉(오닐 작, 오화섭 역, 임영웅 연출), 〈코뿔소〉(이오네스코 작, 오증자 역, 임영웅 연출), 〈홍당무〉(르나르 작, 오증자 역, 채윤일 연출) 등을 무대에 올렸다.

여인극장은 테네시 윌리엄스의 작품을 집중적으로 추구하고 있었는데, 〈작년 여름 갑자기〉(윌리엄스 작, 김정수 역, 강유정 연출), 〈아내란 직업의 여인〉(모옴 작, 김정수 역, 강유정 연출) 등을 공연했다. 이 밖에 공연된 중요 번역극은 다음과 같다.

> 〈삼각모자〉(알라르콘 작, 허규 역·연출, 민예극장), 〈베니스의 상인〉(셰익스피어 작, 오화섭 역, 이효영 연출, 민중극장), 〈막베트〉(이오네스코 작, 전체린 역, 표재순 연출, 현대극장), 〈전쟁과 평화〉(톨스토이 작, 방효덕 역, 이진순 연출, 광장), 〈의사 지바고〉(파스테르나크 작, 차범석 각색, 차범석 연출, 배우극장), 〈죄와 벌〉(도스토옙스키 작, 하유상 각색, 이해랑 연출, 신협), 〈귀족이 될뻔한 사나이〉(몰리에르 작, 민희식 역, 박용기 연출, 고향), 〈적과 흑〉(스탕달 작, 차범석 각색, 강영걸 연출, 고향), 〈라쇼몽(羅生門)〉(아꾸다와 류노스케 작, 권오일 역, 김학천 연출, 성좌), 〈안네의 일기〉(안네 프랑크 작, 김학천 역, 민상근 연출, 성좌), 〈안티고네〉(장 아누이 작, 남궁연 역, 이승규 연출, 가교), 〈하멸태자〉(셰익스피어 원작, 안민수 번안, 안민수 연출, 동랑), 〈꿀맛〉(딜래니 작, 정진수 역, 정진수 연출, 민중).

1977년에도 번역극과 창작극 공연의 비율은 여전히 번역극 우세로 기울어져 있었다. 120여 편의 공연작품 가운데서 100편 이상이 번역극이었다. 그러나 번역극 공연의 레퍼토리 선정은 일부 흥행 위주의 난맥상을 보이고 있었기 때문에 유민영은 이 문제에 대해서 비판적인 논평을 발표했다.

> "번역극의 선정기준이라고 한다면 대체로 작품의 질이 첫째이고, 그 다음에는 우리에게 있어서의 의미, 그리고 자기 극단의 수용능력 등이 고려되는 것이리라. 서양에서 인기 있다고 해서 역사적 상황과 윤리 정서가 다른 한국 관객에 그대로 먹힌다고는 볼 수 없는 것이다. 왜냐하면 서양인들의 문제가 곧 우리의 문제와 동일할 수 없는 경우도 많기 때문이다. 그럼에도 불구하고, 이즈음 우리 극단들의 번역극 성향은 흥행성을 제일의로 삼고 있는 듯이 보인다." (『문예연감』, 1977)

번역극 상황은 서울의 41개 극단이 연간 96편을 무대에 올렸다. 이 가운데서 고전극이 12편, 근대극이 6편, 나머지 78편이 현대 작품이었다. 고전극의 경우는 그리스 비극, 셰익스피어, 몰리에르, 괴테, 쉴러 등이었다. 20세기 초의 사실주의 근대극 공연이 드문 것은 특이한 현상이었다. 전후 합리주의 철학이 쇠퇴하고 실존주의 철학에 바탕을 둔 부조리 연극이나 잔혹극 등 육체언어에 의한 시각적 중심 표현주의 연극이 유행하고, 언어중심 연극이 점차 관심 밖으로 밀려난 때문일 것이다. 국가별로 볼 때, 미국과 영국 작가의 작품이 23편으로 가장 많고, 독일과 프랑스가 각각 19편과 22편, 이탈리아 2편, 그리스 1편, 스위스 1편, 스페인 1편, 그리고 중동과 이란의 작품이 각 각 1편씩이다.

실험극장은 〈휘가로의 결혼〉(보마르쉐 작), 〈관리인〉(핀터 작), 〈에쿠우스〉(쉐퍼 작), 〈아일랜드〉(후가드 작) 등을 무대에 올렸는데 후가드의 작품은 새로운 열풍을 일으키면서 장기 공연되었다. 자유극장은 〈승부의 종말〉(베케트 작), 〈누가 버지니아 울프를 두려워하랴〉(올비 작), 〈노크! 노크!〉(쥴즈 파이퍼 작), 〈휘가로의 이혼〉(호르다트 작), 〈환도와 리스〉(아라발 작), 〈대머리 여가수〉(이오네스코 작) 등의 문제작을 공연했다. 민중극장은 〈방화광〉(막스 프리쉬 작), 〈그날이 오늘〉(질 글루, A. 토마스 작), 〈그리운 안뜨완느〉(아누이 작), 〈사랑을 내기에 걸고〉(안소니 쉐퍼 작), 〈꿀맛〉(딜래니 작), 〈노부인의 방문〉(뒤렌마트 작), 〈그 해 치네치타의 여름〉(긴스버그 작), 〈버지니아 그레이의 초상〉(피어슨) 작, 〈더럽혀진 옷〉(사강 작)을 공연했다. 현대극장은 〈햄릿〉(셰익스피어 작), 〈안나 크리스티〉(오닐 작), 〈러브〉(쉬스갈 작)를 공연했는데, 오닐 작품에 도전한 일은 신선한 충격이었다. 산울림의 〈꽃피는 체리〉(볼트 작)와 〈바다의 침묵〉(베르코르 작)도 치밀한 연출과 우수한 앙상블 연기로 주목을 받았다. 창고극장은 〈출구 없는 방〉(사르트르 작), 〈아르쉬트룩 대왕〉(로베르 뺑쥐 작), 〈의자들〉(이오네스코 작), 〈오텔로〉(셰익스피어 작)를 공연했다. 가교는 〈말괄량이 길들이기〉(셰익스피어 작)를, 국립극단은 〈파우스트〉(괴테 작), 여인극장은 〈영양 쥬리에〉(스트린드베리 작)와 〈장난꾸러기 유령〉(카워드 작)를 공연했다. 고향은 〈스카뱅의 간계〉(모리엘 작)와 〈건축사와 아씨리 황제〉(아라발 작)을 공연했다. 작업은 〈잠적〉(하인리히 뵐 작), 〈오이디푸스 왕〉(소포클레스 작), 〈벚꽃동산〉(체호프 작)을 공연했으며, 극단 중앙은 〈황혼녘에 생긴 일〉(뒤렌마트 작)를, 제작극회는 〈버스 정유장〉(인지 작)와 〈피크닉〉(인지 작)을 무대에 올려 윌리엄스 인지의 작품 세계를 중점적으로 파고들었다. 극단 성좌는 〈페드라〉(라신느 작)와 〈사생활〉(카워드 작)를 무대에 올렸다. 광장은 인기 소설 『뿌리』(헤일리 작)를 각색해서 무대에 올렸다. 극단 뿌리는 〈겨울에서 가을까지〉(웨스커 작)와 〈고요한 밤, 외로운 밤〉(로버트 앤더슨 작)을, 프라이에뷔네는 〈관객모독〉(한트케 작), 〈레오쎄와 레나〉(뷔흐너 작), 〈학술원에 드리는 보고〉(카프카 작) 등 실험적 명작을 공연했다. 창조극장은 〈방〉(핀터 작)을 극단 세대는 〈생일파티〉(핀터 작)를 각기 공연했다. 예술극장은 〈결혼 시키세요〉(카워드 작)를 극단 76은 〈마지막 테이프〉(베케트 작), 〈오해〉(카뮈 작)

를, 에저또는 〈두드리는 신호〉(하인리히 뵐 작), 극단 은하는 〈누구를 위하여 종은 울리나〉(헤밍웨이 작)를 공연했다. 예맥은 〈뜨거운 양철지붕 위의 고양이〉(테네시 윌리엄스 작)를, 배우극장은 〈1000일의 앤〉을 공연했다(『문예연감』, 1977).

유민영은 76년과 77년의 번역극 상황을 비교 분석하면서 다음과 같이 논평했다.

> "한 시대의 삶을 시니컬하게 웃어넘기려는 경향에서 무언가 차츰 진지하게 증언해야 된다는 소위 연극의 의식화의 경향이 젊은 연극인들로부터 대두되는 것 같다. 젊은 연극인들은 연극이 시대의 증언자 또는 기록자라는 것을 깊이 생각하는 듯이 보인다. 한동안 별로 무대에 올려지지 않던 막스 프리쉬라든가 사르트르, 베르꼬르, 아돌후가드 같은 작가들이 무대에 올려져 인기를 모으고 있는 것은 그 하나의 예가 될 수 있다. (중략) 이는 현대를 비관적으로 보는 베케트와 이오네코, 더 나아가서는 아라발의 희곡들이 많이 취택되는 것에서도 느낄 수 있다. 그 반면에 순전히 흥행성만 생각하고 흥미 위주의 애정물을 안이하게 선정하는 경향도 나타났다. 그 표본적인 경우가 바로 노엘 카워드의 유행이다. (중략) 이런 상업성과 관련된 현상으로서 번역극 중에 소설 각색극이 또한 많았다는 사실이다. 소설 각색극이 지난 한 해만도 12편이나 공연되었다." (『문예연감』, 1977)

유민영은 번역극 공연의 빈곤현상으로 리바이벌 공연을 언급하고 있다. 1977년에는 15편의 번역극이 재공연되었는데, 이들 재공연 작품들은 대부분 흥행에 성공했다. 77년의 번역극 공연의 특징도 전년도와 마찬가지로 현대작품이 월등하게 많았다. 오닐, 필란델로, 와일드보다는 밀러, 윌리엄스, 아누이, 인지, 뒤렌마트, 프리쉬 등의 작품이 무대에 오르는 빈도 수가 많았으며, 이들 보다는 50년대 이후의 부조리 극작가들인 베케트, 이오네스코, 핀터, 아라발, 올비 등의 작품이 더 많이 공연되었다. 특이한 점은 1974년 실험극장이 공연해서 대성공을 한 〈심판〉(카프카) 이후, 그의 작품 〈학술원에 드리는 보고〉가 배우 추송웅에 의해 〈빠알간 피터의 고백〉이라는 모노드라마로 재창조되어 전국적으로 장기 공연되어 관객 6만 5천 명을 동원한 일이었다. 장기 공연은 〈에쿠우스〉의 경우도 마찬가지였다. 77년에도 이 공연은 계속 관객을 끌어들이고 있었다. 공간소극장이 77년 5월에 개관되어 공연된 파이퍼의 〈노크! 노크!〉나 창고극장이 공연한 〈뱀〉, 〈아르쉬트룩 대왕〉, 그리고 〈출구 없는 방〉, 실험극장의 〈아일랜드〉, 프라이에뷔네의 〈관객모독〉, 극단 76의 〈마지막 테이프〉, 극단 앙띠가 공연한 아라발의 〈자동차 묘지〉, PD시스템에 의해서 공연된 올비의 〈동물원 이야기〉, 〈바다 풍경〉, 그리고 르로이 존즈 작품 〈덧치맨〉 등은 번역극 공연의 바람직한 양상으로 평가되었다.

그러나 유민영이 지적한 번역극 공연의 문제점은 (1) 연극 창조 능력과 재능의 부족, (2) 1인 체제 극단의 구조적 모순과 허약성, (3) 번역극 선정 기준의 애매성, (4) 상업주의적인 흥미 본위 졸속공연, (5) 저질 번역물의 남발, (6) 번역극 연구의 부족 등으로 요약된다.

이런 문제점에 대해서 그가 제시한 해결 방법은 (1) 고전 · 근대 · 현대 번역물의 균형 잡힌 소개, (2) 리얼리즘 연극의 수련과 그것을 토대로 한 전위극 운동과 실험극의 창조, (3) 공연장 · 자금 · 우수 배우의 확보, (4) 극단 중심 체제에서 극장 중심 체제로의 전환의 필요성 등이었다.

여석기는 번역극 공연의 문제점에 대해 다음과 같은 견해를 밝혔다.

"대소극단에 의한 그 숱한 번역극 공연 리스트를 보고 거기서 레퍼토리 선택의 어떤 일관된 흐름이나 경향을 찾으려고 한다면 누구나 곤혹을 느끼지 않을 수 없을 것이다. 갈피를 잡을 수 없고, 한편으로 구태의연한 느낌을 주는가하면 또 한편으로는 음미되지 않은 채 새로운 해외작가의 신작을 손쉽게 선택하는 듯한 인상을 준다. 그리고 같은 작품의 제목을 마구 바꿔치기 하면서 상연하는 일도 있다. (중략) 이렇듯 잡다한 레퍼토리 선정은 좋게 말해서 한국연극의 현시점이 다양화를 지향하는 데서 오는 하나의 과도적 혼란의 표시라고 볼 수도 있을 것이다. 서구연극계 자체가 방향감각을 잃고 갈팡질팡하는 하나의 자연적 반영이라고 풀이할 수도 있을 것이다. 그러나 그렇게 본다 하더라도 번역극 공연을 통해서 우리가 얻어내는 것이 무엇인가 하는 데 대한 자주적 판단이, 의식적 배려가 거기에는 거의 찾아 볼 수 없다는 것이 필자의 솔직한 감상이자 결론이다." (「번역극 공연의 허상」, 『주간조선』, 1979.3.25)

번역극 공연의 문제가 연극계의 중요 관심사로 떠오르자 국제극예술협회(ITI) 한국본부는 '오늘의 서구연극, 그 조류와 수용의 문제' 라는 주제로 연극강좌를 76년 2월 11, 12일 양일간 개최했다. 이 강좌에서는 「부조리 연극의 현대적 의미」(여석기), 「현대연극과 형식의 변화, 서사극을 중심으로」(이상일), 「현대의 비언어적 실험극」(김정옥) 등의 발제강연에 이어 허규, 안민수, 김호순, 이강백, 이태주의 질의토론이 있었다.

발제강연과 토론회에서 거론된 첫 문제는 서구연극 수용태도의 반성이었다. 김정옥은 그의 발제강연에서 "서구연극이 이 땅에 수용된지 70년이 가깝지만 제대로 우리의 것으로 소화한 것인가? 이른바 번역극은 흉내를 내는 데 그치고 있는 것이 아닌가? 이른바 창작극은 서구연극의 형식을 취하면서도 세계의 무대에, 또는 문단에 소개되지 않는 것은 무엇 때문인가? 새로운 연극 전위극에 관심들을 보이고 있지만 리얼리즘 연극도 제대로 받아들이지 못한 처지에 혼란만 조장하는 결과가 되지 않겠는가? 대체 우리에게 알맞는 서구의 연극형식은 무엇인가?"라는 의문을 제기했다. 이런 문제 제기에 대해 허규는 "엄격한 의미의 서구연극이 만족스러운 단계에 와 있지 못한 원인은 우리의 연극 전통이 확립되지 못하고, 그 본질보다는 이념 부재의 외형 흉내만 내는 데 있다"라고 지적했다. 한편 안민수는 "서구식 연극을 주로 배워왔기 때문에

서구형식 자체를 받아들이는 부담을 느끼지 않으나 의식 면에 있어 각 나라 특유의 민족성 수용에 갈등을 일으킨다"고 말하면서 "우리나라 고유의 전통연희가 현대적 연극 요소를 포함하고 있어도 세계성과 보편성을 띠지 못하는 것은 복잡한 종교적 의식구조 때문이며, 이런 의식구조를 보편화시키는 공연형식도 과거에는 없었고, 사회구조의 한 단위체로서 연극을 의식하고 조직화하는 노력도 없었기 때문에 전통연희는 있었지만 전통연극은 없었다"는 의견을 말했다.

이강백은 "한국연극은 한국 문화의 한 양식으로, 서구연극은 서구문화의 양식으로 나오는 것이기 때문에, 일정한 조직 이전에 그 국민의 정서문제와 관련지어져야 한다. 우리에게 수용되어지는 서구연극은 그 속에 우리의 정서가 깃들어 있어야 비로소 한국과 융합할 수 있다"고 주장했다. 이태주는 "보다 더 과감하고 의식적이며, 적극적인 수용태세가 마련되어야 한다. 자기성찰이나 뚜렷한 목적 없이 시류에 편승하여 유행처럼 가볍게 서구연극을 받아들이는 태도부터 고쳐야 한다"라고 비판했다.

이 토론에서 도달한 중요한 결론을 요약하면 다음과 같다. (1) 번역극 작품 선정의 방향이 올바르게 정립되어야 한다. (2) 소아병적 작품 검열이 지양되어야 한다. (3) 번역가의 부족이 해결되어야 한다. (4) 번역극의 자유로운 수용이 가능하도록 공연법이 개정되어야 한다. (5) 극작가에 의한 외국작품 번안이 장려되어야 한다.

2. 〈에쿠우스〉, 그리고 기타 번역극론

1) 〈에쿠우스〉 선풍과 평가

영국의 극작가 피터 셰퍼의 작품 〈에쿠우스〉는 1974년 7월 영국의 국립극단에 의해 런던에서 초연된 후, 동년 10월 런던 출연진들이 출연해서 뉴욕 브로드웨이에서 재공연되었는데 극평가들은 격찬의 말을 아끼지 않았다. 주간지 『타임』은 "49년에 공연되었던 〈세일즈맨의 죽음〉이래로 브로드웨이에서 이 연극처럼 관객이 자발적인 시위를 일으킨 작품은 일찍이 없었다. 한마디로 눈부신 〈에쿠우스〉의 개가였다."라고 평했고, 주간지 『뉴스위크』지는 "셰퍼는 지나칠 정도로 현대인을 직시하고 있다"라고 뜨거운 격려를 보냈다. 이런 열띤 반응에 힘입어 실험극장은 이 작품을 소극장 개관 기념공연으로 정하고 75년 9월 막을 올렸다. 이후 이 작품은 관객들의 열광적인 갈채 속에서 한국 연극사상 기록적인 롱런의 여정을 시작하게 된다. 연출은 김영열이 맡았다. 알란 소년 역에는 강태기, 다이사트 의사 역으로는 김동훈과 이승호가 교대로 맡아서 탁월한 앙상블의 무대를 창출해냈다.

그러나 여석기는 이 공연의 어떤 부분에 대해서는 불만을 토로했다.

"작년에 초연된 이 작품을 재빨리 우리나라 무대에 옮긴 실험극장은 기획에 성공했고, 새로 세워진 실험극장(150석)의 좁은 무대를 최대로 활용하려든 연출(김영열)의 기교와 노력은 충분히 살만 했으나, 대체로 고르지 못한 연기진 가운데서 주역인 소년역을 맡은 강태기는 기대 이상의 호연을 보여주었고, 앞으로 많이 기대해 볼 신인임을 입증해 주었다. 그러나 우리 연극의 통례라고 할 수 있는 겉핥기식 연기로 해서 공연을 작품의 큰 줄거리를 쫓는 데만 그쳤지 살을 붙이는 데까지는 이르지 못했음은 유감이다." (『여성동아』 11월호, 1975)

김경옥(金京鈺)은 극평 「6월 중순의 무대」(『한국연극』, 1976.7)에서 일간지와 월간지에 실린 〈에쿠우스〉 평을 종합해서 소개했다.

"실험극장의 장기 공연물 〈에쿠우스〉는 우리나라 신극사상 처음으로 장기 공연을 기록했으며, 따라서 일간, 주간, 월간 등 각 지상에서 여러 가지로 격찬을 늘어놓았고 또 많은 신예 연극학자와 평론가들이 제 나름대로 주로 칭찬하는 글을 실린 바 있다.
《일간스포츠》(1975.9.11)에는 '짜임새 있는 구성과 전개'라는 제목으로 "빈 틈 없는 구성 주연 연기자의 좋은 연기로 꽤 많은 감동을 가능케 해주는 무대이다"라고 썼으며, 《경향신문》(1975.9.24)은 "연출의 세심한 점검은 감동의 여운을 남기고 알런 역의 강태기는 틀에 잡혀 고체화된 식상한 연기가 아닌, 신선한 일면이 간혹 부분적으로 야기시키는 저항감을 무마시켜 준다"라고 했으며, 《조선일보》(1975.10.15)는 "〈에쿠우스〉는 하반기 연극계를 휩쓴 무대라는 것이 중론이다"라고 지적했고, 《중앙일보》(1975.10.18)는 "극단 실험극장이 현재 공연 중인 극 〈에쿠우스〉가 연극공연 사상의 최장기간 공연 최다의 공연 회수를 기록하며 주목을 끌고 있다"고 지적했고, 《동아일보》(1975.11.8)는 "……〈에쿠우스〉는 공전의 히트"라고 보도했으며, 《서울신문》(1975.11.17)은 "실험극장 〈에쿠우스〉 유료관객 1만 명 돌파, 관객 밀려 세 차례 연장 끝에 86회 공연"이라고 그 성황을 보도했다. 《한국일보》(1975.11.22)는 "관객 1만 명 동원 막 내릴 〈롱 런 연극〉"이라고 보도하면서 당국이 공연 연장 신청을 각하했다고 비난했다. 이 밖에도 《서울대학신문》, 《독서신문》 등이 역시 그 성황을 알렸으며, 각 일간지들은 두 번 세 번에 걸쳐 〈에쿠우스〉 공연을 기사화했다. 성균관대학교의 이상일 교수는 『공간』 101호에서 "주제의 근원성과 연극의 보편성"이라는 표제하에 "김영열의 연출은 알런 소년 역의 강태기와 다섯 마리의 말 역들을 간신히 제의성에 접근시켰다. 그가 대중 정화의 매체로 타락하지 않은 것은 어쩌면 이니시에이션이나 테리오모르피즘(動物形態神觀)에 대한 어설픈 이해 없이 순수하게, 그래서 무지하게 작품에 덤빈 탓이었을 것이다"라고 지적하고 "소년과 말들의 호흡 일치는 다른 등장인물들의 사소한 위화감을 해소시키면서 정점을 향해 고양된다. 암음(暗陰)의 십자가와 제물처럼 바쳐진 마두(馬頭)가면 그리고 추상화 같은 가면들은 좁은 무대공간을 신화적인 공간으로 만들고 많은 순간들을 형상화한다. 그 중심에 놓인 지주가 알런 역의 연기와 말 역들의 마임임은 말할 나위가 없다. 우리는 이번 실험의 전용극장 개관 기념공연을 통해 주제에 근원성이 있으면 연극예술은 보편성을 획득한다는 하나의 예시를 경험하였다"라고 수준 높은 비평을 했다.

한편 유민영 교수는 역시 "시대감각에 맞는 레퍼토리 선정" 제하에 "1960년 연극 아카데미를 내걸고 소극장 운동의 기수로 등장, 한국연극 발전에 중추적 역할을 해온 실험극장이 그들의 오랜 숙원이었던 소극장을 마련한 것은 지난 8월 말이었다"고 전제하고 그 개관 기념공연에 대해 "이번 실험극장의 〈에쿠우스〉 공연은 이제까지 한국연극이 고질적으로 지녔던 타성적 상식선을 깨고, 관객층에 지적 욕망을 충족시켜주고 있다. 따라서 정착을 위해 미로 속을 방황하던 소극장 운동도 이제 본궤도에 들어선 셈이고, 실험극장으로 인해 기존 관객층도 확대 가능성마저 보인다."라고 말하면서 우리나라의 소극장 운동이 더 좋은 차원으로 도약하는 계기를 〈에쿠우스〉 공연이 만들어 주었다는 뜻을 나타냈다. 유민영 교수는 "번역극으로 생각되지 않을 정도로 성실한 연출가(김영열)의 작품해석과 이를 뒷받침하는 세련된 연기력이 작품을 살리고 있다. 더구나 다이사트(김동훈), 알런(강태기), 너제트(신순범) 삼인의 열정과 중후(重厚) 진지(眞摯)의 콘트라스트는 많은 기교를 요하는 이 작품을 빛나게 하고 있다"라고 찬양하고 있다."

〈에쿠우스〉의 매력과 충격의 근원은 무엇인가. 소년 알런의 고뇌가 빚는 분

한국연극 전환시대의 질주

〈에쿠우스〉 초연 공연 모습. 왼쪽부터 정혜나(도라 역), 이한승(프랭크 역-현 실험극장 대표),
이승호(다이사트 역), 김진애(헤스터 역), 강태기(알런 역)

노의 폭발성, 말의 상징성, 정상과 비정상을 탐색하는 다이사트 의사의 숭고한
자각과 집요한 노력, 성적 본능의 원초적 상태와 종교적 윤리관의 갈등, 현대적
메커니즘의 위선과 횡포, 자유, 문명과 자연, 그리고 세대간의 갈등 등은 현대
인에게 큰 공감을 일으키게 하는 본질적인 문제들인데, 이같은 내용들이 아주
적절한 극형식 속에서 서로 엉키고 부딪치면서 조화를 이루고 있었기 때문이
다. 서사극적 방법과 잔혹연극의 기법을 영국의 〈웰메이드 플레이〉의 교묘한
스토리텔링 형식에 도입한 셰퍼의 극작술은 충격적인 테마를 담기에 적절했다.

김영열은 소년 알런의 무의식적 동기를 추리해가는 과정에 연출상의 포인
트를 두어 점차적으로 클라이맥스를 조성해 가는 작업 속에서 좁은 무대 공간
의 애로를 최소의 동작, 간결한 조명, 회전무대, 등퇴장의 압축, 빠른 템포의
극 진전 등의 방법으로 극복하고 있었다. 그러나 가장 성공을 거둔 일은 현재

와 과거의 동시성을 치밀하게 살린 일이었다. 이 작품이 극작술에서 작가가 노리고 있는 점, 즉, 이야기로 설명하면서 관객을 관찰자로 만드는 방식, 이미 알려진 사실을 전제로 하고 관객들이 극의 전개 과정에 흥미를 갖게 하려는 방법, 장면 하나 하나를 독립시켜 주제의 일관성으로 통합한 몽타주의 방법으로 등 서사극적 요소는 연출가가 특히 중요시한 점으로서 다양한 요소를 조화롭게 정리한 연출의 통제 능력은 성공의 요인이었다.

1막에서 소년의 고백을 유도해내는 의사 다이사트(김동훈, 이승호)의 정신의학적 추구에 대한 알런(강태기)의 거부반응과 그 이후에 오는 미묘한 순응 과정의 무대적 표현, 1막 종결 부분에서 알런이 말을 타고 벌이는 격정 장면, 2막의 영화관람 장면, 알런과 질(정경임)과의 정사 장면, 2막 종결 부분에서 말의 눈을 찌르는 장면 등은 이 작품에서 극히 중요한 장면들인데, 김영열은 나무랄 데 없이 좋은 무대를 보여주었다.

억눌린 감정을 터뜨리며 폭발적인 동작을 보여주는 장면에서 강태기(알런)는 균형감 있게 타자와의 관계를 제어하고 있으며, 심리적 갈등과 고뇌를 표출하는 과정, 소녀 질과의 정사 장면, 그리고 말을 상대로 하는 연기 등에서 그는 관객을 완전히 사로잡을 만큼 활력에 넘치고 호소력이 있었다. 질 역의 정경임은 매력적인 소녀를 연기했고, 이승호는 침착하고 중후한 연기는 좋았지만 대사 음조(音調)의 단조로움이 문제였다. 이한승은 빈틈없이 꽉 짜인 신중한 연기를 보여주어 호연이었다. 말 역으로 등장한 배우들의 성과도 이 공연을 한층 빛나게 해주었다. 조영래가 만든 회전무대의 잡음은 기술적으로 개선되어야 했으며, 의상의 최보경, 효과의 양성진은 이 공연에 큰 도움이 되었다. 이상일은 1982년 〈에쿠우스〉가 재공연되었을 때 《조선일보》(1982.2.25)에 이 작품의 성공 요인을 전달하면서 긍정적으로 평가하고 있다.

한국연극 전환시대의 질주

"실험극장의 〈에쿠우스〉가 롱런하는 데는 두 가지 요소의 미묘한 조화가 바탕에 깔린다. 충격과 정갈스럼－이 두 가지는 작품세계에서 우러나는 경우도 있고 무대구성에서 나오기도 하다. 특히 주역의 적절한 배역도 흥행적인 성공의 원인이 된다. 1975년 9월 〈에쿠우스〉가 첫 공연되었을 때 무명의 강태기가 정신병 치료를 받는 알런 소년 역을 맡아 이름을 떨쳤고, 지난 해(81) 12월 재공연되면서는 탤런트 송승환의 이름과 함께 알런이 알려졌는데, 다시 2월 11일부터는 강태기의 알런이 충격과 정갈스러움을 다른 각도에서 조제(調製)시키고 있다. 충격은 내용이 지닌 원개적인 것이라서 반드시 김영열 연출의 솜씨라거나 실험극단의 앙상블에만 귀결시킬 일이 아니다. 그러나 주제의식을 깔끔하게 다듬어 형상화시킴으로써 내적인 충격과 외적인 정갈스러움을 잘 조화시킨 〈에쿠우스〉 공연은, 그래서 바로 '멋의 연극'이 되었는지 모른다. 6백 회가 넘는 최장기 공연기록을 세웠고, 15만 명의 관객동원으로 탈(脫) 불황의 고정 레퍼토리가 된 〈에쿠우스〉의 매력은 결국 '멋'에 있다. 그것은 영화나 텔레비전 같은 닫힌 상자의 예술에서는 느낄 수 없는 감동이다. 무대라는 열린 공간에서 관객들은 자유로운 상상력을 동원하면서 약간은 현실적이며 또 약간은 주상적인 '문명과 자연'이라는 테마에 접근한다. 우리는 말(馬)들의 눈을 찌른 한 소년의 범죄행위 뒤에 도사린 잠재의식의 파편들을 의사 다이사트(이승호)의 분석치료 과정에서 살피게 되고, 밖으로 드러난 사건과 그 사건의 배우에 있는 엄청난 잠재적 고뇌의 개시(開市)에 충격을 받는다. 기독교라든가 현대 기계문명이라든가 치료가관의 탈을 쓴 세속화의 물결이 말(馬)과 하나인 자연, 신성(神聖)이 육화(肉化)되는 벌거벗은 사랑을 불가능하게 만들고, 그런 건강한 본능에 몸을 맡기는 어린 생명을 '치료라는 방법'으로 자갈 물리는 이른바 교각살우(矯角殺牛)－이 '현대의 이니시에이션'의 거짓됨을 고발하는 〈에쿠우스〉는 원초성(原初性)에의 강력한 회귀를 뜻하고 있다. 원형적인 재판극 형식의 변형으로써 극성을 살려 충격을 더하고, 그런 충격파를 정갈스런 양식으로 표출해 냈다는 점을 높이 평가할 수 있을 것이다." (이상일, 《조선일보》, 1982.2.25)

〈에쿠우스〉 공연에 관한 수많은 평을 접하면서 필자는 거론된 모든 내용을 간단히 요약해 보았다.

"〈에쿠우스〉는 말(馬)의 상징을 빌어 신에의 신뢰감을 상실한 현대인의 고뇌를 그리고 있다. 말의 눈을 찌른 소년 알런의 몸부림은 그것이 비정상적 행동이지만, 정상인의 실존적 자각을 촉구하는 계기가 되었기 때문에 깊은 의미가 있다. 소년 알런의 격정과 그 심층심리를 분석하는 정신과 의사 다이사트는 현대사회의 정당성과 건강성의 표본이지만 그의 정상적 행동이 이 소년의 비정상을 때로 몽상(夢想)하는 이유는 무엇일까? 무엇이 정상이고 무엇이 비정상인가. 그 구분은 무엇인가. 〈에쿠우스〉 공연은 이 의문에 대한 해답이 되어 주었다." (이태주, 『신동아』, 1975.10)

2) 기타 번역극 공연과 평론

에저또소극장은 개관 기념공연에 이어 미국 전위연극의 기수 장 클로드 반 이따리의 작품 〈뱀〉(신정옥 역, 김종찬 연출)을 무대에 올려 주목을 끌었다. 연극실험실로서의 기능을 강조하고 있는 에저또소극장이 〈뱀〉을 실험의 대상으로 삼은 것은 가상할만한 일이었지만, 검열문제로 작품의 핵심적 부분이 탈락된 가운데 막을 올릴 수밖에 없었던 고충은 안타까운 일이었다. '의사' 장면, '총성' 장면, '케네디와 킹 암살' 장면 등 이 작품의 골격을 이루고 있는 부분이 표출되지 못한 가운데 갑자기 '에덴동산' 장면이 강조되다 보니 앞뒤가 맞지 않은 혼란이 빚어졌다. 김경옥은 1976년 연극총평(『한국연극』, 1976.12)「무대형태의 다각화」에서 이오네스코의 세 작품 〈베랑제 1세 사라지다〉(작업), 〈막베뜨〉(현대), 〈코뿔소〉(산울림) 등이 우리 연극계에 동시에 소개되는 현상을 거론하고 있었다. 그는 동랑의 〈하멸태자〉에 대해서는 "우리극을 만들어보려는" 의욕을 높이 평가했으며, 성좌에 의해 일본 작가의 작품이 도입된 것을 "획기적인 사실"로 보았다. 지금은 해외에 가버린 김경옥은 그 당시 『한국연극』 잡지에 정기적으로 극평을 기고하고 있었다. 그는 총평에서 이진순, 이원경, 김정옥, 강유정, 김동훈, 허규, 임영웅 등 원로 및 중견 연출가와 안민수, 오태석, 정진수, 최치림 등 소장 연출가들이 1976년에 모두 수

작을 내놓은 것을 축하하고 있었다. 특히 김영열, 김학천, 김도훈의 신선한 충격을 반가워하고 있었다. 배우로는 이호재, 손숙, 박웅, 신정순 등의 활약을 주목하고 있었으며, 작가 이현화와 최인훈의 성공적인 작가 활동을 격려하고 있었다.

평론부재의 연극계에 "소장 평론가 이상일, 유민영, 이태주, 한상철 등은 연극의 본연적 자세에 입각한 평론 활동을 전개했으며, 세실극장에서 '한국연극의 당면과제는 무엇인가?'라는 제목으로 평론가와 연출가, 극작가 그리고 관객과 연극지원기관 등을 총망라해서 하나의 논의를 제기한 것은 정말 좋은 일이었다"라고 논평했다. 이 당시 『한국연극』지에 극평을 발표한 극작가 이반도 1976년 총평에서 다음과 같이 말했다.

> "금년에 서울에서 공연된 희곡작품의 양은 대단한 것이었다. 세계에서(서울 규모의 인구를 갖고 있는 도시 중) 가장 적은 수의 연극공연장을 갖고 있으면서 가장 많은 작품을 공연한 곳이 1976의 서울이 아닌가 하는 생각이 든다. 작품 성격도 시공을 초월한 것으로 희랍극에서부터 현대극으로, 그리고 아일랜드에서 일본 것까지 공연되었다. 다양성(多量性)에 못지않게 질적인 차이도 현저하게 드러났다. 양과 질의 다량성 속에서 총평을 한다는 것은 불가능한 일이 될 수도 있다."

그는 1976년에 성공한 번역극 공연으로 〈중매인〉(산하), 〈베니스의 상인〉(미중), 〈휘가로의 결혼〉(실험), 〈아내란 직업의 여인〉(여인), 〈홍당무〉(산울림), 〈하멸태자〉(동랑), 〈안티고네〉(가교), 〈세빌리아의 이발사〉(자유), 〈전쟁과 평화〉(광장) 등을 꼽고 있었다.

서연호는 1976년 총평에서(『한국연극』, 1976.12) "〈하멸태자〉는 훌륭한 무대성을 보여준 대담한 시도였으나, 결과적으로는 소재불명의 작품이 되고 말았다는 비판을 면할 수 없다"는 지적을 했다. 실험극장의 〈그린 줄리아〉에 대해서 그는 "우리 처지에 썩 어울리는 작품이라고 할 수 없다"라고 말하면서, 이 작품의 "성실한 연출, 그리고 서인석과 강태기의 전혀 무리 없는 연기"를 칭찬하고 있었다.

〈하멸태자〉의 귀국공연을 보고 한상철은 서연호의 견해와는 다른 입장의 논평을 했다.

"연출의 아이디어가 충분히 드러난 데에는 초연 때보다 훨씬 좋아진 연기자의 공이 컸다. 신구와 하멸태자 역의 전무송은 이 극의 양대 인물로서 신구의 크고 거친 동작, 난폭하면서 볼륨 큰 목소리와 전무송의 기품 있는 자세, 절제된 동작과 칼칼한 음성은 적대적인 두 인물을 극적으로 대조시켜 놓는 데 성공했다. 오필녀인 이애주의 춤과 몸짓 또한 초연에서 볼 수 없었던 진경이었고, 파로의 이호재는 외국의 평대로 현대의 폴로니어스를 보는 기분이었다. (중략) 우선 지적할 점은 전체적으로 연출(안민수)의 의도와 목표가 선명해졌고, 따라서 작품의 전체적 통일성이 강화된 것이다. 먼저 번안 과정에서 초연 때는 전반부를 제외하고는 대체로 원작의 줄거리를 그냥 따라가는 정도였는데, 이번에는 연출이 작품 전체를 자기 자신의 아이디어로 완전히 통어, 정리했고 그것을 자신의 독특한 연극적 이디엄으로 일관성 있게 표현하려고 하고 있었다." (『공간』, 1977.8)

한국연극 전환시대의 질주

3. 연출가 임영웅과 〈고도를 기다리며〉

〈고도를 기다리며〉는 연출가 임영웅이 1969년 한국일보 소극
장에서 한국 초연의 막을 올린 베케트의 부조리 연극인데, 그
이후 지금까지 열한 번 새롭게 공연을 했다. 연출가 임영웅이
30년 동안 끊임없이 이 작품에 도전하는 이유가 무엇인가. 내가
연출가에게 묻게 되면 프랑스 초연을 위해 연습할 때 배우가 베
케트에게 "고도가 누구에요?"라고 물었지만, "내가 알면 이 작품
을 썼겠습니까, 모르니깐 썼지요"라고 대답했듯이 임영웅도 "나
도 모르니깐 알려고 계속해서 공연을 반복합니다"라고 답변할

임영웅

수 있다. 내가 찾은 해답은 간단했다. 〈고도…〉는 우리 모두의 벌거벗은 인생,
모든 가능성을 믿고 기다리는 그 실존(實存)의 철학이라는 것이다. '모든 가능
성'이란 각자의 인생을 말한다. 〈고도…〉는 각자의 인생을 비추는 거울인 셈
이다. 그 거울에 비치는 자신의 모습은 제각기 다르고, 바라는 일도 다르다.
그러나 그를 둘러싸고 있는 부조리한 먹구름의 위협은 시시각각으로 엄습한

다. 끝없이 맑은 하늘도 어느 날 갑자기 천둥 벼락 치면서 반전(反轉)하면 어둠이요, 소낙비요, 추락이다. 인간의 삶은 이토록 불안하고, 복잡하고, 난해한 것이어서 한 치 앞 운명도 예측할 수 없다. 그러나 사람은 누구나 〈고도…〉를 목마르게 기다린다. 기다리는 〈고도…〉가 있는 것이다.

1988년 부조리 연극의 이론가이며 평론가인 마틴 에슬린이 서울을 방문했다. 그는 여독을 풀 새도 없이 문예회관 대극장에서 임영웅 연출의 〈고도를 기다리며〉를 감상했다. 우리말로 하는 이 연극을 그는 졸면서 관극하리라 나는 예상했었다. 그러나 옆자리에 앉아서 내내 주시하고 있었지만, 놀랍게도 그는 시종 여일하게 긴장 속에서 즐겁게 연극을 보고 있었다. 다음날은 서울의 극평가그룹이 그를 초대하여 강연을 듣기로 되어 있었다. 그는 나에게 타이프라이터를 구해달라고 했다. 극평을 써야한다고 흥분하고 있었다. 플라자호텔 숙소로 가는 길에 그가 내내 강조한 말은 "웃음 속에 전달되는 동양적 허무감과 고독감"이었다. 그날 에슬린이 느끼고 찬탄한 점은 임영웅의 무대가 죽음의 잔혹성을 웃음으로 중화시키고 극복하는 동양적 체념의 미학을 잘 나타내고 있었다는 것이었다. 그의 원고에는 "서울 공연이 부드럽고 발레와 같은 움직임과 고도로 양식화된 몸짓으로 표현되어 있기 때문에 이 작품에 나타나있는 꿈의 특성을 잘 강조하고 있다. …작품해석이 매우 정당하다… 연기 역시 대단히 능숙하다…" 등 칭찬의 말이 가득 적혀 있었다. 특히 그가 지적한 가운데, "그의 연출방식이 혹시나 한국의 전통공연예술이 지닌 추상적인 표현에서 유래된 게 아닌가 생각된다"라고 말한 대목은 에슬린의 통찰력이 얼마나 날카로운가 하는 점을 짐작케 했다. 임영웅은 에슬린의 말에 고무되어 이 작품의 해외공연을 꿈꾸게 되고, 1989년의 프랑스 아비뇽페스티발 공연, 1990년 아일랜드 더블린 연극제 공연, 1994년 폴란드 그다니스크 공연, 1999년 일본 도쿄 공연 등의 무대가 성공적으로 실현되었다. 국내 공연은 1970년, 1973년,

한국연극 전환시대의 질주

1985년, 1988년, 1989년, 1990년, 1994년(두 차례), 1996년, 1997년, 1999년, 2000년 계속해서 이어졌다. 나는 임영웅과 〈고도를 기다리며〉의 인연을 생각할 때, 이 작품의 공연은 연출가 임영웅의 모든 것을 비추는 '거울'이 되면서, 동시에 그가 연극에 대해서 품고 있는 헌신과 양심의 상징적 표현이 된다고 말하고 싶다.

임영웅은 1934년 10월 13일 서울 현저동에서 태어났다. 부친 임태식은 1920년대에 명성을 떨친 재즈 뮤지션이었고, 숙부 임원식은 한국의 대표적인 명지휘자이다. 그가 유년시절에 영향을 받은 것이 음악이었음은 당연한 일이었는데, 3세 때 어머니를 여의고, 12세 때 아버지가 사별한 뒤 조부모의 슬하에서 자라면서 기독교 가풍의 영향을 받은 것도 중요한 일이 아닐 수 없다. 그는 1942년 안산국민학교에 입학했다. 1948년에는 서울의 휘문중, 고등학교에 입학했는데, 중학교 1학년 때 이미 〈마의태자〉 무대에 섰고, 고교 2년 때 학교 연극 〈여로의 끝〉에서 제작과 주연을 맡았었다. 졸업 후, 당시 명연출가였던 김규대(金圭大) 교수를 찾아 대학은 서라벌예술대학 연극영화과를 선택했다. 김규대 밑에서 연출수업을 하고 있었던 그는 1955년 고교 연극 〈사육신〉의 연출을 맡았다. 이 일이 인연이 되어 그는 김규대의 조연출이 되어 〈꽃잎을 먹고 사는 기관차〉(1956), 〈세일즈맨의 죽음〉(1957) 등 신협 무대에서 수련을 쌓는다. 당시 연극계는 재정적으로 안정이 되어 있지 않아 직업으로서의 연극이 어려운 때였다. 그래서 그는 1957년 세계일보 문화부 기자가 되었다. 그 이후, 그는 1958년 조선일보, 1962년 대한일보, 1963년 동아방송 드라마 프로듀서가 되었다. 동아방송 시절 뮤지컬 〈살짜기 옵서예〉 연출을 맡는다. 그 이후, 〈꽃님이 꽃님이〉를 연출하고 1967년에 방송 일을 그만 두었다. 예그린 연출실장을 맡아 〈대춘향전〉을 연출하고, 예그린에서 물러나 오태석 작품 〈환절기〉를 국립극단에서 연출한다. 이 무대에는 장민호, 백성희, 나옥주, 김성원, 최불암, 김민자, 정애란 등이 출연해서 대 호평을 받았다. 신협의 이름을 빌려 프로듀서 시스템으로 해롤드 핀터의 부조리극 〈덤 웨이터〉를 1969년 6월 카페 떼아뜨르에서 연출했는데, 김성옥, 함현진 두 배우를 출연시켜 주목을 끌었다. 이 작품은 연출 기록 제1호가 된 기념비적인 공연이라 할 수 있다.

헤롤드 핀터가 〈덤 웨이터〉를 쓴 해가 1957년이고, 독일 프랑크푸르트에서 세계 초연된 해가 1959년 2월 28일이었다. 마틴 에슬린은 그의 〈헤롤드 핀터론〉(1976)에서 〈덤 웨이터〉와 〈고도를 기다리며〉의 유사점을 지적하고 있다. 임영웅의 〈고도…〉에의 집념은 그의 연출 초창기에 이미 발화되고 있었다는 것이 나의 생각이다. 〈덤 웨이터〉에 이어 1969년 12월 17일 〈고도…〉의 한국 초연이 이루어진다. 이후 그는 사실주의 작품을 계속 무대에 올리다가 중간 중간에 고향에 돌아오듯 부조리 연극 〈고도…〉에 매달린다.

임영웅은 1970년 극단 〈산울림〉을 창단했다. 창립단원들은 김용림, 사미자, 윤여정, 윤소정, 최선자, 손숙, 김성옥, 함현진, 김인태, 김무생 등이었다. 창단 공연도 〈고도…〉였다. 김성옥, 함현진, 김무생, 김인태, 이재인 등이 무대에 섰다. 산울림 극단은 〈비쉬에서 생긴 일〉(아서 밀러), 〈꽃피는 체리〉(로버트 볼트), 〈헨리 8세와 그의 여인들〉(헬만 그레시어커), 〈가위 바위 보〉(최인호), 〈건강진단〉(조해일), 〈환절기〉(오태석), 〈블랙 코미디〉(피터 셰퍼), 〈밤으로의 긴 여로〉(유진 오닐), 〈코뿔소〉(이오네스코), 〈목소리〉(장 꼭토), 〈쥬라기의 사람들〉(이강백) 등 주로 영미 또는 프랑스 희곡과 창작극 공연을 해 왔는데, 연출은 언제나 임영웅이었다.

1985년 극단 산울림은 전용 소극장을 갖게 되었다. 그의 소극장에서 임영웅 연출의 〈고도…〉가 다시 공연되었다. 이후 산울림은 여성 연극의 막을 올린다. 〈위기의 여자〉(시몬느 드 보봐르), 〈엄마는 오십에 바다를 발견했다〉(드니

즈 살렘), 〈딸에게 보내는 편지〉(아놀드 웨스커) 등의 공연은 이 계열에 속하는데 관객들의 갈채 속에서 대성공을 거두었다. 성공의 비결은 임영웅의 고집스런 완벽주의 때문이었다. 그의 연습은 빈틈이 없었다. 무대연습은 가혹한 반복의 연속이었다. 작품 연구도 철저했다. 그는 대본의 원형을 살리는 데 주력한다. 임영웅 특유의 섬세하고 치밀한 사실주의 연출은 여성 연극에서 효과를 거두고 있었다. 그의 〈고도…〉는 이들 공연 틈틈이 계속되었다(42회, 47회, 53회, 55회,66회, 68회, 75회, 80회). 그의 눈부신 연출 활동은 수많은 상을 그에게 안겨주었는데, 이 가운데서 그가 받은 주요 연출상과 대상, 특별상은 다음과 같다.

> 한국연극영화예술상(〈고도를 기다리며〉, 1970 / 〈꽃피는 체리〉, 1972), 한국문화대상(〈고도를 기다리며〉, 1970 / 〈꽃피는 체리〉, 1971), 대한민국연극제 대상 및 연출상(〈하늘만큼 먼 나라〉, 1985), 한국연극영화TV예술상(특별상, 1985), 동아연극상(〈고도를 기다리며〉, 1986), 한국백상예술대상(〈지붕 위의 바이올린〉, 1986), 동아연극상(〈위기의 여자〉, 1987), 대한민국문화예술상(1987), 서울특별시문화상(1987), 김수근문화상(〈고도를 기다리며〉 / 〈목소리〉 / 〈지붕 위의 바이올린〉), 동아연극상(〈어느 무정부주의자의 사고사〉, 1991), 이해랑 연극상(1992), 동랑연극상(1994), 대한민국예술원상(1995), 한국뮤지컬상 공로상(1995).

그는 1999년 대한민국예술원 회원이 되었다.

한국연극 연출의 역사는 1930년대 홍해성이 일본의 서구연극을 연구하고 돌아와서 근대극 연출의 길을 연 후, 서항석, 유치진, 이해랑, 이원경, 이진순 등이 리얼리즘 연극의 기법을 정착시키는 운동으로 발전되어 나갔다. 이들이 활동한 극단 신협은 전후 유능한 다음 세대 연출가들을 배출했는데, 김규대, 이기하, 김정옥, 임영웅, 허규, 권오일, 이승규, 표재순, 강유정 등이 이들 그룹에 속한다. 이들은 서구의 현대연극과 한국의 전통극에 대해서 깊은 관심을 기울이는 다양한 활동을 통해서 1950년대와 1960년대의 한국 현대극 발전에 기여하게 된다. 이들의 공로 가운데서 특히 주목할 것은 서구 사실주의 연극에 대한 열정 이외에도 50년대 서양의 부조리 연극을 한국 무대에 소개한 일이다. 이들에 의해서 베케트, 이오네스코, 핀터, 아라발 등의 작품이 한국 관객에 알려지게 되었다.

연출가 임영웅은 1969년부터 사실주의 경향의 연극과 부조리극 등 48편이 넘는 중요 작품의 연극무대를 창조했다. 그와 그의 단체, 그리고 단원들은 72개의 각종 연극상과 문화예술상을 수상했다. 그리고 한국 창작극의 활성화를 위해 극작가 지원 공연을 계속하기도 했다. 산울림 실험무대를 만들어 새로운 실험정신을 고취하면서 미래적 연극의 이상을 추구했다. 그의 극단에는 명배우들과 신인 연출가, 그리고 촉망받는 극작가들이 언제나 자리를 차지하고 있다.

연극평론가 유민영은 연출가 임영웅의 성실성에 대해서 말하고 있다.

> "그의 우직성은 곧 아카데미즘으로 연결된다. 그는 번득이는 직관력이나 재치가 없는 대신 문제성에 접근하여 매우 깊숙이 파고드는 저력과 끈기, 연구력이 강하다. 이 점은 두 가지 형태로 나타나는데, 그 첫째가 레퍼토리 선정에서 그렇고, 두 번째는 연출 작업에서 잘 드러난다. (중략) 그는 연극을 영리의 수단으로 생각하는 것을 거부한다. 따라서 그의 연극관은 매우 보수적이기까지 하다. 그는 연극을 단순한 놀이나 여흥으로 생각하지 않는다. 유년시절에 교회의 성극에서 연극에 눈을 떠서 그런지는 모르겠으나, 그는 연극을 인간구원의 정서매체로 생각한다. 따라서 그는 구도하는 자세로 연극에 임하며, 또 자신의 연극인 생활을 곧 구도의 길로 믿고 있다."

연극을 대하는 그의 성실성을 나는 믿는다. 그가 『신동아』(1999.3) 지에서 말한 "어떤 형태의 연극이든 인간을 그리는 예술이어야 한다"는 말에 대해서도 나는 찬동하고 있다. 그의 성장배경과 살아온 연대가 일제치하와 2차 대전, 6·25전쟁, 4·19, 5·16, 12·12사태, 5·18 광주항쟁 등의 격동기 속에 있었으니, 인간 구원의 문제는 다급한 과제였을 것이다. 그것은 이른바 '웃음을 잃은 세대'였기에, 사사건건 모든 일에 '눈물이 고이는 세대'였기에 더욱더 설득력을 얻는다. 포성이 울리는 전쟁터, 초토로 변한 도시, 어려웠던 피난살이, 단절된 인간관계, 존재의 불안감, 고독, 좌절, 절망과 죽음 속에서 각자가 구원의 길을 찾지 않으면 안 되었던 그런 시대에 살았으니 더욱더 잘 이해할 수 있다. 헐벗은 나무 앞에서 하염없이 고도를 기다리고 있는 브라디미르와 에스트라공의 모습은 사실 격동기 시대 우리들의 자화상이었다. 임영웅 연출의 원점이 이런 사색의 틀 속에 있었을 것이라고 나는 생각한다. 그는 일본 공연시 통일일보 기자와의 인터뷰에서 "나는 현대인을 벌거벗겨 그의 기쁨과 슬픔, 그리고 절망과 희망을 그리고 싶다"라고 말한 적이 있다. 그 뜻이 무엇인가.

문제는 그의 〈고도…〉가 주는 웃음의 미학이다. 일본 공연을 본 평론가 센다 아기히고는 "이 공연이 관객을 요란하게 웃기는 일"이 인상적이었다고 말하고 있다. 그는 이어서 배우들의 동작을 포함해서, 섬세하고 부드러운 연기로 밝은 희극성을 표현하고 있는 점이 독특하다고 말하고 있다. 그는 우리말 대사의 아름다운 음악성도 지적하고 있다. 1990년 10월 2일자 더블린의 신문 〈Irish Press〉도 한국 공연의 "감동적인 희극적 해석"을 대서특필하고 있었다.

"one of the most endearing and comical interpretations seen on the Irish stage." (Irish Press, 1990.10.2)

『Irish Independent』지의 평론가 데스몬드 루시(Desmond Rushe)도 브라디미르

와 에스트라공의 희극적 연기와 작품 전체에 대한 희극적 연출처리를 칭찬하고 있었다.

"I have never seen two tramps so wreathed in smiles, so brimful of laughter, so gracefully agile, so delightfully expressive. It is technically brilliant presentation and it has a rich comic thread running through it."

임영웅 연출의 무대에서 발견되는 희극정신은 그 뿌리가 우리의 전통극 속에서 찾을 수 있는 '놀이' 정신이 된다. 그 '놀이'는 노골적이며, 야성적인 동작을 일으키고, 해학과 야유, 기지와 풍자의 과장된 육체표현을 극대화시키면서 요설(饒舌)적인 대사를 수반하는 흥겨운 볼거리가 된다. 그 '놀이'의 특성은 웃음에 의한 구제를 목적으로 삼는다. 이런 희극정신이 우리 민족 고유의 '한(恨)'의 사상과 조화를 이룰 때, 우리는 '웃음 속에 고인 눈물'의 미학을 감득(感得)하게 된다.

2차 대전 후의 실존적 인간의 불안감을 표현하고 있는 부랑자 브라디미르와 에스트라공은 현대인의 일상적인 모습이라 할 수 있다. 두 사람은 약하지만 강하고, 겁이 많은 듯하면서도, 용감하다. 두 사람은 때로는 아귀다툼하면서도 함께 잘 놀면서 지난다. 그들은 슬프고, 동시에 기쁘다. 둘은 바쁘게 움직이면서도, 권태감을 느낀다. 둘은 서로 간단없이 대화를 나누지만 서로 무슨 말인지 알지 못한다. 둘은 따분한 시간을 보내기 위해 장난도 하고 놀이를 한다. 살고 있다는 것을 입증하기 위해서일 것이다. 아니면 살고 있다는 환상을 갖기 위해서일 것이다. 그들은 기억력이 없다. 논리적 사고력도 없다. 그들은 인격이 없다. 이런 인간을 재미있게 보여주는 일은 어렵다. 이런 인간의 비애를 웃음 속에 전달하는 일은 더욱더 어렵다. 임영웅 연출은 이 일을 해내었는데, 그의 육체언어는 우리말을 모르는 외국인들에게도 충분히 이해될 수 있었다는 것이 놀랍다. 웃음의 보편성을 그는 믿고 그것을 충분히 활용하였기에 이 일은 가능할 수 있었다.

디디와 고고는 소극(笑劇, farce)이나 무성영화의 채플린, 또는 보더빌(vaudeville)적 희극에 속하는 인물이다. 이들의 연기는 이런 무대에서 흔히 볼 수 있는 몸짓이요, 동작이다. 그래서 보기에 우습고 재미있는 것은 당연한 일이다. 임영웅 연출에서 우리가 놓쳐서는 안 되는 중요한 부분은 이 작품이 지니고 있는 형이상학적 눈물의 표현이 웃음의 가면 속에서 어떻게 가능했는가의 문제가 된다. 대화 사이사이 끊임없이 되풀이되는 '침묵'의 연극적 활용은 이 점에서 주목할만한 것이 된다. 베케트는 '침묵'으로서 인간의 고립과 불안, 부조리의 심연을 나타내고 있기 때문이다. 작중 인물들이 대화를 하고 움직이면 웃음이 되고, 경직되고, 정지하면 눈물이 되는 기묘한 무드를 조성하는 일에 임영웅은 성공하고 있다. 인간의 내면적 갈망이 극한에 이르면 언어는 침묵이 되고, 침묵은 비극적 사상의 정서로 변한다. 그런 단절과 비약의 정서적 변화를 그가 효과적으로 보여주었기에 우리는 극 마지막 장면에서 작중 인물과 함께 꼼짝 못하고 얼어붙는 절망의 심연에 빠지게 된다. 그의 무대는 너무나 접근하기 쉬웠다. 난삽한 철학은 너무나 투명했다. 언어는 베케트의 주문대로 분출하는 순수시였다. 동작은 음악처럼 부드러운 무용이었다.

사실주의적 연극의 기법과 부조리 연극의 특징이 어떻게 충돌하고 조화를 이룰 수 있을까 할 때, 그의 〈고도…〉 무대는 한 가지 좋은 해답을 제시하고 있다. 연출가 임영웅이 체험한 인생의 부조리, 그 모든 것과 그의 연극은 너무나 절묘하게 잘 만나고 있다고 나는 생각한다. 그리고 한국의 전통적 연극에서 발견되는 '한(恨)'의 미학과 '놀이'의 정신도 〈고도…〉에서 충실하게 반영되고 있다고 본다. 이 작품이 국내외에서 높은 평가와 뜨거운 갈채를 받게 된 이유는 이토록 충분히 있었던 것이다.

4. 배우, 연출가, 실험극장 대표 김동훈

김동훈

김동훈은 1960년 실험극장 창단공연 무대에서 데뷔한 이래로 배우로 활동하다가 1973년부터 1996년까지 실험극장 대표직을 맡고 수많은 명작 공연을 발표했으며, 1975년 운니동 실험소극장, 1982년 운현극장, 1993년 압구정동 실험극장 등을 개관하는 업적을 남겼다. 연극무대의 배우 경력은 1960년 〈수업〉을 시작으로 1985년 〈아메리카의 이브〉로 막을 내리며, 연출작품은 신명순 작 〈신생공국〉(1965.6), 셰익스피어 작 〈오셀로〉(1970.3/ 1991.12), 보마르셰 작 〈휘가로의 결혼〉(1976.9), 오태석 작 〈롤러스케이트를 타는 오뚜기〉(1978.10), 헤롤드 핀터 작 〈티타임의 정사〉(1980.11), 아돌 후가드 작 〈블러드 낫트〉(1980.9), 도로시 아마드 작 〈아빠의 딸〉(1981.9), 슬라워미르 모로젝 작 〈그렇게 때문에 나는 결심했습니다〉(1981.9), 헤롤드 핀터 작 〈티타임의 정사〉(재공연, 1982.7), 윤대성 작 〈신화 1900〉(1982.8), 슈니츨러 작 〈라 롱드〉(1982.12), 보마르셰 작 〈휘가로의 결혼〉(재공연, 1983.4,

1985.12, 1988.3, 1991.4), 노경식 작 〈삼시랑〉(1985.5), 마르셀 파뇰 작 〈화니〉(1986.6), 오영진 작 〈맹진사댁 경사〉(1986.3), 윌리 레셀 작 〈셜리 발렌타인〉(1994.6) 등이 된다.

1939년 4월 9일 최성순의 3남 2녀 중 차남으로 서울에서 출생한 김동훈은 재동국민학교(1944~1950), 경기중 · 고등학교(1950~1956), 서울대학교 문리대 미학과(1957~1960)를 졸업하고 단국대학교 경영대학원 예술경영학과(1990)를 수료했다. 그는 1970년 12월 1일 방송인 장유진과 결혼하여 슬하에 1남 1녀를 두었다. 김동훈은 1959년 재학시절 서울대학교 극예술연구회 회원으로 활동했다.

이후 문화예술에 이바지한 공로로 빛나는 수상 업적을 남겼으며, 2000년 12월 고인(1996년 3월 21일 별세)의 업적을 기리는 '김동훈 연극상' 이 유족과 연극인의 이름으로 제정되었다.

1965. 5	제2회 한국연극영화상 연기상
1966. 9	제3회 동아연극상 남우주연상
1969. 9	제6회 동아연극상 남우주연상
1970. 4	제3회 서울신문 한국문화대상 연기상
1974. 11	제11회 한국연극영화상 연기상
1978. 10	한국 극평가그룹상 연기상, 연출상
1982. 8	한국 극평가그룹상 연출상
1982.	제19회 한국연극영화상 연출상
1987. 12	한국예총 한국문화예술대상 (연극 부문)
1990. 10	서울신문 한국문화대상 및 연기상
1990. 10	대한민국 예술상(공연예술 연극 부문)
1997. 3	제19회 동랑 유치진 연극상

실험극장이 발행한 책자 『김동훈의 삶과 연극예술』(1997)에서 김동훈의 백

씨(伯氏) 김동호 회장(풍국레포츠)은 김동훈을 회상하면서 말했다.

"형과 친구들이 한참 문학과 연극에 몰두하여 정담과 토론을 나눌 때, 당시 고교생이던 동훈이는 문예반에 들어가서 활동했는데 학교 공부에 지장을 받을 정도로 문학에 심취했고, 서울대학교 학생시절 함춘제 연극에서 주인공으로 출연한 것이 계기가 되어 연극에 몰두하게 되었습니다. 광대가 웬일이냐고 부친의 질책으로 가출할 정도로 결심이 굳었습니다."

같은 책자에서 여석기 교수는 말하고 있다.

"소극장을 만들어 나가는 김동훈의 헌신적인 노력과 끈기와 정열은 실로 경탄할만한 일이었습니다. 작품의 장기 공연과 당시 만 명이 넘는 수많은 관객을 동원하는 신화를 그는 남겼습니다. 이 모든 과정에서 그는 절대로 연극의 질을 떨어뜨리거나 시대의 조류나 관객의 호기심을 사는 따위의 아부를 결코 하지 않았습니다. 그는 연극의 대도(大道)를 걸어 왔으니 존경의 대상이 됩니다."

극작가 차범석은 60년대의 김동훈에 관해서 말했다.

"1960년대 초기 극계의 혜성 같은 존재가 바로 김동훈입니다. 알맞은 체구에 우수에 잠긴 눈매와 오똑선 코, 반곱슬머리에 유난히 검은 눈썹은 왕년의 프랑스 배우 '제랄 필립'을 연상케 했으니 그는 한 마디로 서구적인 분위기의 배우였습니다. 그래서 그는 창작극보다는 번역극에 더 어울렸고 그래서 그의 주가는 더 빨리 올랐을지도 모릅니다. 그러나 그는 얼핏 보기에 거만한 배우였습니다. 나는 그가 내게 정답고 자상하게 다가온 경우를 기억 못합니다. 꼭 다문 입과 곧게 세운 목, 그리고 약간 굽은 어깨는 도전적으로 상대를 넘어다보는 인상이었습니다. 게다가 자리를 함께 해도 남의 얘기를 듣는 편이고 좀체 자기 의사표시를 않는 버릇이라 김동훈은 거만하게 보일 수밖에 없었습니다. 목에 힘 준 사나이. 그것이 곧 배우 김동훈이었습니다. 연극인으로서의 긍지와 자존심 속에서 과묵한 자세를 지키면서 자기 길을 가는 그 사람됨에서 나는 한 사람의 좋은 동지를 발견할 수 있었습니다."

두 선배 연극인의 인물 관찰은 날카롭고 정확했다. 김동훈은 소신을 굽히지 않는 '뚝심'으로 유명했다. 그러나 그 고집은 혼자 세우는 것이 아니었다. 주변에서 좋은 자문과 충고를 묵묵히 듣고 심사숙고 끝에 내리는 결단이었다. "지도자는 주변에서 귀담아 듣는 충고의 질(質)로 강화된다." 배우 로렌스 올리비에가 영국 국립극장을 운영하면서 터득한 경륜(經綸)과 같다. 그는 구태의연한 껍질을 벗어던졌다. 그는 과감한 도전의 자세를 택했다. 새롭고 놀라운 연극을 열정적으로 모색했는데, 그가 발견한 연극은 빛을 발산하고 관객을 끌어들이면서 미래로 향해 힘차게 달렸다. 그는 매사에 신중했다. 그의 지략과 계획은 모험과 도전의 버팀목이 되었다.

그의 신중함과 결단은 연극협회 이사장 출마 시 부인 장유진과 나눈 대화에서도 엿볼 수 있다. 김동훈은 장유진의 정성어린 내조가 있었기에 모든 일이 가능했다. 18년 동안 운니동 실험소극장을 유지할 수 있었던 것도 부인의 힘이 컸다. 그 극장이 남의 건물이라 극장이 폐관되어 압구정동으로 가는 위기 국면에서도 부인은 고생을 마다않고 힘을 보탰다. 협회 이사장 출마는 이들 가정에서는 또 다른 큰 풍파였다. 그는 신중하게 부인의 의사를 타진했다. 그의 결벽증 때문이다. 이사장이 되면 여타 모든 일을 포기하고 이사장 직무에만 충실해야 한다는 것이 그의 지론이었다. 방송 일도, 무대 일도, 그 밖에 수입이 보장되는 여타 일도 이사장 직무의 공정성과 효율성 때문에 내버려야 한다는 것이었다. 그러니 생계는 어떻게 하는가. 그는 부인에게 "삼 년 동안 생계를 꾸려줄 수 있느냐고" 말했다. 부인은 이틀 동안 심사숙고 끝에 "힘껏 해보세요"라고 동의했다. 이런 일은 말은 쉽지만 너무나 어려운 결단에 속한다. 물론 김동훈은 주변의 친지와 선배들에게도 간곡한 자문과 충고의 말을 요청하고 경청했다.

배우, 연출가, 극단 대표, 연극협회 이사장, 대학 강사 등 여러 가지 직함을 갖고 문화예술 발전에 크게 기여한 김동훈은 예술가요, 경영자요, 교육자였다. 그는 예술가로서 한국연극의 연출과 연기 분야에서 눈부신 활동을 전개했으며, 경영자로서는 실험극장과 한국연극협회, 그리고 한국예총(부위원장) 등 여러 예술 기관에서 예술경영의 혁신을 도모하는 업적을 남겼다. 교육자로서는 단국대와 동국대에서 후진 양성에 지대한 공헌을 했으며, 특히 화술과 연기 교육에 새로운 경지를 개척하는 의욕을 보였다.

연출가 권오일은 김동훈의 업적이 연기와 극장 경영에 있었다고 평가하면서 다음과 같이 말했다.

> "김동훈은 실험극장을 육성한 공로가 있다. 그는 우리나라 소극장 운동에도 지대한 영향을 미쳤다. 운니동 실험소극장은 우리나라 소극장의 효시(嚆矢)였다. 어디 그뿐이랴. 우리나라에서 일인극을 시도한 것도 그가 처음이었다." (『김동훈의 삶과 연극예술』, 1997)

김동훈의 생애와 활동상황을 개관하며, 그의 업적을 평가하고 연극사적 의의(意義)를 논하는 글은 그의 연기와 연출, 그리고 극단 운영에 초점을 두는 것이 당연한 일인데 그러면서도 한 가지 빠뜨릴 수 없는 것은 김동훈의 시대와 사회적 환경에 관한 고찰이다.

해방 후 5년 동안 우리나라 연극은 좌우익 이념투쟁이 빚어낸 혼란기였다. 1950년 중앙국립극장이 유치진의 〈원술랑〉 공연으로 개관되었다. 〈원술랑〉에 이어 신협의 〈뇌우〉가 무대에 오른 후, 한국전쟁이 발발(勃發)했다. 전쟁이 진행되는 동안에도 국립극단은 피난지 부산에서 셰익스피어 극과 사르트르의 〈더러운 손〉, 〈뇌우〉, 〈녹슨 파편〉(오상원 작), 〈통곡〉, 〈나도 인간이 되련다〉 등을 공연하고 있었다. 이 시기는 김동훈의 중학생 피난시절이 된다. 그는 당시 학교에서 셰익스피어 연극의 중요성을 가르치는 선생님의 강화를 귀담아 듣고, 연극을 보면서 배우의 길을 몽상하고 있었다.

50년대 후반과 60년대 초에 그는 대학교 주변에서 연극 그룹 활동을 하다가 동인제 극단에 참여한다. 이 시기는 임희재, 차범석, 홍윤숙, 김자림, 박현숙, 이근삼 등 극작가들이 데뷔하고, 이들의 뒤를 이어 노경식, 윤대성, 윤조명, 천승세, 오혜령, 김상민, 오학영, 김의경, 하유상, 이용찬, 유흑렬 등 신예 극작가들이 등단한 시기가 된다. 대학극과 그 주변에서 극작가들과 연출가들이 대거 진출함에 따라서 50년대 후반과 60년대에 걸쳐서 제작극회, 원방각, 팔월극장, 실험극장, 동인극장, 횃불극회, 신무대, 실험극회, 성좌 등 동인제 극단들이 창단되고, 1962년에는 드라마센터가 개관되었다. 연극계의 새로운 변화와 문예진흥의 시대적 배경 속에서 창작극 진흥 시대가 막을 올리고 있었다.

1960년 10월 3일 실험극장 극단 발기인 총회가 청년문제연구원에서 개최되었다. 1960년 11월 27일 창립 기념공연으로 〈수업〉(이오네스코 작, 허규 연출)이 동국대학교 소극장에서 개막되었다. 이 공연에서 배우 김동훈이 선생 역으로 실험극장 창단공연에 참여하면서 실험극장의 동인이 되었다. 그 당시 신협은 1960년 4월 〈안네 프랑크의 일기〉를 공연하고, 11월 3일에는 〈죄와 벌〉을 공연하고 있었으며, 그 해 12월 원각사가 화재로 소실되었다.

실험극장은 창단 이후 꾸준히 공연 활동을 지속하고 있었다. 극단의 정기공연을 통해서 김동훈은 꾸준히 연기술을 연마하고 있었는데 김동훈이 출연한 무대는 다음과 같다.

1961년 제3회 공연 〈다리에서의 조망〉(알피에리 역), 동연 제4회 공연 〈거룩한 직업〉(학자 역), 1963년 제7회 공연 〈위대한 실종〉(석서방 역), 동년 제9회 공연 〈열 개의 인디언 인형〉(블로아 역)에 등장한다. 1963년 10월 12~14일 국립극장에서 공연된 제11회 실험극장 무대 〈안티고네〉에서 김동훈은 코러스 역으로 등장한다. 1964년 6월 13일 제12회 실험극장 공연 〈리어왕〉에서 김동훈은 에드먼드 역으로 등장하는데 이 공연은 10일 낮과 13일 밤 국립극장 사상 처음으로 초만원을 이루었다. 이 공연은 제1회 동아연극상 대상 작품으로 선정되었다. 1965년 2월호 『신동아』는 「한국의 얼굴, 연극배우 11인」에 김동훈을 지명하면서 그의 연기를 높이 평가했다.

실험극장 이외에도 김동훈은 드라마센터 개관 기념공연 〈햄릿〉과 이어서 〈포기와 베스〉에서 타이틀 롤을 맡았다. 방송극에 출연해서 시청자들에게 깊은 감동을 안겨주었다는 증언은 전 KBS 고성원 제작이사를 통해 전해지고 있다. TBC TV의 주간드라마 〈마지막 낙엽〉에서 가수 최영희가 주연을 맡고 명성을 날렸으며, 1971년에 방영된 대하드라마 〈아씨〉에서 첫 연인 시골청년 수만이 역에서 50년 지난 후 백발노인이 되어 아씨와 상봉하는 장면의 명연기와 열연(熱演)은 잊을 수 없는 추억으로 남아있다. 그 밖에도 명작 〈마부〉, 〈대명〉 등 수많은 드라마에서 보여준 다양한 인물의 폭넓은 연기는 한국 방송드라마 역사에 남는 업적이라고 평가되고 있다.

1960년대에서 70년대에 걸친 한국연극의 현황은 복잡하고 다난(多難)했다. 연극 외적으로는 공연법 문제, 연극관객의 확산 문제, 제작비 영세성과 지원의 문제, 공연장 부족, 무대설비의 결함 등이 쌓여 있었고, 내적으로는 연극인의 의식과 연극 이념 문제, 저질공연과 흥행 위주 상업극의 타락, 오도된 리얼리즘 연극의 극복, 역사의식과 현실참여가 결여된 창작극 문제, 연극의 직업화와 전문화 등 난제들이 미해결로 남아 있었다. 이런 와중에서도 실험극장의 아카데미즘 연극 운동은 혼탁한 연극의 암야(暗夜)를 밝히는 횃불이었다. 1973년 김동훈은 실험극장 대표로 선임되어 1996년까지 대표직을 맡게 되었다.

1970년대에서 80년대로 이어지는 과정은 연극이 새로운 전환을 모색하는 격동의 시대였다. 이 시기에 우리 연극은 활기찬 활동을 시작했고, 연극의 형태도 다양해지면서 표현기술이 새로워지기 시작했다. 공연장도 늘고, 관객의 수도 증가했다. 연극에 대한 관심을 사회 전반에 확산시키는 일은 극단의 첫 번째 과제였다. 연극 혁신의 기운(氣運)은 널리 퍼져있었지만 연극 활동을 위한 환경은 어둡고 암담했다. 1970년대의 정치적 상황 때문에 연극 검열은 날로 강화되고 소극장은 폐쇄 위기에 직면했다.

〈롤러스케이트를 타는 오뚜기〉는 김동훈 연기의 실체와 실험극장의 존재가치를 논의하기에 아주 적절한 주제가 된다. 이 작품은 김동훈에게 연기적 야심을 촉발시킨 도전적인 작품이었다. 햄릿, 폴로니우스, 오셀로, 맥베드, 데스데모나 등 셰익스피어의 작중인물을 위시해서 상점 여점원, 아내, 거리의 여인, 인도의 악사, 미스패션의 정부, 택시 기사, 아파트 관리인, 운동장 관리인 등 다양한 인물들이 등장하는 모노드라마이다. 이 극을 하기 힘든 이유는 너무나 많은 인물의 변신술과 오태석 특유의 길고 난삽한 대사의 발성 때문인데, 그보다 더 근원적인 문제는 의식의 흐름을 타고 내적독백(內的獨白) 형식으로 전개되는 특이한 표현형식 때문이다. 이 작품의 주인공은 김동훈에 의하면 "종잡을 수 없이 뭔가에 쫓기고, 터무니없이 태연하고, 되는 일이라고는 하나도 없으며, 운도 없는데다가 되게 고독하고, 소외당한 몸이라 페이소스 그득한 정체불명의 인간이다." 이 사람이 휠체어를 타고 있는 동안 그의 아내는 욕실에서 목욕을 하고 있다. 그는 사지가 멀쩡한 사내지만 사라진 희망과 억압된 욕정 때문에 극도의 소외감으로 신경이 날카롭고 행동은 난폭하다.

변신술과 대사발성의 어려움, 그리고 심층심리의 연기적 표현 문제를 해결하는 방안으로 김동훈은 이화(異化)효과를 달성하는 연기술을 발휘했다. 이화(異化)효과는 배우가 작중인물과의 객관적 거리를 유지하면서 관객들이 그 인물을 관찰하고 비판하도록 만드는 연기술이었다. 이런 유형의 연기는 서정성을 일탈하는 김동훈 특유의 지적(知的) 연기론에 근거하고 있다. 더욱더 놀라운 일은 김동훈의 연기는 작중 인물에 대한 관객들의 상상력을 증폭시키는 일을 돕고 있다는 것이었다. 〈롤러스케이트를 타는 오뚜기〉는 그 좋은 예가 되었다.

산업화 사회, 서울의 하늘 밑, 고독한 아파트 방, 억눌리고, 울적하고, 소외된 인간을 다루고 있는 이 드라마는 김동훈의 몸부림, 울부짖음이 때로는 사설조로, 때로는 신파조로, 우악스럽게, 수다스럽게, 애절하게 전달되면서 그의 몸은 앉았다, 일어났다, 뒹굴다가 부딪치면서 다시 일어나는 연기의 백병전(白兵戰)을 방불케 했다. 김동훈의 섬세하고 정확한 대사발성과 다양하고 적절한 변신술은 그가 고집스럽게 주장한 서사적 연기술의 성과였다. 이 연기술은 나중에 〈에쿠우스〉의 다이사트 역에서 다시 그 진가를 발휘하게 된다. 오태석이 쓴 이 범상치 않는 모노드라마는 김동훈 연기 때문에 관객들은 평소에 못 느낀 이색적 관극체험을 하게 되었다. 이 연극은 실험극장이 이름 그대로 실험정신을 발휘한 무대였다. 이 공연은 전국적으로 열광적인 반응이 일고, 찬사의 물결이 이어지며 장기 공연을 기록했다.

1974년 실험극장이 공연한 〈심판〉(프란츠 카프카 원작, 앙드레 지드 · 장 루이 발로우 공동 각색, 김영열 연출)은 우리 사회에 큰 충격을 안기면서 관객들의 열광적인 갈채를 받았다. 아무런 이유 없이 체포된 요셉 K(김동훈)가 길바닥에서 개처럼 살해당하는 처절한 상황은 일면 70년대 우리 시대의 숨겨진 자화상이었기 때문에 우리들을 오싹하게 만들고 소름끼치는 공포 속에 빠져들게 했다. 흰 와이셔츠에 피를 흘리며 쓰러져 있는 요셉 K의 마지막 장면 앞에서 우리의 몸은 얼어붙은 듯 무대를 응시하며 일어날 줄 몰랐다. 정말로 심판을 받아야 하는 자는 누구인가? 실험극장의 〈심판〉은 이런 심각한 문제를 우리들 가슴 속에 심어주고 있었다. 모순에 가득 찬 그러기에 너무나 우스운 상황이 요셉 K의 재판에서 표현되고 있었는데 이 장면에서 보여준 김동훈의 연기는 잊을 수 없는 신화가 되었다. 김동훈이 연기한 작중 인물 은행지배인은 평상인과 다름없는 양식을 존중하는 평범한 시민이다. 그가 이유 모르게 체포당한 후 기괴(奇怪)한 사태의 진전 속에서 그 인격이 차츰 무너져가는 미묘한 심리변화를 겪게 되는데 김동훈은 정확하게 그 변화를 파악하면서 '악인의 공동체'에서 타살당하는 인간의 순응과 반항의 착잡한 감정을 올바르게 표현하고 있었다. 그는 아주 자연스럽게, 그리고 순식간에 우울하고, 불안하고, 자포자기에 빠진 요셉 K가 되었다. 그는 능숙하게, 집요하게, 그리고 설득력 있게 캄캄한 역사의 밤을 향해 요셉 K를 맹렬히 토(吐)하고 있었다.

실험극장은 카프카가 평생 추구한 '소외(疏外)'의 문제를 민첩하게 들고 나왔다. 1963년 5월 27일 체코 리브치에서 개최된 카프카 회의에서 행한 로자 가로우의 명연설 "오늘날 우리들은 여전히 소외의 세계에 살고 있다"가 그것이다. 〈리어왕〉, 〈맹진사댁 경사〉, 〈망난이〉, 〈롤러스케이트 …〉 등 우수 작품 공연으로 궤도에 오른 실험극장은 1974년 〈심판〉으로 자신감을 얻고, 〈에쿠우스〉로 기세를 올리면서 연극 대장정의 길을 갔다. 이런 눈부신 극단의 약진은 김동훈 대표의 리더십과 유용환의 치밀한 기획, 단원들의 민첩한 활동, 꽉 짜인 명배우들의 호응으로 성사되었다. 실험극장 연극의 돌풍은 70년대 우리 연극계를 잠에서 깨우고, 그 심장에 불을 지피고, 사회 전반에 엄청난 회오리바람을 몰고 왔다.

실험극장 창단 초기의 역사에 관해서는 김의경이 쓴 「극단 실험극장 최초의 5년」(한국 유진오닐학회 편, 『이태주 교수 정년퇴임 기념논문집』, 1999)에 자세히 기록되어 있다. 1960년 11월 27, 28일 양일간 동국대 소극장에서 허규 연출로 막이 오른 창단 공연 이오네스코 작 〈수업〉 이후 실험극장은 4회 공연까지 동국대 소극장에서, 그리고 5회부터는 국립극장과 드라마센터에서 공연활동을 하다가, 1975년 4월 제46회 정기공연을 끝으로 운니동에 새로운 공연의 장(場)을 열게 되었다.

옛 덕성여대 옆 실험소극장은 원래 예식장 자리였다. 극단 대표 김동훈은 74년 말 이곳에 와서 무대미술가 최연호의 설계로 총 공사비 4백만원을 들여 객석 156석, 무대면적 13평의 소극장을 마련했다. 이 때 극단 후원회 회원으로부터 의자 한 개(8,500원)씩 기증받고 기증자 이름이 적힌 현판을 극장 복도에 붙이고 벽에는 이만익 화백이 기증한 김동훈의 열연 장면 그림(롤러스케이트를 타는 오뚜기 연기하는 김동훈의 초상)을 걸었다.

놀라운 일이 운니동 실험소극장에서 일어나고 있었다. 1975년 9월 5일, 개관 기념 작품 〈에쿠우스〉(피터 셰퍼 작, 신정옥 역, 김영열 연출)가 공연되었다. 1974년 6월에 실시한 관객조사에 의하면 1970년대 초반에 단일 작품으로 최고 관객을 동원한 것이 1971년의 〈햄릿〉(실험극장)인데, 총 관객 수 9천 20명이었다. 〈에쿠우스〉는 최장기 공연(10개월)과 최다관객 수 (9만명)의 기록을 세웠다(이후 이 작품은 1999년까지 단속적으로 공연되어 관객 50만 명의 기록을 세우게 된다). 〈에쿠우스〉가 점화시킨 관극 열기는 연극 활성화에 도움을 주어 연극보기 운동이 전국적으로 확산되어 나갔다. 〈에쿠우스〉의 발단은 본인이 있었던 숭실대학교 연구실에서의 만남이었다. 1974년 겨울, 실험극장 김동훈 대표와 유용환 기획이 작가 이재현과 함께 새로 개관하는 소극장 레퍼토리를 상의하기 위해 찾아왔다. 나는 그에게 〈에쿠우스〉 기사가 실린 『타임』지, 〈뉴스위크〉지, 〈뉴욕타임〉 등을 보여주면서 강력히 이 작품을 추천했다. 기사에 의하면 작중 다이사트 의사 역은 명배우 리차드 버튼이 맡고 있었다.

한국연극 전환시대의 질주

주간지 『타임』의 연극평을 맡았던 재크 크롤(Jack Kroll)은 버튼의 대사를 "꽃과 쇳덩이로 가득 찬 소리"라고 말했는데, 그 말이 나의 시선을 끌었고, 지면마다 호평이요, 대서특필하는 것이 뭔가 무서운 폭발력을 지니고 있다는 느낌이었다. 그런데 대본이 없었다. 다행히 신정옥 교수의 부군이 뉴욕 출장 길에 오른다하기에 부탁해서 일주일 만에 작품을 입수한 나는 신교수에게 번역을 부탁하고, 김동훈 대표에게 강력히 이 작품을 권했다. 일부 단원들이 소의 나라인 우리에게 말(馬)이 호소력이 있겠느냐고 걱정했지만 김동훈 대표는 대찬성이라고 말했다. 그래서 그의 올바른 판단과 추진력으로 〈에쿠우스〉는 아시아권에서 최초가 되는 역사적 공연의 막이 올랐다. 알런 스트랑 역은 신인 배우 강태기가 맡고, 다이사트 역은 김동훈과 이승호가 교대로 맡았다.

관객들은 환호하고 평론가들은 격찬의 글을 보냈다.

"개관 작품으로 선정한 〈에쿠우스〉 때문에 이 소극장은 과거에 대극장이 해온 역할의 몇 배나 되는 큰일을 수행한 셈이다. 말로만 해오던 소극장 운동이 구체화되었으며, 극계에 앞으로의 연극의 방향을 생각해 준 큰 계기가 되었다."(이근삼)

"금년 들어 가장 시원한 연극을 보았다. 연기자들이 모두 작품을 이해하고 작품에 몰입하고 있다. 실험극장 개관 레퍼토리로는 매우 성공적이었고, 이 극장의 앞날이 고무적이라고 보겠다."(김문환)

"셰퍼의 〈에쿠우스〉 속에 완전히 빨려들어 갔다. 이렇게 충격적인 감동을 주는 연극이 일찍이 없었던 것 같다. 그리고 알런 역의 강태기 군과 같은 신인을 발굴했다는 것을 경하한다."(이어령)

"9월 5일 개막된 〈에쿠우스〉는 대단히 진지하게 펼쳐졌고 수많은 관객들은 진지한 박수와 환호로 응했다. 장치와 음향에 이르기까지 세심한 주의가 기울여진 알찬 무대였으며, 작품도 공연도 모두 훌륭했다. 알런 역의 강태기는 근래에 보지 못했던 훌륭한 연기를 보여줬다."(김의경)

"한마디로 충격적 무대다. 연출의 세심한 점검은 감동의 여운을 남기고 알런 역의 강태기는 틀에 잡혀 고체화된 식상한 연기가 아닌 신선한 연기를 보여준다."(김영태)

"작품의 빈틈없는 구성과 주연 연기자의 좋은 연기로 감동을 가능하게 했다. 말의 분장과 연기, 스피디한 진행 등은 훌륭했다."(구희서)

"이번 실험극장의 〈에쿠우스〉 공연은 이제까지 한국연극이 고질적으로 지녔던 타성적 상식선을 깨고, 관객층에 지적 욕망을 충족시켜주고 있다. … 성실한 연출가의 작품해석과 이를 뒷받침하는 세련된 연기력이 작품을 살리고 있다."(유민영)

"십자가와 제물처럼 바쳐진 마두가면(馬頭假面), 그리고 추상화 같은 가면들은 좁은 무대공간을 신화적인 공간으로 만들고, 많은 순간들을 형상화한다. 그 중심에 놓인 지주인 알런 역의 연기와 말 역들의 소임은 말할 나위가 없다. 우리는 이번 실험의 전용극장 개관 기념공연을 통해 주제에 근원성이 있으면 연극예술은 보편성을 획득한다는 하나의 예시를 경험하였다."(이상일)

실험극장은 1992년 12월까지 운니동에서 활동을 하다가 제126회 정기공연 〈사랑과 배신〉(아서 밀러 작, 김진식 역, 박철완 연출)을 마지막으로 압구정 실험극장으로 자리를 옮겼다. 그동안 운니동 소극장에서는 95회에 걸친 정기 공연을 했으며, 그 시기에 다른 극장에서 공연한 회수도 30회가 된다.

〈그린 줄리아〉는 배우 서인석과 강태기 두 사람의 연기의 대결이 눈길을 끌었고, 연출가 윤호진의 연출 데뷔작이었다. 그가 이 작품을 연출했을 때 나이 28세였다. 그는 실험극장이 비원 옆에 자리 잡고 있을 때 〈방화범〉, 〈수업〉 등 4편의 연극을 연출한 적이 있었지만 그것은 습작무대에 가까운 것이었다. 〈관리인〉은 또 하나의 성공작이었다. 구희서는 말했다. "실험극장은 〈에쿠우스〉에서 강태기를, 〈그린 줄리아〉에서 서인석을, 〈관리인〉에서 이한승을 탄생시켰다." 〈아일랜드〉는 실험극장에 관객의 선풍을 몰고 왔다. 실험극장 운니동 역사의 빛과 영광을 한눈으로 보는 듯한 글을 한상철은 남기고 있다. "금년 한국연극계의 최대 화제작의 하나는 실험극장이 공연하고 있는 〈아일랜드〉이다. 1977년 11월 25일에 시작하여 현재까지 9차례의 연장공연을 해오고 있는 이 연극은 오는 1978년 4월 20일이면 총 200회의 공연기록을 수립하게 된다." 〈아일랜드〉는 1978년 1월 30일 제14회 동아연극상 대상을 수상했다.

실험극장은 〈아일랜드〉 이후 6년 만에 후가드의 작품 〈마스터 헤럴드〉를 무대에 올렸다. 1983년 8월 15일부터 실험극장은 윤소정, 이정희, 윤석화 등이 출연하는 〈신의 아그네스〉로 선풍을 일으켰다. 전회 완전매진 기록을 수립하면서, 불황연극에 돌파구를 열었던 이 연극은 연장 공연을 계속해나갔다. 83년 10월 26일 1백 회 전회 매진을 기록하고, 소극장 무대에서 두 달 만에 1만 5천 명의 관객을 동원했다. 서울극평가그룹은 83년도 연극 베스트 3 가운데 하나로 〈마스터 헤럴드〉 선정했다. 실험극장이 공연한 창작극 〈사람의 아들〉은 신과 인간의 갈등을 주제로 다룬 이문열 소설의 희곡화라는 점에서 진지한 논의가 이루어졌고, 실험극장 창단 30주년 기념공연이 된 〈사의 찬미〉는 윤대성 작품에, 윤호진 연출, 신인 작곡가 노영심의 작곡, 윤석화, 송영창, 송승환의 호화 배역진 등으로 화제를 뿌렸다. 특히 이 작품은 문예회관 대극장에서 이혜영, 이정길, 이승호 등의 배역으로도 공연되어 제25회 동아연극상 대상을 수상하는 영광을 얻었다. 이혜영이 여자 연기상, 윤정섭이 무대미술상을 수상했다.

실험극장은 1989년 전면적인 보수작업을 했다. 개축 공사로 무대가 9평에서 15평으로, 조명, 음향기기가 신제품으로 교체되었으며, 전력도 15kw에서 25kw

로 증강, 조명등을 60대까지 사용할 수 있게 됐다. 무대 높이를 45cm 낮춘 반면, 객석을 높여 관객들이 무대를 올려다보는 불편을 없앴고, 낡은 의자를 보수했다. 실험극장은 당초 2천만원 예산으로 보수 공사를 시작했지만 결과적으로는 5천만원의 예산이 소요되었다. 대한생사 김영우 회장 2천만원, 미도파 이상열 사장 1천만원을 비롯해 송태유, 안효춘, 이철호, 신신범, 조건래, 최원영(예음문화재단), 이원석(서울클리닉), (주)한샘, 동아제약, 동부제강 등이 후원금을 보냈다. 토우을(土又乙) 건축은 설계와 감리를 무료 봉사했다. 실험극장은 개축기념 특별공연으로 헤럴드 핀터의 작품 〈마지막 한 잔을 위하여〉(구희서 역, 윤호진 연출)를 1989년 6월 21일부터 새 무대에 올렸다. 극단 대표 김동훈의 모노드라마 〈롤러스케이트를 타는 오뚜기〉가 다시 이 극장에서 장기 공연된 요인은 오로지 김동훈 연기의 성공 때문이었다.

60년대 초 실험극장은 창당될 무렵 거창한 목표를 내세웠다. 연극이론과 실제를 융합하고, 직업으로서의 연극을 정착시키며, 실험정신에 토대를 둔 연극활동을 한다는 것이 그 주요 내용이었다. 실험극장은 70년대에 전용소극장을 마련하고, 계속적으로 화제작과 문제작을 발표하면서 관객 붐을 조성하고 소극장 운동의 선봉(先鋒)이 되었다. 극단 운영의 합리화와 효율화를 도모하고 연기, 미술, 연출, 무대기술 분야 발전에도 공을 쌓았다. 김동훈 대표는 실험극장 30주년 때 극단 운영의 소신을 이렇게 밝혔다. "실험소극장은 이름 그대로 항상 실험정신이 강한 작품을 계속 올릴 것입니다." 지금 생각해도 이 선언은 가슴 벅찬 말이라 할 수 있다. 저질 오락극 양산으로 침체되었던 70년대 후반과 80년대 우리 연극의 상황에서 실험극단이 발휘한 실험정신은 신선한 충격이었다. 〈에쿠우스〉가 16년 동안 국내 공연사상 단일 공연으로는 처음으로 1천 회 공연기록(1975~91)을 세우고, 최다관객을 동원한 일은 결코 우연한 일이 아니었다. 실험극장의 결속력, 기획력, 일관성, 실험정신 등이 있었기에 이 일이 가능해졌다고 말할 수 있다.

1975년 명동예술극장에서 공연된 작품은 모두 28편으로 관객 11만 6천 847명을 동원했다. 총 공연일 139일로 따져볼 때 하루 평균 입장객은 840명이고, 1회 평균 입장객은 420명이었다. 60년대에 비하여 극장, 극단, 관객, 공연 횟수 등이 현저하게 증가했다. 70년대 초 연극계에서 화제가 되었던 작품은 〈오델로〉(실험극장), 〈꽃상여〉(국립극장), 〈쇠뚝이 놀이〉, 〈로미오와 줄리엣〉(드라마센터), 〈유랑극단〉(가교), 〈키브스의 처녀〉(산하), 〈겨울 사자들〉(산울림), 〈버찌농장〉(예술극장) 등이었다. 이들 공연과 비교할 때 실험극장은 70년대에 타의 추종을 불허하는 획기적인 발전을 이룩했다는 것을 알 수 있다.

실험극장이 자신의 황금시대를 열고 한국연극의 활성화에 기폭제가 된 운니동 시절은 분명 축복의 계절이었다. 그들이 이룩한 일 가운데서 한 가지 중요한 일은 '월요연극논단'의 개최였다. 이 논단은 한국연극의 오늘을 진단하고 그 미래적 방향을 모색하는 연극인들의 토론의 장이 되었다. 실험극장은 이 모임에서 연극을 해나가는 데 필요한 이론을 축적했다. 한 가지 예로 1977년 1월 24일에 열린 '월요연극논단'의 내용을 보면 주제는 '77년 한국연극'의 당면과제였다. 「발제와 토론은 연극정책」(발제: 여석기, 질의: 임영웅), 「공연활동」(발제: 김정옥, 질의: 이태주), 「비평과 저널리즘」(발제: 한상철, 질의: 윤대성) 등의 분야에서 이루어졌다. 이론과 실제의 원만한 소통을 위해 마련된 이 같은 연구 모임이 극단 주최로 정기적으로 열리게 된 배경에는 김동훈 대표의 학구적인 자세와 연극 혁신의 의지가 깔려 있었다.

실험극장은 레퍼토리 선정과 캐스팅, 그리고 연습과정 등 준비과정이 합리적이고, 전문적이며, 혁신적이었다. 김동훈 대표가 극단을 운영하면서 많은 공로를 쌓았지만, 특히 우리의 관심을 끈 것은 배우의 연기적 앙상블의 추구와 연기자의 발굴에 힘쓴 일이었다. 1994년 실험극장이 "오늘의 명배우 시리

〈셜리 발렌타인〉, 윌리 레셀 작, 김동훈 연출, 실험극장

즈"라는 기획공연을 마련한 것은 연기술 연구의 시범이었다. 실험극장은 이 공연을 시작하면서 압구정 거리에 고급문화의 확산 기지를 마련하게 되었다. 배우 손숙의 〈셜리 발렌타인〉과 배우 박정자의 〈11월의 왈츠〉 공연은 이 기획을 성공시킨 도화선이 되었다. 두 모노드라마가 촉발시킨 열광적인 관객 형성은 이윤택이 쓰고 연출한 〈청바지를 입은 파우스트―옛사랑을 찾아가는 두 남자의 이야기〉 공연으로 절정에 도달했다. 이 연극에 파우스트 역으로 배우 윤주상, 메피스토 역에 연출가 겸 배우 장두이, 그레치행 역에 여배우 윤소정이 등장했다. 기적의 앙상블이요, 환상적 캐스팅이었다.

〈신화 1900〉 연출을 맡은 김동훈과 극작가 윤대성이 서로 기탄없는 토의를 거듭하면서 완성한 작품이다. 사이코드라마 방법에 의한 극중극 장면, 재판장면의 특이한 구성, 서사극적 방법의 활용, 집단 장면의 구성과 장면전환 등은

한국연극 전환시대의 질주

김동훈 연출의 창의성이 충분히 발휘된 성공적인 장면이었다. 배우 강태기(김기창 역)의 억제된 내면 연기는 그의 좌절감과 소외감을 전달하는 데 효과적이었고, 배우 최종원(형사 역)과 서학(김한돌 역)은 조연을 통해 주인공의 비극을 부각시키는 일을 크게 돕고 있었다.

슈니츨러의 문제작 〈라 롱드〉는 김동훈 연출의 색다른 명작이라 할 수 있다. 창녀와 백작과 여배우들이 펼치는 열 개의 정사 장면을 보여주는 〈라 롱드〉(1900)는 연극무대에 에로티시즘을 어떻게 도입해서, 형상화하여 전달할 것인가라는 문제에 대한 연출가의 해답이 되었다. 김동훈 연출이 이 연극에서 겪은 어려움은 희극적 토온과 페이소스를 섞어가며 10개의 정사 장면 에피소드를 어떻게 품위 유지하면서 보여주느냐 하는 일이었다. 연출이 직면한 과제는 복잡했다. 좁은 무대의 실내공간을 어떻게 빠른 속도로 전환시킬 것인가. 침대와 의자와 탁자 그리고 커튼뿐인 무대 장면에 어떠한 변화와 리듬감을 줄 것인가. 장면 연결고리 음악은 무엇으로 할 것인가. 정사 장면의 연기를 아름답고 충격적으로 처리하는 방법은 무엇인가. 역할전환 변신의 묘미를 어떤 의상과 대사와 동작으로 보여줄 것인가. 이런 고민스런 문제를 김동훈 연출은 슬기롭고, 기발하게 해결해나가면서 〈라 롱드〉 대단원의 막을 내렸다.

창단 25주년 기념공연 〈삼시랑〉은 김동훈의 또 다른 획기적인 실험극이었다. 국립극장 실험무대에서 워크숍 공연을 통해 극작가 노경식이 대본을 다듬고, 강석희의 음악, 이만익의 미술, 이규태의 의상, 최현의 안무, '탐' 무용단의 현대무용 등이 결집된 종합예술이 실험적 성과를 올린 총체극이었다. 언어중심의 리얼리즘 극을 극복하고 이질적 표현의 동시적 공존과 조화를 성취한 소리와 스펙터클(spectacle)의 장엄한 무대는 연극계에 큰 충격을 안겨 주었다. 〈삼시랑〉의 주제, 스토리, 인물의 성격, 다이얼로그 등으로 제시되는 내용은 두

신(神) 삼시랑과 마마각시의 대립과 쟁투의 신화를 바탕으로 하고 있지만 극심한 피해를 입고 허덕이는 민초들의 저항 장면은 확대 심화된 사회극으로서 남과 북의 분단 비극을 표현하고 있었다.

실험극장은 예술가들의 광장이며 동시에 연기자 학교라는 소리를 들을 정도로 여러 분야 예술가들과 유명 배우들이 모이고, 토론하고, 성장·발전하는 산실이 되었다. 〈삼시랑〉의 경우에서 알 수 있듯이 예술가들은 이곳을 자신의 안방 드나들 듯 했으며, 거물급 배우들이 이끌고 감싸주는 화기애애(和氣靄靄)한 분위기 속에서 서인석, 강태기, 송승환, 이승호, 최민식, 황정아, 이정희, 윤석화, 김순이, 차유경 등이 실험극장 무대를 통해 각광(脚光)을 받았다. 이 모든 인화(人和)와 우정의 중심에 김동훈이 우뚝 서 있었다.

1983년 연극협회 이사장으로 선출되어 1986년 임기를 마칠 때까지 김동훈 회장은 전국 연극인의 복지와 연극 발전을 위해 심혈을 기울이고 있었는데, 그의 가장 큰 업적은 전국지방연극제(1983)의 창설이었고, 이와 동시에 개최되는 '전국연극인대회'가 된다. 지방연극에 관해서 《서울신문》(1975.10.22)에 쓴 글을 보면 왜 그가 이 일을 협회장 업무 최대과제로 삼았는가를 알 수 있다.

"지방연극을 다녀보면 마땅한 연극장소가 없어서 애먹는다. 명동예술극장에서 공연된 작품을 갖고 나가면 그런 무대 폭이나 조명, 음향시설을 갖춘 곳이 없어서 원래의 작품을 손상시키고, 작은 곳에서 공연한 단막물을 들고 나가면 또 그런대로 마땅한 공연장이 없어서 고심하게 마련이다. 그러나 애를 먹었다든가, 고심했다는 것은 그래도 중앙 연극인의 사치한 생각이고 실제로 고민하고 돌파구를 찾지 못해 쩔쩔매는 쪽은 지방 연극인이다. 하나의 마을이 서면 공연장부터 세우는 저 바다 건너의 형편을 우리와 비교할 수는 없는 일이지만 우리의 무대예술이 유독 그들에 뒤떨어지는 것은 발표장에 대한 배려가 너무 없기 때문이 아닌가 한다. 공연예술은 반드시 그를 수용할 공연장을 필요로 할 뿐 아니라 공연장의 규모, 형태, 입지적 조건에 따라서 공연물의 형식과 내용이 결정적으로 좌우되는 것이다. 지방에는 제작비의 규모나 배우술, 또 관객 유치 문제 등 어느 하나 만족스러운 조건이 마련되지 않고 있다. 지방 연극의 보호 육성은 중앙 극단의 원정 공연만이 아니라 바로 향토민의 손에 의해서 이루어져야 하는 것이다."

김동훈의 간절한 소망이 전국지방연극제(1983.7.3)와 전국연극인대회(1983.8.18)를 계기로 점차 현실화되어 현재 지방 주요도시에는 연극을 충분히 할 수 있는 극장과 극단이 생겨 놀라운 발전을 하고 있다. 전국지방연극제는 해마다 열기를 더해 가면서 침체된 지방문화에 활기를 불어넣는 일을 하게 되었다. 더욱더 놀라운 일은 전국지방연극제가 정부 문화정책의 중요 근간이었던 문화의 중앙집권화를 해소하고 지방자치 시대를 여는 효율적인 한 가지 방편이 되었다는 사실이다. 고승길은 1883년 판 『문예연감』에서 "지방연극제가 지방 연극인 간의 정보교류와 기술습득의 장이 될 수 있도록 지원해 주어야 한다. 전국지방연극제가 창설되어 지방 연극과 극단의 육성, 발전에 전기를 마련해 준 것은 뜻있는 일이었다고" 밝혔는데, 이런 지적이 나온 이유는 지방 연극이 노정(露呈)한 중앙과의 극심한 수준 차이 때문이었다. 1984년 8월 13일 제8회 대한민국연극제 개막과 더불어 제2회 전국연극인대회가 개최되었는데 이 자리에서 김동훈 회장은 전국지방연극제 이후 연극인의 사회적 역할과 책임을 강조하는 연설을 하면서 전국연극제의 이념과 목적을 재차 강조하고 있었다.

"작가이든, 연출가이든, 연기인이든 이 분들이 오로지 연극예술에만 정진할 수 있는 사회적 환경과 예술여건이 먼저 마련되어야한다는 것도 누구보다도 더 잘 알고 있습니다. 그럼에도 여러분과 대면하는 기회가 있을 때마다 늘 다소 벅차 보이는 당부의 말씀을 드리지 않을 수 없는 것은, 이러한 문화적 예술적 기량을 통하여 오늘의 이

사회에 새로운 희망과 생동감을 불어넣고, 그 역동적 신념의 국민적 결집을 이룩하는 것이야말로 이 시대가 요구하는 절실한 소망이기 때문입니다. 문화의 발전은 구태여 강조할 것도 없이 늘 다양화라는 형식을 통하여 이루어집니다. 그러나 그 다양화란 그 문화가 성립하는 사회공간을 향해 새로운 조화와 통일성을 지향하지 않을 수 없는 것입니다."

1986년 월간 『한국연극』 신년사에서 김동훈은 전국지방연극제를 회고하면서 그 성과에 대해서 언급하고 있다.

"1983년 제1회 전국지방연극제 개최에 따라 지방과 중앙의 활발한 교류는 물론, 문화적 균형을 이루는 데도 많은 기여를 했습니다. 금년으로 벌써 4회를 맞이하는 지방연극제는 전 지방연극인들의 선의의 경쟁의 장으로는 이제는 중앙을 비롯 '전국연극제'도 기대해 볼 만큼 수준 향상이 이루어지고 있는 것입니다. 이런 성과는 물론 지방연극인들의 뜨거운 노력의 대가지만 나아가서는 전 연극인들의 결집된 의지가 보여진 예라 하겠습니다. 그리고 일 년에 한 번, 전 연극인들이 한 자리에 모일 수 있는 유일한 기회인 '전국연극인대회'의 개최는 격변하는 세태 속에 그나마 연극인 한 가족이 만나 정을 나누는 역할을 했습니다. 물론 3회를 맞이하는 동안 문제점들이 발견되지 않았던 것은 아니지만 '만남'이라는 데 더 큰 의의를 두어야 할 듯싶습니다."

협회 일, 극단 일, 학교 일, 방송 일 등을 부지런히 해나가면서도 그에게 있어서 가장 중요한 일은 배우라는 천직이었다. 그는 그 일이 사는 보람이요, 이 시대에 공헌할 수 있는 가장 중요한 방편이라고 생각했다. 1975년 10월 10일자 《서울신문》에 그는 이렇게 쓴 적이 있다.

"연극배우는 무엇을 남길 것인가? 훌륭한 연주가는 음반을, 화가는 그림을, 소설가나 시인은 작품을 남기고 있지만 같은 예술의 길을 걷고 있는 연극배우는 무엇으로 후세인에게 기억될 것인가? 이러한 회의는 비단 나뿐만이 아니라 선배, 동료, 후배 모두들이 심각하게 생각하고 묻고 싶은 말이다. 연극배우에 있어서 무대는 어느 누구보다도 무섭고, 진실하고, 경건하고, 즐겁고, 고독하고, 고통스런 포괄적인 의미를 갖고 있다. 이곳은 내가 왕, 거지, 부자, 광인, 사기꾼, 영웅, 한량, 바보로 변신하는 곳이며, 즐기고, 싸우고, 울고 웃는 최대의 전쟁터인 것이다.

나의 예술, 나의 생활, 나의 생명이 전부 걸려있는 처절한 전투가 끝나면 모두 연기처럼 사라지는 곳이다. 나는 사라지는 예술을 하고 있다. 무대 배우는 어느 한 순간을 사랑하고 집착한다. 그 순간을 위하여 몇 년, 몇 개월에 걸쳐서 준비하고 역할 창조에 진력한다. 절대적인 표현과 교감의 순간 찾아드는 희열 때문에 명예, 재물을 초월해서 영원한 아름다움에 빠져든다. 그 순간은 사라지지만 남는 것이며, 순간이지만 영원하다."

이 글을 읽으면 김동훈의 얼굴이 떠오른다. 그 얼굴에 넘치는 해맑았던 미소와 다정했던 목소리가 떠오른다. 아, 그런 황홀한 순간, 그 맑은 정복(淨福)의 순간 때문에 그는 숱한 난관 앞에서도 굴(屈)하지 않고 매진했구나, 그런 생각에 사로잡히게 된다.

교육자 김동훈의 공로에서 빼놓을 수 없는 것은 그의 화술 교육이다. 필자가 그 분을 대학에 모시고 부탁드린 말은 '말 다듬기'였다. 김동훈은 단국대 천안 캠퍼스 근처에 집을 얻어놓고 서재로 쓰면서 『화술론』 집필에 정열을 쏟고 강의안을 작성하고 있었다. 그 저서를 완성하지 못하고 고인이 되신 것이 너무나 안타까운 일이다. 그가 남긴 화술 노트를 보면 배우의 화술에서 유의해야 되는 사항이 너무나 적절하게 잘 설명되고 있다.

"우선 작품의 틀과 의도를 파악한 다음 배우는 다음 사항에 대해서 알고 있어야 한다. 1. 말하는 '나'는 누구인가, 2. 말을 주고받는 상대는 누구인가, 3. 말하는 때와 장소, 4. 주변 환경, 5. 말하기 이전의 상황 또는 숨어있는 내력, 6. 대화 내용의 가치, 7.

말하는 '나'의 목적, 8. 상대의 말에 대한 반응과 그로 인한 '나'의 변화, 9. '나'의 말씨, 말투, 뉘앙스, 말하는 행동 양식. 이상 각 항의 내용을 이행하면서 배우는 정확한 말이 관객에게 전달되도록 해야 한다. 이런 전달은 명료한 발음의 말소리와 표정과 몸짓이 어우러져 적절한 리듬을 조성하면서 내면의 충실한 표현을 도모한다."

화술의 스승 김동훈은 평소 자신의 서재에서 친구들과 술잔을 나누면서 요지 다음과 같은 말을 강조하고 있었는데 그가 젊은 세대를 위해 화술 강의에 열을 쏟고 있는 이유를 이 말에서 들을 수 있다.

"문화의 기본은 언어문화이다. 언어는 모든 문화 예술의 기초이고 최소한의 전달 공약수인 것이다. 그러나 36년간의 일제 탄압 시절과 해방 후 분단된 조국에 홍수 같이 밀려온 새 문물 때문에 우리의 언어는 일어와 영어 때문에 그 빛을 발휘하지 못했다. 언어는 그 민족의 풍속, 지리, 생활양식, 사고방식 등에 의해 형성되고 있다. 산업, 경제가 발달하고 모든 문물의 국제교류가 활발할수록 우리 민족은 우리 식의 발상법이 필요하다. 우리 식의 발상법은 우리의 언어와 우리의 문화에서 출발한다. 그동안 우리 연극을 보면 말 자체에 큰 신경을 쓰고 있지 않는 듯 했다. 살아있는 말을 다듬어 나가는 일은 시급한 문화적 과제가 된다."

김동훈은 1993년 2월 22일 조선일보 서희건 문화부장과의 대담에서 연극 데뷔 시절을 회상하면서 말했다. "운명이라고 할까요. 고교시절 셰익스피어 예찬론자였던 선생님에게 감명을 받고 연극에 대한 관심이 깊어졌습니다. 그런데 대학시절 연극부 친구를 따라 구경삼아 연극부에 갔더니 연출가 허규 씨가 출연을 해보라는 겁니다. 꽤 큰 역이었는데, 배우가 부족했던 모양입니다. 이후 한 평생 연극과 맺어진 계기가 되었습니다." 그는 굳은 신념 속에서 한 평생 격정적으로 움직이며 연극을 하고, 연극 때문에 죽도록 괴로워하면서,

연극 속에서 생을 마감했다. "촛불을 꺼야하리/ 꽃이 지는데/ 꽃이 지는 아침은 울고 싶어라." 김동훈, 그는 황홀(恍惚)한 낙화(落花)였다. 실험극장이 펴낸 『김동훈의 삶과 연극예술』에는 그와 가까이 지냈던 분들의 추모의 글이 실려 있다.

연극평론가 구희서는 김동훈을 "천부적인 재능의 배우"라고 평가했다. 연출가 권오일은 김동훈이 "우리나라 소극장 운동의 선봉에 서 있었다"고 말했다. 극작가 노경식은 "전국연극제에 연극혼을 쏟아 부었던 연극의 지도자"라고 찬양했다. 김동훈은 "우리 연극계의 빛나는 스승"이였다고 배우 손숙은 회상한다. 작가 오태석은 "김동훈의 휠체어를 평생 잊을 수 없다"고 말한다. 극작가 윤대성은 "술친구 김동훈의 매력 때문에 함께 죽고 싶다"고 말한다. 극작가 이근삼은 "연기가 타고 난 천직이었는데 벅찬 극단 운영 때문에 그 천직과 거리를 둘 수밖에 없었던 일은 한국연극계의 비극이었다"고 말했다. 1989년 "전국소극장연극축제"를 개최했던 당시 경남연극협회 회장 이상용은 〈신의 아그네스〉와 〈셜리 발렌타인〉을 마산에 초청한 연극인이었는데 "언제나 영국 신사처럼 말쑥하게 차려입고, 걸음걸이 하나에도 흐트러짐을 보여주지 않으셨던 김동훈 선생은 지방연극 운동의 길잡이가 되어주셨다"고 그 은혜에 감사하고 있다. 배우 전무송은 "후배들에게 오늘 연극무대 막이 오를 수 있도록 용기를 준 선배가 김동훈이었다"고 회상한다. 부산 창선동 미화당 예식장에서 공연되었던 〈롤러스케이트를 타는 오뚜기〉를 보고 그의 연기에 열광했던 전위무대의 연출가 전승환은 "느린 말씨와 바로 세운 자세와 귀족적이며 근엄한 태도를 지녔지만 만나면 언제나 반가운 미소를 띠우며 한 잔 하자고 하던" 김동훈을 깊이 존경하고 있었고, 배우 조명남은 사람을 볼 때 "단점보다도 장점을 찾게"라고 인생을 가르치던 그를 그리워하고 있었다.

연출가 임영웅은 "영원한 열혈청년 김동훈"을 회상하면서 말하고 있다.

"그는 처음부터 멋진 배우였다. 연극에 대한 정열도 남보다 몇 배 더 뜨거웠다. 초기의 작품으로는 〈포기와 베스〉, 〈무익조〉 등이 지금도 잊혀지지 않는다. 그 무렵 그는 곧잘 연극에 대해 많은 말을 했다. 술을 마시면서 밤이 새도록 열변을 토했다. 어떤 때는 내가 쓴 글에 대해서 반론을 제기하기도 했다. 그럴 때 그의 모습은 무대에 섰을 때처럼 아름다웠다. 그의 병은 극장이고, 극단이고, 연극이었다. 왜 한국에서 연극을 한다는 것이 언제까지 죽음에 이르는 병이어야 한단 말인가? 그러나 김동훈 씨는 죽지 않았다. 우리들 마음속에, 실험극장의 무대 위에 영원히 살아 숨 쉬고 있을 것이다."

한국연극 전환시대의 질주

제Ⅲ장

70년대 연극의
쟁점과 평론

1. 오태석 연극의 의미와 평가

오태석

연극평론가 이상일의 입장은 시종여일 분명했다. 그는 총체연극의 개념을 내걸고, 마당극의 깃발을 휘둘렀다. "총체극적 발상과 양식적 통일성이 과학적 근거가 되어야 한다고 믿은" 그는 "평론 활동의 근거로 사회적 의식과 과학적 객관화 정신"을 내세웠다. 그는 이런 연극적 소신을 갖고 1969년부터 2000년 초까지 깨어있는 의식과 비평정신으로 굿과 축제의 예능을 바탕으로 한 현대연극의 실험을 격려하고 지원하는 극평을 썼다. 금년 6월에 간행된 연극평론집 『한국연극의 문화형성력』(눈빛)과 문화시론집 『전통과 실험의 연극문화』(눈빛)는 그가 주장한 모든 이론과 그가 현실적으로 부딪쳤던 실제적 상황을 모두 수록하고 있다. 특히 후자의 경우는 「한국인의 굿과 놀이」(1981), 「축제와 마당극」(1986), 「굿, 그 황홀한 연극」(1991) 등 굿, 놀이, 축제 등의 주제를 집중적으로 다룬 연극론의 연속이어서 우리의 주목을 끌고 있다.

특히 탈언어적 육체언어 연극 〈초분〉 무대를 만난 이상일은 이 공연이 지닌 공연사적 의미를 추구하지 않을 수 없었다. 그는 본인이 창간한 연극전문지 『드라마』(1973)에 다음과 같은 평문을 발표했다.

"오태석의 일련의 작품처럼 〈초분〉은 형상을 얻어야 비로소 살아날 수 있는 막연한 가능성의 세계를 그리며, 그런 그의 세계는 한국적 사실주의에 대한 성인의 염증을 풍기고 있다. 그래서 그의 〈초분〉은 해초나 안개를 시적 분위기로 짜 넣으면서 근원적인 질서와 문명적인 법이 어울리는 가운데 모태회귀의 기반을 겨냥하고 있으며, 그러한 작가적 의도는 탁월한 연출의 힘 때문에 오히려 가려질 수가 있다. 유덕형의 선과 색채 및 빛과 어둠의 구도는 특히 조명의 창조적 구사로서 깊이를 갖는 무대를 형성하고 있다. 우리는 〈초분〉을 통해서 연극언어라는 새로운 표현미를 발견하게 되며, 그를 통해 희곡작품의 세계가 오히려 퇴색되는 이변을 보았다. 아니면, 그러한 시도 때문에 작가가 존재하지 않는 것처럼 숨을 죽인 이 공연은 그만큼 연출이 대담하게 무대를 지배함으로써 야기된 변이 현상이다. 그것이 신극 60년에 감각적으로 경화 현상을 빚어왔던 사실주의적 연극에 비로소 새로운 탈출구를 연 이변인 한에서 희곡이 말없이 협연한 것이지도 모른다."

오태석 작, 안민수 연출의 〈태〉(동랑레퍼토리)에 관해서 이상일은 잔혹극 입장에서 자극적이지만 신선하고 논리정연한 논평을 발표했다.

"〈태〉가 지닌 잔혹성은 때마침 자유극장이 선보인 〈환도와 리스〉의 작가 아라발 (Fenrnando Arrabal)의 세계와 맥락을 같이 한다. 물론 아라발은 추상적인 세계의 구축을 통해 그의 의식을 다져가는 데 비해 한국적 잔혹은 사극 형식을 빌린 생명의 전위(轉位)과정에서 강력한 연출 의지에 의해 작열(灼熱)하는 이미지로 형상화된다.

막이 오르기 전의 깜깜한 연극 공간과 그 속을 누비는 비명과 같은 울음은 목숨의 근원인 자궁 속의 어둠을 확인하게 하고 우리 탄생의 울음을 감지하게 한다. 그렇게 하여 오른 막은 박 소리에 맞추어 일본식 가부키와 중국식 경극의 양식미를 추종하는 탈한국적 경향 속에서 본격적인 주제를 이끌어 가는 것이다. 주제는 목숨의 이어짐이다. 본능적으로 자기 보호의 기능을 다하는 이 자연의 작은 핵은 무자비하게 남을 죽이며 살아남으려고 몸부림친다. 그 몸부림은 며느리가 시아버지를 죽이게 하고 산모로 하여금 다른 자식의 피로 강보를 물들이게 한다. 역사와의 함수관계에서 보면 단종의 머리 위에 있던 왕관의 상징이 되어 그것은 세조의 머리 위에 정착되기 위하여 무수한 목숨을 빼앗는다.

(중략)

이 철저한 자연의 미시적 세계 속의 투쟁을 확대하고 역사화했을 때 박팽년의 살아남은 태아 이산이의 야사는 두 가지 의식을 수반하고 있다. 그 하나는 단종, 세조, 사육신으로 이어진 표층적인 것이며, 다른 하나는 박팽년과 그의 아내 그리고 충복 부부로 이어진 기층적인 것이다. 문제는 작가나 연출의식이 이 드라마의 방향을 상층적, 역사적 표출에 초점을 맞추었다는 데 있다. 야사가 지닌 위사(僞史)의 함정이 이 작가나 연출가에게 그대로 유입되어 그들은 상층의 한 목숨을 기층의 근원적인 목숨과 맞바꾸었다. 상전의 대를 이어주기 위해 머슴 부부가 그들의 자식을 바친다는 설정에는 근원적인 기층문화에 대한 사이비 역사의식이 작용한다. 그 때문에 배반당한 민중의식이 슬픈 여인의 울음이 되어 어둠 속으로 메아리친다. 그것은 작가나 연출가에게 배반당한 근원적인, 그러므로 민중적인 거대한 에네르기의 작은 항변일 수 있다. 어느 방향으로 가더라도 이 작품에 상징된 주체의 강력한 방사선은 죽음을 수반하는 피의 울부짖음이다. 따라서 이 드라마의 상연에는 필연적으로 잔혹성이 따르지 않으면 안 된다. 단종의 왕관을 찬탈한 세조와 신숙주에 의한 사육신의 고문은 처절할수록 중심에 가까워진다. 그 처형의 기관총 소사(掃射)같은 리얼한 감각은 단종이 사약을 받는 장면에서 연출된 피비치는 투영막과 총소리 같은 현실 음향 때문에 사극의 거리감은 일순간에 사라지고 연극예술적 충격이 배가된다."(『문학사상』, 1976.1)

이상일의 이런 입장은 후에 신현숙의 평문 「오태석 연극과 초현실주의」(명인서·최준호 엮음, 『오태석의 연극세계』, 현대미학사, 1995)에서 다시 거론되면서 심층적으로 분석된다. 신현숙은 이 평문에서 〈태〉와 〈백마강 달밤에〉 두 작품을 다루면서 치밀한 논리로서 오태석의 초현실주의적 경향을 강조하는 논의를 전개하는 글을 썼다.

〈태〉, 오태석 작·연출, 극단 목화

"오태석은 서양연극의 문법을 따르지 않고 한국의 전통적인 놀이, 마당극, 굿의 형식을 빌어 한민족 특유의 사고형태, 그 심성의 원천, 그리고 역사의 저변에서 꿈틀거리는 생명력을 표출해 온 작가이다. 그의 무대는 의식과 무의식, 현실과 꿈, 삶과 죽음, 해학과 잔혹성이 서로 끌어안고 뒹구는 놀이판으로서, 때로는 인간의 내면 깊숙한 곳에 웅크리고 있는 원초적 세계 혹은 욕망을, 때로는 역사의 이면을 폭로하여 관객으로 하여금 다시 한 번 자신과 공동체의 삶을 되돌아보고 오늘의 현실을 반성하게 만든다. 그는 세련된 시적 언어 대신에 어눌하고 질펀하며 감각적인 일상어(흔히 사투리)를 사용하고, 한국의 춤사위나 한국인 특유의 몸짓, 창(唱), 곡(哭) 등을 무대언어로 차용하기도 한다. 또 얼핏 보기에 일상의 잡동사니 같지만 극도로 기호화된 오브제들의 선택, 논리적인 전개에서 일탈한 극사건의 진행, 이분법적 시공(時空) 체계의 해체 등은 그의 무대체계의 주된 특성이다. 이 때문에 오태석의 연극은 산만하고 난해하다는 평을 받기도 하지만, 그의 연극세계는 설명할 수 없는 신명이 항상 도사리고 있다. 그리고 그것은 관객의 지성보다는 감각을 통해 영혼으로 파고드는 호소력을 가지고 삶(혹은 세계)의 숨겨진 한 부분을 관객이 체험할 수 있도록 유도하고 있다."

신현숙은 〈태〉의 플롯은 삼중으로 구성되어 있으며, 그것은 "정치적 담화, 윤리적 담화, 무의식의 담화의 복합체로 이룩되었다"고 말하고 있다. 〈태〉의 등장인물에 관해서는 다음과 같이 분석하고 있다.

"오태석은 초현실적인 존재들을 일상의 삶 속에 위치시킴으로서 현실과 꿈, 생과 사, 전달할 수 있는 것과 전달할 수 없는 것, 눈에 보이는 것과 눈에 보이지 않는 것이 더 이상 모순으로 느껴지지 않는 지점…초현실성을 현실의 바깥이 아닌 현실 안으로 끌어들이고 있는 것이다."

오태석 작품의 시공간 구조에 관해서는 이렇게 단정하고 있다.

"오태석 연극의 특징 중의 하나는 시공체계의 초 논리성이다. 시간은 객관적 연속성이 무너지고, 현재라는 시점에 과거, 미래가 병존하며 시간의 길이도 임의로 단축, 확장되거나 두 시간성이 하나로 포개지기도 한다. (중략) 〈태〉의 무대는 빈 공간이다. 그 무대에서 일어나는 극 행동들의 공간을 만드는 소도구는 오직 오봉일월도(五峯日月圖) 병풍과 검고 작은 가리개, 그리고 소반 하나뿐이다. 나머지 공간은 배우들의 현존이 곧 특정한 공간이 된다. 따라서 무대의 빈 공간은 현실의 공간에서 비현실의 공간으로, 무의식의 공간에서 장안의 길거리로, 궁 안의 어전에서 종의 거처로, 대궐의 마당에서 유배지 영월의 단종 거처로, 망령들의 영역에서 출산하는 안방으로, 수시로 변형이 가능하다."

한국인의 삶의 본질을 탐구하고, 그 기본 정서와 감정을 부각시키는 일이 오태석 연극의 특징이라고 이상일, 신현숙 등이 지적하고 있는데, 이 문제를 한국희곡작가협회 춘천세미나(1995)에서 다시 거론한 한상철은 다음과 같은 오태석론을 발표했다.

"오태석의 연극은 현대인의 생활을 심리적으로 정교하게 제시한 게 없으며, 거의 모두가 한국의 역사, 전통, 꿈에서 그 연원을 찾는다. 현대인의 의식을 다룬 연극 (그의 데뷔작 〈환절기〉)에서 조차도 굿의 요소가 강하게 나타나고 있다. 현대 산업사회, 정보화 시대를 사는 인물임에도 불구하고 〈아프리카〉의 주인공은 시골에서 자란 우매하고 약삭빠르지 못한 한국인의 모습 그대로이다. (중략) 〈태〉는 세조와 사육신의 이야기이지만 사극의 전형적인 서사적 패턴을 깨고, 권력과 생명의 관계를 되짚어 보는 매우 현대적인 해석을 가하고 있다. 그것은 후에 〈부자유친〉에서도 다시 나타나고 있다. (중략) 그는 서구연극의 기본 원칙인 논리성, 합리성, 시간성, 공간성을 파괴하고 한국 전통극의 특징인 즉흥성과 비약, 그러면서도 끊임없이 이어지는 반복성과 단순성을 굿과 마당놀이의 구조 속에 생동감 있게 포용하고 있다. 그의 연극이 때로 모호하고 갈피를 잡을 수 없는 것은 이러한 데 원인이 있으며, 논리적인 사고에 익숙해진 현대인의 사고방식이 그의 극 앞에 혼란을 일으키기 때문이다. 오태석은 연극을 근본적으로 놀이라고 생각하고 있고, 따라서 놀이에는 질서정연한 논리가 있는 것이 아니라, 다만 관객이 그 놀이에 같이 참여하는 참여정신이 필요한 것이고, 일단 그 놀이에 빠지게 되면 모든 것은 놀이의 논리에 따르게 된다는 것이다. 오태석 연극의 에로티시즘, 괴기성, 잔혹성은 강력한 호소력을 지닌 요소들이라 할 수 있다."

나는 오태석의 취기(醉氣)와 광기(狂氣)로 뒤집힌 눈을 응시하며 때때로 그와 통음(痛飮)했다. 평론가 한상철은 그를 옹호하면서도 때로는 날카롭게 비판을 했다. 셋이 만나면 시끄러웠다. 오태석은 언제나 이단자요 문제아였지만 무시할 수 없는 존재였다. 그와 만나고 집에 와서 나는 이런 글을 쓴 적이 있다.

"오태석의 장점은 우리들 내부의 심연(深淵)을 들여다보는 데 있다. 이제, 그는 내부의 심연과 외부의 일상성에 안정된 소통의 가교를 놓은 듯하다. 우리는 그 소통의 언어를 통해서 사과를 깨물 듯이 죽음을 맛보고, 장미 꽃 향기를 접하듯 생명을 느낄 수 있을 것이다. 내부를 알리기 위해서 외부를 빌려 오는 방법, 숨기면서 동시에 알리는 방법, 의미를 조직하고, 확대하는 방법, 측정한 경험으로 다른 영역의 경험을 언급하는 방법, 그리고 지상에서 영원을 부관(俯觀)할 수 있는 방법─나는 오태석이 이런 방법을 갖고 오늘 이곳의 의미를 추적해 줄 것을 부탁하고 싶다."(『세대』, 1974. 이태주, 『연극은 무엇을 할 수 있는가』, 단국대 출판부, 1983 재수록)

그의 작품은 언제나 카오스의 심연에서 위악(僞惡)자 같은 미소를 띠우며 나에게 손짓하고 있었다. 나는 그의 작품을 뒤지고, 파헤치기 시작했다. 나는 그의 뇌리 속에서 번쩍이며 돌아가는 섬광, 그 이미지의 근원이 무엇인지 찾아나서기로 했다.

1940년 충남 서천에서 출생한 오태석은 극작가이면서 연출가이다. 그리고 현대극단 목화 대표로 활동하고 있다. 서울예전에서 극작과 교수로 재직한 적도 있다. 연세대학교 철학과를 졸업한 그는 1967년 조선일보 신춘문예에 〈웨딩드레스〉로 응모해서 당선된다. 1968년에는 국립극장과 경향신문에 장막극 〈환절기〉가 당선되었다. 1969년에는 〈여왕과 기승〉, 〈유다여 닭이 울기 전에〉, 〈육교 위의 유모차〉, 〈고초열(枯草熱)〉 등의 희곡을 발표하고 연출을 했다. 1970년 〈교행〉, 〈롤러스케이트를 타는 오뚜기〉, 〈사육〉 등을 발표하고 연출을 했다. 1971년에는 〈이식수술〉, 〈버남의 숲〉, 1972년에는 〈쇠뚝이 놀이〉를 발표하고 연출을 했다. 그리고 나서 1973년 〈초분〉이 초연되자, 문화예술 분야의 각광을 받으며 한국일보 연극영화상 작품상을 수상한다. 이어서 1974년에는 신극 70년 기념작품으로 〈태〉를 발표했다. 1976년 〈춘풍의 처〉, 1978년 〈물보라〉, 1979년 〈사추기〉(서울극평가그룹 제1회 작품상 수상), 1980년 〈1980년 5월〉, 〈산수유〉(서울극평가그룹 제2회 작품상 수상), 1982년 〈한만선〉, 〈어미〉, 1983년 〈자전거〉, 1984년 〈아프리카〉, 1985년 〈필부의 꿈〉, 1987년 〈부자유친〉 (서울연극제 대상 수상), 1988년 〈새불〉, 〈팔곡병풍〉, 1989년 〈비닐하우스〉, 1990년 〈운상각〉, 〈심청이는 왜 두 번 인당수에 몸을 던졌는가〉(동아연극상 대상 수상), 1991년 〈백구야 껑충 나지마라〉(김수근문화상 수상), 1992년 〈도라지〉, 1993년 〈백마강 달밤에〉 등을 쓰고 연출을 했다. 그야말로 숨이 막히는 질주(疾走)였다. 그런데 작품 모두가 문제작이었다.

극작가 오태석의 전기(轉機)는 1973년 〈초분〉 무대가 된다. 이 작품은 당시 엄청난 충격을 안겨주면서 논란 속에 한국일보 연극영화상 작품상을 수상했다. 〈초분〉은 1974년 뉴욕 공연 후 국내에서 재공연 되었다. 〈초분〉은 작품의 상징구조가 치밀한 점, 육체언어 표현과 제의(祭儀)적 요소가 강조된 점, 이미저리 표현이 극대화된 점 등이 높이 평가되었는데, 놀라웠던 것은 〈초분〉의 흥분이 사라지기도 전에 오태석은 1974년 〈태〉를 발표하면서 한국 현대연극에

〈부자유친〉. 오태석 작·연출, 극단 목화

반란의 회오리바람을 일으킨 일이 된다. 〈태〉 공연 성공의 요인은 단종 애사(哀史)의 표면구조에 죽음과 생명이라는 영원한 인간의 문제를 심층구조로 구축한 점, 설명적 대사 전달 중심의 종래 전통 사극의 패턴을 지양하고 대담한 생략과 압축과 시적 밀도를 살려 극의 템포를 촉진시킨 점, 그리고 역동적이며 리드미컬한 육체적 동작으로 충격적인 시각적 효과를 얻었다는 점이 된다.

특히 〈물보라〉는 한(恨)을 주제로 인간 존재의 근원적 불안과 공포를 파헤치고 있다. 이 작품은 무속과 어촌의 생활을 교묘히 혼합시켜 구성한 제의(祭儀) 형식의 드라마로서 사실적 세계의 디테일이 빛과 소리로 교향(交響)하는 상징적 작품이었으며, 이후 발표되는 〈부자유친〉, 〈심청이는 왜 두 번 인당수에 몸을 던졌는가〉, 〈백마강 달밤에〉 등 여러 작품과 맥을 함께 하고 있다. 〈산수유〉는 6·25전쟁의 비극을 극화한 작품으로서 오태석의 사회비판적 의식이 드러나는 무대였는데, 〈자전거〉, 〈내사랑 DMZ〉 등의 작품과 연관된다. 〈한만선〉은 리얼리즘 연극 풍조에 반기를 들고 시각적 오브제를 도입한 다층적 구조의 실험극으로서 〈로미오와 줄리엣〉 등 오태석 후기 활동의 변화를 예견할 수 있는 충격적인 작품이다.

국내 활동 전성기에 그는 해외공연에 눈을 돌리기 시작해서 연극의 국제교류에 공헌했다. 1995년 독일 공연을 시작으로 런던, 인도, 일본, 중국 등 해외 공연 활동을 계속했다. 그 성과는 〈로미오와 줄리엣〉 런던 공연 평에서 일부 엿볼 수 있다.

"At the Barbican, meanwhile, the Korean company Mokwha are showing their dance—theatre version of Romeo and Juliet. Set in a village, and featuring traditional dance and stylised, slow—motion swordplay, it's an engaging take on Shakespeare. Kim Byung Cheol is a bounding spaniel—like Romeo and Kim Mun Jung a sweet and fragile Juliet, and there's a touching wedding—night scene when, having failed to undress each other, they play like kids among the sheets. The scale of the piece is small but the tragedy is genuine." (*The Observer*, Nov. 26, 2006 Luke Jennings)

"The company mixes the ritualistic and experimental. Passages of text are decorated with colourful Korean dance and surreal theatricality." (*Evening Standard*, Nov. 27 Kieron Quirke)

"The courtyard on stage is clearly not Verona; we are in South Korea or thereabouts. Blue and white lanterns adorn the courtyard's wooden colonnade while two sections of the portico are adorned with banners in pastel reds, yellows, greens, whites and blues, which signify unity in the Korean tradition. ……Director Master Oh's Romeo and Juliet emphasizes the lovers' youth, humour, mischievous smile, the twinkle in her eyes together with her overall demeanour, ignite a believable flame of teenage whole self—absorbed sweet love. Master Oh's production is energetic, imaginative and provides a moving, yet enjoyable evening at the theatre." (*The British Theatre Guide*, Nov. 28, 2006 Rivka Jacobson)

"These are the crowning moments of this free interpretation of Shakespeare's tragedy, presented by Korea's Mokhwa Repertory Company and the revered playwright and director Oh Tae Suk." (*The Times on Line*, Nov. 29, 2006)

팔자는 〈초분〉에 관해서 1973년 『현대 드라마』 지에 "연출의 언어와 희곡의 언어"(『세계 연극의 미학』, 단국대 출판부, 1983년에 전재)라는 제목으로 평문을 썼으며, 그 이후 〈초분〉 재공연에 대해서는 1975년 다시 평론을 발표했다 (『연극은 무엇을 할 수 있는가』, 단국대 출판부, 1983에 전재). 초연의 평문과 두 번째 평문의 내용이 달라진 것은 공연 자체의 변화 때문이었다. 두 공연을 비교하기 위해서 두 번째 평문을 요약해보자.

"초연 때에 비하면 작품 구성이 치밀하고, 언어도 훨씬 간결해져서 흐릿한 부분이 선명해지고, 추상적 부분이 깊은 상징성을 얻고 있었지만, 아직도 작품의 난해성은 여전하다. '섬의 질서'가 사회적 의미의 공감대를 형성하지 못하고, '물의 법'은 야릇한 이질감을 풍겨 관객의 거부감을 불러일으킨다. 시신을 불에 태우는 것은 '물의 법'이 되고, 물에 담근 후 씻어서 초분 속에 말리는 일은 '섬의 질서'가 되기 때문에 이 두 가지 대립적 요소는 이 작품이 제시하는 극적 갈등의 상징이 된다. 그러나 이 두 요소의 대립과 충돌은 관념적인 단편적 에피소드에 의지하고 있기 때문에 지적 추적이 여의치 않고 감성적 포용이 불가능하며, 이 때문에 극적 긴장감이 조성되지 않는다.

성(性)과 정치에 대한 도전, 나체의 표현력에 대한 확신, 제의(祭儀)성의 강조 등은 현대 전위극의 공통적 현상인데, 이번 〈초분〉 공연에서 그 일이 원만하게 성취되었는가 하는 점이 의심스럽다. 〈초분〉은 지극히 극적인 무대였지만, 정작 현실의 드라마가 미진했던 탓으로 리얼리티의 박진감은 잃고 있었다.

언어적 표현에 의존하기 보다는 육체적 표현, 또는 시청각적 이미저리의 표현에 의한 현실의 탐구는 〈초분〉 공연의 특성으로 지적될 수 있는데, 언어와 육체의 분열에서 오는 개념의 혼란은 작중인물의 '아이덴티티' 유실을 초래했다.

〈초분〉 공연의 최대 성과는 배우들이 신체 연기의 가능성을 최대한도로 발휘하면서 육체적 동작의 묘기를 보여주고 앙상블 연기를 성취한 일이었다. 특히 리듬이 풍부한 대사는 율동적인 움직임을 크게 도와주었다.

장 클로드 반 이따리의 말에 귀를 기울이자. 그는 말했다. "중요한 것은 결국 관객과 극 행위 사이에 일어나고 있는 그 무엇이다. 관객이 더듬는 여로는 고대의 비밀스런 유적이나 비밀스런 의식과 마찬가지로 세밀하게 조립된 것이어야 한다. 그러나 그 형식은 현대인의 사고과정을 반영한 것이어야 한다." 〈초분〉 공연의 경우 이 말이 던지는 의미는 크다. 연출가는 그 의미를 알고 있을 것이다. 문제는 전달이다."

사실 〈초분〉보다는 그의 작품 〈태〉가 나를 더 열광시켰다. 물론 안민수의 연출이 있었기 때문에 더 감동적이었다. 〈태〉 초연 시의 평을 보자.

"금년(1974) 상반기 최고 수작인 〈태〉 공연(예술극장)에 대한 관객들의 호응은 절대적이어서 드라마센터 동랑레퍼토리극단에서 〈태〉를 장기 공연 작품으로 선정해서 2차 공연을 했다. 예술극장 무대는 프로시니엄 무대이고, 드라마센터 무대는 오픈무대이다. 똑같은 공연물을 다른 무대에 올렸을 때 어떤 차이가 있는지 하는 점은 흥미롭다. 결론적으로 말해서 〈태〉 공연은 오픈무대가 더 적절하다는 생각이다. 드라마센터 무대에서 〈태〉는 득(得)과 실(失)이 있었지만 득이 더 많았다. 드라마센터의 경우 공연자의 출 · 퇴장 문제와 장치물의 설치는 난관이었다. 통일된 형상과 색으로 이루어지는 무대그림이 여의치 않았다. 축소된 거리감 때문에 환상적 장면의 효과도 반감되었다. 사육신 장면들, 단종의 양위교서 장면, 이 극의 최종 장면 등의 전환이 여의치 않았다. 그러나 얻은 것이 더 많았다. 출 · 퇴장의 변화, 인물들의 근접성, 소리의 근접성, 도창의 위치, 손부의 노래와 사육신의 노래의 하모니, 태 장면의 강한 충격, 연기의 디테일이 보인 호소력 등은 이 무대에서 얻은 값진 보상이었다." (『세대』, 1974. 이태주, 『연극은 무엇을 할 수 있는가』, 단국대 출판부, 1983 재수록)

극평가 김경옥은 70년대에 『한국연극』에 평문을 쓰고 있었다. 그는 동지 1976년 11월호에 "전통극과 부조리극"의 제목으로 여러 공연을 언급하면서 "오태석의 위업"이라는 부제 아래 〈춘풍의 처〉를 다음과 같이 소개하고 있다. 〈쇠뚝이 놀이〉나 〈춘풍의 처〉는 오태석 연극의 전개에 있어서 중요한 과정이 된다. 이 연극은 민속적 놀이를 어떻게 연극무대에 도입하느냐는 문제에 대한 실험극이었기 때문이다.

"〈춘풍의 처〉의 무대에서 오태석은 인생의 부조리적이며 깊은 의미를 희화화시키는 데 있어서 한국의 전통적인 예술 수단인 춤과 소리를 종합해서 하나의 전연극(全演劇) 형태를 성공적으로 추구했다. 오태석은 현대의 역사적 시점에 있어서 우리 전통극을 토착화시키는 위업(偉業)적인 실험을 이룩했던 것이다. 상당히 전위적인 수법도 쓴 것 같은 작품과 연출에서 우리는 아주 현대적인 감각도 느낄 수 있었는데 다만 연희되는 춤과 노래가 더 직업적인 면이 보태졌으면 했다. 확실히 탈춤의 미학을 가진 춤이었으나 보다 세련되었으면 했고, 소리는 어쩐지 근대적인 민요조로 들렸다. 이왕이면 오태석은 시대적인 접목에 있어서는 보다 오리지널한 패턴을 파헤쳐서, 어설픈 전통혼합양식 같은 맛을 덜 해 주었으면 했다."

1970년 〈롤러스케이트를 타는 오뚜기〉(오태석 작 · 연출)로 충무로 까페떼아뜨르에서 공연된 이래로 실험극장의 배우 김동훈의 집념에 의하여 이 작품은 계속 재공연되었다. 이 작품은 배우에게나 연출가에게 똑같이 공연하기 어려운 작품이다. 일인극이지만 작중에 다루어진 인물은 폴로니우스, 햄릿, 오델로, 맥베드, 데스데모나, 에밀리아 등 셰익스피어 작중 인물을 위시해서 상점 여점원, 아내, 거리의 여인 등 여자들, 그리고 인도의 악사, 택시운전 기사, 아파트 관리인, 운동장 관리인 등 다양한 인물들의 변신이 가능해야 되는 연기적 어려움이 있기 때문이다. 오태석 특유의 길고 꼬인 대사, 의식의 흐름을 타고 내적 독백으로 이어지는 이 작품의 특이한 '스토리텔링' 방식도 쉽게 넘을 수 없는 난관이다. 〈초분〉이나 〈태〉의 공연이 동랑과 안민수와 유덕형이 있었고, 명배우 이호재와 전무송이 있었기 때문에 가능했던 것처럼, 이 연극도 명배우 김동훈이 존재했고, 실험극장이 뒷바라지했기 때문에 가능한 일이었다. 연극하기가 한참 어려웠던 시절에 이런 배우를 만날 수 있었고, 단단한 조직을 갖춘 극단이 옆에 있었던 것은 오태석의 행운이었다. 6 · 25를 겪으면서 자란 세대들, 전후 70년대 군사독재 시대의 젊은이들, 지식인들, 연극인들, 오태석 같은 사람들, 나 같은 사람들의 어김없는 자화상이었다. 이 작품이 잘 된

부분이 바로 이 대목이다. 작중 인물의 개인적 정서와 정신 상태를 객관화시켜 표현하면 자연스럽게 60년대의 시대적 정감이 밀도 깊은 속삭임으로 전달되는 그런 신기함이 가능했기 때문이다. 나는 그 당시 이 작품에 대해서 이렇게 쓴 적이 있다.

> "명백한 의미의 선을 희생시킨 대신에 풍부한 암시의 폭이 확대된다. 주인공의 심적 상태는 좌절된 희망과 억압된 욕정과 절망적 소외감으로 이루어져 있다. 그는 풀장에서 맴돌기만 하는 오뚜기다. 쓰러지면 일어나지만, 결국 그 자리가 그 자리일 뿐, 배의 마스트처럼 탈출하지 못하는 정체 속에서 우수의 병을 앓고 있는 60년대의 시대 상황이요 마음인 것이다."

〈초분〉과 〈태〉 이후, 오태석은 심화된 리얼리즘 연극으로 향하고 있었다. 제1회 서울극평가그룹상 심사(1978.12.12)에서 최우수 작품상에 오태석 작품의 〈물보라〉가 선정되었다. 이 작품은 국립극단이 공연한 것이다. 배우 전무송은 〈물보라〉와 〈시즈위 벤지는 죽었다〉에서 연기상을 받았다. 김동훈은 〈롤러스케이트를 타는 오뚜기〉에서 연기상을 받았다. 장민호는 〈물보라〉에서 연기상을 받았다. 오태석은 희곡상을 탔다. 〈물보라〉가 작품상으로 결정된 이유는 "한(恨)을 주제로 한 이 작품은 인간의 원형적인 삶을 무대 위에 재현하는 데 성공했으며, 무속과 어촌의 현실적 생활을 교묘히 혼합시켜 제의(祭儀)의 방식으로 논리적이며 합리적인 생의 이면에 도사린 불안한 존재의 심층을 서정적으로 표현했다"는 것이었다. 한편 "국립극단의 연기진이 보여 준 탁월한 연기적 앙상블과 조명, 음악, 무대미술, 의상에 이르기까지 빈틈없이 연출이 파고들어 무대의 전체적인 조화가 이룩되었다"는 수상 이유도 지적되었다. 특히 빛난 것은 〈물보라〉를 디자인 제작한 김동진에게 무대미술상을 수여한 일이었다. "한국연극에서 리얼리즘을 한 차원 더 높인 이 작품"을 이렇게까지 만들어

하고 있었다. 그는 말했다.

"그러나 이러한 동인제의 순수한 기반이 오늘에 이르러 불가피하게 목하 붕괴, 와
해되는 전환점에 서게 되었다. 물론 빠른 시일 내에 변화가 완료될 것이라고는 보지
않는다. 이유는 무엇인가. 매우 복합적인 요인이 있는 듯하다. 관객의 취향과 수효가
늘어남에 따른 연극의 대중화, 제작비의 증가에 따른 연극의 상업성 문제, 대중적인
인기를 감안해야 하는 배우의 취사선택, 극단과 배우의 증가에 따른 기회포착의 어려
움, 이직과 겸직에 의한 안정 구조의 흔들림 등 실로 복합적인 요인들이 동인제의 기
반을 흔들리게 하고 있다."

필자는 1976년 공연 주체의 새로운 체제로 '프로듀서 시스템'을 제언한 적
이 있다. PD시스템을 주장하게 된 이유는 1978년 3월호 『월간조선』에 「극단체
제 이대로 좋은가」(이태주, 『충격과 방황의 한국연극』, 1999에 전재)에서 밝히
고 있다. 그 내용의 골자는 이런 것이었다. 동인제 체제로 굳어진 기존 극단들
이 예술적인 측면에서나 재정적인 측면에서 큰 곤경에 봉착하게 될 것이다. 예
술적으로 탁월한 공연도 없고, 기업이 되어 직업화되지도 못하는 극단의 고충
을 덜어주고, 돌파구를 마련해주는 한 가지 시안으로서 이 체제는 유익할 것이
다. 공연자본의 도입을 가능케 하고, 예술가의 예술적인 능력을 담보로 삼는
공연 단위의 계약을 실현시켜 주며, 제정과 운영의 합리와 분업화를 촉진시켜
줄 수 있는 방안으로서 이 시스템을 활용하자는 것이었다. 나는 극단의 체제
를 세 가지로 구분했다. 첫째는 레퍼토리 극단체제, 둘째는 이념적 동인체제
로서의 극단체제, 셋째는 단일 프로덕션체제. 첫째 체제는 서구사회에서는 전
통적으로 채택되고 있는 가장 일반적인 극단체제인데 전용극장과 전속배우와
연습실이 있어야 가능한 체제로서 우리나라에서는 국립극장이나 세종문화회
관에서나 존재할 수 있는 것이었다. 둘째 체제는 연출가와 극작가, 그리고 배

우가 이념적으로 뭉쳐 예술적 앙상블을 지향하는 체제가 된다. 셋째의 경우가 '프로듀서 시스템'에 의한 극단체제로서 단일공연의 완성을 위해 수시로 공연 주체가 프로듀서에 의해 형성되는 경우라 할 수 있다.

우리나라의 극단체제를 고찰해 볼 때, 엄밀한 의미에서 레퍼토리 극단은 물론이거니와 이념적 동인체제 극단이나 프로듀서 시스템 극단이 없는 것이 사실이다. 이것은 무엇을 의미하느냐. 극단으로서의 뚜렷한 성격도 없고, 창의적인 연극이념도 지니지 못한 어정쩡한 상태에서 산발적인 공연행위에 임하고 있다는 것이라 이해될 수 있다. 우리 연극의 공연이 때로 예술적 완성을 성취하지 못하는 이유가 바로 극단의 재정적 기반이 약하고, 예술적 이념이 분명치 않으며, 조직과 기획력이 허약하기 때문인데, 이것이 바로 극단체제의 문제로 귀결된다는 것이 나의 생각이었다.

서연호는 극단체제의 개혁을 위해 다음과 같은 제안을 했다.

> 공연법을 개정해서라도 제작자 중심의 공연신청을 받아들여야 한다는 점을 강조해 두고 싶다. 이는 동인제와 PD제를 병행시키는 한편, 차차 PD 중심의 제작들이 증가해 갈 것에 대비하는 한 방안이 될 수 있다. 이를테면 전문 연극인이 아닌 일반인의 연극 제작 참여를 개방하고, 이끌어 들이는 이점을 노릴 수도 있다. 누구나 공연을 신청하면 받아들이는 입장에서 연극에 활성을 불어넣을 수 있다."(『문예진흥』, 1978)

필자나 서연호 등 평론가들이 제안한 PD시스템은 "기업적 운영체제로서의 극단과 예술창작 집단으로서의 극단의 두 성격을 구별, 각기 그 독자성을 존중하고 상호 보조할 수 있는 체제"로서의 전환을 의미했다. 이런 의견에 대해 정진수는 PD시스템을 반대하는 것은 아니지만 "PD시스템이 만병통치약이 아니다"라는 의견을 내놓았다. 이 문제에 대해서는 필자와 정진수 간에 월간지 『뿌리 깊은 나무』 지상을 통한 논쟁이 전개되었고, 이어서 실험극장이 주최한 월요연극논단에서도 치열한 논쟁이 벌어졌다.

그 이후 계속된 동인제 극단의 무력화와 붕괴(崩壞) 양상을 볼 때, 그리고 일인체제의 독선적이며 비합리적이었던 종래 우리 극단들의 운영방식이 전문적인 직업극단 성립을 방해한 한 가지 요인이었다는 것과 극단의 기업적 측면과 전문성이 강조되는 오늘의 추세를 감안할 때 그 당시 평론계의 의견을 극단 측이 받아들여 체제 개혁운동을 시작했어야 옳지 않았을까 반성해 본다.

1978년의 연극은 관객 동원 면에서 놀라운 성과를 올리고 있었다.

> "1년 동안 상당한 수의 관객이 연극에 몰려들었다. 고정관객 1만 명, 그 중 7, 80퍼센트를 여대생이 차지하던 70년대 전반기의 사정은 이제 옛날이야기가 되었고, 한 작품 공연에 1만 명이 넘는 경우가 이제는 잦게 되었다. 극장의 대형화에 따라 1회에도 4천 명을 상회하는 관객을 수용할 수 있게 되었다."(서연호, 『문예연감』, 1978)

관객의 "연령과 다층화 현상"(서연호)이 확실해졌다. 또한 관객 취향도 다양해져 관객의 고급화 현상과 대중화 현상이 동시에 일어나고 있음을 볼 수 있었다.

1970년대 후반에 인지된 반갑고도 확실한 현상은 우리 연극이 점차 고정관객을 얻고 있다는 사실이었다. 연극이 호황일 때, 자만하지 말고 연극계는 관객조사, 관객조직, 관객복지, 관객교육 등 관객을 위한 일을 추진했어야 옳았다는 것을 또한 반성하게 된다. 그러나 대부분의 경우 이 일을 등한시하여 연극은 질적으로 저하된 상업연극이 아니면, 군사독재를 묵인하고, 수용하며, 아부하는 도피연극 또는 화해연극 같은 것으로 줄달음치고 있었다.

1978년 흥행에 대성공을 거둔 대표적인 상업극은 〈바람과 함께 사라지다〉(마가렛 미첼 원작, 차범석 각색, 이진순 연출, 현대극장)였다. 이 공연에 대해 서연호는 이렇게 말했다.

"각본, 연출, 연기, 무대장치, 의상, 진행 등에서 대작취향을 노골적으로 드러내고 있을 뿐, 실제로 관객의 가슴을 파고드는 감동을 안겨주기에는 엉성한 연극이었다. 상업극으로서 구경거리가 되기에는 불충분한, 성실성이 모자라는 공연이었다."(『문예연감』, 1978)

서연호는 계속해서 상업극의 사례를 들고 있다.

"민중극장의 〈우리 집 식구는 아무도 못말려〉(조지 코프만 · 모스 하트 공작, 박영희 역, 최치림 연출)도 흥행에는 크게 성공하고, 공연에서는 별로 좋은 기력을 드러내지 못한 작품이었다."

상업극도 일반 대중의 오락과 교육을 위해 존재해야하지만, 그 상업극이 우리나라에서 비판받는 이유는 성실한 창조 작업이 무대형상화 과정에서 수행되지 않고 있기 때문이며, 한상철이 그의 평문 「연극과 사회」(『주간조선』, 1978.9.10)에서 지적하고 있는 다음과 같은 근원적인 이유가 있기 때문이다.

"오늘날 우리 사회는 급격한 변화를 겪고 있다. 요즘의 젊은 세대는 과거 한 세대 30년이라는 시간 폭에 의해 변화하는 것이 아니라 거의 1년이 다르게 변화해가고 있다. 또한 그 변화의 질과 방향을 예측할 수도 없고, 미처 평가할만한 여유도 없다. 그야말로 혼돈 그 자체다. 이러한 혼돈의 시대, 혼돈의 사회 속에서 연극의 사회적 역할과 기능은 필연적으로 과거의 그것과 근본적으로 아주 철저하게 다르고 달라져야 할 것이다. 그러나 오늘의 한국연극의 형편은 한마디로 변화하는 사회에 아주 무력하게 대처하고 있다. 어느 의미에서는 사회의 혼돈 그 자체가 연극 자체의 혼돈으로 화했다고도 볼 수 있다. 그렇기 때문에 현재로서는 한국연극에 내일의 이상적 사회는 물론이려니와 오늘의 사회현실 그 자체도 정직하게 반영시켜 줄 것을 기대하기 힘들다."

필자는 70년대 후반기 유신말기의 정치, 경제, 사회, 문화의 극한적 상황을

한국연극 전환시대의 질주

체험하면서 1980년 『주간조선』에 「연극은 무엇을 할 수 있는가」(이태주, 『연극은 무엇을 할 수 있는가』, 1983 재수록)라는 격문을 발표한 적이 있다. 그중 일부를 인용해 보면 한상철을 위시한 서울극평가그룹의 목소리가 한결같음을 알 수 있을 것이다.

> "우리는 지금 하루하루의 일들이 충격적인 드라마가 되어 소용돌이치는 물결 속에 몸을 담고 있다. 살아 움직이는 드라마에 대한 연극적 인식은 브레히트가 말한 대로 그것이 진실의 발견에 공헌하는 일이기 때문에 우리의 연극을 지켜보는 갈망의 눈은 그 어느 때보다도 숨 가쁜 열기에 차 있다. 또한 연극은 한 시대의 메타포이기 때문에 역사에 대한 연극의 반응에 대해서 우리는 더욱 민감해진다고 할 수 있다. (중략) 연극에 의한 삶의 재현은 삶의 방법을 뒤엎어 버리는 결과를 희구한다. 우리의 연극은 우리를 전환시키고, 우리 세계를 새롭게 창조하며, 인간의 가치와 문화의 가치를 고양시키는 일에 도움을 주어야 한다. 연극은 역사에 등을 돌리고 잠들어 있는 우리들 의식의 타락에 심한 매질을 해야 할 것이다."

1974년 이후 박정희 정권의 유신체제는 민주세력으로부터 전면적인 도전을 받게 된다. 유신 정권은 이에 맞서 '대통령 긴급조치 제9호'를 발동하면서 헌법 개정에 대한 청원 자체를 금지했는데 이는 유신헌법의 신성불가침을 알리는 일이었다. 이 조치 때문에 국민의 기본권은 사실상 박탈당하고, 문화예술 표현의 자유는 무산(霧散)되었으며, 대통령은 절대군주의 권력을 휘두르게 되었다. 비판의 자유 상실은 필연적으로 기본권의 침해와 인권유린의 악순환을 거듭했다. 다음 해 8월 17일 장준하가 의문의 사망을 당하고, 9월 16일에는 김지하 시인이 장기복역에 들어갔으며, 10월 21일에는 민주회복 국민회의 임원인 김윤식, 계훈제가 구속되었다. 또한 1976년 3월 1일, 민주구국선언서 낭독 때문에 수많은 지식인들이 구속되었다.

1977년 3월 23일에는 저명인사 10인의 민주구국헌장 발표가 있었다. 이같은 지식인 운동은 1977년 후반, 학생, 교수, 노동자, 성직자, 예술인들이 중심이 된 인권운동으로 확산되고, 그 해 12월 2일 해직교수들의 '민주교육선언' 발표로 이어지다가, 12월 29일 '한국인권운동협의회' 발족으로 활기를 띠기 시작했다. 특히 학원가의 시위는 유신헌법 철폐, 구속자 석방, 노동 3권 보장, 자유언론 쟁취 등의 슬로건을 내걸고 계속 격렬해지고 있었다. 독재정치를 강행하던 유신체제하에서 평론가들은 연극이 현실로부터 도피하고 있었기 때문에 연극의 사회적 책임 문제를 집중적으로 거론했다. 일부 연극은 당시 안일한 자세로 새마을 연극이 아니면 저속한 상업극으로 현실과 타협하고 있었다. 그래서 우리는 '관객의 반란'을 촉구하면서 연일 현실에 등을 돌리는 연극을 비판하고 질타하는 글을 썼다.

> "반란은 반드시 정치적인 뜻만 있는 것이 아니다. 개혁의 정신은 반란을 꿈꾼다. 그것은 기존질서나 관념을 상대하지 않는다. 문화적 안일에 대산 그의 의지는 철저하다. 그래서 개혁의 정신은 날마다 새롭게 '일상'에 대해서 반란을 시도한다. 연극적 반란, 관객의 기존 연극관념에 대한 반란은 연극의 되살아남을 뜻한다. 그들은 관객의 자리를 박차고 일어나 무사안일주의와 연극정치와 연극놀이에 반란의 깃발을 든다. 관객의 반란은 박수의 거부에서부터 시작해서 야유, 욕지거리, 퇴장으로 행동하고 급기야 입장 거부, 그리고 마침내 연극에 대한 회의(懷疑), 외면, 무관심으로 발전되어 간다." (이상일, 「관객의 반란에 기대한다」, 『주간조선』, 1978.8. 『전통과 실험의 연극문화』, 눈빛, 2000 재수록)

이런 일이 지속되다보니 일부 연극인들이 평론에 대해 반감을 갖게 되고, 심지어는 증오에 찬 반박문을 『한국연극』에 발표하는 일이 생겼다. 평론가들은 연극평론과 연극 현장의 관계에 대해서 성찰하면서 각자 평론 옹호론을 연거푸 개진하게 되었는데 그 중에서 얼마간 골라서 제목만 나열해보기로 한다.

「비평가는 누가 비평하는가-연극비평의 반성적 에세이」, 「연극비평의 현 위상」, 「연극비평의 자세와 입장」, 「연극의 일회성과 비평의 기능」, 「연극비평과 의식의 혁명-서울극평가그룹」, 「연극시평의 확대와 '서울극평가그룹' 10년」, 「비평과 저널리즘」.

인용한 제목은 이상일의 평론으로서 『전통과 실험의 연극문화』(2000)에 수록되어 있다. 이 책 권말에는 「'한극회' 연극 선언문」(1974), 「한국연극학회 창립 주지문」(1973), 「'서울극평가그룹' 창립 선언문」(1977)이 수록되어 있다.

「성년의 문턱에 선 연극비평」, 「절충적 비평과 논쟁적 비평」, 「막 뒤의 숙제」, 「무대 위의 과제」, 「연극비평과 저널리즘」, 「비평가가 되려는 젊은이에게」

이상은 한상철의 평론으로서 『한국연극의 쟁점과 반성』(현대미학사, 1992)에 수록된 평론들이다.

「관객과의 만남을 통한 창조와 충돌」, 「에릭 벤트리와 연극비평」, 「연극비평 자생론」, 「비평논쟁의 사례-케네스 타이넌과 이오네스코」, 「1980년대의 한국연극과 평론」, 「한국연극과 극평가의 역할-1979년대에서 80년대로 넘어오면서」, 「전신적 관용과 지적 천재성-해즐리트에서 브룩스 에트킨슨까지」,

이상의 평론은 한상철의 저서 『현대연극의 상황과 한국연극』(현대미학사, 2008)에 수록된 글이다.

이 밖에도 평론의 문제를 국내외적인 관점에서 검토한 「연극평론의 임무」(이태주, 『연극은 무엇을 할 수 있는가』, 단국대 출판부, 1983)와 서울극평가그룹 회원들이 논의한 글이 다수 있는데, 이들은 모두가 평론의 가치와 그 효용성, 현장 예술가들과의 충돌의 불가피성, 작품 평가의 공정성과 기록의 중요성 등을 설파(說破)하는 평론을 남기고 있다.

1976년 9월호 『한국연극』지에 발표된 「연극비평의 반성 – 연극평론가를 지망하는 K군에게」라는 이근삼의 글은 평론계의 반론을 촉발시켜 열띤 논쟁으로 번져나갔다. 그의 글은 자신의 작품 〈왜 그러세요〉를 혹평한 이상일의 평론을 표적으로 삼았지만 "가망 없는 모임이나 만들고, 서울 바닥에 널려있는 모든 극단을 기웃거리며 까닭 없이 미운 놈을 물고 늘어진다"(《경향신문》, 1976.10.12)라고 악담을 하는 것을 보면 여타 평론가들에게도 화살을 던지고 있음을 알 수 있다. 이상일은 『문학사상』(1976)에 「연극비평의 자세와 입장: 이근삼 교수와의 시비에 붙여」(한국연극평론가협회 편, 『70년대 연극평론 자료집』, 1989에 재수록)라는 반론의 글을 발표했다. 이들의 논쟁은 이윽고 다른 연극인들과 평론가들의 논쟁으로 확산되었다. 이상일이 쓴 「비평시비의 반론」(『뿌리깊은 나무』, 1977.10), 그리고 그의 연극평론집 『한국연극의 문화 형성력』(2000)을 이근삼의 글과 비교해서 읽으면 논쟁의 근원과 양상을 파악할 수 있다. 이런 와중에서도 연극평론가들은 냉정을 찾고 반기를 든 연극인들에게 오스카 와일드의 말을 경청해주도록 간곡히 바라고 있었다(이태주, 『연극평론의 임무』 참조).

"비평이 없는 시대는 예술이 정체되고, 획일화되고, 흔해빠진 것의 반복만이 판을 치는 이른바 예술이 없는 시대다. 창조적인 시대는 비평이 있는 시대였다. 새로운 예술형식을 만들어 내는 일은 비평적 능력이었기 때문이다." (오스카 와일드)

3. 충돌과 화해의 연극

— 서울극평가그룹과 『주간조선』

　연극이 예술로서의 높은 격을 유지하고, 진한 감동을 안겨주는 순수연극의 축제인 대한민국연극제가 1977년에 이어 1978년에도 10개 단체가 참여해서 동년 9월 8~11월 8일까지 진행되었다. 서울극평가그룹은 '제1회 서울극평가그룹상'을 발표했다. 작품상(그랑프리)은 국립극단의 〈물보라〉에 돌아갔고, 연출상은 김정옥 〈무엇이 될고 하니〉, 정진수 〈카덴자〉, 희곡상엔 오태석 〈물보라〉, 이현화 〈카덴자〉, 연기상에는 장민호 〈물보라〉, 김동훈 〈롤러스케이트를 타는 오뚜기〉, 전무송 〈물보라〉·〈시즈위 벤지는 죽었다〉, 무대미술상으로 김동진 〈물보라〉 등이었다. 서연호는 "작년에 이어 금년의 참가 작품에도 크게 주목을 받을 만한 작품은 없었다. 수상권에 드는 작품이란 종래의 평균수준을 유지하였거나 약간 수준을 상회하는 정도에 머물렀다"라고 말했는데 서연호는 연극제 작품의 부진 이유에 관해서 다음과 같은 원인 분석을 했다.

　　"첫째로 리얼리즘에 대한 형식주의적인 인식을 지적할 수 있다. 즉 리얼리티를 살리면 리얼리즘이 성립된다는 피상적인 모사의 단계에서 크게 벗어나지 못하였다. (중략) 둘째로, 연극예술에 대한 실험적이고 전위적인 창조의식을 표현하기보다는, 전통적이고 보수성이 강한 연극의식을 그대로 노출시키고 있다. (중략) 셋째로, 충분한 발전의 가능성을 내포하고 있으면서도 여전히 불성실한 공연들이 속출하고 있다." (『문예연감』, 1978)

두 번째 대한민국연극제에서 수상한 희곡작품은 〈멀고 긴 터널〉(현대극장), 〈태풍〉(가교), 〈무엇이 될고 하니〉(자유극장), 〈산국〉(여인극장) 등이었다. 연극제 이외의 창작극 공연에서 1978년에 거둔 큰 성과는 오태석의 〈종〉과 〈물보라〉였다. 서연호는 〈물보라〉에 대해 같은 지면에서 논평했다.

"국립극장에서 공연된 〈물보라〉는 그저 얼핏 보기에 평범한 한 폭의 풍경화, 여백이 많은 수채화를 연상케 하는 작품이지만, 자세히 눈여겨보면 그 속에 바닷사람들의 짙은 삶의 그림자가 투영되어 있고, 침묵 가운데 꿈틀거리는 욕망이 서려 있으며, 논리적인 사실성을 초월하는 생명의 신비가 깃들여 있다."

서연호는 〈물보라〉론을 『주간조선』(1978.12.10)에 발표했으며, 극작가이면서 평론가인 이반도 〈물보라〉에 관해서 논평을 했다.

"오태석은 인간의 원형적인 삶을 무대에서 재현하는 데 성공했다. 무속과 바닷가 생활을 바탕으로 해서 바다와 토속적인 풍경을 정서적으로 펼치면서 인간의 원초적 생활을 다시 보여 준 뛰어난 작품이었다. 오태석은 이러한 지방색이 짙은 배경을 무대로 한(恨)을 주제로 삼았다." (『주간조선』, 1978.12.24)

극평가그룹 회원들은 장시간의 토론을 거쳐 다음과 같은 수상 이유를 도출했다. 김정옥은 자유극장의 집단창조를 통하여 전통극의 현재적 수용에 새로운 가능성을 제시했다는 이유로, 정진수는 민중극장의 〈카덴자〉에서 정치현실을 비판하면서 역사극의 신경지를 개척했다는 이유로, 연기상을 받은 세 배우는 연극을 주도하고 관객들과 평론가들 모두가 공인하는 명연기를 보여준 이유로, 무대미술상을 받은 김동진은 생동감 넘치는 리얼한 사실주의적 무대장치를 통해 연극의 품격을 격상시킨 이유로, 오태석은 한국인의 원천적 삶의 양식을 사실적으로 표현한 이유로, 이현화는 오늘의 삶을 역사적으로 투시하면서 역사를 통해 오늘의 정치를 고발한 이유 때문이라는 것이었다.

1979년 연극의 외양적 특징은 공연물의 양적 팽창과 다양화 현상, 그리고 관객의 급증이었다. 그러나 공연의 내용은 일부에 한한 것이었지만 대중에 영합하려는 타락한 상업주의와 예술성을 저버린 연극의 속화현상이 두드러져 연극의 앞날을 어둡게 했다. 1979년 봄에 공연된 작품의 제목만 봐도 연극이 얼마나 선정적이고 통속적인 경향으로 흐르고 있는가를 짐작할 수 있다. 〈우리 집 식구는 아무도 못말려〉, 〈그 여자 사람 잡네〉, 〈여자가 옷을 입을 때〉, 〈제2의 관계〉, 〈그녀가 버린 일곱 남자〉, 〈당신이 정말 정말 좋아하는 걸로〉, 〈아파트의 호랑나비〉 등의 제목들은 원작을 무시한 변질된 것이거나, 원제를 적당히 바꿔치기한 것이 대부분인데 이 같은 굴절은 타락한 흥행본위 상업주의 연극의 오염을 말해주는 것으로 5월 이후 발생한 연극 불황의 원인이 되었다. 1978년 공윤에 심의신청을 낸 희곡은 창작극 76편, 번역극 125편이었다. 이 중 개작 또는 반려된 작품은 16편이었는데, 소재가 불건전하거나 퇴폐, 저속이 규제 사유였다. 유민영은 「연극 안 보기 운동」(『문예진흥』, 1979.7)에서 "연극의 질이 떨어지니까 주요 관객을 이루는 대학생들이 연극 안 보기 운동을 벌이는 것 같다. 그리고 실제로 연극관객이 급속히 줄어든 것도 사실이다. 그런데 연극이 요즘 불황인 이유는 연극인들의 연극정신의 상실과 역부족이 자초한 결과로 볼 수도 있다"고 말했다. 조세희의 소설 『난장이가 쏘아 올린 작은 공』을 극화해서 공연의 막을 올린 세실극장은 공연을 앞두고 1979년 4월 20일

"연극의 사회적 기능"에 대한 좌담회를 마련했다. 이상일, 유민영, 한상철, 이태주 등이 참석한 이 좌담회에서 "연극은 많은 사람에게 직접 호소하느니만큼 어떤 예술보다도 그것을 생성시킨 사회와 유기적인 관계를 갖고 있음에도 불구하고, 우리의 연극은 사회를 개선하는 구실을 제대로 하지 못했다"는 데 의견이 모아졌다. 이들은 계속해서 우리 연극의 상업주의 현상에 대해서 "비록 직접적인 사회참여는 아니라 해도 요즘처럼 혼 없고, 몰취미, 무감각한데다 상스러운 행동이 판치는 사회에서 연극은 아름다운 예술로서 대중의 정서를 함양하고, 사회의 매너를 세련되게 하는 데 기여할 수 있는데도 그 역할을 다 하지 못하고 있다"라고 비판했다.

제3회 대한민국연극제는 10개 극단(시민, 신협, 현대, 에저또, 가교, 제작, 성좌, 민예, 작업, 광장)이 참가했다. 이상일은 대통령상을 못낸 이유를 『주간조선』에 썼으며, 유민영은 《동아일보》에 "수준작 없는 창작극 행렬"이라는 제목으로 쓴 평에서 "상당수의 연극인들이 연극제의 진의를 잘못 알고 있는 것 같은 인상이다. 왜냐하면 많은 극단들이 아직도 과거의 창작극 지원공연같이 행사 치르듯 막을 올리고 있기 때문이다. 그래서 연극제가 대중의 별다른 호응을 못 받는 창작극 행사로 그치곤 하는 것이다"라고 비판했다. 한상철은 『공간』지(149, 150, 151)에 공연 평을 썼다.

1979년 연극계의 반가운 현상은 한, 미, 일 연극교류의 막이 열렸다는 사실이다. 미국의 극작가 겸 연출가 에드워드 올비가 내한해서 자신의 작품 〈동물원 이야기〉와 〈미국의 꿈〉 등을 공연했고, 일본의 스바루 극단이 내한해서 테렌스 라티간의 작품 〈깊고 푸른 바다〉를 공연했으며, 이 극단과의 교류로 한국의 자유극장이 도일해서 도쿄 삼백인극장에서 박오춘 작 〈무엇이 될고 하니〉와 조르지 페도 작 〈호주머니 속의 고양이〉를 공연했다. 이들 교류공연에 관해서 한상철은 《중앙일보》(6.5), 이태주는 《동아일보》(6.5), 유민영·양혜숙은

『주간조선』에 각기 글을 썼다.

1979년 연극의 의미를 진단하고 상업주의 경향을 경고하면서 80년대를 전망하는 평론과 대담은 여러 언론매체에서 볼 수 있다. 그 중 일부를 소개하면 다음과 같다.

> 「한국문화 70년대 결산, 연극」(한상철, 《한국일보》, 12.14), 「70년대 한국문화―우리는 무엇을 남겼나, 연극」(유민영, 《조선일보》, 11.14), 「70년대 연극의 막을 내리며」(이태주, 『신동아』 184), 「연극불황」(서연호, 《동아일보》, 5.29), 「연극 안 보기 운동」(유민영, 『문예진흥』, 79.7), 「연극―어디로 가나」(정중헌, 『문예진흥』, 79.3), 「70년대 문화계를 결산하다―연극」(유민영과 이태주의 대담, 《일요신문》, 11.11), 「한국연극계의 70년대와 80년대」(이원경과 이태주의 대담, 《독서신문》, 12.9)

1979년에 각 일간지, 주간지, 월간지, 그리고 기타 간행물을 통해 여석기, 한상철, 이상일, 유민영, 양혜숙, 서연호, 이태주, 김문환, 이반, 정진수 등은 활기찬 평론 활동을 해나갔다. 이들은 공연현상, 극단 활동, 연극 환경 등을 분석해서 비평한 후, 우리 연극이 가야하는 올바른 방향을 제시하고 있었다. 이들이 다룬 주제는 광범위하고 구체적인 것이었다. 연극제, 연극교육, 국립극단, 상업연극, 소극장, 연극의 국제교류, 창작극과 민속극, 연극조류, 극단체제 등 여러 문제점들과 희곡론, 연출론, 연기론, 무대미술론 등을 포함해서, 공연 평과 70년대 연극의 평가와 반성, 그리고 80년대 연극의 과제와 전망 등의 주제를 고루 다루고 있었다.

대한민국연극제의 경우 평론가들은 연극제 형식의 개선방안을 제시하고 연극제 개선방안과 공연 평을 발표했다. 국립극장에 관해서 논의된 문제점은 장기계획 수립의 필요성, 예술감독의 필요성, 국립극장 공연의 평가제도 확립, 자료조사실의 활성화, 극작가 양성과 창작극 진흥, 단원 해외 연수, 예산의 증액, 극장장의 직급 격상문제, 국립극장 회계제도의 개선, 지방 국립극장의 설치문제, 당원의 처우개선, 공연물의 질적 향상문제, 레퍼토리 시스템의 확립 등이었다. 이 밖에도 『주간조선』 지상에 발표한 평문 가운데서 주목을 받은 논제는 「민속연극 육성을 위한 제언」(서연호, 『주간조선』), 「동양적 무대와 '약속'」(이상일, 『주간조선』), 「하계 연극 활동을 위한 두 가지 제언」(양혜숙, 『주간조선』), 「새로운 극작가를 위하여」(이태주, 『주간조선』) 등이었다.

1979년 극평가그룹상에 오태석 작·연출의 〈사추기〉가 선정되었다. 수상 이유는 "70년대 한국연극이 추구해 온 전통극의 현대적 수용을 집약적으로 성공시킨 무대였다. 이 작품은 주제와 방법에 있어서 현대적 기법과 전통적 세계를 조화시켜 80년대 한국연극이 가야할 길을 선명하게 보여 준 작품이었다"(이태주, 《일간스포츠》, 1979.12.28)는 평가와 "〈사추기〉의 리얼리즘은 한국의 내면적 정신을 표출해 한국인의 존재 양상을 보여주고 철학적으로 접근했다는 점에서 탈 일본적이었다. 우리 연극의 앞으로의 진로를 제시했고, 새 방향으로서의 시발점이 될 수 있다는 점에서 가치가 있다"(유민영, 《일간스포츠》, 1979.12.26) 는 찬사를 받았다. 희곡상에는 최인훈의 〈달아 달아 밝은 달아〉, 남자연기상에는 김인태 〈쿠크박사의 정원〉, 특별상에는 76소극장의 〈관객모독〉 등이 받았다. 김인태의 연기에 관한 평을 보자.

"첫 등장하는 순간부터 김인태는 이미 관객들을 사로잡고 있었다. 지미와 만나서 나누는 대사의 템포며, 음성의 자연스러움과 대소도구와의 관계에서 빚어내는 치밀한 연기 감각은 그가 풍기는 매력의 중요한 부분이었지만, 그의 위장된 내심이 지미에 의해서 벗겨지는 과정에서 보인 심리적 변화의 표현은 더욱더 절묘한 것이었다. 결국 모든 일이 탄로 나서 사태가 심상치 않아지자 자기 방어를 위해 민첩하게 움직이며 지미를 공격하는 장면의 긴박감 조성은 지미에게 주사를 놓는 그의 동작 하나로서도 가능했다. 그로 인해 진찰실의 모든 의약품과 의료기구, 책상, 의자까지도 기괴

한국연극 전환시대의 질주

한 공포감을 일으키는 묘한 분위기를 형성했다." (이태주, 『신동아』, 1979.8)

최인훈은 1970년 〈어디서 무엇이 되어 만나랴〉를 발표하여 극작가로 데뷔한 이래로 〈옛날 옛적에 훠어이 훠이〉(1976), 〈봄이 오면 산에 들에〉(1977), 〈둥둥 낙랑둥〉(1978)을 계속 발표하면서 독창적인 희곡세계를 창조하여 중앙일보 문화대상(장려상)의 영광을 차지하기도 했다. 제16회 동아연극상은 대상에 〈개뿔〉(이강백 작, 이승규 연출, 가교)이 선정되었다. 〈개뿔〉론은 서연호의 평문(『문예연감』, 1979)이 참고가 된다.

서울극평가그룹이 『주간조선』의 지면을 활용하기 시작한 것은 1978년부터다. 『주간조선』이 일주일 단위로 평론을 게재하게 되어 연극평론 전달 시간이 일주일로 단축되고, 그 동안 신문지면 매수 8매 상한선이 20매로 대폭 늘어나게 되었다. 획기적인 저널리즘의 변화였다. 연극이 그만큼 사회의 관심사가 된 것이다. 이상일, 한상철, 유민영, 이태주, 서연호, 정진수, 이반 등이 평필(評筆)을 잡다가 중간에 사정이 생겨 정진수와 이반이 빠지고, 80년대에 양혜숙, 송동준, 김상태, 김방옥, 김윤철 등이 새 필진으로 가담했다. 여기서 모아진 평론이 후에 『한국연극과 젊은 의식』(민음사)이라는 비평선집으로 출간되었다.

1978~79년 『주간조선』에 발표된 평론을 스크랩에 있는 대로 일부만 열거하면 다음과 같다. 제목을 보면 짐작하겠지만 회원들이 돌아가면서 쓴 글의 주제도 글솜씨도 모두 언론의 찬사를 받고 있었기에 오래 지속되었다.

「연극의 대중화와 상업극」(한상철), 「창작극의 현황과 문제점」(유민영), 「최근의 연극과 관객동향」(서연호), 「한국연극과 반지성」(유민영), 「신파연극의 사회사」(서연호), 「교훈주의 연극의 허와 실」(서연호), 「미몽속의 한국연극」(정진수), 「한국연극의 사상적 기반」(유민영), 「신극 70년의 평가와 반성」(한상철), 「다섯 여인의 죽음의 의미」(이

반), 「물보라와 바다 안개의 음향」(서연호), 「자연을 극복 못한 몸짓 언어」(이반), 「새 술은 새 부대에」(이반), 「78년도 한국연극계 결산」(이반), 「현실의 드라마가 필요하다─소극장 문제와 그 극적 반전」(이상일), 「소극장 폐쇄방침의 비리」(정진수), 「소극장 운동의 연극적 기여」(이상일), 「연극과 사회」(한상철), 「대학연극제의 의의와 문제점」(유민영), 「아파트를 무대로 한 두 희곡」(이 반), 「생과 예술의 거리 〈아일랜드〉」(한상철), 「지방문화와 연극」(한상철), 「복고와 전진의 갈등─건국 30년 연극」(유민영), 「창작극의 변모─창고극장의 〈결혼〉 공연」(유민영), 「또 하나의 이중섭─실험극장의 공연을 보고」(서연호), 「민속연극의 현실」(서연호)

이후 80년대 들어와서 『주간조선』은 더 알찬 내용을 펼친 논단(論壇)이 되었다. 「한국연극 80년대의 전망」(570호) 좌담회(이상일, 유민영, 한상철, 이태주)는 특히 주목의 대상이었다. 좌담 내용을 발췌해 본다.

　한상철: 리얼리즘 위주의 한국연극에 새바람을 일으킨 〈초분〉의 작가 오태석의 행적을 살펴보면, 우리는 그 궤적 속에 긍정적인 한국연극의 가능성을 보게 됩니다. 〈초분〉과 〈태〉의 새로운 스타일, 몰리엘의 작품을 우리의 전통극으로 번안한 〈쇠뚜기 놀이〉, 삶과 놀이와 의식(儀式)을 하나로 묶은 〈충풍의 처〉나 〈물보라〉는 70년대 연극의 피크였다고 봅니다.

　이태주: 70년대에 자주 언급되었던 비언어적 연극과 사실주의 연극이 서로 대립하면서 변형을 시도하는 80년대가 될 것입니다.

　유민영: 육체 중심 연극은 문학적 연극, 대사 중심 연극 관념을 깨트려 버렸습니다. 그렇다고 해서 80년대 연극이 언어에서 탈피한 육체언어 중심 연극으로 갈 것이라는 전망도 내세울 수가 없습니다.

　한상철: 육체를 매체로 한 표현, 말하자면 연극의 원초성에 대한 회귀는 바람직한 것이며, 그러면서 연극의 다양화 현상이 우리의 굿이나 탈춤형식 같은 데서 육체 표현의 방법을 많이 배우게 되리라는 전망이 섭니다. 따라서 연극의 제의성(祭儀性)도 실험적으로 무대에 도입되겠는데 그러면 우리의 연극유산 가운데서 지난날의 것들이 아주 현대적인 것과 어울려서 형식과 내용이

이루어질 가능성이 있지요. 사회 환경의 변화와 감각의 변화, 그리고 의식의 변화가 새로운 형태의 예술을 낳는 계기가 됩니다.

유민영: 나는 70년대가 연극적 변화의 분기점이 되어 80년대가 신파성을 버린 진정한 리얼리즘 정착의 10년이 되리라고 진단합니다. 그런 징조로서 지난 연극제의 〈그날, 그날에〉 같은 작품을 주목하며 그런 작가와 연출가를 지켜봐야 하리라고 생각합니다.

이태주: 나는 그런 정착의 시기가 80년대 후반기에 가서나 가능하리라고 봅니다. 지금처럼 산업사회로의 격변기에는 사회변동에 맞추어 다이내믹한 연극 형태들이 시도될 것이고, 항상 쫓기는 것 같은 현대생활에 맞추어 새로 솟아나고 쉽게 사라지는 육체언어의 연극이 무성해지리라고 봅니다. 과도기에는 움직이는 동적인 예술이 요구되고, 안정된 사회에서는 안정된 형식, 즉 문학적인 리얼리즘 연극이 적합할 것입니다. 결국은 기성세대의 고정관념이나 감각은 믿을 수가 없고, 젊은 세대의 작가나 연출가에 의한 방향 모색이 이루어져야 할 것입니다.

한상철: 나는 창작극과 민속 전통극 사이에 넘어 뛸 수 없는 갭은 존재하지 않는다는 것을 〈사추기〉(오태석 작·연출)를 통해 느꼈는데 비언어적, 비문학적 연극의 육체언어와 전통극의 몸짓이 서로 대립되면서도 가장 근접한 상태에 있다는 것을 놀라워합니다. 말하자면 민속―전통극이야말로 반(反)리얼리즘 연극인데 가장 현대적으로 리얼리즘 연극과 맥락을 같이 할 수도 있다는 거지요.

이태주: 그렇다 하더라도 지나간 시대를 반영하는 민속극의 소박한 리얼리즘은 그것이 현대적으로 소생되기 위해 현실적 이벤트나 현대적 이미지를 원용할 필요는 있다고 생각해요. 민속극과 전통극을 이야기할 때, 그리고 그런 것을 이용한 창작극 쓰는 작가들이 그 형식 속에 현실문제는 담지 않고 단지 풍속희극으로 끝내버린다는 사실은 납득할 수 없어요. 겉으로 나타난 사실보다는 내적 깊이로, 인간적, 민족적 존재양상의 발굴로 가야하지 않을까 생각이 들어요.

유민영: 우리가 말하는 창작극이나 전통극을 통틀어 민족극 수립의 과정으로 볼 때 과거의 단순한 재현은 별 뜻이 없죠. 민족극은 반(反)일제(日帝)적인데 두

고 역사에만 매달렸던 습성에서 작가들은 벗어날 때가 되었어요. 민족 내면의 삶의 표현이 중요한데 그런 점에서 80년대의 우리는 최인훈, 오태석 같은 작가의 활동에 기대를 걸고 작가와 연출가의 뜻에 따라 늙은 부부의 전통적 가치와 오늘날의 부부들이 갖는 가치가 충돌하고 불꽃을 튀기는 〈사추기〉 같은 멋지게 현대화된 사극형식이 시사(示唆)하는 바가 큽니다.

한상철: 전통극의 요소와 현대적인 것이 따로 놀지 않고 밀착되어 극화된다는 사실이 중요합니다. 그와 함께 이현화 작가처럼 도시적 삶을 그리는 기법도 중요한데 작가의 개성에 따라 표현하는 방식의 차이는 어쩔 수 없는 일이겠지요.

유민영: 상황의 해빙과 함께 사회적 해빙이 오겠고, 그에 따라 금기(禁忌)의 고정관념도 풀어지리라 믿습니다. 그렇게 되면 80년대의 한국연극이 다룰 수 있는 영역이 70년대의 제한되었던 지평을 열어 노사문제도, 근대화가 몰고 온 농촌의 황폐화 현상도 다룰 수 있을 것이며, 정치권력이 개인의 삶에 간섭해 오는 문제점 등 소재나 주제 선택에 따른 가능성이 타진될 수 있겠죠.

이태주: 번역극보다는 창작극 쪽에 더 많은 기대를 걸어도 될 것이고, 세계적인 문제작도 나올 수 있을지도 모릅니다.

한상철: 나는 연극지원 정책의 효과적인 추진과 합리적 행정을 믿으며, 극장 공간 개념의 확대를 믿습니다.

『주간조선』 칼럼(573호, 1980.1.27) 「정체(停滯)성 타개에의 도전─극평가상 〈사추기〉와 관련하여」(유민영)의 글에서 극평가상 결정을 발표하고 〈사추기〉와 기타 상을 받은 작품의 수상 이유를 밝히고 있다. 제2회 극평가상(79년 공연작품) 그랑프리(작품상)는 국립극단의 〈사추기〉(오태석 작ㆍ연출)가 수상했다. 수상 이유는 이러했다.

"무대기술이 뛰어났다. 처음부터 기계화를 시도했고, 인형의 활용도 완전히 기계화에 의한 것이었다. 금속성의 효과음이라든가 인형의 움직임을 현대문명과 밀착시키고 있다. 전형적인 한국 여인의 삶을 그리는데 금속성의 효과음을 활용한 것은 작품의 전체적 흐름과 어긋나는 것이지만 현대의 물질문명을 고발한다든가 표현기법의 현대화로 생각하면 무방할 것이다.

또한 혹자는 인형을 등장시킨 것에 대해 비판할 수도 있을 것이다. 그러나 그것은 드라마를 서사화하는 하나의 기법으로 인형극을 쓴 것이고, 인형을 기계화했다는 것도 특이하다. 그리고 사람을 인형화한 것도 기발했다. 세계의 첨단적인 실험극에서 그림자극이나 인형극을 활용하는 경우는 자주 있다. 그러나 우리나라에서 그런 식으로 실험한 경우는 오태석이 처음이다.

오태석은 〈사추기〉에서 매우 다양한 실험을 무리 없이 해냈다. 그 외에도 리얼리즘과 서사극의 초현대와 같은 것이 일단 실험극으로서 인정을 받았던 것이다. 연출상이 그에게 돌아간 것도 그 때문이다. 그러나 〈사추기〉에도 문제점이 없었던 것은 아니다. 한 작품에 너무 많은 욕심을 냄으로써 작품의 흐름과는 아주 부적합하게 끼어 들어간 군더더기도 있었던 것이다. 앞에서도 지적한 금속성의 효과음이든가, 사자(死者)의 출현, 그리고 남편의 감금 장면 등이 문제였다. 그보다 더 문제가 된 것은 어느 정도의 모방성이었다."

80년대 『주간조선』은 극평과 시론이 계속 불붙듯이 솟구쳤다. 그 목록을 나열하면 다음과 같다.

「연극협회와 공동체 의식」(이상일), 「연극 문화 창조와 교육」(한상철), 「아쉬운 연극인의 기초훈련」(양혜숙), 「활발한 희곡집 출간」(유민영), 「2월 공연의 새 경향과 함정」(이상일), 「새해의 창작극들」(한상철), 「예술의 진정한 사회적 기능」(양혜숙), 「동양적 침잠(沈潛)」(유민영), 「생의 두 얼굴-〈사람의 아들〉과 〈판타스틱〉을 보고」(한상철), 「인간의 심층적 해부를」(양혜숙), 「구태와 새 바람-상반기 연극」(유민영), 「답답한 국립극장 대공연-30주년 기념공연 〈북간도〉를 보고」(이상일), 「현실 속의 연극, 연극 속의 현실-〈1980년 5월〉을 보고」(양혜숙), 「신파극 재현의 의미」(유민영), 「앙코르 공연의 의의와 허점」(양혜숙), 「배우의 사회적 지위」(유민영), 「철학적 연극의 추구-〈난장이가 쏘아 올린 작은 공〉을 중심으로」(김상태(金相太)), 「희극(戲劇)의 사회적 기능」(양혜숙), 「전통극 계승에 대해」(유민영), 「케네스 타이넌의 죽음」(한상철),

「웃음의 추구-공간소극장 〈코미디 시리즈〉」(양혜숙), 「연극에 표현된 민족성-〈상선 테너시티〉와 〈다〉」(유민영), 「요즈음의 무대-80년대 후반에 접어들며」(한상철), 「아쉬운 시어(詩語)의 공간화-극단 뿌리의 〈황진이〉」(김상태), 「무감동 적막의 무대-80년대 후반의 연극」(유민영), 「실험정신과 고전성-동랑극단의 〈내, 물, 빛〉」(양혜숙), 「무대 위의 진실성-제작극회 〈일어나 비추어라〉」(한상철), 「실험무대와 전위예술-극단 성좌의 〈하얀집〉」(김상태), 「창극부흥론-〈최병도전〉 공연과 관련하여」(유민영), 「고전의 현대적 수용-극단 작업의 〈외디푸스 왕〉」(양혜숙), 「정신문화와 연극-국립극단의 〈산수유〉」(김상태).

한국연극 전환시대의 질주

4. 연출가, 성좌 대표 권오일의 연극행로

연출가 백양(白楊) 권오일은 1932년 3월 3일 경상북도 영양군 일월면에서 출생하였다. 깊은 산, 영 너머 구름이 흐르고 옥수(玉水) 넘치는 두메산골이었다. 영양은 매운 고추로 유명하지만 청록파 시인 조지훈의 고향 산천으로도 이름이 나 있다. 생전에 백양은 이 고장 심산유곡(深山幽谷)을 자랑하면서 어릴 때 기다리던 '자반' 식찬(食饌)을 잊을 수 없어서 지방 갈 때는 반드시 자동차 속에 '자반' 한 손을 넣고 갔다. 그가 태어난 곳은 바다 멀리 오지 (奧地)요, 한촌(寒村)이었으니 그럴 수도 있겠는데, 이런 자연환경

백양 권오일

은 그의 성격을 닮고 있다. 백양은 권력과 부귀를 탐하는 속세 풍조에 물들지 않았다. 한평생 맑고 아름다운 마음으로 고고(孤高)한 자세를 유지 했다. 연극 때문에 고난을 겪으면서도 고생티를 내지 않고, 남을 돕는 일에 성의를 다했다. 그는 시류에 떠돌면서 물욕과 실익을 쫓는 아귀다툼을 멀리하고 초연한 자세를 지켜나갔다. 남한테 싫은 소리는 될수록 하지 않으면서 참고 견디는

뚝심은 대단했는데, 그러면서도 불의는 참지 못하고 의협심은 강했다. 그는 시간을 쪼개 전국을 돌면서 후배 연극인들과 우정을 다지고, 그들을 격려하면서 군자(君子)의 풍류를 즐겼다. 연극에 관해서는 보수적인 입장을 취하면서 매사에 신중하고, 협조적이며 합리적이었다. 그래서 그의 주변에는 언제나 강호제현(江湖諸賢) 친구들과 후배들이 득실거렸다. 동숭동 연극거리에 하루라도 백양이 없으면 우리 모두 텅 빈 느낌으로 쓸쓸했다. 그의 술잔은 고난을 삼키는 인고(忍苦)와 영롱(玲瓏)한 우정의 잔이었다.

산골에서 유진 오닐의 주인공처럼 수평선 너머 바다를 그리워했던 그는 결국 꿈을 이루어 1953년 부산에서 부산고등학교를 졸업하고, 1957년 서울대 사범대학에서 심리학을 전공한 후 고려대 대학원에서 수학했다. 연극 활동은 1952년 부산 청문극회 창단동인에서 시작되어 1955년서부터 1957년까지 서울대 재건연극회 초대회장을 맡았으며, 1956년 〈떠오르는 달〉과 〈상선 데너시티〉 연출을 시작으로 2008년 〈물의 노래〉로 52년간 연극 인생을 살았다. 1963년부터 1964년까지 서울대 사범대학 교육심리연구소 연구원, 1964년부터 1965년까지 한국시청각교육연구원(문교부) 연구사, 1965년부터 1972년까지 서울시립대 전임강사 및 교수를 역임했다. 1969년 백양은 극단 '성좌'를 창단하고 2008년까지 극단 운영을 맡으며 연출을 했다. 1982년 한국연극협회 부이사장, 1983년 한국예술단체총연합회 이사, 1989~1991년 한국연극협회 이사장, 1990~1993년 한국예술단체총연합회 부이사장, 1995년부터 1997년까지 서울극단대표자협의 회장, 1996년부터 1998년까지 서울시립대 명예교수를 역임했다.

백양의 대표적인 연출 작품은 다음과 같다.

〈성난 얼굴로 돌아보라〉(1970), 〈노틀담의 꼽추〉(1971), 〈뜨거운 양철지붕 위의 고양이〉(1980), 〈블랙코메디〉(1982), 〈시련〉(1982), 〈적과 백〉(1983), 〈밤으로의 긴 여로〉

한국연극 전환시대의 질주

(1984), 〈봄날〉(1984), 〈검은 새〉(1985), 〈느릅나무 그늘의 욕망〉(1985), 〈초승에서 그믐까지〉(1986), 〈젓섬시그리블〉(1988), 〈쟁기와 별〉(1989), 〈베니스의 상인〉(1992), 〈통 뛰어 넘기〉(1993), 〈욕망이라는 이름의 전차〉(1998), 〈아카시아 흰 꽃은 바람에 날리고〉(1998), 〈소나무집 여인아〉(2000), 〈오코치의 화려한 가출〉(2001), 〈오셀로〉(2004), 〈세일즈맨의 죽음〉(2004), 〈그 여자 황진이〉(2005), 〈느릅나무 그늘의 욕망〉(2008), 〈물의 노래〉(2008)

극단 창단 후 2008년까지 130여 회 성좌극단 정기공연 활동과 대외 활동을 하면서 이룩한 공로로 백양은 다음의 상을 수상했다.

대한민국연극제 대상(1989), 대한민국연극제 대상 및 연출상(1984), 서울시 문화상 (1985), 문화훈장 보관장(2002), 한국예술발전상 (2005)

백양의 공적은 극단, 연극협회, 연출 세 분야에서 확인된다. 1969년 창단 이래 권오일은 성좌 극단을 이끌고 공연 활동을 계속했다. 그 결과 그는 대한민국연극제(1983, 1984)에서 대상과 연출상을 수상하게 되고, 성좌소극장을 개관해서 공연 활동을 했으며, 미국 현대극을 주도한 유진 오닐, 아서 밀러, 테네시 윌리엄스 등 사실주의 작품을 연출하고 아일랜드 극작가 오 케이시의 〈쟁기와 별〉을 한국에서 초연한 공로를 세웠다. 이 밖에도 극작가 이재현, 윤조병, 정복근 등 대표적인 한국현대극작가의 작품을 공연하는 일에도 헌신적인 노력을 기울였다.

종로구 동숭동 1-54 백암빌딩 지하에 위치했던 성좌소극장은 1989년 12월 22일 '동숭소극장'이라는 공식명칭으로 문을 열었다. 개관 당시 성좌 대표는 배우 전운(田雲)이었다. 백양은 당시 한국연극협회 이사장 직책을 맡고 있었기 때문에 대표직을 사양했다. 이 소극장은 총면적 119평, 로비 17평, 분장실 19평, 조명실 9평, 무대 56평, 객석 수 150석이었다. 객석은 가변공간으로서 변용여하에 따라 200석까지 확장될 수 있었다. 개관 이후 이 극장에서 성좌의 정기 공연과 대관 공연을 합해서 1년 동안에 20편의 작품이 공연되는 성황을 이루었다. 극단 성좌는 개관 공연으로 〈쟁기와 별〉(오케이시 작, 김진식 역, 권오일 연출)을 1989년 12월 23일부터 1월 31일까지 공연했다. 이외에도 권오일 연출로 〈느릅나무 그늘의 욕망〉, 〈세일즈맨의 죽음〉이 공연되었다. 대부분의 공연이 번역극 공연이었다.

이 소극장은 1992년 연출가 권오일 이사장이 연극협회 일을 끝내고 성좌 극단 대표가 되면서 극장 이름을 '성좌소극장'으로 바꾸었다. 이 때문에 권오일은 극단 대표를 맡으면서 전임자의 부채를 떠맡게 되어 이후 재정적으로 어려움을 겪게 된다. 성좌소극장은 대관 위주 운영을 하다가 운영상의 어려움을 극복하지 못하고 1999년 창설 10년 만에 소극장 문을 닫는 비운을 겪게 되었다.

나는 아일랜드 더블린에서 〈쟁기와 별〉을 보고 돌아와서 권오일 대표에게 개관 기념공연으로 그 작품을 추천했다. 유진 오닐 전문가 김진식 교수에게는 그 작품의 번역을 부탁했다. 이 작품의 공연을 보고 나는 『한국연극』에 요지 다음과 같은 평문을 써서 권오일 연출의 업적을 평가했다.

"돌아가신 유치진(柳致眞) 선생이 깊이 빠졌던 오케이시의 극을 우리 연극계가 90년대에 다시 찾은 것은 뜻깊은 일이다. 일제하 유치진 선생은 오케이시를 읽으며 암울했던 시대의 아픔을 해소했다. 그는 오케이시를 연구하면서 오케이시 같은 극작가가 되고자 했다. 그래서 그의 작품에는 오케이시의 체취가 물씬 풍긴다. 조국의 해방과 6·25를 겪고, 4·19를 지나 광주사태를 겪었던 우리들에게 오케이시는 우리들의 동시대인이 되어 우리들 마음의 눈을 뜨게 하고 있다. 우리들 극단도 이제 뚜렷한 개성 내지는 성격을 지닐 때가 되었다고 생각한다. 극단 성좌는 오케이시의 작품을 공연하면서 그 성격이 뚜렷하게 부각될 수 있었다. 성좌는 리얼리즘 연극의 완성을 추구하면서 고전 명작에 도전하고 있다. 번역극 공연인 경우 모두가 리얼리즘 작품이었다. 무대창조도 리얼리즘 방법을 고수하고 있다. 이토록 일관성 있는 활동이 〈쟁기와 별)에서 여실히 나타나 있다.

무대전환(무대미술 송관우)이 탁월했다. 이 무대에서 연출이 겪는 어려운 일은 연기의 행동선을 방해하지 않고 좁은 공간에 어떻게 장치를 설치하는가라는 일이 된다. 또한 연출상의 중요 포인트는 무대전환의 템포인데 연출은 그 템포 창출에서 성공을 거두었다고 할 수 있다. 공연 초반에는 이층의 창문 조명 문제가 해결되지 않아 그 창문이 지니고 있는 극적 효과가 감소되었는데, 공연 중반 이후에는 조명설치가 가능해져 그 창문의 상징적 의미가 표현될 수 있어 다행이었다. 조명과 음향이 단순하고 소박해서 좋았다. 피터 프린(전무송)을 주축으로 하는 플루터(최상설), 브레난(박병모), 잭(이일섭), 카비(주진모), 바텐더(이정성, 최종원, 김광일. 본인은 이정성 분의 공연을 보았음) 등의 남성 연기의 앙상블은 관객을 압도했다. 끊임없이 싸우고, 충돌하고 화해하고, 웃고, 슬퍼하는 극적 상황의 변화를 날카롭고, 유연한 연기력으로 대처해 나간 이들 연기진들의 적절한 앙상블은 이번 공연의 성과였다. 그들은 등장인물의 성격을 잘 이해하고 있었다. 그들은 등장인물 상호관계의 의미를 올바르게 해석하고 있었다. 그들은 서로 호흡이 맞았다. 고간 부인(김은림), 베시(박현숙), 노라(최호정), 로지(김미경), 여인(바수진), 몰서(이경희) 등의 여자 연기진들의 연기는 약간의 오버 액션과 고음에 의한 대사처리의 문제점을 노정(露呈)시켰지만 이번 공연을 흥미진진하게 끌고 간 주역들이었다. 특히 김은림과 박현숙은 여인의 애환을 유감없이 표현하고 있었다. 노라 역의 최호정은 지나치게 경직되어 대사언어의 미묘한 뉘앙스를 살려내지 못한 느낌이었다. 특히 초반과 중반의 연기에서 이것은 두드러졌다. 그러나 후반에 들어서면서 긴장도 풀려 인물의 성격표현이 자유로워지고, 부드러워져서 다행이었다. 문제는 연출이 노라를 더 살려주어야 하는데—특히 남편 잭과 사랑싸움의 시퀀스를—초반에 노라의 존재를 너무 약화시킨 것이 연기적 통일성을 저해한 요인이 되었다. 노라가 어떻게 변화하고 있는가, 그 내면적 이유가 무엇인가, 그 여인의 심리적 갈등을 어떻게 표현해야 할 것인가 하는 문제는 노라 역이 스스로 해결해야 하는 연기적 과제였다."

이 평문에서 나는 권오일 연출에 관해서 다음과 같은 견해를 밝혔다.

"이번 권오일 연출은 〈느릅나무 그늘의 욕망〉 연출 이래로 가히 기념비적인 업적이었다. 전체 무대의 리듬, 템포, 엑센트 등의 문제를 잘 처리한 연출이었다. 무대 공간 활용에 있어서도 배우들의 동작선을 교묘하게, 효과적으로 처리한 까닭으로 탁월한 무대효과를 얻었다고 본다. 싸움 장면의 처리도 탁월했지만, 연출 면에서 거둔 이번 공연 최대의 성과는 희극적 요소의 무대형상화였다. 웃음이란 무엇인가 하는 문제에 대해서 연출은 확실하고도 명쾌한 해답을 주고 있었다. 그 웃음을 비극적 상황 속에 어떻게 용해시켜 관객들에게 슬픈 감정을 느끼도록 만들어 줄 것인가하는 문제에 대해서도 연출은 합리적인 해답을 주고 있었다. 연출은 성실했다. 연기 진들도 성실했다. 무대 스태프들도 성실했다. 더블린의 〈쟁기와 별〉을 권오일 무대와 비교해 볼 때 이번 무대는 아무런 손색이 없었다는 것이 솔직한 고백이다…

연극평론가 김미혜는 1990년 『MBC 가이드』(2월호)에서 〈쟁기와 별〉 성좌 공연의 연출적 성과를 거론했다.

"아일랜드 대표 작가 가운데 한 사람인 숀 오케이시의 〈쟁기와 별〉이 동숭동 소극장의 첫 테잎을 끊었다. 창단 20년이 넘는 극단 성좌의 74회 작품이다. (중략) 연출가 권오일은 자신이 밝힌 의도에 맞는 작품을 무대에 올렸다고 본다. 비극이지만 희극적 터치가 느껴지게, 허세를 부리는 나약한 기회주의자인 남자들과 적극적이고 능동적인 강인함을 지닌 여자들의 대조가 잘 무대화되었다. 피터 역의 전무송, 카비 역의 주진모, 베시 버지스 역의 박현숙, 고간 부인 역의 김은림, 노라 역의 최호정 등이 돋보였던 것은 연출 의도 때문이었을 것이다. 소극장의 무대와 번역 대사의 생경함을 없애고자 진력해 단순한 민중들의 대사를 재창조해낸 김진식의 번역도 제 몫을 다한, 성좌의 역사에 걸맞는 공연이었다."

1989년 극단 성좌는 문예회관 대극장과 지방에서(원주, 포항) 〈세일즈맨의 죽음〉을 권오일 연출로 공연했다. 연극평론가 김윤철은 이 공연에 대해서 『주간조선』(1991.5)에 유달리 날카로운 평을 보냈다.

"아서 밀러의 〈세일즈맨의 죽음〉은 미국 작품 중 미국 바깥에서 가장 자주 공연되는 희곡이다. 그만큼 공감대가 크고 국제적이라는 반증이겠다. 우리나라에서는 특히 극단 「성좌」가 83, 84, 88, 89에 이어 지금 다섯 번째로 무대에 올리면서 남다른 집념을 보여 왔다. (중략) 이번 성좌의 공연(권오일 연출)은 관객들의 호의적인 반응에도 불구하고 작품이 갖고 있는 보편적인 감동성을 창출하지는 못했다. 그 가장 큰 이유는 부자관계의 역학과 발전추이를 제대로 포착하지 못한 때문이다. 특히 큰아들 역 정현이 '자연스러움'과 '무기력'을 혼동하는 듯한 연기로 작품에 주어진 자기 몫의 크기를 주장하지 못했다. 아버지 역의 윤주상은 특유의 절제된 연기로 믿음이 가는 인물을 창조했지만 대사 전달력이 미흡했고 절박한 장면들에서 때때로 관객을 의식한 희극적 연기로 작품의 초점을 흐려 났다. 주연과 조연 및 단역들 사이에 연기력의 차이가 너무나 현저했던 점, 조명과 무대공간의 처리가 건조했고 무원칙했던 점, 무대미술이 기능만 있고 미학이 없었던 점 등은 이 공연이 남긴 큰 아쉬움들이다."

이 작품에 대한 성좌 극단의 연이은 도전이 있었음에도 공연이 큰 변화를 보여주지 못하고 성공을 거두지 못한 이유는 연기술과 무대기술의 한계라는 문제도 있었지만 연출가의 수용태도, 즉 '듣는 귀'의 부재를 지적하는 경우도 많았다. 이 점은 필자의 경우 그의 측근에서 연극의 선후(先後) 과정을 지켜 본 경험으로 늘 느끼고 있었던 일인데, 연출가 권오일은 영양 심산(深山)계곡에 천만 근 무게로 자리 잡은 바위처럼 한 번 정하면 움직이지 않는 고집이 있었다. 연출의 경우도 한 번 정하면 좀처럼 움직이지 않았다. 이런 습성은 해결될 수 없는 성격적 아집(我執)으로 인정되었다. 이것은 공연이 리바이벌로 가더라도 쉽게 개선되지 않는 원인이 되었다. 〈세일즈맨의 죽음〉, 〈욕망이라는 이름의 전차〉, 〈느릅나무 그늘의 욕망〉, 〈오셀로〉 등의 경우도 이런 작업 패턴은 계속되었다. 물론 때로는 주변의 충언을 듣고 긍정적 반응을 보이기도 했지만 제작비 부족으로 이행하지 못하는 일이 더 많았다. 그 점은 너무나 안타까운 일이라 하지 않을 수 없다.

연극평론가 심정순은 권오일이 연출한 〈세일즈맨의 죽음〉 공연에 대해서 "무대장치, 조명, 의상, 연기, 음향효과 등 여러 연극적 요소가 유기적인 조화를 성공적으로 이룩하고 있다"는 말을 전제로 하고 다음과 같은 의견을 첨부했다.

　　"〈세일즈맨의 죽음〉은 그 주제의식이나 대사 등에서는 사실주의적이지만, 작품의 구조는 본질적으로 주인공인 윌리 로만의 의식의 흐름을 따라 진해되는, 그래서 과거와 현재의 에피소드들이 별 논리적인 연관성 없이 연속적으로 이어지는 표현주의적인 테크닉을 사용한다. 이 공연의 한 특징은 현재와 과거를 넘나드는 윌리의 마음의 연상 작용을 무대장치를 바꾸지 않고도 연출할 수 있는 조 멜지너의 기능적인 무대 세트로서, 상상의 벽과 다양한 연기 공간을 활용한다. 무엇보다도 공연의 전문성을 높이는 데 본질적인 요소는 원작과 그것을 낳게 한 배경적 정서에 대한 통찰력 있는 이해와 분석이다. (중략) 성좌의 〈세일즈맨의 죽음〉 공연에서는 윌리의 비극적 세계를 주로 아버지와 아들들의 가부장적 계승관계에 중점을 두고 발전시켜 나간다. (중략) 연출은 작품의 기본적 정서에 대한 통찰력 있는 이해를 바탕으로 감정의 절제와 유출을 전 공연을 통해 조화롭게 조절한다. 무엇보다도 각각의 장면이 갖는 상징적 뉘앙스를 조명 방법과 강도 등을 적절히 변화시킴으로써 효율적으로 시각화하고 있는 것도 이 공연의 유기적 예술성에 한 몫을 담당한다. 이 공연의 성공에 역시 중요한 일익을 담당하는 부분이 잘 선정된 배우이다. (중략) 다만 전개부에 해당되는 전반부에서 인생의 위기를 맞는 직전 삶에 극도로 지친 윌리의 모습이 확실히 부각되지 않은 듯했고, 사색적인 면과 허황된 성격의 양면성을 가지고 있는 비프의 복합적 성격이 역시 더욱 부각되었을 수 있었다는 느낌이 든다. 후반부에서 윌리 역의 전무송과 비프 역의 이일섭은 팽팽한 연기력의 대결로 감동적인 장면을 창조한다. 공연 〈세일즈맨의 죽음〉은 지금까지 주로 사실주의 계열의 연극을 해온 극단 〈성좌〉가 그 동안 쌓아둔 노력의 결실인 듯 보기 드문 수준작 공연이었다."

　심정순의 글은 권오일 연출의 독특한 창의성을 예민하게 간파한 평문이라 할 수 있다.

　1980년대 한국연극 상황은 한상철의 「사회변동과 연극의 책임」(『예술과 비

한국연극 전환시대의 질주

평』 겨울호)의 글과 12월 26일 한국연극평론가협회의 심포지엄에서 그가 발표했던 「80년대 한국연극과 평론」에서 충분히 파악할 수 있다. 그는 80년대 한국연극의 성격을 "격동하는 사회와 함께 휘말린 혼돈과 혼란의 연극이었다"라고 규정하고 있다. 이같이 말한 역사적 배경에는 광주사태와 87년의 민주화 자유화 선언이 있었다. 한상철은(『문예연감』, 1989, 464쪽)에서 "80년대 한국연극은 변혁의 시대가 요구하는 시대적인 인식과 의식을 바탕으로 사회의 제 현상을 무대공간에 반영하는 데 적극적이었으며 달라진 관객의 감성과 기호에 부응하여 다양한 형식과 기교를 도입하는 데 적극성을 보였다"라고 설파(說破)했다.

과거 공연윤리위원회의 심의에 의해 문제가 되어 관(官)과 연극계가 마찰을 빚고 논쟁을 일으킨 작품은 박조열의 〈오장군위 발톱〉, 시인 구상의 〈수치〉, 신명순의 〈증언〉, 이강백의 〈개뿔〉, 〈우보시의 어느 해 겨울〉, 무세중의 〈반, 그리고 통·막·살〉 등이었으며, 그 밖에도 수많은 검열 사례가 분출되어 갖가지 분쟁사태가 발생했다. 억압과 통제의 가혹한 시대가 지나고 정치상황의 변화 때문에 80년대 연극계에 영향을 미친 큰 변화는 공연법의 개정과 공윤 사전심의제도의 철폐였다. 표현의 자유가 보장된 후 창작극 공연이 활성화되고, 세 차례의 국제연극제를 통해 문화개방정책이 실현되는 가운데, 열 차례 서울연극제, 그리고 일곱 차례의 전국연극제가 개최되어 창작극 공연이 성황을 이루었다. 1989년 3월 개관한 동숭아트센터 개관 기념공연축제는 해빙시대 이후의 징후를 여실히 반영하고 있었다. 이 무대에서 막을 올린 〈아, 체르노빌〉, 〈비닐하우스〉, 〈시민 K〉, 〈늙은 도둑 이야기〉, 〈꼽추왕국〉 등은 모두가 통제된 사회의 비인간화 현상을 다룬 작품이었다. 한국 ITI는 1980년대 대표작으로 〈둥둥 낙랑둥〉(최인훈 작, 허규 연출, 국립), 〈농토〉(윤조병 작, 방태수 연출, 에저또), 〈신화 1900〉(윤대성 작, 김동훈 연출, 실험), 〈식민지에서 온 아나키

스트〉(김의경 작, 정진수 연출), 〈봄날〉(이강백 작, 권오일 연출, 성좌), 〈풍금
소리〉(윤조병 작, 강유정 연출, 여인), 〈칠수와 만수〉(오종우 작, 이상우 연출,
연우), 〈불가불가〉(이현화 작, 채윤일 연출, 세실), 〈지킴이〉(정복근 작, 손진
책 연출, 미추) 등을 선정했고, 한상철이 「사회변동과 연극의 책임」에서 추가
한 80년대 대표작 〈오장군의 발톱〉(박종열 작, 손진책 연출, 미추), 〈자전거〉
(오태석 작·연출, 목화), 〈하늘만큼 먼 나라〉(노경식 작, 임영웅 연출, 산울
림), 〈한씨연대기〉(황석영 작, 김석만 연출, 연우), 〈부자유친〉(오태석 작·연
출, 목화), 〈실비명〉(정복근 작, 윤호진 연출, 실험) 등을 합하면 이런 일련의
작품은 모두가 '사회적 연극(social play)'의 특성을 지니고 있다.

　1980년대 연극에서 주목할 일은 70년대 연극에서 실험되었던 전통연희의 현
대적 수용이 점차 보편화되고, 70년대 활동한 극작가들과 연출가들이 지속적
으로 주도적인 활동을 계속하고 있는 일이었다. 특히 주목할 일은 창작극 공
연이 활성화되어 번역극이 우세하던 한국연극이 반전되는 현상이었다. 1977
년부터 89년까지 13회 계속되던 대한민국연극제에서 공연된 창작극은 모두
104편인데, 80년대 10년 동안 75편이 발표되고, 이를 발표한 극작가는 44명, 이
들 작품을 다룬 연출가들은 김정옥, 권오일, 임영웅, 안민수, 오태석, 손진책,
김상열, 정진수, 윤호진, 채윤일 등이었다. 이 가운데서도 연출가 권오일은 이
데올로기와 인간의 실존 문제를 파고 든 작가 이재현의 기록연극 〈적과 백〉을
한상철이 지적한 대로(《한국일보》, 1983.10.13) "군더더기 없이 깔끔하게 처리
해서 만든" 성과 때문에 제7회 연극제에서 수상하고, 이어서 제8회 대한민국
연극제(1984)에서도 〈봄날〉(이강백 작, 권오일 연출)로 연극제 대상 및 연출상
을 받게 되어 문화예술계의 비상한 관심을 모으게 되었는데, 1985년에는 서울
시 문화상마저 수상하는 영광을 누리게 되는 연출가의 전성기를 맞고 있었다.
극단 성좌는 〈빛은 멀어도〉(박현숙 작, 김학천 연출)로 제1회 연극제에 참가한

이래로 제2회 〈못잊어〉(이재현 작, 권오일 연출), 제3회 〈하얀집〉(이재현 작, 김학천 연출)으로 계속 연극제에 참가한 바 있다. 〈봄날〉 공연은 창단 이후 권오일 연출 11회 째, 정기 공연 19회 째에 이루어진 성과였다.

연출가 김효경은 〈봄날〉 평(『문예연감』, 1984, 516쪽)에서 이 공연에 대한 그 나름대로의 소견을 말하고 있다.

"극단 성좌의 〈봄날〉은 늙음과 젊음, 죽음과 생명, 겨울과 봄이 빚어내는 갈등과 화해를 아름답게 그려놓은 일종의 우화적인 작품으로 연극형식에 독특한 실험을 하고 있는 점이 특이했다. 그것은 영화, 음악, 시, 소설, 그림 등 다른 예술분야의 연극적 요소를 '열 번 전환되는 장면에 삽입해서 사용했는데 호응을 얻은 것 같다'라는 연출의 말과는 달리 '봄날'은 중간 중간에 삽입된 이화효과 장면을 빼놓고서는 흠잡을 데 없이 말끔하게 처리된 무대'(이태주, 《중앙일보》, 1984.10.11)라는 평과 '공연에서의 성과는 실패였다. 우선 삽입되는 양이 많아 그 자체가 도식화되어 버렸고, 결합이든 이완이든 본 줄거리와의 유기적 연관이 부족하거나 적절하지 못했고, 이 두 가지 구조의 연출적 접합기능이 안일하고 평탄했다'(한상철, 《한국일보》, 1984.10.2)라는 비평을 받았으나, 그럼에도 불구하고 다른 장점이 높이 평가되어 대상과 함께 연출상(권오일), 의상상(최보경)을 받는 영광을 누렸다."

연극평론가 여석기는 〈봄날〉 평(『객석』, 1984.11)에서 말하고 있다.

"이 작품이 갖는 설화적 바탕은 일련의 메타포를 통해 봄날의 이미지를 정착시키는 데 그치는 것이 아니라, 부성과 모성(맏아들이 대행), 아비와 자식, 노년과 젊음, 소유와 박탈 사이의 갈등을 상징화시켜 놓는 데 성공하였다. 거기에다 설화를 현실에 연결시켜 주기 위한 서사극적 기교까지도 작가는 잊지 않고서 구사하고 있으나 이것이 작품의 효과를 높여주는가에 대해서는 적지 않은 의문을 남기고 있다."

〈봄날〉은 희곡작품도 좋았지만 생의 바닥에 있는 인간의 원초성(原初性)을 파헤치는 작가의 의도를 연출이 이해하고 무대에서 더 많은 일을 해낸 걸작이었다고 판단된다. 〈봄날〉의 무대표현은 너무 좋았다. 봄날에 느끼는 인간들의 노곤함, 봄날의 햇볕, 봄날의 풍경을 장치나 조명이라든가, 연기를 통해서 잘 표현해낸 공연이었다. 밝은 면과 대조가 되는 시달리고 압제당하는 어두운 면은 작가 자신이 가볍게 묘사하며 지나가는데 연출이 그 실마리를 다시 끄집어내어 확대시켜주는 일은 결국 연출의 놀라운 공적(功績)이 된다. 연출상을 권오일에게 안겨준 이유가 될 것이다.

제9회 대한민국연극제(1985)에 극단 성좌는 〈검은 새〉(정복근 작, 권오일 연출)로 참가했다. 작품 〈검은 새〉는 조선 초기 북방 변경지대를 수비하다가 역적으로 몰려 처형된 역사 속 인물을 혁명적 시각에서 재조명한 작품이다. 희곡과 공연 양면에서 이 작품은 너무나 엇갈린 평가를 받았다. 역사를 보는 작가의 시각에 대한 견해차가 너무 심했기 때문이다. 평론과 관객, 무대 안과 밖에서 그 편차는 너무나 컸다.

극평가 심정순은 『객석』(1985.10)의 극평에서 〈검은 새〉에 관한 세밀한 분석을 통해 이 작품이 "한국인과 한국적인 정체성을 재정립해 보려는 시도"라고 긍정적으로 평가했다.

"무대장치의 사용을 극소화하고, 배우의 연기에 극 진행의 많은 비중을 둔 공연이 정복근 작, 권오일 연출, 극단 성좌의 〈검은 새〉이다. 이 작품은 조선조 시대의 반역자 이징옥을 우리 시대의 새로운 시각에서 재조명을 시도했다. 작가의 의도는 한국적인 뿌리를 이징옥이라는 인물과 그의 반란 사건을 통해 재정립하려는, 매우 야심적이었던 것 같다. 단군과 검은 새로 상징되는 시화적인 차원과 이징옥이라는 역사적 사실의 차원을 연결시킴으로써 한국적인 강한 향토색을 바탕으로 작품의 의미를 심화시키고 있다. 그러나 이러한 강한 미적 잠재력이 극의 전개과정 중에 충분히 실현되었는가는 깊이 고려해 볼 문제로 남는다. 우선 지나치게 많은 에피소드로 구성된 플롯은 극적인 긴장을 지속시키기에는 좀 산문적이었던 느낌이 든다. 또한 객관적인 고증에 치중한 나머지 연극적인 오락성에 영향을 주지 않았나 싶다. 역사적 인물을 무대를 통해 허구화할 때 생기는 필연적인 한 문제인 듯도 싶다.

연출의 권오일은 역시 베테랑답게 야심적인 연출 스타일을 택했다. 순 한국적 소재에, 아돌프 아피아와 고든 크레이그를 연상케 하는 무대를 구사했다. 전통적인 무대 세트 대신 층계가 있는 수평적 무대를 사용하고, 입체적인 조면 효과로써 전체적인 분위기를 컨트롤했다. 또한 공간 구성, 배우의 동작, 의상 등을 대칭(symmetry)과 대비(contrast)를 바탕으로 구사했다. 무엇보다도 무용 및 코러스의 동작 등에서 한국적 주체를 추구하려는 노력은 연출의 뚜렷한 특징으로 남는다.

순수한 한국적 역사물의 소재와 서구적 비사실주의 연출방식을 결합한 시도는 매우 야심적인 것이긴 하지만, 플롯 중심의 역사극과 배우에게 무대의 많은 비중을 두는 극 진행 방식이 궁극적으로 얼마나 자연스러운 조화를 이루느냐 하는 것이 이 공연의 문제점으로 남는다. 그러나 주제의식이나 연출 면에서 무서운 잠재력을 지닌 작품임에는 틀림없는 것 같다."

이상일은 『공간』(1985.10)에서 〈검은 새〉의 문제점을 다음과 같이 거론했다.

"극단 성좌의 〈검은 새〉는 여류 작가 정복근의 여성답지 않은 감각의 결정체이다. 희곡으로 보았을 때 검은 새의 비의(秘儀)가 민족주의적인 전통의 한 변형으로서 이만큼 체계화될 수 있다는 사실에 감탄했고, 검은 새의 무리와 연결된 이징옥의 반란과 대금국 건국의 배경에 짜여 들어간 수양대군의 쿠데타와 단종의 복위 문제를 역사적 사실로서 얽어맨 작가적인 재능을 높이 평가했다. 한 가지 빠진 것이 있다면 역사적 사실을 이야기로 꾸미면서 한 영웅의 의지와 행위를 역사적 사실에 결부시키기에 앞서 내면세계의 필연성으로 가져가는 척도의 확실성이다. 왜 이징옥은 실패했는가. 영웅의 우유부단은 성격적인 것인가, 심리적인 것인가. 작가는 이징옥을 내세우면서 사실은 마루치를 그리고 싶었던 것인데 그런 경우에 역사와 허구는 어떻게 극적 긴장을 유지해야 되는가. 이런 문제 제기가 제대로 풀리지 않으면 이야기는 야담조로 흐르기 쉽다. 그런 흔적들이 마루치의 〈검은 새〉 패들이 벌리는 사물놀이, 탈춤, 농악, 춤사위 등에서 엿보인다. 역사의 진행과 놀이전승의 이질적인 대조는 흥미 있는 것이기는 하지만 질서정연한 사실(史實)과 난장판의 놀이저인이 만주벌판에 대한 실지회복이라는, 우리의 잠재된 통일 염원을 대변할 때는 근거 없는 상상의 이미지가 설화 세계의 색채를 띠우고 있다.

그런 점을 감안하면 연출 권오일은 무대를 보다 대담하게 환상적으로 가져갈 수도 있었다. 그러나 지나칠 정도로 단순하게 양식화된 무대 위 인물들은 너무 리얼하고 한편 검은 새의 무리들은 산만한 사물노리패의 생경한 춤사위로 무대의 환상을 깬다. 이징옥과 마루치의 단합이 이루어진 다음에 극적 진행은 너무나 성급하게 멸망으로 치닫고 마는데, 그 계기가 개인적인 것인가 숙명적인 것인가가 분명치 않고, 작가나 연출가가 위서(僞書)에서 발견한 역사적 사실을 단(丹) 신드롬의 연장선상에서 쉽게 단정을 내리는 것은 아닌가 하는 의구심도 일게 한다. 희곡작품보다 무대는 훨씬 빈 것 같은 것이 음악이나 안무의 협조에도 불구하고 사실과 허구의 안배 및 영웅의 행위에 대한 내면적 관조가 얕기 때문이 아닌가 싶다."

이상일은 희곡과 연출의 문제를 거론하고 있는데, 그가 『열매』(1985.10)에 쓴 또 다른 공연평은 희곡과 연기의 문제를 다루고 있어서 흥미롭다.

"〈검은 새〉의 이징옥은 우리의 잃어버린 역사의 바닥에 있는 잠재의식을 재현하는 인물이다. 만주벌판을 무대로 했던 우리 민족이 한반도에 갇혀 버린 이 좁은 식견을 벗어나기 위해, 만주벌판을 바탕으로 한 단군의 신화적 사실에 입각하여 그 비의(秘 儀)를 지켜 나온 여진족 마루치와 함께 대금국을 세워 제위에 오르는 인물이다. 마침 한반도에는 수양대군이 단종을 퇴위하게 하고 이징옥의 정신적 보스인 김종서 등을 암살한 하극상의 시대이다. 그가 서울로 돌아가면 김종서에 연루되어 죽을 것이다. 이 기회에 한민족의 단절된 실토 회복의 진두에 나서는 것이 옳다는 단군의 후손인 마루치의 조언으로 황제가 되어 오히려 수양대군을 굴복시키고 단종을 복위하려했던 북방 방위사령관 이징옥은 그러나 역사에 의하면 제대로 진군 나팔 한 번 울려 보지 못한 채 기방에서 암살되고 연극에서는 부하인 참장에게 죽임을 당한다.

이징옥의 죽음은 극적이다. 그러나 이승철의 이징옥 역은 영웅적이지 않다. 무대 자체가 이 역사적 인물의 극적인 몰락을 너무 단순화시켜 놓은 것이다. 이 영웅의 심 리는 외적인 행동에 대한 동기가 되지 못하고 오히려 주변 인물들의 발의에 의해 끌 려 다니게 되고, 따라서 영웅의 모습은 인형처럼 왜소해 보인다. 드라마를 폭발시키는 요인이 되는 내적인 힘이 이징옥 자체에서 나오지를 못한다. (중략) 이징옥 역의 이승철은 그의 훤칠한 마스크하며 체격 등의 이점에도 불구하고 영웅의 비극적 행동이 드러나지 못한 채 환상에 짓밟히며 주변에 용해되어 버리고 동시에 그와 연계된 마루치 역의 이호성, 분홍 역의 김혜옥도 스타의 빛을 내지 못한다."

이상일은 이 공연의 문제점을 잘 지적하고 있다. 그럼에도 우리가 이 공연을 중시할 수밖에 없었던 이유는 권오일 연출이 투철한 역사의식을 지니고 80년대 우리 연극의 경향을 반영하는 전통연희의 현대적 수용에 몰두하면서 예술 타 분야의 연극적 요소의 활용에 주력하는 실험정신 때문이었다. 실험극장의 김동훈 연출이 시도한 〈삼시랑〉 공연과 권오일의 〈검은 새〉는 이들의 보수주의적 연출 방법과는 너무나 동 떨어진 것으로서 큰 충격이었는데 당시 연극계는 비록 완성된 하나의 모범은 되지 못했지만 이들의 '모험'과 '도전'을 높이 평가하는 관대함을 보여주었다.

권오일 한국연극협회 이사장이 이룩한 최대의 공적은 1991년 '연극의 해' 행사의 성공적 추진이었다. 문화부 이어령 장관은 1990년 8월 24일 전국연극인대회 석상에서 1991년을 '연극, 영화의 해'로 지정하겠다고 선포했다. 한국연극협회는 '연극의 해 기획위원회'를 구성해서 1990년 11월 14일 회의에서 권오일 이사장이 작성한 대정부건의안을 토대로 '연극의 해 사업계획안'을 작성해서 협회이사장 명의로 문화부에 발송했다. 이사장이 직접 쓴 원고 사본을 본인이 보관하고 있기에 그 문서의 역사적 가치를 생각해서 이 자리에 전재하고자 한다.

'91년 연극의 해'에 할 일들 (초안)

"우리 연극인들은 신극사 80년을 통하여 일찍이 이 땅에 연극문화의 씨앗을 뿌리고 우리 연극인들의 헌신적 열정으로 오늘까지 연극의 나무를 소중하게 가꾸어온 데 대하여 긍지와 자부심을 느낍니다. 이제 선진 조국의 문턱에서 연극예술이 국가발전을 위하여 보다 폭넓게 기여할 수 있는 시기가 무르익었다고 믿습니다. 이 같은 때에 문화입국의 의지를 품고 탄생한 신생 문화부가 다가오는 91년을 '연극의 해'로 지정한 것은 매우 시의적절하면서도 현명한 정책의지의 표명이라고 생각되어 크게 환영해마지 않습니다.

바야흐로 세계질서의 대변혁 속에서 대한민국은 그 동안 축적해온 정치, 경제 분야의 발전에 힘입어 88서울문화올림픽을 성공적으로 치러냈으며 이제 동북아의 문화 중심지로서 발돋움하고 있습니다. 이제 탈냉전시대를 맞이하여 국제적 이해증진과 교류의 확대, 그리고 국민대화합을 통한 복지사회의 구현, 남북한의 동질성 회복을 통한 통일의 성취 등을 앞당기기 위하여 종합예술이자 현장예술인 연극이 담당해야 할 역할은 어느 때보다 크다고 믿습니다.

이에 우리 연극인들은 '91년 연극의 해'를 연극 발전을 위한 결정적인 전기로 삼기 위하여 전체 연극인의 협의체인 한국연극협회가 주축이 되어 전 연극인의 지혜를 모아 결집된 의지로 다음과 같이 '91년 연극의 해'에 할 일들을 집약하였습니다. 이 같은 연극인들의 정성어린 의견들을 참작하시어 '91년 연극의 해'에 정부가 맡아야 할 몫을 신중하게 그리고 신속하게 결정해주시기 바랍니다.

1990. 11.

한국연극협회 이사장 권오일

권오일 이사장이 제안한 연극제 행사 수행 과제는 다음과 같은 것으로서 매우 시기 적절한 것이었다.

1. 91연극 큰잔치(새봄맞이 연극인 합동공연, 소극장연극제, 아동·청소년연극제, 전국연극제, 여름연극제, 서울국제연극제, 송년연극제)
2. 국립공연예술학교의 설립 추진
3. 연극교육의 확대(교육과정에 정규 교과 과목으로 연극과목 채택 추진)
4. 국공립 극단의 확충 및 운영개선
5. 직업극단, 제작금고, 관객지원 기구 설치, 운영
6. 공연예술회관 설립, 운영

한국연극 전환시대의 질주

7. 문화정보 매개사업

8. 시, 군 단위 지역 문화축제 및 이동문화 프로그램

　문화부는 '연극의 해 사업안'을 전폭 수용하면서 한국문화예술진흥원을 통해 총 15억 원 규모의 예산을 배정하였다. 이에 연극인들은 '연극의 해' 사업을 원활히 추진하기 위해 '연극의 해 집행위원회'를 구성하였다. 권오일 이사장이 집행위원회 위원장 직책을 맡고, 1991년 3월 27일 오후 6시 문예회관 대극장에서 연극분야 개막행사를 시작으로 '연극의 해' 행사가 막을 열었다. 개막식에서 권오일 위원장은 다음과 같은 식사를 발표했다. 연극의 사회적 책임에 대해서 그가 주장하던 견해가 집약적으로 표현되고 있기 때문에 일부 인용하고자 한다.

　"우리는 지금 문화적 위기의 시대에 살고 있다. 그 위기를 극복하고 새로운 문화의 시대를 열기 위해서 1990년 문화부가 창설되었다. 문화부는 문화발전 10개년 계획을 수립했다. 그 계획을 실천하는 대장정의 첫발을 대딛는 이 시점에서 나는 연극계를 대표해서 연극 발전을 위한 우리들의 소신과 책임을 밝히고, 정부와 국민의 협조를 당부하고 싶다. (중략) '91년 연극, 영화의 해'는 우리의 연극예술이 국민들 곁으로 좀 더 가까이 다가서서 튼튼한 뿌리를 내리는 한 해가 되어야겠다. '91년 연극, 영화의 해는 또한 폭력이 난무하는 이 사회의 비인간화 풍조를 연극인들 스스로가 탁월한 무대를 통해 고발하고, 치유하고, 개혁하는 사명감과 책임감을 느끼는 한 해가 되어야겠다.

　'91년 연극, 영화의 해'를 출범시키는 이 순간에 우리 연극인들은 연극 창조의 획기적인 변화를 기약해 본다. 그 변화는 결코 금년 한 해의 행사로만 끝나지는 않을 것이다. 창작극의 진흥, 극장의 신설과 운영, 전문 인력의 양성, 공연기술의 혁신, 초중고 연극교육의 실시, 연극인 회관 건립을 통한 창조력의 제고, '연극제작금고' 설치, 연극전 문화의 실현 등은 한국연극계가 당면한 중장기 계획의 중요 부분이 되는데, 이 일의 성공적 수행을 위해서 정부와 국민 여러분들의 힘찬 성원을 부탁드리고 싶다."

'91년 연극의 해'는 권오일 이사장의 분투와 노력의 결정이었다. 한국연극 발전을 위한 그의 꿈이 실현되는 계기가 마련되었다. '91년 연극의 해' 출범으로 인해 이룬 성과는 다음과 같다. 1) 연극금고 모금이 시작되고, 관객티켓 제도가 성공해서 관객증가와 저변확대에 큰 도움이 되었다. 서울연극제가 국제연극제로 확대, 재편되었고 2) 아시아 태평양 지역 문화공동체로서의 위상을 정립하여 국제 간의 연극교류가 활성화되었다. 더불어 국제연극포럼 등 각 분야 학술세미나가 활발하게 개최되었다. 3) 이 시기에는 어린이·청소년 연극과 대학생 원어연극 등 소외되었던 교육연극 분야가 정책적으로 육성되는 계기가 마련되었고 4) 창작극 활성화에 크게 기여했으며 작고 연극인의 기념공연도 이루어졌다. 5) 월북 작가 작품과 외국 거주 한인단체 연극이 공연되어 민족의 정체성이 추구되었다. 6) 신세대 연극인들의 활동 무대가 마련되어 차세대 연극이 비상한 관심을 끌었다.

권오일 한국연극협회 이사장은 1992년 『한국연극』 1월호 신년사에서 '연극의 해'를 마무리 짓고 새로운 결의를 다짐하는 글을 발표했다. 그 글 속에서 그는 '연극기금 100억원 마련 운동', '연극학교의 설립', '공연예술회관 건립' 등 '연극의 해'에 제안했던 일을 계속 추진해나가자고 역설했다.

'연극의 해' 결산 보고에서 박정영 기자는 『한국연극』(1992.1)에서 정책위원회의 활동을 전하고 있다. 정책위원회는 중장기사업을 추진해왔다. 이 위원회 멤버는 권오일, 김동훈, 서연호, 김문환, 이태주 등인데 권오일 이사장은 모든 일의 구심점이었다. 그는 성가시고, 귀찮고, 고달픈 일을 도맡아 했다. 연극금고 모금, 연극학교 설립 및 초중고 교과과정에 연극과목 삽입 추진을 위한 대책수립, 공연예술회관 건립, 남북연극교류, 서울연극제 개최, 국공립 극장 및 극단 운영개선, 92년 서울국제연극제 사업 등 10여 개 중점사업을 관장하며 추진하고 있었다.

이 모든 사업은 연극의 해가 지나도 연극계가 꾸준하게 추진해야 하는 과제들인데, 권오일 이사장이 연극협회를 떠난 후에는 몇 가지 계속되었던 사업을 제외하고는 대부분의 중장기 사업은 이렇다 할 큰 진전이 없고, 사업 추진의 동력마저 정지된 듯 침체되었다. 특히 지난 십여 년 동안 편향된 연극지원책 때문에 보수진영 연극인 권오일 대표가 이끄는 성좌 극단은 극심한 운영의 어려움을 겪었다. 그는 극단을 살리기 위해 거창연극제를 돕는 일을 하면서 간신히 명맥을 유지하고 있었다. 50여 년 연극에 헌신하면서 살아온 그의 노년은 연극으로 인한 실의와 고뇌의 연속이었다. 그러나 그는 아픈 소리 한 마디 안 했다. 이를 악물고 고난을 새김질하면서 만날 때마다 환한 웃음으로 힘차게 손을 잡았다. 2008년 새 정권이 들어서자 권오일 대표는 활기찬 공연 활동을 전개하기 시작했다. 과거의 명작 공연을 재공연하며, 새로운 창작극을 발굴하는 일을 힘차게 진행하고 있었다. 2009년에도 성좌 창단 40주년 기념공연을 위한 준비로 바삐 움직이고 있었던 동숭동에서 〈물의 노래〉가 공연 중일 때 급환으로 입원한 후 그는 끝내 의식을 회복하지 못하고 9월 8일 서거(逝去)했다.

그가 평소에 강조하던 말은 "동숭동이 살아야 한국연극이 산다"는 것이었다. 그 일을 그는 몸소 실천하고 있었다. 『극작에서 공연까지』 2008년 봄호 권두칼럼의 제목도 바로 이 말이었다. 연극인들에게 고별사처럼 남기고 간 그의 뼈아픈 충고와 격려의 글을 발췌해 본다.

"2008년 금년은 한국연극 100년이 되는 해이다. 100년이란 세월은 결코 짧은 성상은 아니다. 그러나 그동안 한국연극은 순탄한 길을 거부당한 채 갖은 고난과 형극의 역정을 걸어왔다. (중략) 100년을 헤아리는 한국연극의 현주소를 살펴보기로 한다. 첫째, 정부의 연극정책은 어떠한가? 이렇다 할 만큼 특색 있는 연극정책은 얼른 눈에 띄지 않는 아쉬움이 남는 가운데 연극 제작비 충당에 보탬을 주는 지원금 제도에 연극인들의 관심이 쏠리고 있다. (중략) 두 지원기관은 소액 지원인데 최소한 제작비의 반 정도의 지원금이 주어졌으면 하는 간절한 소망을 간직해 본다. 둘째, 국공립 극단의 현황은 어떠한가? 내부 분란과 노조 때문에 공동 작업에 지장이 있다. 연극작업은 인화와 협동 없이는 완성도 높고 양질의 결과를 기대하기 어렵다. 단원끼리 불화를 자초하는 일은 파멸의 길이다. 셋째, 공연 공간의 실태는 어떠한가? 수량적인 면에서는 충분하다. 그러나 문제는 대관료가 고가라는 점이다. 뭔가 대책이 강구되어야 한다. 넷째, 문화지구로서의 대학로의 현실은 어떠한가? 흔히들 동숭동을 한국연극의 산실이라고들 한다. 그것도 그럴 것이 100여 곳의 공연장에서 하루에도 50~60편의 연극이 공연되고 있는지라 과장된 표현은 아니다. 문제는 공연의 양에 있는 것이 아니라 질에 있다는 사실을 자각해야겠다. 대학로는 문화지구라기보다는 요식업 지구라는 이름이 어울릴 정도로 음식점과 술집이 북새통을 이루고 있다. 연극공연장은 썰렁한데 요식업소는 풍요를 구가하고 있다. (중략) 동숭동이 살아야 한국연극이 산다고들 한다. 그러나 동숭동의 연극 활기는 쇠퇴해 가기만 한다. 한 두 편의 특출한 작품을 빼고는 대부분의 공연장은 썰렁하기 그지없다. 연극인들이 그 책임을 회피해서는 안 된다. 그 대부분의 책임은 연극인들에게 있다는 사실을 자각해야 한다. 무성의한 연극, 설익은 연극, 재미없는 연극, 어려운 연극, 퇴폐적인 연극을 관객들은 좋아하지 않는다. 화끈하게 관객들을 끌어들일 흡인력이 있어야 한다. 가슴에 와 닿는 감동이 있어야 한다. 희열을 느낄 수 있는 환희로움이 있어야 한다. 한국연극 100년에 즈음해서 동숭동은 살아야 한다. 대한민국 연극도 살아야 한다. 그래서 우리 연극인도 살아야 한다."

한국연극 전환시대의 질주

제 Ⅳ장

80년대 초반의
연극과 평론

1. 80년대 연극의 전망과 평론

1980년대 초 연극계의 화제를 정리하면 다음과 같다. 관객 7천 명 동원에 세종문화회관 별관에서 연장공연을 하고 부산 지방공연에 이르게 한 〈선인장 꽃〉(정진수 연출, 민중극장)무대에서 주인공 역을 맡은 김애경(金愛敬)의 능숙한 희극 연기가 화제를 모았다. 이 배우는 〈우리 집 식구는 아무도 못 말려〉에서 애욕적인 모습으로 두각을 나타내 물망에 올랐다. 삼성문화재단 도의문화저작상 희곡 우수작으로 선정된 〈삼각파도〉는 브라질로 가는 배 안에서 일어나는 사건을 다룬 작품으로 앞날이 촉망되는 (당시) 부산일보 기자 이윤택(李潤澤)의 작품이었다. 연극협회 이사장이 이진순에서 김정옥으로 바뀌었다. 새로운 바람이 일고 있는 징조였다. 신임 이사장은 당선 소감에서 공연법을 개정하는 일에 힘을 쏟겠다고 언명했다. 1976년 9월 '직업화'와 '전문화'를 기치를 내걸고 출범한 현대극장(대표 김의경)이 음악 무용극 〈지저스 크라이스트 슈퍼스타〉(이반 극본, 표재순 연출)를 2월 23일부터 장충동 국립극장 대극장에서 공연했다. 김동길의 수필 「광대와 총통」을 연출가 심재찬이 극단 '고향'에서

한국연극 전환시대의 질주

연극화해서 2월 10일부터 20일까지 창고극장에서 공연되었는데, 김동길은 "기상천외의 상상의 산물이라고 스스로 자부하고 싶다. 착상은 영국 극작가 버나드 쇼에서 얻은 것이다"라고 말했다. 가수 윤심덕과 현해탄에서 정사한 김우진(金祐鎭)의 미발표 희곡 4편이 희곡사 연구학자 유민영에 의해 발굴되어 출판(형설출판사)되었으며, 〈에쿠우스〉를 쓴 쉐퍼가 〈아마데우스〉를 런던에서 선보여 세계적인 화제가 되었다. 1980년 2월 문화공보부가 최규하 대통령의 연두 순시에서 정부가 주관해 온 각종 문화 예술행사를 민간 기구에 점진적으로 이양하겠다고 일이 문화예술계의 환영을 받았고, 이에 대해 평론가들은 "말 뿐인 민간주도가 되지 않아야 한다"라고 언론에 의견을 피력(披瀝)했다. 양주별산대놀이 인형극 공연을 서울인형극단(대표 안정의(安正義))이 주관했다. 인형극 조각은 안정의가 맡고, 인형 의상은 그의 부인 홍호순(洪浩淳)이 맡았다. 갑신정변을 배경으로 김옥균을 사모한 이색적인 여인 고대수를 극화한 희곡 〈무언가〉가 공연되었다. 이 작품의 작가 이병원(李秉嫄)은 76년 중앙일보 신춘문예에 〈사당네〉로 데뷔한 여류 작가이다. 특히 이 작품에서 여여인 고대수 역을 국립극단 남자 배우 강만희가 맡아 화제가 되었다. 80년 2월 공화당과 신민당이 내놓은 '헌법개정시안'에 영화, 연예에 대한 검문조항이 있어서 문화계는 강한 거부반응을 표시하고 이 조항의 철폐를 건의했다. 여인극단 대표이며 연출가 강유정은 54번째 공연에서 〈다〉(Da, 아버지)를 세실극장 무대에 올리면서 명작 공연의 집념을 불태웠다. 3월 들어 개강과 함께 청년문화의 온상지인 대학극이 한창이었다. 80년 3월 23일 《조선일보》 지상에는 셰익스피어의 〈십이야〉를 "한국의 놀이마당으로 옮겨 굿과 탈놀이로 보여주겠다"는 연출가 손진책 인터뷰 기사가 났는데, 이 공연은 극단 '민예'와 '산하'가 합동으로 공연했으며, 신파극 무대가 공간사랑에서 마련되었다. 전국 25개에 산재되어 있는 지방극단도 긴 잠에서 깨어나 기지개를 폈다. 문예진흥원이 작년 5개

극단에서 80년에는 8개 극단을 지원하게 되면서부터 지방극단의 활동이 활발해질 수 있었는데, 1974년부터 지원을 받은 지방극단은 80년 당시 45개 극단이었다. 문예진흥원은 80년부터 대한민국연극제와 무용제를 경연 대신 축제 형식으로 바꾸기로 했다. 이 행사는 운영위원회가 맡기로 했으며, 운영위원은 매년 교체하기로 했다. 특히 1980년 연극제 운영위원으로 이진순, 김정옥, 김동훈, 이태주, 서연호 등이 위촉되었다.

인기 탤런트 황정아, 김자옥이 〈티타임의 정사〉(헤롤드 핀터 작, 실험극장) 무대에 출연해서 좋은 평가를 받았다. 이 작품은 1974년 초연 때 이낙훈, 황정아, 1978년에는 오현경, 김자옥, 1980년에는 김진애, 권성덕 등이 부부 역을 맡아서 출연했다. 이 외에 김길호, 김인태, 이대로, 이호재, 전무송 등이 주연 배우로 맹활약했고 하반기에 화제를 모은 작품은 〈시련〉(윤호진 연출, 실험극장)과 〈내, 물, 빛〉(김우옥 연출, 동랑)이 있다. 당시 연극잡지는 1965년 『연극』(이진순), 『연극평론』(여석기), 1976년 『한국연극』(한국연극협회), 1971년 『드라마』(이태주), 1970년 『우리무대』(실험극장) 등이 발간되었지만 힘에 부쳐 대부분 휴간되고 문예진흥원 지원을 받는 『한국연극』만 살아남았다. 사회 전반에서 추진되고 있는 변화의 바람은 1980년 가을 무대에 창작극 바람을 몰아왔다. 정복근, 신명순, 김상열, 오혜령, 허규, 이재현, 구상, 오태석, 최인훈 등 극작가들이 작품을 발표했다. 그러나 이런 와중에서도 시민극장이 공연키로 했던 〈오스트라키스모스〉(이현화 작)가 공연윤리위원회의 권유로 취소된 것은 유감스런 일이었다. 최인훈의 〈둥둥 낙랑둥〉(허규 연출)과 〈왕자〉(정한결 연출)은 호동왕자를 소재로 한 극본으로서 주목을 끌었다.

1980년 초의 평론은 1970년대 연극을 반성하고, 80년대 연극을 전망하는 일을 시작했다. 「한국연극 '80년대의 전망」(좌담, 『주간조선』, 1980.1.1.), 「민속

한국연극 전환시대의 질주

극의 회고와 전망」(서연호, 『주간조선』, 1980.1.13), 「새로운 가능성의 타진」(한
상철, 『문예중앙』 여름호, 1980), 「70년대 연극의 종장」(유민영, 『한국문학』,
1980.3), 「실험극장 20년 결산」(김영태, 『한국문학』, 1980.3), 「다양성 보여준 상
반기 시즌의 창작극 공연」(윤혜원, 『한국문학』, 1980.8), 「80년 상반기 공연 종
합평가-개선되어야 할 과제」(서연호, 『극장예술』, 1980.7), 「제4회 대한민국
연극제의 결한」(유민영, 『신동아』, 1980.12), 「연극 20년, 그리고 30년-실험극
장과 국립극장」(이태주, 『주간조선』, 1980.2.24), 「대한민국연극제」(이태주,
『주간조선』, 1980.8.10), 「80년대의 신파극」(김유경, 『공간』, 1980.5), 「대한민국
연극제」(김승옥, 『문학사상』, 1980.12), 「연극에 '80년대가 열리다」(유민영, 『신
동아』, 1980.1), 「구태와 새 바람-상반기 연극계」(유민영, 『주간조선』,
1980.5.4), 「제4회 대한민국연극제의 결산」(유민영, 『신동아』, 1980.12), 「제3회
대한민국연극제의 결산」(이태주, 『춤』, 1980.1), 「다양성과 혼란-제4회 대한민
국연극제」(이태주, 『춤』, 1980.12), 「제4회 대한민국연극제 총평」(한상철, 《조
선일보》, 18324호) 등인데, 이 글 이외에도 많은 편수의 연극평론 (『문예연감』,
1980년판 『연극평론』 참조)이 발표되었는데 특히 격하게 논란되었던 주제는 '국
립극장 30년과 저질 상업극의 범람'이었다. 오태석, 최인훈, 허규 연극의 성과
와 평가에 대해서도 다양하고 심층적인 평론이 발표되었다. 주목할 일은 이
모든 쟁점의 근저(根底)에는 「우리 연극은 발전하고 있는가」(유민영, 『문예중
앙』 봄, 1980 참조)라는 핵심적 논제가 항상 깔려 있었고, 대부분의 논조는 불
안과 우려와 분노가 뒤섞인 착잡한 것이었다.

　그러나 한상철의 경우처럼 걱정할 부분과 칭찬할 부분을 분간하면서 쓴 평
론도 있다. 일부 인용해 보자.

"70년대 10년간의 한국연극은 많은 문제점도 노출됐지만, 연극이 앞으로 발전해 가는데 있어서 중요한 싹이 돋아난 시기이기도 했다. 그리고 정치나 사회상황이 연극에 얼마나 직접적으로 영향을 미치는가 하는 것도 잘 보여준 시기였다. 그러나 무엇보다도 주목할만한 현상은 70년대 연극상황이 30년대 후반부터 해방될 때까지 기간인 식민지시대 말엽의 연극상황과 너무나 흡사했다는 사실이다. 그 유사점은 대체로 세 가지 경향으로 나타났다. 그 첫째는 소위 대중연극이라는 상업극이 번창한 것이고, 두 번째는 시대극의 범람과 함께 '로컬리즘'에의 회기현상이며, 세 번째로는 연극협회의 경직성이었다.

그렇다면 역사는 되풀이되는 것인가. 역사는 되풀이만 되는 게 아니다. 되풀이하면서 발전한다는 것을 우리의 현대연극사에서 명료하게 볼 수 있다. 대중극의 경우만 해도 연극인들 스스로 저질 상업극을 극복하려는 노력을 하고 있는 것이다. 그리고 둘째로 연초에 회장단을 경질함으로써 협회의 경직성도 스스로 막았던 것이다. 그러나 더 중요한 발전은 연극이 본질적으로 변화하고 있는 점이다. 그것은 두 가지 면에서, 즉 외형적인 면과 내면적인 면에서 보인다. (중략) 70년대 마감하는 지난 해 연말에는 두 편의 중요한 작품이 공연되었다. 그것은 국립극단의 〈사추기〉(오태석 작·연출)와 민예극장의 〈다시라기〉(허규 작·연출)이다. 민예의 〈다시라기〉는 전통을 외형적인 면에서 계승하는 방법이 합리적이어서 주목되었고, 〈사추기〉는 한국연극의 새 국면을 열었다는 데서 평가할만한 것이었다." (한상철, 「새로운 가능성의 타진」, 『문예중앙』 여름, 1980)

낙관론도 있다. 신아일보 연극담당 기자 신영철은 연극 현황을 긍정적으로 보고 앞날을 밝게 전망했다.

"영리적, 현실도피적, 유행적인 연극들이 기세를 누그러뜨린 반면, 좀 더 진지하고, 의미 있고, 현실 도전적인 작품들이 나타나기 시작했다. 둘째, 민주주의에 대한 의식과 민중에 대한 각성이 억압과 구속에서 힘차게 벗어나 잠재된 에너지와 울분을 마당극 형태로 발산하려는 경향이 강해졌다. 이는 변화하는 사회를 반영하는 가장 좋은 예로 볼 수 있다. 셋째는 매너리즘에 빠져 있던 한국연극에 참신한 예술 감각을 불어넣는 실험적이고 전위적인 연극이 시도된 점이다. 넷째, 거의 맹목적으로 문화적 맥락과 관계없이 수입되던 번역극이 차츰 들뜬 기분을 가라앉히고 작품 선정에 신중해졌으며, 공연 역시 날림조가 상당히 제거되었다."(신영철, 『공간』, 1980.1)

평론가들이 신영철의 낙관론을 어느 정도 수긍할 수 있었던 것은 70년대와 80년대 우리 연극에서 리얼리즘의 열성적 추구와 점진적인 발전을 볼 수 있었기 때문이고, 1979년 서울극평가그룹의 〈사추기〉(오태석) 시상과 1980년 〈개뿔〉(이강백)의 동아연극상 수상 등에서 이런 경향을 인지(認知)할 수 있었기 때문이다. 한상철은 그의 평문 「리얼리즘의 새로운 실험」(『극장예술』, 1980.2)에서 〈사추기〉를 파헤치고 검증했다.

"특히 이 작품은 그의 초기 사실주의 계열의 작품들과도 다르고, 그 후의 제의적 놀이적인 형태에 전통 민속극적 기법을 구사한 작품들과도 다르다는 점에서 이 작가의 변모를 시사해주는 것이 아닌가 해서 주목된다. 그러나 이 작품은 역시 그가 근년에 매우 집요하게 추구해 오던 한국인 삶의 전통적인 본질에 대해서는 여전히 깊은 관심을 가지고 있음을 보여주며, 그것을 한국인의 전통적 부부상과 현대적 부부상과의 대비를 통해 다시 한 번 밝혀 보려고 한 것이었다. (중략) 이를 위해 그는 매우 특이한 구성의 작품을 만들었다. 우선 그는 어느 한 부부의 생활을 연대기적으로 나열하는 방법을 쓰지 않고, 그들에게 과거와 현재의 시간이 포괄되는 수법을 썼다. 따라서 이 극의 시간은 횡적으로 연장되는 것이 아니라 한 시점에서 시간이 종으로 관통되고 있다. 이러한 방법은 시점을 현재에 놓고도 과거의 시간들이 자연스럽게 삽입되는 계기를 준다. 따라서 이 극의 부부는 현재적 인물이면서 동시에 전통적인 인물이 포용되며, 미래의 인물까지 포괄되는 그런 인물이 될 수 있었다. 역사적 사건과 현 부부의 과거사가 무리 없이 재현될 수 있었던 것도 그 같은 구성 때문이었다. 다음 그는 부부의 일생 중에 주제에 필요한 사건만을 에피소드식으로 담은 것이다. 그것은 우선 연극적 환상을 배제시켜주며, 극의 주제를 더 강력하게 부각시키는 데 이바지한다. 게다가 부부 간의 미묘한 관계를 더욱 깊고 치밀하게 그릴 수 있는 공간을 준다."

극단 광장의 〈그날 그 날에…〉(이반 작, 조병진 연출)가 보여준 사실주의 연극의 품격(한상철, 『공간』, 1980.2), 대한민국연극제에서 거둔 〈물도리동〉, 〈다시라기〉(허규), 〈멀고 긴 터널〉(이재현), 그리고 공간사랑에서 공연된 〈1980년 5월〉(오태석), 드라마센터의 〈토선생전, 칡순 먹고 간을 키웠더니〉(안종관), 실험극장의 〈사람의 아들〉(이문열), 동랑레퍼토리의 〈봄이 오면 산에 들에〉(최인훈), 국립극단의 〈산수유〉(오태석) 등 평단에서 호의적으로 거론된 희곡작품들이 리얼리즘 연극 발전의 확실한 징후였다.

창작극 공연만이 아니었다. 번역극 공연도 리얼리즘 연극이었다. 이런 일이 가능했던 것은 몇 극단이 자체 전용극장을 갖고 정상궤도를 달리고 있었기 때문이다. 그 가운데서도 실험극장과 동랑레퍼토리의 활동은 두드러진 것이었다. 실험극장은 1980년에 창단 20주년을 맞아 뜻 깊은 각종 기념행사와 기념공연을 개최해서 문화계의 화제가 되었다. 실험극장은 〈에쿠우스〉(피터 셰퍼), 〈수업〉(이오네스코), 〈10층〉(이재현), 〈사람의 아들〉(이문열), 〈티타임의 정사〉(해롤드 핀터), 〈롤러스케이트를 타는 오뚜기〉(오태석), 〈내가 날씨에 따라 변할 것 같소〉(이강백), 〈그리고 리어든 양은 조금씩 마시기 시작했다〉(폴 진텔), 〈이중섭〉(이재현), 〈아일랜드〉(후가드), 〈리어왕〉(셰익스피어) 등 문제작과 명작의 무대를 계속 창출했다. 김영태는 「실험극장 20년 결산」(『한국문학』, 1980.3)에서 실험극장 활동에 얽힌 애환을 털어놓고 있다. 실험극장 창단 비화에 관해서는 「실험극장 10년지, 1960~1970」과 「실험극장 최초의 5년」(김의경, 『유진 오닐 리뷰 Vol.1−이태주 교수 정년퇴임 기념논문집』, 한국유진오닐학회, 1999) 등에 상세히 서술되고 있다.

구희서는 『공간』 잡지 리뷰에서 새로운 연극을 추구하는 젊은 연극의 대표 주자의 한 사람인 기국서의 〈순장(殉葬)〉을 높이 평가했다.

"76소극장이 80년 2월 1일부터 10일까지 공연한 김영덕 작, 기국서 연출의 〈순장〉은 기성연극의 진부한 표현 형태를 지양하고 새로운 극술을 창조한다는 목표 아래 작가가 극장 무대에서 배우, 연출가와 함께 희곡을 만들어낸다는 방식을 택한 이 일련의 공연들은 완전히 획기적이랄 수은 없지만 새 시대를 향한 하나의 의미 있는 노력으로 일단은 환영을 받기에 충분했다."

구희서는 『공간』 리뷰에서 김도훈 연출 작품 〈아메스트의 미녀〉(윌리엄 루스 작, 신정옥 역, 극단 뿌리, 세종문화회관 소강당)에 출연한 윤소정의 연기를 김동훈의 〈롤러스케이트를 타는 오뚜기〉 이후 그에 견줄만한 모노드라마였다고 칭찬하는 평을 남겼다.

"머뭇거리는 듯, 수줍은 듯, 억제하는 듯한 어조로 윤소정은 무대를 열고 전개시켰다. 처음에는 마치 서툰 얘기꾼의 별로 재미없는 얘기처럼 금방 가슴에 와 닿는 매력이 없었다. 그러나 얘기하는 사람도 얘기의 내용도 진심인 것이 차츰 귀를 기울이게 만들었고 어린 시절로, 젊은 여인으로, 오락가락하는 시간과 화려하지 않는 사항이지만 진심어린 눈으로 곱게 펼쳐 보여주는 얘기가 때로는 조용하게, 때로는 활달하게 사금에 물결을 일게 해줬다. (중략) 여배우 윤소정은 지난해 〈부도덕행위로 체포된 어느 여인의 증언〉에서 부각된 그의 연기 수준을 이번 무대에서 떨어뜨리지 않고 지켜 나갔고, 그런 우수한 작업을 햇수로 축적해 놓았다는 점에서 더욱 보람 있는 결과를 얻었다고 볼 수 있다."

구희서, 최성자(이상 한국일보), 정중헌(조선일보), 임영숙(서울신문), 박근자(중앙일보), 김광협, 송영언, 홍찬식, 지영선(이상 동아일보), 박성희(신아일보), 신영철(신아일보), 『한국문학』지에 평을 썼던 윤혜원(합동통신) 등 발 빠르고, 담대하고, 재능 있는 기자들과 함께 김유경(경향신문)도 연극평론가들과 교류의 끈을 유지하면서 '미디어 크리틱(media-critic)'의 명성을 날리고 있었다. 김유경은 『공간』 리뷰에 간담(肝膽)을 서늘케 하는 논평을 간단(間斷)없이

기고하고 있었다. 그 중에서 인상에 남는 글은 「공연장과 전문성—국립극장 개관 30주년에」라는 논평이다. 그는 글 초두에 국립극장 역사를 개관한 다음, 국립극장의 문제점을 조목조목 따지고 들어가면서 사정없이 국립극장의 허점을 비판하고 있다. 일부분만 인용해 본다.

"79년도에 19억 5천만원의 예산을 들인 국립극장은 대극장 29편 88회 공연, 소극장 16편 46회 공연을 했고 211건의 대관공연 행사가 있었는데 총 입장수입은 고작 6천 100만원으로 거의 19억원의 적자공연이었다. 역대 극장장들은 예산을 지원받는 국립극장이니만큼 예술성 높은 프로그램으로 한국 무대예술의 구심점을 이뤄야한다는 주장을 펴왔다. 그러나 바로 이 '예술성 높은 프로그램'을 선정할 수 있는 유능함과 직결되는 전문성은 여러 분야에서 취약점을 갖고 있다.

국립극장 측에서는 좋은 작품이 드물어서 예술성에 대한 충분한 고려를 할 수 없다고 고충을 이야기한다. 그것도 사실이지만, 그러나 한 작품이 무대에 다뤄지는 과정에서 발휘될 예술가의 재능을 통솔할 국립극장의 전문성이 부족한 것도 사실이다. 작품의 연출제작 과정을 속속들이 이해하고 있는 국립극장 간부 직원은 얼마 되지 않는다. 무대 조건도 보다 세련된 예술성을 표방하기엔 미흡하다. 어떻게 창극의 무대와 교향악단의 연주 장소가 똑같은 무대일 수 있는가. 그만큼 국립극장은 무대 조건이나 객석 크기가 7개 전속단체 중 어떤 단체의 공연에도 적절치 않게 되어있다. 공연 횟수도 그렇다. 극단의 한 중년배우는 일 년 가야 대사 열 댓 마디하고 지나는 게 전부였다고 하소연한다. 어떤 재능이라도 이 정도로 긴장이 풀리면 기대도 적어진다. 홍보 활동은 순전히 공연담당자들의 개인적인 헌신으로 이뤄지고 있다."

국립극장이 발행하는 『극장예술』(1980.8)에 서연호도 국립극장 30년을 생각하면서 몇 가지 고언(苦言)을 남겼다.

"기획기능의 활성화와 기획능력의 집약이 보다 아쉽다. 30주년 기념 작품 〈북간도〉는 관객들의 다양한 취향을 고려한 기획이라 볼 수 없다. 어딘가 퇴색한 느낌을 주는 역사물이다. 필자의 소견으로는 〈북간도〉 대신에 우리의 삶을 오늘의 입장에서 정직

한국연극 전환시대의 질주

하게 다룬 현대물이 가능했더라면 하는 생각도 해 본다.

작가와 연출가들의 불성실한 작업 태도에 비판을 가하지 않을 수 없다. 국립극장 상반기 공연 성과에 대한 기본적인 책임은 이들이 져야 마땅하다는 것이 필자의 솔직한 심정이다. 〈북간도〉에 대한 일반의 반응을 보면 불만이 각색자에게 미치고 있다. 그러나 작품을 만든 연출가는 작가나 각색자와 충분히 토론을 하고 협조하면서 갔어야 옳았다.

국립극단이나 국립창극단 배우들에게 일언하고자 한다. 좀 더 적극적으로 창작 과정에 참여하라는 충고를 드리고 싶다. 주어진 기획, 주어진 작품, 주어진 연출자에게 그대로 이끌려가는 것이 배우들의 역할은 아니다. 기획 초창기부터 연기자들의 의견이 참작되었으면 한다. 주어진 배역을 무난히 치르기만 하면 되는 것이 아니라, 작품의 근본 성격, 언어적인 표현, 무대상의 구체화, 인물의 창조에 대한 전체적인 문제들을 사전에 충분히 검토해 보고, 공연의 의의를 높이는 방향으로 다각적인 대안과 대책, 방법 등을 강구해야 할 것이다.

국립극장 당국에 일언하고자 한다. 좀 더 개방적인 의견의 청취, 참작, 자유로운 토론 풍토의 조성, 양적인 공연보다 질적 위주의 정예화, 예술인들에 대한 보다 향상된 지원책의 강구 등에 전력을 기울여야 할 것이다."

서연호는 이 평문에서 작품 평가와 함께 국립극장 30년간의 연극사적 의의와 국립극장의 당면과제에 대해서 상술했다. 국가 공연예술 최고의 전당 국립극장이 가야할 길은 멀고도 멀었다. 관주도 문화의 어두운 터널 끝이 보이지 않았다.

1981년 3월 27일 《조선일보》는 미국 주간지 『타임』에 난 기사를 크게 보도하고 있었다. 기사 제목은 「리즈 테일러 연극무대에 서다」였다. 미국 극작가 릴리언 헬먼(Lillian Hellman)이 쓴 〈리틀 폭스(작은 여우들)〉(1939) 무대에 레지나 기든스 역으로 리즈 테일러가 39년간 영화 58편에 출연한 후 처음으로 무대에 출연해서 관객을 열광시키고, 일주일도 안 되어 입장권 1백만 불 팔리면서 레이건 대통령, 부통령 등 정부 고위직들이 국민들과 함께 극장 앞 장사진(長蛇陣)

을 이루고 있는 광경을 소개한 것이다. 극작가 헬먼의 다음 작품 〈라인강의 감시〉(1941)는 이해랑 연출로 극단 사조(思潮)가 공연해서 우리들에게 친숙하다.

1981년 4월 21일 '한국예술평론가협의회'가 발족되었다. 5개 분야(미술, 음악, 연극, 무용, 영화) 평론가 1백여 명이 참석해서 창립총회를 열었다. 협의회 주요 사업은 『예술비평』지 발간과 예술종합세미나 개최가 되며 초대 회장에 박용구 음악평론가가 선출되었다. 대의원은 다음과 같다.

> 문학 : 조연현, 신동욱, 김양수, 최일수, 이영일. 미술 : 이경성, 이구열, 유근준, 유준상, 오광수. 음악 : 이성삼, 박용구, 김원구, 이강숙, 한명희. 연극 : 여석기, 이상일, 이태주, 유민영, 한상철. 무용 : 조동화, 장의근, 정병호, 이순열, 채희완. 영화 : 정일몽, 여수중, 안병섭, 심종원, 최백산.

실무를 맡은 문학평론가 최일수는 "협의회 탄생을 계기로 비평 활동의 종합화를 통해 예술비평계에 새로운 전기(轉機)가 조성될 것으로 믿는다"고 말했다.

81년 4월 16일부터 극단 76이 〈기국서의 햄릿〉을 국립극장 소극장 무대에 올렸다. 79명의 연기자와 인형, 탈, 청바지, 총성(銃聲), 폭죽이 난장판을 이룬 이색적인 실험극으로 많은 논란을 제기했다. 작가가 쓴 소설을 원작자가 희곡으로 재구성해서 무대에 올리는 새로운 경향이 늘어나고 있다. 〈사람의 아들〉(이문열), 〈돼지꿈〉(황석영), 〈들소〉(이문열), 〈겨울강 하늬바람〉(박범신), 〈갈 수 없는 나라〉(조해일), 〈어둠의 자식들〉(황석영), 〈달아 달아 밝은 달아〉(최인훈), 〈달리는 바보들〉(최인호), 〈항파두리놀이〉(황석영) 등인데, 소설가 이문열은 "희곡은 소설에 비해 치열한 문학장르라는 것을 이번 〈들소〉를 각색하면서 다시 느끼게 된다. 희곡 〈들소〉는 완전한 새 구성, 새 창조 작품이라는 사제로 썼다"(《중앙일보》, 1981.4.21)고 말했다.

2. 희망과 좌절, 방황하는 연극

— '타오르는 불씨' 제3세계 연극제

1981년 연극계의 특징으로 '제3세계 연극제'를 통한 국제교류, 연극공간의 확대와 공연법 개정, 창작극의 양적 팽창 등을 지적할 수 있다. 그러나 문제점으로 지적된 것은 무사안일(無事安逸)로 답보(踏步) 상태에서 침체되고 있는 재공연의 범람이었다. 재공연이 새로운 예술적 해석에 의한 것이 아니라 흥행성을 감안한 타성적인 반복이었다는 것이 평론계를 자극했다. 이상일은 이런 현황에 대해서 날카롭게 비판했다.

"안일한 제작, 매너리즘의 연기술, 세속화된 연극정신으로 인해서 연극공연은 한낱 극단의 행사가 되어버린다. 극단의 명맥을 유지하는 연명의 행사가 되어버린 공연들은 저조해 보이고, 무기력할 수밖에 없는 것이다." (『문학사상』 107호)

유민영은 다음과 같이 말했다.

"오늘의 연극상황은 방황했던 70년대의 유산이라는 것만은 사실이다. 바꾸어 말하면 오늘의 연극 침체가 정치 · 경제사회의 격변에 의한 것 못지않게 연극인들 자신들에게도 있다는 이야기다. 그 하나의 예로서 오늘날 소극장 공연을 보면 짐작할 수 있다. 연극사라는 큰 줄기의 샘과 같은 소극장 기능이 오늘날 부재 상태인 것이다. 소극장의 고갈은 그대로 대극장의 생명을 빼앗고 마지막에는 연극계 전체를 침체시키거나 부패시키게 되는 것이다." (『주간조선』 658호)

81년의 번역극 공연 가운데서 예술적 성과를 올린 무대는 〈쥬노와 공작〉(산하), 〈뜻대로 하세요〉(가교), 〈기국서의 햄릿〉(극단 76), 〈라인강의 감시〉(사조), 〈춤〉(동랑), 〈엘리펀트 맨〉(자유), 〈인형의 집〉(광장), 〈관객모독〉(극단 76), 〈결혼중매〉(현대), 〈작은 여우들〉(가교), 〈겨울 사자들〉(창조), 〈크리스티나 여왕〉(산하), 〈가을 소나타〉(사조), 〈햄릿〉(현대) 등이 있고, 대한민국연극제에서 공연된 창작극은 〈들소〉(이문열), 〈미국에 산다〉(이재현), 〈족보〉(이강백), 〈밤의 묵시록〉(정복근), 〈길몽〉(최명희), 〈학이여, 사랑일레라〉(차범석), 〈농토〉(윤조병), 〈자 1122년〉(오태석) 등이었다. 여타 창작극 공연에서 주목을 끈 것은 〈북〉(노경식, 고향), 〈어둠의 자식들〉(황석영, 연우), 〈한만선〉(오태석, 국립극단) 등이었다.

한편 제5차 제3세계 연극제 및 회의가 81년 3월 15일 전야제로 시작되어 16일 장충동 국립극장에서 개최되어 22일까지 계속되었다. 이 행사는 문예진흥원과 국제문화협회가 공동으로 주최하고 국제극예술협회(ITI) 한국본부가 주관했다. 연극제 참가자를 환영하기 위한 공연과 리셉션으로 진행된 전야제는 국립극장과 국립국악원이 마련한 아악, 판소리, 가야금병창, 대금 독주 등 우리 고유 음악과 화관무, 강강술래, 승무, 북춤, 부채춤, 농악 등이 공연되었다.

제3세계가 주축이 된 10개 공연단체의 30회 공연, 5개 단체의 워크숍, 두 차례의 회의, 6명의 특별강연, 전시회, 국내 15개 공연단체의 150회 연극공연, 그리고 한국 전통연희공연 등의 다채로운 행사로 진행되었다. 연극공연과 국제

회의를 함께하는 제5차 제3세계 연극제에는 국외 2백여 명, 국내 5백여 명의 연극관계 인사들이 모여 '제3세계와 서구연극의 상호영향'이라는 주제로 심포지엄, 워크숍, 강연회, 토론회를 개최했다. 얀 코트, 제임스 브랜든, 에리크 벤트리, 오스카 브로켓 등 학자와 에리크 베나벤츄라(콜롬비아 위원장), 조엘 아데데치(나이지리아 위원장), 엘렌 스튜어트(제3세계 연극분과 자문위원, 미국 라마마극장 대표), 셰리프 카즈나다(프랑스 렌 문화원장, 연출가, 제3세계 연극분과 자문위원), 볼프랑 메링(서독 연출가), 마이클 커비(뉴욕대 교수, 『더 드라마 리뷰』 편집장) 등의 연극인들이 참석했다.

공연 못지않게 중요했던 것은 회의, 강연, 워크숍이었다.

회의 (I) 주제 '제3세계 연극과 서구의 상호영향'
'아시아지역 연극의 현황' ─구나와르다나(스리랑카), '라틴아메리카 지역의 연극 현황' ─브에노벤츄라(콜롬비아), '제3세계 연극의 진로와 그 방법론' ─조엘 아데데지(나이지리아), '이란의 제의적 연극과 전통적인 즉흥극이 서구의 전위연극에 끼친 영향' ─(피터 첼코우스키(미국), '상징적 기호와 시각적 기호의 탐색' ─얀 코트 (폴란드, 미국 교환 교수)

회의 (II) 주제 '동양연극과 서양연극의 상호영향'
'동서연극의 상호 영향' ─이근삼(한국), '연극의 전통과 혁신' ─조지 바누(프랑스), '동양연극과 유럽연극' ─피터 셀렘(유고슬라비아), '동양연극과 서양연극 상호 영향의 세 가지 흐름' ─가즈나다(프랑스)

워크숍 (A) 주제. '공연의 실제 문제' ─인도네시아 와양 쿨리트 극단, 도미니크 우다르극단, 볼프랑 메링.
워크숍 (B) 주제. '공연의 실제 문제' ─일본 〈노〉와 〈교겐(狂言)〉, 태국 〈마스크 플레이〉, 한국 〈가면극〉.

특별강연 (I) '불가능 연극의 종말, 그로토우스키 이후' ─양 코트 (폴란드, 미국)
'미국 연극에 미친 제3세계 연극의 영향' ─오스카 브로케트
특별강연 (II) '프랑스 무대미술의 현황' ─어브보나, '유랑극단 크리코트 2' ─안드
레스 네우만(이탈리아), '아시아 전통연극의 공연기록' ─제임스 브렌든(미국)

1979년 불가리아 소피아 제18차 총회에서 한국이 서울 개최를 제안해서 총
회의 동의를 얻고 집행위원회 승인을 얻었다. 이 연극제는 동서연극이 어떻게
만나야 하고, 아시아 연극과 제3세계 연극이 어떻게 만나야 하며, 만나서 무엇
을 발전시켜야 하는가 하는 점을 회의와 공연, 그리고 워크숍을 통해서 진지
하게 모색하는 성과를 올렸다. 특히 외국 연극인들이 〈무엇이 될고 하니〉(자
유), 〈봄이 오면 산에 들에〉(동랑), 〈물보라〉(국립극단), 〈서울 말뚝이〉(민예)
등 우리 연극을 관람하고 큰 감명을 받은 것은 수확이었다.

제3세계 연극제의 기념비적인 사건은 시라즈(Shiraz Persepolis, Iran) 제3세계 연
극제에서 "제3세계는 지리적이며 정치적인 개념을 초월한 문화권의 의미이
다"라는 요지의 선언문을 채택한 사실이다. 이 선언문에 의하면 자본주의 국
가들은 '제1세계'이며, 공산주의 국가들은 '제2세계'이고, '제3세계'는 아프
리카, 아시아, 남미 제국을 지칭한다는 것이었다. 30개 나라의 대표들과 옵저
버들이 참석한 시라즈 대회의 주제는 '교육과 사회 발전을 위한 창조력으로서
의 제3세계 연극'이었다. 프랑스의 극작가이며 연출가인 셰리프 카즈나다는
1979년 12월 서울총회 준비와 토의를 위해 내한한 적이 있고, 81년 서울총회에
도 참석했는데, 시리아에서 출생한 그는 레바논, 튀니지, 모로코에서 연출 활
동을 계속했으며 아랍권 연극의 권위자로서 ITI 제3세계 연극분과 고문이 되
었다. 그는 시라즈 대회에서 전 세계의 이목을 집중시킨 가운데 '제3세계 연
극 선언문'을 발표했다. 카즈나다의 '제3세계 연극선언문'은 제3세계 연극의
현주소가 어디에 있는지, 제3세계 연극은 어디로 가고 있는지, 제3세계 연극

이 세계 연극에 기여할 수 있는 일이 무엇인지에 관해서 의미심장한 메시지를 담고 있다. 이 선언문 18개 항목 중 특히 감동적인 2, 3, 4, 5, 6항(項)을 인용해 보기로 한다.

2) 연극은 국가의 표현일 수 있기 때문에 제3세계의 국가들은 그 나라 특유의 연극을 지니고 있다. 이들 국가들은 공동의 문제에 직면하고 있기 때문에 그들은 공동의 관심사를 나누고 있다. 그 공동의 문제들은 경제적이며, 정치적이며, 기술적이며, 언어적인 것들이다. 우리 모두의 관심사인 연극 분야에서는 국가의 주체적인 고유성을 확보하면서 동시에 20세기와 21세기에 속할 수 있는 연극적 표현을 탐색하는 문제이기도 하다.

3) 이들 제3세계에 속하는 나라들은 풍성하고 오래된 전통을 지니고 있다. 이들 나라들은 역사의 어느 지점에서 식민주의와 비인간화의 고통스런 체험을 겪으면서도 그들의 독립을 되찾고, 그들의 주체를 확립하였으며, 지난 수십 년 동안 그들 자신을 말하고 표현하는 권리를 유지할 수 있었다. 이들이 새로 발견한 연극적 표현은 무엇인가?

4) 오랫동안 지배적인 견해는 제3세계에 연극은 존재하지 않는다는 것이었으며, 연극은 셰익스피어, 몰리에르, 칼테론 등의 문학적인 유산에 힘입고 있다는 것이었다. 20세게 초에 브레히트와 아르토는 서방 세계에 새로운 연극적 가치를 동방세계에서 찾을 수 있다는 것을 입증했다. 그래서 우리는 아시아와 아프리카, 그리고 라틴아메리카의 연극을 발견했고, 또한 발견하고 있다. 이들의 연극은 뒤늦게 단순히 서방 세계의 연극을 모방한 것이 아니었다. 그것은 그들 자신의 고유한 규칙과 형태와 독자성을 지닌 연극이었다.

5) 아프리카, 아시아, 라틴아메리카는 지난 세기에 탄생한 것이 아니다. 그들은 아득한 옛날에 이미 그들의 문명과 문화를 확립했으며 이들의 문명이 오늘날 서구문명과 다르다고 해서 그것이 서구문명보다 열등하다고는 말할 수 없을 것이다.

6) 연극 분야에서는 모든 것이 같다. 오늘날 우리들은 연극이 오로지 서구적 표현 속에만 있다고 생각해서는 안 된다. 연극은 나라마다 서로 다른 형태를 갖고 있을 뿐이다. 제3세계 연극의 공통적인 성격의 하나로 확실히 규정지을 수 있는 것은 이들 나라들은 서구의 것이 아닌 연극 형태를 갖고 있다는 것이다. (이태주, 「제3세계 연극제

와 노(能)」, 1981. 『세계 연극의 미학』, 단국대 출판부, 1983 재수록)

전통적인 문화유산을 수용해서 재창조한 각 나라 특유(特有)의 연극을 보면서 토론도 하고 의견을 나눌 수 있었던 공식 회의와 비공식 모임은 이번 연극제의 큰 수확으로 꼽을 수 있다. 서울에서 개최된 제5차 연극제에 일본의 전통 예능 "노"가 6백년 만에 처음으로 우리나라에 초청된 일이라든가, 인도와 태국의 고전극과 인도네시아의 그림자극이 공연되고, 세계적인 석학과 연극관련 전문 인사들이 모여 동서연극의 상호영향과 현대연극의 미래를 모색하는 심포지엄을 개최한 것은 우리 연극의 비약적 발전을 위해 큰 도움이 되었다.

81년에 주로 활동한 평론가들과 리뷰어들, 그리고 지면은 다음과 같다.

> 이상일(『주간조선』, 『문학사상』, 『극장예술』), 한상철(『문예진흥』, 『주간조선』, 『공간』, 『문예중앙』), 유민영(『주간조선』, 『신동아』, 『극장예술』), 양혜숙(『주간조선』, 『한국연극』, 『공윤월보』), 김상태(『주간조선』), 이태주(『주간조선』, 『문예진흥』, 『문학사상』), 구희서(『공간』, 《일간스포츠》), 송동준(『주간조선』), 서연호(『극장예술』), 김영태(『문학사상』, 『한국문학』), 윤혜원(『한국문학』), 임영숙(『문예중앙』, 『한국문학』), 김승옥(『문학사상』), 정진수(『춤』, 『극장예술』), 정중헌(《조선일보》), 이반(『공윤월보』).

이들이 다룬 문제들 가운데 두드러진 것은 한국연극과 세계 연극, 전통수용의 문제, 리얼리즘 연극과 극장주의 신체연극, 희곡론, 연출론, 연기론, 무대기술론, 연극환경론, 연극지원정책, 극장공간론, 소극장연극론 등이 된다. 81년 동독 라이프치히에서 개최된 세계 연극학회 제9차 총회에 한국 대표로 이상일, 양혜숙, 필자 등 평론가들이 참석해서 한국연극을 소개하고, 세계연극평론가협회(IATC)에 회원국으로 정식 가입된 것은 특기할만한 일이다.

1981년의 연극을 전망하면서 평론가들은 마당극의 양식화, 새로운 양식의 창극, 서구연극의 신중한 수용, 연극과 사회의 활기찬 소통, 소극장 공연 활성화, 새로운 공연체제의 확립 등 한국연극의 현안 문제들이 타개(打開)되어 해결되는 진척을 보일 것이라고 예상했다. 그런 측면에서 볼 때 제3세계 연극제를 통한 국제교류, 연극 공간의 확대, 공연법 개정, 창작극 공연, 마당극 관심의 증대 등은 진일보(進一步)의 발전이었다고 말할 수 있다. 그러나 81년 연극의 전반적 상황은 여전히 희망과 좌절의 연속이었고, 연극은 방향을 잃고 표류하는 '배(船)'였다는 느낌을 버릴 수 없다.

통계적 수치로 볼 때, 공연은 활발하게 진행되었다. 창작극 공연 편 수도 번역극에 맞먹을 정도로 양적으로 증가되었다. 그러나 문제는 대부분 공연물들이 재공연 작품이었다는 사실이다. 과거에 흥행적으로 성공한 작품을 안전타로 내보내는 전략적 기획이 지나치게 노정(露呈)되었다. 이들 재공연 작품 가운데 상당 부분은 예술적 재해석이 보증되지 않았던 안일하고 무성의한 공연이었기 때문에 관객의 공감과 찬사를 받지 못했다. 양혜숙은 재공연 남발로 잃어버린 관객을 다시 찾아와야 한다고 역설하면서 한 가지 방안을 『주간조선』에서 제시했다.

> "그동안까지는 관객의 대다수를 대학생, 특히 여대생으로 삼고 연극공연을 염두에 두었으나 이제는 그 범위를 다양화하여 다양한 레퍼토리를 마련하는 것도 연극인의 급선무라 생각한다. 극단의 작품 선정이 흥행 위주 상업성에 치우쳐 해외의 고전 명작과 대표적인 신작들이 소개되고 있지 않는 것이 큰 문제점이다."

1981년 대한민국연극제에서 〈들소〉(이문열, 실험), 〈미국에 산다〉(이재현, 광장), 〈족보〉(이강백, 자유), 〈밤의 묵시록〉(정복근, 뿌리), 〈길몽〉(최명희, 사

계), 〈농토〉(윤조병, 에저또), 〈학이여, 사랑일레라〉(차범석, 여인), 〈자 1122년〉
(오태석, 동랑) 등의 작품을 얻은 것은 수확이었다. 대한민국연극제에 28편의 장
막 희곡이 출품되고, 김용락이 네 권의 희곡집을 출간했으며, 〈북〉(노경식, 고
향), 〈어둠의 자식들〉(황석영, 연우), 〈세종대왕〉(이재현, 국립극단), 〈한만선〉
(오태석, 국립극단) 등 창작극 공연이 극계와 관객의 관심을 끌었다는 사실은
1981년 연극의 밝은 면이라 할 수 있다.

한국연극 전환시대의 질주

3. 마당극과 민중연극론

1981년 10월 『마당』지에 김방옥은 「속죄 행위로서의 연극」이라는 제목으로 민중연극론을 발표하고 있다. 이 평론은 대학극 출신 젊은 연극인들로 구성된 극단 '연우무대', '프라이뷔네', '우리극단', '마당' 등 집단의 향후 활동을 표적으로 삼은 격론이었다. 내용이 복잡하고 논의가 길지만 요약하고 압축해서 인용해 본다.

"연극을 현재의 제한된 관객층으로부터, 그리고 적은 수의 사람들 사이의 문화적 행사로부터 해방시켜서 이 사회의 저변을 이루는 수많은 사람들에게로 개방시키자는 이들의 근본 뜻에 기어이 반대할 사람은 없을 것이다. 지금까지 연극을 대하지 못해 왔던 사람들에게 우리의 보편적 정서에 바탕하고, 보아서 어렵지 않은 연극을 보여 주겠다는 극단 '마당', 억압받은 층의 현실적 삶을 연극을 통해 보여줌으로써 그들과의 유대를 긴밀히 하겠다는 '연우무대', '민중'이라는 개념에 초점을 맞추면서 우리 고유의 연극미학, 특히 전통극에 입각한 연극 양식의 과감한 탐구를 통해 연젠가는 그들의 삶에 파고들겠다는 '우리극단'은 모두 근본적으로 옳은 뜻을 가진 소중한 모임들이기 때문이다. 그렇다면 그들의 애초의 구호는 어떤 식으로 실행에 옮겨졌을까.

뭉뚱그려 말해 이들이 뜻하는 것은 '민중'이 원하는 연극을 '민중'에게 보이자는 의도라고 할 수 있다.

정말 민중이 원하는 바의 '민중연극'을 찾아내고 그것을 연극으로서의 전문적인 수준에까지 올려 민중이 적은 돈이라도 내고 찾아와 보고 즐거워하게 할 자신이 있으면 전문 이동 극단을 만들어 그들이 살고 있는 삶의 현장에 파고들라. '민중연극'의 필요성을 절감하면서 전문극단으로서의 채비를 갖출 자신이 없으면 남의 눈에 띄고 귀에 들리지 않더라도 '민중'이 있는 곳에 찾아가서 연극을 하는 기분, 연극을 통해 그리는 삶의 문제를 되새겨 볼 수 있는 힘을 찾고 기르는 데 도움을 주라. 우선 연극으로서의 연극을 만드는 데 보다 연극을 보지 않고 있는 혹은 보지 못하고 있는 사람들의 숫자에 더 마음이 쓰이거든 터놓고 문화사업으로서의 연극을 하라. 이도 저도 아닌 상태에서 '민중을 위한 연극을 하겠다'는 구호만이 앞설 때, 우리는 그 구호의 소중함에도 불구하고 그런 연극 행위들을 단지 속죄를 위한 의식, 연극에서 소외된 사람들에게 느끼는 죄의식을 면하기 위해 끼리끼리 모여 면죄부를 팔고 사는 행위들로 간주할 수밖에 없는 것이다.

김방옥은 「우리 마당극의 현주소」 제하(題下)의 글에서 '제1회 민족극 한마당' 잔치를 평하고 있다. 부분적으로 인용해 본다.

"18개 극단이 참가했던 '제1회 민족극 한마당'이 막을 내렸다. 이번 기획의 의미는 무엇보다 각 지방에서 활동하고 있는 마당극 단체들이 한자리에 모아 공연하게 함으로써 현재 우리 마당극의 실상을 파악하고 문제점을 찾아볼 수 있었다는 데 있다. 페스티발에 참가한 대부분의 공연들은 구태의연한 감이 있었다. 즉 다루는 소재가 조금씩 다를 뿐 기본적으로 춤—촌극식 에피소드 나열—춤이라는 도식적인 패턴으로 진행되었다. 극 자체의 현실적 필요성이나 아마추어리즘을 감안하더라도 내용의 심도(深度)나 극적 표현 역시 10년 전의 수준에 머물러 있었다. 결론적으로 우리 민족극의 갈 길은 아직도 멀다고 하겠다. 진지함과 열기, 열성적인 관객, 관념적인 정치의식만이 앞서 있을 뿐, 연극과 인간에 대한 충분한 이해에 뒷받침 되어있지 못하기 때문이다. 관점적인 정치적 입장은 좀 더 구체적이고 심도 있는 문제의식으로, 구체적 문제의식은 독창적이며 필연적인 연극적 표현으로 형상화되어야 할 것이다."(김방옥, 「우

리 마당극의 현주소」(『월간조선』, 1988.6. 『80년대 연극평론자료집』(III), 한국연극평
론가협회, 1993 재수록)

이상일이 다룬 전통연희와 민중극 평론은 다음과 같다.

「굿의 연극학」(『공간』, 1974.11), 「전통연희 양식의 현재적 도입」(1980), 「마당극을
중심으로 한 현실수용의 한계」(『객석』, 1984.10), 「80년대의 전망－마당극의 정립」
(1981.1), 「대중의 시대와 민중의식－80년대에 풀 매듭」(『주간조선』, 1980), 「제의인 굿
거리는 연극이 아니다」(세계 연극의 날 강연, 1980.3), 「마당극에서 총체극으로－1985
년의 공연계」(『삶과 꿈』, 1985.2), 「굿 놀이의 마당극적 복권과 신전통주의」(『서울평
론』 가을호, 1985), 「굿의 양면성－제의와 축제」(『연극평론』, 1977), 「〈민족극 한마당〉
대동놀이 예술화」(『주간조선』, 1988.2), 「아태지역 연극의 유산과 새로운 창조」(국제
연극포럼 발제, 1991.10.10), 「마당극－근원회귀와 사회의식의 드라마」(『한국연극』,
1996.12). 이상 평론은 이상일, 『전통과 실험의 연극문화』, 눈빛, 2000 재수록.

민중연극으로서의 마당극의 문제점과 발전 방향을 명확하게 제시한 평론은
한상철이 쓴 「탈(脫)미학적 마당극」(『주간조선』 590호, 1980.5.25. 『한국연극의
쟁점과 반성』, 현대미학사, 1992 재수록)이다. 중요 부분만 발췌해본다.

"최근 연극계는 바야흐로 마당극의 붐이다. 2월달 민예의 〈춤추는 말뚝이〉를 시작
으로 3월말 연우무대의 〈장산곶 매〉가 잇달아 공연되고 이달 하순에 또 하나의 마당
극이 공연될 예정이라고 한다. 애초에 마당극은 서민들이 그들의 억압된 감정과 축적
된 울분을 토하고 하루저녁 흥겨운 놀이로써 감정의 정화를 꾀하기 위해 시작된 것이
었는데 그동안 강력한 정치·사회적 제약 밑에서 마음대로 생각과 감정을 토로하지
못하고 억눌려 지내오다가 최근의 자유화, 민주와의 물결이 넘실대기 시작하면서 마
치 막혔던 둑이 터지듯 대학가에서부터 몸과 마음을 춤과 소리의 물결로 실어보내기
시작했고, 그 여파는 급기야 일반 전문극단에까지 파급되어 이같은 형태의 극이 공연
되는 극장 주변에는 많은 인파가 모여들어 뜨거운 열기를 내뿜고 있는 것이다.

마당극은 극적 환상보다 체험이 주가 되며, 그 자체가 하나의 이벤트가 된다. 그래서 구경꾼은 극의 동참자로서의 역할을 띠게 되어, 76소극장에서의 〈순장〉이나 캠퍼스 마당극에서 많은 관객이 연희자와 어울려 춤을 추며 노래하고 같이 구호를 외친다. 배우와 작가의 관계 역시 종래와는 달라져 배우가 정해진 대본을 그대로 연기하는 것이 아니라 완결되지 않은 대본을 놓고 집단적인 즉흥극의 형식을 취하는 것이 보다 창조적이라고 여겨진다.

연극이 사회의 변화를 반영하고 사회로부터의 압력을 받는 대표적인 형식으로서의 마당극에서는 작가가 원인과 결과의 논리가 정연하고 시작과 중간과 끝이 분명한 3막극을 쓰는 대신 몽타주(montage)수법을 이용하여 여러 가지 단편적인 장면들을 묶어 하나의 이미지나 사상의 흐름을 전달한다. 〈무엇이 될고 하니〉가 그 하나의 예이다. 작가가 합리적이고 심리적인 성격 분석을 꾀하던 종래의 리얼리즘 연극 양식을 버리고 인물을 설명하는 것이 아니라 인물의 체험을 표현하는 것 역시 중요한 변화로서 현대 사회의 정신적 풍토와 삶의 형식적 패턴을 반영하고 있는 것이다.

그러나 마당극이 아무리 민주주의적이라 하더라도, 이 시대가 아무리 그러한 형식의 극을 요구한다 하더라도 그것이 대학의 캠퍼스에서 데모의 한 형식으로서, 정치적인 힘을 연극적인 힘으로 효과 있게 변형시킨 형태로서의 마당극의 존재는 논의에서 제외할 때, 극장에서 베풀어지는 요즘의 마당극은, 마당극도 엄연히 하나의 연극이요 예술인 이상 몇 가지 심각한 문제를 제기하고 있다 하지 않을 수 없다.

나는 요즘의 직업극단의 마당극 공연을 보면서 하나의 아이러니를 발견치 않을 수 없다. 그것은 한국이 어엿하고 훌륭한 하나의 예술로서 그토록 인정받으려는 노력이 위에서 말한 마당극이라는 특성과 요소 때문에 스스로 부정당하고 있다는 사실이다. 왜냐하면 현재의 마당극은 미학을 생체험(生體驗)의 한 범주요 양식으로서 보며, 예술가란 완결된 자율적인 작품을 제작하는 사람이라고 보는 관념의 포기를 의미하기 때문이다. 이같은 탈(脫)미학은 생과 예술의 경계선을 지워버리며 연극을 단지 정치 · 사회적 수단이나 감정의 배설 내지 치료수단, 혹은 단지 오락적 기능이나 장난으로 전락시킬 위험을 안고 있다. 이는 생 자체가 곧 예술이 될 수 없음에도 불구하고 개인의 사사로운 감정과 생각과 체험을 토대로 공연의 바탕으로 삼고 있기 때문인데 적어도 감정과 이성, 사실과 가치, 객체와 주관, 생각과 언어의 이원성을 인식했더라면 그렇지는 않았을 것이다.

마당극이 극장 안에서 보다 예술적 성과를 거둔다는 것은 그 자체가 모순이며 중요한 것은 그러한 형식의 연극을 어떻게 극장에서 공연될 수 있고 예술로서 탈바꿈시키느냐가 급선무이다. 그러기 위해서는 형식성의 창의적 개발과 테크닉의 연마가 필요하다. 이데올로기와 열정은 테크닉의 대용물일 수 없고 정신은 과정이 없이는 존재할 수 없음이 명백할진대 우리가 해야 될 일은 명백하다. 우리는 그것을 그로토브스키(Jerzy Grotowski)에게서 시사받을 수 있다. 즉 진성과 정확성, 감정의 정직성과 그것을 구현하는 수단, 격정과 그것의 명료한 형식성의 추구야말로 가장 절실하고도 시급한 일이 아닐 수 없다." (한상철, 『주간조선』, 1980)

서연호는 「민속극의 회고와 전망」(『주간조선』 571호, 1980.1.13)과 「마당극과 민중극의 박진감-연우무대의 〈장산곶 매〉를 보고」(『주간조선』 584호, 1980.4.13)에서 마당극과 민속극을 연극예술로 규정하면서 민속극은 80년대 연극의 중요 쟁점이요 과제가 된다고 말하고 있다. 그의 견해는 한상철이나 이상일의 입장과는 좀 다르게 느껴진다는 것이 특이한 점이라 생각된다. 부분적으로 인용해 본다.

"(전략) 놀이로서의 민속연극의 형성은 충분한 당대적 의미를 지니고 있는 것으로 보인다. 일반적으로 놀이가 지니고 있는 사회성, 심리성, 창조성을 고르게 갖추고 있기 때문이다. 그것은 지배계층에 대립하는 민중집단의 대동놀이이며 그들 자신의 심리적 쾌감과 즐거움을 누리기 위한 표현방법인 동시에 새로운 삶을 지향하는 저항과 비판을 날카롭게, 때로는 해학스럽게 표출시키고 있다. 종교적인 허위의식이 비판되는가 하면 지배층의 문의에 대한 야유와 규탄이 있으며 서민적 삶에 대한 애환, 소망 등이 솔직하게 그려져 있다.

1960년대에 들어서면서 민속극에 대한 관심과 조사연구가 다시 활기를 띠기 시작하였다. 특히 1970년대에 이루어진 민속극의 확대는 괄목할 만하다. 그동안 양주별산대놀이, 송파산대놀이, 봉산탈춤, 강령탈춤, 은율탈춤, 고성오광대, 통영오광대, 동래야유, 수영야유, 꼭두각시놀이 등이 문화재로 지정을 받았다. 일단 문화재로 지정된 단체에는 인간문화재라는 기능보유자가 있고, 그들에게는 매월 적지 않은 생계보조비가 지급된다. 아울러 단체에서 필요로 하는 장학생에게도 전수교육비와 학비보조가 지급된다. 매년 전수 장학생 발표공연, 인간문화재발표 공연, 지방문화재 등이 개최되어 그들에 대한 발표기회가 제공된다. 이러한 외형적 확대는 거개가 70년대에 이루어진 것들이다. 민속극의 역사에 비추어 그 어느 때 보다 우대받는 시점에 이르렀다.

그러나 70년대의 민속극은 이상과 같은 행복한 측면에서만 볼 수 없는, 다른 일면이 있다. 70년대의 민속극이 진실로 민중문화였던 것은 바로 대학생과 젊은 층 때문이었는데, 그것을 민중문화로 이끌기 위한 일련의 노력과 헌신과 싸움은 실로 70년대 문화의 중심역할이라 이를 만하다. 노리꾼들이 일약 스타로 전락하고 있을 무렵, 젊은이들은 정작 민속극의 놀이적 전통을 계승받고 확산시키기에 열중하였던 것이다.

70년대가 다 가버린 이 순간에도 민속극의 예술성, 가치 여부에 대한 논의는 심심치 않게 계속되고 있다. 다시 분명히 하고 넘어가야 할 문제는 민속극은 어디까지나 민속적인 연극이라는 자각이다. 그것은 실제로 놀이와 구별되며 굿과도 구별되는 연극예술이다. 우리가 민속극을 소중히 여기는 것은 그것이 우리만의 것이라거나, 체제에 저항하는 민중적인 것이라는 단순한 이유 때문이 아니다. 보편적인 의미에서 삶의 독창적인 연극화를 이룩하였을 뿐 아니라 오늘의 우리에게 훌륭한 문화적 유산을 제공해 주고 있기 때문이다. 따라서 80년대의 문제는 잔존하고 있는 원형을 잘 보전 계승하는 일뿐만 아니라 그것을 기반으로 하는 새로운 연극적 창조의 과제이다." (서연호, 「민속극의 회고와 전망」, 『주간조선』 571호, 1980.1.13)

서연호는 〈장산곶 매〉를 격찬하고 있다. 부분적으로 인용해 본다.

"그것은 커다란 파도의 박진감이었다. 그것은 작은 민중의 힘이 뭉친 커다란 물결이었다. 그 물결은 연극의 울타리를 벗어나 역사와 현실에 직접 참여하도록 우리를 끌어내는 인력이었다. 연우무대의 〈장산곶 매〉의 종장은 그렇게 우리를 고무하였다. 그것은 억눌렸던 탈춤의 가락이나 춤사위가 폭발하는 바로 민주의 흐름 그것이었다. 〈장산곶 매〉는 그러니까 극문학의 연극이라기보다 민중연극의 한 모델로 '만들어진 것'이다.

이상우 연출은 현장성과 즉흥성을 살리는 마당극 형식을 따른다. 이 '마당극'이라는 것은 탈춤형식을 도입하여 관객과 어울리는 일종의 판놀이를 벌이는 것인데, 관객과 어울리는 곳에 연극의 현장성이 살게 되며, 현장을 살리다보니까 즉흥적인 놀이를 벌이지 않을 수가 없다. 원천적으로 '마당극' 하면 그 전형은 판소리 열두 마당처럼 서사적 양식의 단락을 가리키지만 실제로는 시장바닥이나 사람들의 이목이 번다한 네거리나 광장 등이 '마당' 으로서 제격이다. 그런 자리가 마련되지 않으면 최소한도의 자유를 갖기 위해 실제 마당으로 후퇴할 수가 있다. 그러니까 적어도 마당극은 무속의 제의절차에 따르는 '거리굿' 형식과 맥락을 같이하며, 그 굿판에서 어울러지는 무당과 신도들의 관계처럼 연희자와 관람자가 넓은 하늘을 머리에 이고 마음과 마음을 열어 공간과 공명을 함께 한다." (서연호, 「마당극과 민중극의 박진감」, 『주간조선』 584호, 1980.4.13)

필자의 「민중연극론」(『자유공론』, 1986)은 한상철과 일맥상통하고 있다.

"해방 후 40년 우리 연극을 반성해 볼 때 우리는 현실을 올바르게 인식하고 그 인식에 토대를 두어 연극을 구성해 가는 연극적 상상력이 부족했음을 통감하지 않을 수 없다. 말하자면 현실적 혼란을 문화적으로 극복하는 힘이 허약했던 것이다. 연극의 본질인 대화의 세계를 구축하지 못했던 것이다. 그래서 예술적으로 성취되는 질서가 생의 암흑을 야기하는 혼란과 대결할 수 없었다. 현실을 보는 획일화된 눈은 언제나 허망한 환상만을 뒤쫓는 결과를 초래했다.

현실은 우리들이 생각했던 것보다 훨씬 더 복잡한 것이었다. 사회는 우리들이 인정한 것보다 훨씬 더 모순으로 가득 찬 것이었다. 인생은 우리들이 믿었던 것처럼 도식적인 것은 아니었다. 사회적인 현상을 두 개의 계층이 갈등하는 힘의 작용으로만 해석하는 상투적인 견해에 대해서 우리 연극은 뚜렷한 반발을 시도하고 있지 않았다. 사회적 현실 속에는 사실상 숱하게 많은 계층들이 존재해 있고, 그들이 펼쳐 보이는 존재 방식은 다양하기만한데, 우리 연극은 그토록 많은 체험세계의 분열과 단편의 진실을 외면한 채 민중집합체의 이념적 단면에만 연극의 거울을 비추어 보고 있었다.

40년이 지난 어느 날 우리들이 눈을 뜨고 우리 연극을 보았을 때 그 속에는 '우리 자신들' 이 없었다. 그것은 우리 연극이 현실을 관찰하고 이해하는 능력이 부족했기 때문에 생긴 결과였다. 그래서 우리 연극은 현실을 발견하고, 그 현실이 제기하는 문제에 대해 해답을 주는 일에 크게 기여하는 문화형성력이 되지 못했다. 숨김없는 현실과 접촉이 불가능해지고, 현실과의 확고한 관계가 유지될 수 없는 상황에서는 무대와 관객의 상호관계는 성립될 수 없다. 현실을 비판하는 연극이 없기 때문에 현실을 비판하는 관객도 없는 것이다. 현실을 토의하는 연극이 없기 때문에 현실을 토의하는 관객도 없는 것이다. 그렇게 때문에 무대와 관객은 서로 겉돌고 있다.

대중이란 무엇인가. 그것은 마음의 상태일 수도 있다. 현실적인 문제에 대한 특수한 하나의 입장일 수도 있다. 살아나가는 한 가지 방법의 의미일 수도 있다. 연극이 생을 비추는 거울이라 할 때, 그 거울은 대중의 마음의 상태와 입장과 그리고 생의 방법을 어김없이 반영할 수 있어야 한다. 그러나 마음의 상태, 입장, 그리고 방법은 현실의 변화와 더불어 끊임없이 변하는 속성을 지니고 있다. 그것은 하나로 규격화되거나 고정된 기성적 이념의 슬로건이 아니다. 끊임없는 갈등과 변용을 통해 생성되어가는 생명의 실체인 것이다.

(중략)

민중연극이라고 해서 민중적 삶의 현실이 한 토막 살점처럼 생경하게 연극 속에 투입된다면 그것은 예술 이전의 상태요, 연극의 본질과도 어긋나는 일이 될 것이다. 연극은 현실 속의 액션의 재현이 아니라 무대 속에서 재구성된 액션의 재현이기 때문이다. 연극은 현실 속의 이야기의 사실적 나열이 아니고 그 이야기를 소재로 한 계획된 플롯의 극적 전개가 되기 때문이다. 고대 그리스 연극의 위대성은 그 시대의 토픽을 다룬 연극내용의 개별성이 시대와 나라를 초월하는 보편성을 지니고 있다는 사실 속에 입증된다. 고대 그리스 연극은 그 시대의 다급한 현실 문제를 올바른 예술적 형식 속에 담아서 표현하는 예술적 창조력이 탁월했다. 오늘의 민중연극의 문제점은 바로 이 문제와 관련되고 있다. 오늘의 현실적 체험, 오늘의 현실적 효과를 내세우는 일에 너무나 조급한 나머지 그것을 전달하는 기술과 방법이 지나치게 비(非)예술적이요, 조잡하다는 점이다."(이태주, 『충격과 방황의 한국연극』, 현대미학사, 1999 재수록)

유민영은 「극단 민예와 민족극」(『80년대 연극평론자료집 (I)』, 한국연극평론가협회, 1991 재수록)에서 마당극, 민중연극의 기치를 내건 민족극 집단의 존립 근거를 해명하면서 다음과 같이 말했다. 그 중 일부만을 인용한다.

"1973년 5월 연출가 허규를 중심으로 소위 민족극을 정립해 보겠다는 기치를 내걸고 등장한 극단 민예가 10주년을 맞아 국립극장 대무대에서 〈한네의 승천〉(오영진 작, 손진책 연출)과 인형극 〈병가옹가〉(김한영 극본, 공호석 연출)로 화려한 잔치를 벌였다. 이들은 전통예능의 전수자들인가? 그렇지 않다. 이들은 철저하게 현대극을 추구하는 모더니스트들이다. 다만 민족극을 창조하려니까 자연 전통극과 민속을 체득하기에 이른 것이다. 가령 이들이 10년 동안에 대소공연 68회를 가지면서 비교적 주목을 끌었던 〈서울 말뚝이〉(장소연 작)이라든가 〈놀부뎐〉(최인훈 작), 〈한네의 승천〉 등을 그들은 결코 전통극이라 부르려 하지 않는다. 그들은 심지어 진도의 장례습속을 재현한 〈다시라기〉(허규 극본)까지 민속극으로 부르는 것을 거부한다. 그러나 분명히 〈서울 말뚝이〉는 현대판 가면극이고, 〈놀부뎐〉은 창극이며, 〈다시라기〉는 민속놀이였다. 다만 〈한네의 승천〉만은 전통을 소재로 한 뮤지컬 형태의 현대극으로 볼 수 있다.

바로 이 지점에서 민예의 민족극 창조 작업은 찬반의 논란을 불러일으키게 되는 것이다. 즉 반대쪽에서는 민예의 작업이 고루하고 진부한 전총극의 재현 내지 답습이라 도외시하고, 찬성 쪽에서는 전통극의 현대적 수용이라 보았던 것이다. 사실 민예의 작업은 대학가를 중심으로 한 젊은층에 적지 않은 공감과 함께 영향을 주어왔다. 70년대 이후 연극의 한 장르로까지 발돋움하려는 마당극이란 것도 민예와 무관하지 않다. 특히 주체성이 강한 일부 대학생층에 인기가 있었던 것은 민예가 30년대 초의 극연(劇研) 이후 서양근대극 모방 일변도로 신극운동이 흐르는 것에 반기를 들었기 때문이다. 민예가 전통극을 되살리고 창작극에 중점을 두어온 것이 그 단적인 예이다.

그러나 민예도 어떤 한계에 봉착할 수밖에 없었다. 그 한계란 두말할 것도 없이 전통의 재창조 문제였다. 국제적으로 문화교류가 활발해짐에 따라 첨단적 감각을 지니게 된 관중들에게 민예의 작품들이 된장 맛 같은 토속미(土俗美)는 주었으나 참신한 현대성은 없었던 것이다. 민예의 단원들은 민족극이라는 개념을 너무 좁게 생각한 듯싶다. 민족극이 반드시 전통극의 재현이나 그것을 바탕으로 한 작품에만 국한되는 것은 아니다. 한 민족이 한 시대를 탁월하게 무대 위에 형상화한 작품이면 모두 민족극이 되는 것이다. 탁월한 작품을 창조하다 보면 전통과의 맥락을 갖게 마련이고 또 세계와 호흡을 같이 하지 않을 수 없는 것이다."

유민영은 「한국연극에 나타난 민중정신 – 저항과 그 초월의지」(『문예진흥』

91호, 1984.2)에서 '민중정신'을 투쟁과 대결의 정신이 아닌 초월과 관용의 선
(禪) 사상으로 보고 있는데, 그것은 다분히 시대적 배경을 감안한 민중론의 해
석인 듯하다.

"한국연극 속의 민중은 어떠한 속박도 거부하는 철저한 자유정신을 지닌 것이 특
징이다. 이와 같은 민중의 자유정신은 놀이정신과 풍자정신으로 연결된다. 이는 곧
상화에 대처하는 두 가지 방식으로서 한 가지는 놀이로서 극복하는 것이고 다른 하나
는 공격으로서 퇴치하는 방식이라 볼 수 있다. (중략) 전통극의 주인공들이 어떤 세력
과 치열한 대결 끝에 타협점을 찾는다든가 무슨 뒷거래를 하는 것은 없다. 다만 마지
막에 가서 양반이고 중놈이고 간에 어떤 계층을 넘어서서 한데 어울려 뒤풀이 군무하
는 것으로도 미루어 알 수 있는 것처럼 화해로서 해결형식을 취한다. 화해정신은 공
동체의식이고 평화정신이기도 하다. 이러한 화해정신과 평화정신은 순전히 민중의
관용사상에서 비롯되는 것이다. 관용정신은 그대로 초월사상으로 승화된다. 그러니
까 민중은 권세라든가 명예라든가 부귀 등에 집착하지 않는다. 민중은 현세를 뛰어넘
는다. 이러한 민중의 초월정신은 세상을 덧없는 것으로 본다. 그러나 근대극에 나타
난 민중의 허무주의는 좀 다르다. 유치진의 〈토막〉이라든가 〈버드나무 선 동리의 풍
경〉 같은 작품에서 등장하는 농민들은 오로지 절망에서 오는 탄식과 눈물의 전부인
것이다. 이는 신파극에서 더 하다. 또한 한국연극에 나타나는 두드러진 민중정신의
하나는 자연예찬사상이다. 민중은 자연을 무척이나 사랑했다. 그것은 민중의 마음이
그만큼 순백하고 평화를 사랑했다는 이야기다. 한국연극에서 나타난 민중정신은 다
양성을 띠고 있는데 그 핵심은 아무래도 저항과 그 초월이고 해학과 회한이며 관용과
화해정신일 것 같다. 특히 인생을 한바탕 우스개로 보는 초월정신은 대륙적이고 낙천
적인 남성기질에서 온 것이 아닌가 싶다. 이는 하나의 선(禪)의 정신이며 또한 현실초
극 사상이기도 한 것이다."

서연호는 「마당극잔치의 성과와 반성 – 민족극 한마당」을 통해 논평했다.

"88년 3월 4일부터 오는 4월 30일까지 미리내 예술극장에서는 제1회 마당극잔치가
열렸다. 주최 측에서는 잔치의 공식명칭을 〈민족극 한마당〉으로 지칭했다. 이번 잔치

에는 부산 〈자갈치〉, 청주 〈우리 춤 연구회〉, 서울 〈미얄〉, 〈소리사위〉, 〈현장〉, 〈노래를 찾는 사람들〉, 〈하두레〉, 〈한강〉, 〈아리랑〉, 대구 〈탈〉, 〈처용〉, 마산 〈베꾸마당〉, 광주 〈토박이〉, 진주 〈큰들〉, 제주 〈한라산〉, 대전 〈얼카뎅이〉, 광주 〈신명〉 등 단체들이 참가했다.

마당극은 지금까지 마당놀이, 마당굿, 민중극, 마당춤 등으로 불리어왔는데 이번 집단적인 행사에서 민족극이라는 명칭이 채택된 것은 주목되고 음미되어야 할 문제로 생각한다. 필자는 일찍이 민족극의 개념을 논의하는 자리에서, 그것은 민족의 생존과 대다수 구성원의 복지가 위기에 처하여 있는 상황 속에서 그러한 현실을 슬기롭게 극복하기 위한 창조적 싸움과 진보적 예술로서의 연극을 지칭한다고 밝힌 바 있다. 민족극은 특정한 양식개념이 아니라 가치지향적인 이념적 개념이다. 물론 구체적인 실천과정에서 운동단체별로, 공연별로, 시기별로 일정한 양식을 선호하거나 창출해 내는 것은 어디까지나 자유요 자율적인 차원의 영역이다. 마당극이 걸어온 운동방향이나 성향으로 보아 민족극의 개념으로 포괄시켜 주체적 반성과 자각을 기반으로 발흥·신장된 연극이다.

그것은 첫째, 식민지의식, 서구평향주의적인 역사인식에서 벗어나 민족의 전통연희를 그 정신과 내용 형태면에서 창조적으로 계승하면서, 둘째, 한편으로는 종래의 그릇된 문화의식과 계층 간, 지역 간의 문화편재 현상 그리고 활력이 없어져 버린 박제(剝製)화된 연극의식을 극복하면서, 셋째, 다수관중들의 참여에 의한 새로운 민중극의 실체를 드러내고자 했다. 마당극의 본질적 성격은 상황적 진실성, 집단적 신명성, 현장적 운동성, 민중적 전형성 등이다.

이번 잔치를 계기로 마당극이 안고 있는 여러 가지 한계와 취약점 또한 일시에 노출되어 앞으로의 대응에 적지 않은 우려를 표명하지 않을 수 없다. 전반적으로 도식적인 행위 주입식 참여유도, 상투적인 소재주의, 불필요한 과장과 주장에서 아직도 벗어나지 못한 치기를 드러냈다. 끝으로 어떠한 요소들이 차용되든 연극적 총체성이 성취되어야 한다."(서연호, 『객석』, 1988.5. 『80년대 연극평론자료집(III)』, 한국연극평론가협회, 1993 재수록)

1982년 한 해 동안 서울의 18개 대소극장에서 창작극 49편, 번역극 67편이 공연되고, 전체 2,979회의 공연 회수를 기록하며 관객 399,927명을 동원했다.

지방의 겨우 12개 도시의 14개 공연장에서 창작극 11편, 번역극 17편, 148의 공연 회수에 관객 68,632명을 동원했다.

창작극의 경우 차범석, 이근삼, 김의경, 노경식, 김자림, 박조열, 구상, 유보상, 윤대성, 윤조병, 박오춘, 김용락, 하유상, 김상열, 이언호, 이강백, 장소현, 오종우, 무세중, 이현화 등 원로 및 중견작가들과 정성주, 유해정, 최인석, 이병원, 김창화, 강방현, 김정율, 주강현, 김병종, 박진관, 신석하 등의 신예 극작가들의 작품들을 총망라하고 있다.

1982년 무대의 두드러진 현상은 신예 및 중견 연출가들의 의욕적인 활동이라 할 수 있다. 정종화, 문석봉, 안흥균, 이종훈, 김효경, 류근혜, 김완수, 워재식, 강영걸, 정현, 이진수, 심현우, 박계배, 김명덕, 심회만, 김성빈, 양성진, 최영애, 이영유, 조항용, 길명일, 김봉렬, 이강열, 유중렬, 김호태, 김정택, 문고헌, 김동중, 이영주, 신석하, 채윤일, 김수동, 유해정, 이상우, 김민기, 김석만, 전진수, 기국서 등이 활동하고 있었다.

1982년 연극계에서 제기된 중요 문제는 제작비 상승과 관객의 급격한 감소, 공연법 개정에 따르는 기획제작 시스템과 극단 수의 증가, 소극장 활동의 침체, 대극장 공연의 흥행적 실패에 따르는 극단의 재정적 위기, 부진한 지방연극 활동, 〈통막살〉 공연(무세중)의 여파로 활기를 찾은 전위연극, 연극과 에로티시즘, 연극교육, 연극비평과 공연, 국립극장의 놀이마당 등이 된다.

1982년 1월 15일 《한국일보》 지상에 실린 연출가 김정옥과 평론가 유민영과의 대담에서 김정옥은 "올해 연극계가 뭐가 달라지지 않는다면 그것은 연극인들의 책임이다. 공연법 개정으로 공간의 자유가 보장됐고, 통행금지 해제로 시간의 자유가 주어졌다. 동양에서는 한국연극이 결코 뒤떨어진 것이 아니라는 자신감을 우리는 갖게 되었다"라고 말했다. 유민영은 "공연법 개정은 연극의 자유화 시대를 예고하고 있으며, 소극장 운동의 활성화, 극단 구조의 개편,

관객층의 확대, 공연작품의 다양화, 창작의 자유, 공연예술의 지방 확산 등의 긍정적 변화를 예상케 한다"라고 말했다. 이 시기에 전위연극인 무세중이 서울 문예회관 소극장에서 '통일을 위한 막걸리 살풀이' 〈통막살〉(1982. 2.10~14)을 공연했다. 무세중은 이 공연에서 평론가들과 관객의 격찬을 받았다. "무세중이 전위연극인으로 평가받을 수 있는 것은 통일이라는 큰 주제를 상당히 설득력 있는 실험극으로 풀어냈기 때문이다. 그는 분명 한국 실험연극의 새 장을 열어주었다."라고 유민영은 썼고(《조선일보》, 1982.2.18), 필자는 『공간』지(3월 호, 1982)에 〈통막살〉에 관한 긴 평론을 기고했다. 요약하면 다음과 같다.

　　"무세중이 이번 공연을 통해서 이룩한 빛나는 성과는 그가 쉬르리얼리즘의 연극을 시도했다거나, 아르토의 잔혹연극론을 무대에 실천했다는 데에도 있지만, 더욱더 큰 수학은 서구 현대연극의 이론적 모태가 된 이 두 연극조류를 받아들이는 데 있어서 우리나라의 무속과 민속의 연희전통을 의식하고, 그 표현수단에 크게 의지했다는 데 있다. (중략) 특히 남북의 장벽이 헐리는 감동적인 순간을 극화한 〈통막살〉은 무리 모두가 체험한 역사 속의 죽음에 대한 인식이었고, 죽음의 한을 달래는 진혼곡이었고, 새로운 탄생을 위한 몸부림이었다. 그로토후스키의 명언은 이런 공연에 해당될 수 있을 것이다. 〈배우는 자기의 전존재를 기증한다. 그것은 황홀의 기술이다. 이 때 배우의 육체와 본능의 심부에서 일종의 투시광선이 분출한다.〉 우리는 배우의 빛이 역사의 빛이 되는 이 무대에서 우리 자신이 무자비하게 폭로되는 공포를 느꼈다."

　　실험극 또는 집단창작에 의한 총체연극(total theatre)공연이 활기를 띠게 되어 〈49번째 행위〉(신석하 작 · 연출), 〈지금 그리고 여기〉(김전환 작 · 연출), 〈1919.3.1.〉(김상수 작 · 연출), 〈무(舞)〉(공간사랑), 〈축적〉(공간사랑) 등 공연이 소극장 연극에 자극을 주어 '서라벌소극장', 소극장 '주(Zoo)', 소극장 '건넌방', '테멘', '뉴코아극장' 등이 개관되었다.
　　연극계는 1982년 4월 들어 불황의 늪에 빠지기 시작했다. 연극계에서는 이

같은 일이 '돈에 집착한 한탕주의'(《한국일보》, 1982.3.24) 때문이라고 자성을 촉구했다. 극작가 차범석은 "그전엔 연극인들이 연극을 생의 목적으로 삼고 연극을 했으나, 요즘엔 수단으로 삼고 무대에 서는 사람들이 늘어나 좋은 작품, 좋은 연극이 나오지 않는다."라고 논평했다. 평론가 송동준은 "관객의 무관심과 이해부족"을 불황의 원인으로 보았다. 연출가 이원경은 "쓸만한 신인이 양성되지 못하는 것도 연극이 사양화하는 원인"이라고 말했다. 정진수는 "흥미로운 상업주의 연극도, 무게 있는 예술적인 연극도 아닌 알맹이 없는 연극이 공연되기 때문이다"라고 말했다. 연출가 김정옥은 "대학의 연극영화과를 분리, 본격적인 연극인을 양성해야 한다"라고 말했다.

1982년 5월 15일 서울극평가그룹은 '공연법 개정 이후의 한국연극'이라는 제목으로 극평가와 연극인들과의 대화의 모임을 가졌다. 이 모임에서는 "연극의 질을 어떻게 높일 것인가?"를 토대로 1. 연극비평의 측면, 2. 연극교육의 문제, 3. 연극인(극단)의 문제, 4. 저널리즘의 역할, 5. 연극 환경 및 연극정책의 문제, 6. 관객문제 등으로 주제를 세분해서 토론을 전개했다.

1982년 4월 12일로 개관 20주년을 맞아 드라마센터는 대대적인 기념행사를 펼쳤다. 동랑연극상을 부활시키고, 동랑의 인간과 예술을 재조명하는 학술발표회를 개최했다. 동 학술발표회에서는 「인간 유치진-방황했던 이상주의자」(차범석), 「유치진의 희곡세계」(유민영), 「유치진의 연극론」(이태주), 「드라마센터와 예술교육」(여석기) 등의 논문이 발표되었다. 이 모임에서 동랑전집 발간사업 등이 논의되었다. 동랑레퍼토리가 20주년 기념공연으로 무대에 올린 〈보이체크〉(안민수 연출)는 정진수의 '초라한 의상과 소품에 이르기까지 교내 실습 공연이라면 제격인 공연'(《동아일보》, 6.3)이라는 혹평에 대해서 김우옥의 반론(《동아일보》, 6.8)은 정진수의 '평론가로서의 자세와 양식'에 관한 비판이었다. 이에 대해 정진수는 다시(《동아일보》, 6.12) 지상에서 "필자의 비평

자세는 김씨의 상식보다는 우리 실정에 입각한 것이다. (중략) 과연 〈보이체크〉는 동랑의 최선이었던가. 그렇지 못했다면 그 원인은 어디에 있는가. 필자는 그 원인을 극단의 전통과 드라마센터의 연극에 임하는 자세에서 찾았다"라고 응수했다. 이 문제는(『문학사상』 7월호, 1982)에 실린 유민영의 〈보이체크〉 평으로 연결되었다. 유민영은 안민수 연출을 긍정적으로 평가하고 있었다.

1982년 평단에서 송동준의 평론은 브레히트 연구로 단련된 시각(視覺)과 냉담한 분석력으로 이목을 끌었다. 그는 『주간조선』의 고정 필진에 참여했다. 이강백 작품 〈쥬라기의 사람들〉 평에서 그가 밝힌 반(反)사실적 풍자극(諷刺劇) 의미는 자극적이었다.

> "(전략) 이 극은 광산촌의 비참하고 어두운 삶을 조명하고 있다. 이 어두움을 더욱 어둡게 보이기 위해서는 차라리 살아나온 광부가 죽은 동료와 그 가족들을 배반하고 소장의 요구에 응하는 거짓 증언을 하도록 하는 것이 더욱 효과적이 아니었을까 하는 생각이 든다. 바로 이 점에 이극의 문제와 특징이 근거했다고 본다. 연출(임영웅)은 '이 작품을 탄광촌의 리얼리즘으로서가 아니라, 오늘을 사는 우리들의 이야기로서 표현하고자' 했으며 사실적인 것을 피했다고 말하고 있다. 실로 이 극에서는 반사실적인 표현이 많았다.
>
> (전략) 동료 광부들을 위해 누구보다도 앞장서는 광부 박씨(조명남)는 지부장직의 미끼에 걸려들어 오히려 동료 광부들을 배반한다. 작가나 연출자 자신이 이러한 현상에 대해 거리를 가졌음에 틀림없다. 이러한 거리(距離)가 풍자로, 혹은 아이러니로 작용한다. 무엇보다도 이 극의 어두운 분위기에 유쾌한 활력소로 작용했던 천안댁(연운경)의 웃음도 물론 순수한 웃음으로 작용하지 않았다. 한데 이같은 이중성과 거리가 과연 이 극을, 어둠 속에 사는 광부들의 이야기를 오늘을 사는 우리의 이야기로 비유되게 할 수 있겠는가? 이 효과에 대해서는 자못 의심스럽다. 쥬라기(紀) 문명 이전의 시기에 사는 그토록 어두운 삶에 우리의 관객은 자신을, 우리의 현실을 연관시키지 못했을 것이다. 이 극의 어떤 정신적 이념도 관객을 구속하며 끌어들이지도 못했다. 이 때문에 연출의 의도에 상응하지 못하면서 단조롭고 지루한 부분이 많았다. 넓은

무대를 너무 단조롭게 만든 비사실적 무대 활용도 지적하고 싶다." (송동준, 『주간조선』 714호, 1982.10.24)

송동준은 윤대성이 쓴 〈신화 100〉에 대해서 각별한 평가를 하고 있다. 이 작품은 브레히트 취향 평론가에게 호재(好材)였다.

"제6회 대한민국연극제 실험극장 공연작 〈신화 1900〉 (윤대성 작, 김동훈 연출)은 우리 연극 발전을 위해 매우 고무적인 징후들을 명백히 제시해주었다. 우선 이 공연은 철저한 논리성을 담고 있다. 종래 우리 연극의 발전을 저해하는 요인 중 하나가 바로 이 논리성의 결여에 있었다고 본다. (중략) 〈신화 1900〉은 모의재판의 형식을 빌었다. 검사, 재판관, 피고, 변호인들의 논리적 대결이 극의 기본구조를 이루고 있다. (중략) 둘째로 이 극 공연은 총체연극(total theatre) 무대라 할 수 있을 정도로 다양한 극적 기법을 동원하고 있다. 때문에 이 공연은 극예술적, 오락적 효과면에서도 성공을 거둘 수 있었다. 작가의 출현, 역의 교체(피고 김기창이 마지막엔 판결의 역을 맡아 자신을 판결한다) 등은 서사(敍事)극적 효과를 높여준다. (중략) 마지막으로 언급하고자 하는 것은 이 공연은 관객을 세심히 공연의 구성에 짜 넣었다는 것이다."(송동준, 「윤대성 작 〈신화 1900〉」, 『주간조선』 708호, 1982.9.12)

필자는 이 작품에 관해서 이렇게 논평했다.

"〈신화 1900〉은 사이코드라마 수법에 의한 극중극 장면의 안출(案出), 재판 장면의 독특한 구성, 서사극적 방법의 활용, 집단 장면의 앙상블, 장면전환, 리듬 등에 있어서 주목할만한 창의성이 발휘되고 있었다. 특히 극작가가 작품 속에서 전달하고자 하는 이야기를 정확하게 그리고, 일관성 있게 전달하고 있었던 것은 작중 인물의 성격창조가 치밀할 수 있었기 때문에 가능한 일이었다. 배우 강태기(김기창 역)의 억제된 연기는 이 인물의 좌절, 소외, 절망, 그리고 광기를 전달하는데 효과적이었고, 배우 최종원(형사 역)과 서학(김한돌 역)은 조연을 통해 주인공의 비극성을 부각시키는 일을 크게 돕고 있었다."(이태주, 「〈신화 1900〉 관객을 사로잡다」, 『정경문화』, 1982.10)

송동준은 국립극장에서 공연된 창극 〈춘향전〉이 서사성과 판소리 가락을 통해 잠든 관객의 의식이 각성된다고 말했으며(송동준, 「창극 〈춘향전〉」, 『주간조선』 718호, 1982.11.21), 극단 산하의 〈산불〉(차범석 작)에 대해서는 "작품의 극 예술적 측면이 좀 더 잘 구현되었으면 한다"고 언급했다. (송동준, 「차범석의 〈산불〉」, 『주간조선』 723호, 1982.12.12~26). 극단 작업의 〈사슴 나비〉(하유상 작)에 대해서는 "객석이 텅 빈 공연을 볼 때마다 안타까운 생각이 든다. 좀 더 관객의 지성과 이들의 젊은 맥락에 상응할 수 있는 날카롭고 힘 있고, 재치가 있고 흥이 있는 연극공연이 아쉽다"(송동준, 「하유상 작 〈사슴나비〉」, 『주간조선』 712호, 1982.10.10)라는 깊은 연민의 정을 나타냈다. 현대극장의 〈언챙이 곡마단〉(김상열 작·연출) 평에서 그는 말했다. "(전략) 위트와 유머, 풍자와 과장, 노래와 곡예는 관객을 즐겁게 한다. 〈언챙이 곡마단〉은 공연 형태에서나 대사에 있어서나 이 같은 요인이 근본 바탕이 되고 있다. 곡마단의 공연형식은 극의 오락성을 강좌 형식이며, 스토리 위주의 묘사를 탈피해서 하나하나 대사 자체의 위트, 유머, 풍자를 강조한 점 등은 좋은 착상이다. (송동준, 「현대극장의 〈언챙이 곡마단〉」, 『주간조선』 709호, 1982.9.19)

한상철은 1982년 상반기 연극을 총평하면서 노경식, 김병종, 김창화의 작품을 창작극 수확으로 평가했다.

"금년 한국연극계는 관객으로부터 저널리즘으로부터 호된 비판을 받았다. 극계의 불황이 상당히 심각했고, 그 불황의 한 원인이 되는 연극예술의 저질성이 심각히 논의됐다. 그러나 불황은 연극계만의 현상이 아니었고 저질성은 오늘만의 문제가 아니었다. (중략) 금년 상반기 동안 한국연극은 총 114편의 작품을 공연했다. (중략) 114편 중 창작과 번역극의 비(比)는 47대 65이다. 80년 동기간의 창작극 35편, 81년의 45편보다도 많으며 번역극과의 비례도 월등히 좋아졌다. 그중 몇 개의 공연은 다른 어느 해에 비해 손색이 없다. 가령 노경식의 〈달아 달아 밝은 달아〉, 김병종의 〈달맞이 꽃〉, 〈어떤 날〉이 그렇다. 특히 무세중의 〈통막살〉은 희곡문학의 측면에서는 별 논의가 되지 못하겠지만 연극이라는 점에서, 작가정신의 순수성과 대담성이라는 점에서 우리에게 준 충격은 대단했다. 김창화의 〈도산 안창호〉도 최초의 서사극으로서 상반기의 성과였다." (한상철, 「극계의 낙관 비관」, 『주간조선』 703호, 1982.8.8)

한상철은 오태석의 재공연 작품 〈춘풍의 처〉(76년 가을 초연)를 평했다.

"우리네 사람들이 옛날부터 살아온 삶의 갖가지 모습들이 각양각색으로 질펀하게 벌려져 있다. 서방에 대한 아내의 사랑과 미움, 형제간의 우애와 부자간의 정분, 서방의 몰인정과 첩년의 간드러짐, 재물에 대한 욕심과 법에 대한 풍자, 성과 도덕과 윤리의 파격, 우리의 전통적인 어법과 예법, 죽음의 의식, 그리고 한국인의 정서와 사고방식, 이런 것들이 웃음과 춤과 노래, 사설과 넋두리에 담겨 흐드러지게 펼쳐진다. 한마디로 한 시간 반 남짓 동안에 우리네 백성들의 모든 것이 담겨 있다고 보아도 좋다. (중략) 특히 두드러진 것은 소리의 이금미였다. 그녀의 소리는 애간장을 태운다. 명주실처럼 가늘면서 청아한 맛을 내는 그녀의 소리를 듣고 있노라면 내가 마치 딴 세상에 와 있는 것 같은 착각을 느끼게 한다. 이번 공연에는 전에 없던 가야금까지 동원되었다. 그것은 단적으로 이번 놀이의 스타일과 격조를 말해준다. 이제까지 오태석이 쓰고 연출했지만 연출이 이병훈으로 바뀌면서 나타난 특징이었다. 소리와 동작과 움직임이 모두 차분하게 가라앉았다." (한상철, 「시간을 초월한 〈춘풍의 처〉」, 『주간조선』 701호, 1982.7.25)

평론가 5인에게 물었던 1982년 연극계 인물 5인 선정에서(《동아일보》, 1982.12.9) 김동훈이 3표, 이승호가 2표였다. 구희서가 쓴 기사(《일간스포츠》, 1982.4.10)를 보면 연극배우 이승호(실험극장)는 최장기 공연 최다출연 배우로 각광을 받았다. 그는 1975년부터 7년간 2개의 배역만으로 살아왔다. 〈에쿠우스〉의 의사 다이사트와 〈아일랜드〉의 윈스턴 역이다. 이승호는 1975년 9월부터 1982년 3월 31일 폐막까지 총 712회 〈에쿠우스〉 공연에서 다이사트 역을 맡았고, 1977년부터 1981년까지 〈아일랜드〉 570회 공연에서 윈스턴 역을 맡았다. 7년간 그는 콧

수염을 기르고 다이사트가 되거나, 머리를 박박 밀고 온몸에 검은 칠하며 윈스턴이 되었다. 관객의 박수는 물론이거니와 〈아일랜드〉 종막 후 실험극장 근처 목욕탕에서도 종업원들이 박수를 치고 송별연을 마련했다. 그는 서울만이 아니라 전라도 광주, 부산, 대구에서도 〈에쿠우스〉로 격찬을 받았다.

제6회 대한민국연극제 출품작에 대한 평론가들의 반응은 다양했다. 〈신화 1900〉(윤대성 작, 김동훈 연출, 실험)에 대해 김방옥은 "작가는 주인공 및 그의 동료들의 병적인 내면세계를 조명하는 데 중점을 두었다. 이 연극에서 연출가 김동훈은 극중극으로서의 사이코드라마는 다소 난해한 작업임에도 상식선에서 깔끔하게 끌어가고 있다. 그의 냉정한 시선은 사이코드라마가 요구하는 충격적인 감정분출보다 오히려 건전한 사회문제극 쪽으로 분위기를 가라앉히고 있다"(《한국일보》, 1982.8.20)라고 썼고, 평론가 송동준은 "극중극의 형식, 환자들의 병적 상태와 정상적 상태 간의 긴장, 비유극의 효과, 작가의 출현, 역의 교체, 관객을 공연구성에 짜 넣은 연출, 역전기법 등을 총동원했을 뿐만 아니라, 극의 전체 형식면에서도 사이코극, 기록극, 사회극, 재판극 등 다양한 양식을 드러내 주었다."라고 논평했다.(《조선일보》, 1982.9.16)

〈농녀〉(윤조병 작, 방태수 연출, 에저또)는 한 많은 한국적 여인상을 바우 할멈을 통해 리얼하게 표출해낸 점이 높이 평가되었다. 특히 바우 할멈 역을 맡았던 김복희의 연기가 높이 평가되었다. 김방옥은 『주간조선』(761호, 1982.9.25)에서 〈농민〉 평을 발표했다.

"대한민국연극제의 네 번째 작품은 극단 에저또의 〈농민〉(윤조병 작, 방태수 연출)이었다. 전통적 농민으로서의 긍지 상실, 농사경영이 불합리, 도시 중심 경제정책에 의해 농촌이 감수해야 하는 피해, 이농(離農)현상 등, 문제투성이의 오늘의 농촌의 모습을 집요하게 추적하는 윤조병이 〈농토〉, 〈농녀〉에 이어 세 번째로 내놓은 작품으로서, 작가는 이 희곡이 그 나름대로 추구해온 농촌 소재 희곡의 3부작을 일단락 맺는 작품이라고 밝히고 있다. 그동안 여러 번 지적해 온 바와 같이 윤조병의 희곡들은 단지 오늘의 농촌의 생생한 모습을 그렸다는 점에서 뿐만 아니라 방태수의 연출과 더불어 리얼리즘 연극의 새로운 면모를 보여줬다는 점에서 그 의의를 찾을 수 있었다. 그들의 '팀웍'에 의해서 오늘의 농촌을 살아가는 평범한 농민들의 일상적 모습들은 어떤 충격적인 사건이나 극의 구심점이 되는 인물의 배경으로서가 아니라 그 일상적인 모습 자체로서 무대 위에서 강한 호소력을 발휘했던 것이다. 또한 이러한 그의 강점이 자신의 의식화된 의도로서가 아니라 어설픈 극적 구성 속에서 군데군데 발견되는 우연적 소산들이었다는 점은 극작가 윤조병의 한계이자 열려진 가능성이기도 했다."

현대극장의 〈언챙이 곡마단〉(김상열 작·연출)은 "우리나라서 창작된 부조리 계열의 연극 중에서 손꼽힐 수 있는 작품이다"(김방옥, 《한국일보》, 1982.9.3)라는 평이 있었고, 산울림의 〈쥬라기의 사람들〉(이강백 작, 임영웅 연출)은 "신극사 70년 가운데서 손꼽히는 수확이다. 듬직한 연기 진(陣), 안정된 연출, 작품의 무게를 더한 장치 등도 손색이 없다"(정진수)라는 칭찬을 받았다.

4. 창작극 활성화와 대한민국연극제

— 1983, 1984년도 연극 개관

1) 1983년 연극과 평론

1983년 전국에서 공연된 연극은 162편이었다. 이 숫자는 서울과 지방의 중요 공연장에서 공연된 것만을 집계한 것이다. 이 가운데서 창작극은 78평, 번역극은 84편이었다. 1983년의 연극공연에 대해서 수준 이상의 결실을 맺었다는 낙관적인 평가와 참가극단의 의욕에 비해 괄목할만한 공연작품이 없었다는 비관적인 평가가 엇갈렸다. 민중의 〈게사니〉(이근삼 작, 정진수 연출), 동랑의 〈자전거〉(오태석 작, 김우옥 연출), 성좌의 〈적과 백〉(이재현 작, 권오일 연출), 에저또의 〈농민〉 등이 평론 쪽의 논란을 불러 일으켰다.

번역극 공연 중에서 화제가 되고 중점적으로 논의된 작품은 〈보잉 보잉〉(뿌리), 〈아마데우스〉(춘추), 〈당통의 죽음〉(한울), 〈매스터 해롤드〉, 〈신의 아그네스〉(이상 실험), 〈갈매기〉, 〈카스파〉(이상 광장), 〈겹괴기담〉(동랑), 〈리어왕〉(사조) 등이었다.

서연호는 80년 초반의 연극의 문제점을 비장한 심정으로 개탄하며 거론하고 있다. 걱정스러운 것은 문제 제기에 모두가 찬동하지만 뒤따르는 해결책이 신속하게 강구되고 있지 않다는 데 있다.

"젊은 관객층이 있으나 젊고, 실험적인 연극이 없다는 것이 예술적 빈곤이다. 여기에는 물론 사회 분위기에도 큰 원인이 게재되어 있다. 신파극, 근대극, 민속극이 지난 세월에 그처럼 불필요한 경쟁을 해 왔듯이 오늘날에도 기성연극, 실험연극이 또한 불필요한 각축을 벌이고 있다. 상업극다운 상업극, 실험극다운 젊은 연극은 모두가 관객들에게 필요하다. 불필요한 각축이 중요한 것이 아니라 각기 '자기의 예술'을 만들어내야 한다. 이는 연극이건 그들의 지지 기반인 관객층의 입장을 표현하고 대변하는 진실하고도 치열한 예술이어야 한다.

한국연극의 부진은 그 집단 내부의 실력, 역량 부진과 깊은 함수관계가 있다. 오늘의 연극은 연극이 소속되어야 할 자신의 계층을 표현해 보이지도 못하고 있을 뿐 아니라, 일찍이 역사적인 새로운 계층을 연극적으로 창조해 보지도 못했다. 자신의 연극으로부터 자신이 소외되어 있음이 한국연극의 비극성이다. 현실적 구조가 곧 자신들의 소외된 삶이요, 모순된 구조의 실체인데도, 그 구조에 그대로 안주, 순응하면서 '주체성, 창조성, 진실성' 운운하고 외치고 있음은 애초부터 모순이며 궤변에 지나지 않는다. 우리에게는 구체적인 방법론도 없으며 참다운 이념도 결여되어 있다. 따라서 미래지향적인 입장에서 볼 때 과감한 구조의 개편이 필수적이다. 의식의 구조, 행동의 구조, 삶의 구조를 혁신하지 않고서는 새로운 연극도, 예술도 가능할 수 없다."
『문예중앙』(봄호, 1983)

김방옥은 실험극장의 〈매스터 해롤드〉 평을 (《동아일보》, 「신뢰감 보여준 무대」, 1983.6.30)에 기고하면서 번역극 문제의 양면을 다음과 같이 거론했다.

"번역극의 소개나 공연은 이렇다 할 가치기준이나 체계화된 창구 없이 우연한 계기나 주먹구구식의 계산에 의해 이루어지고 있다. 따라서 도대체 '왜 저런 작품을 이 시점에 우리나라에서 공연할까' 하는 의문을 주는 무대도 숱하게 있었다. 아돌 후가드의 일련의 작품 공연은 이런 의미에서 예외에 속한다. 적어도 그의 희곡들은 '우리 관객의 체질과 요구에 맞기 때문'이라는 뚜렷한 명분 아래 공연되어 왔기 때문이다.

비록 뉴욕 브로드웨이에서 명성을 일기는 했지만 후가드는 남아연방의 작가이다. 그는 자신이 성장하면서 지켜봤던 억압받는 흑인들의 삶을 소재로 하여 높고 직설적인 어조를 통해 인간의 존엄성과 자유의 문제를 다루었다. (중략) 후가드의 최근작인 극단 실험극단의 〈매스터 해롤드〉는 이러한 종래의 작품 경향에서 선회, 새로운 면모를 보여주는 작품이다. (중략) 연출자(윤호진)는 자칫 겉돌고 지리해지기 쉬운 이 작품에서 '연기'를 이끌어내어 극에 상당한 구체감을 부여하는 데 성공했다. 별다른 사건 없이 진행되는 이 극에 세 명의 배우만을 통해 줄곧 관객을 몰입시키기란 결코 쉬운 일이 아니다. 이승호의 노련함, 장기용의 성실함에 힘입은 탓도 있겠지만 기주봉이 괄목할만한 배우로서의 가능성을 보여준다. 적어도 공연된 결과로 봤을 때 오랜만에 신뢰감을 주는 무대였다."

김방옥은 1983년 활기찬 평론활동을 계속했다. 소설의 희곡화 문제를 다룬 평론을 인용해 본다.

"소설을 쓰다보면 언어에 대한 자의식이 생기는 모양이다. 소설의 작가들은 때로 너무 많은 것을 '아는 척' 하는 위치에 서야 하기 때문이다. 이런 이유에서 '언어로서 무엇을 표현하면 표현하지 않는 것은 배제하는 결과를 가져오기 때문에 작가는 자연히 말이 많아진다. (중략) 최인훈은 그 나름으로 연극무대의 본질을 파악했다. 그러나 무대화의 가능성에 너무 많은 기대를 걸었기 때문에 사실상 죽은 희곡을 쓰기도 했다. 대사는 짧고, 지문은 긴 그의 희곡을 읽으며 상상할 수 있는 만큼을 무대에 구현해 놓기란 불가능에 가깝기 때문이다.

이에 비해 국립극단 제108회 공연으로 올린 희곡 〈제3의 신〉을 쓴 이청준의 고백은 겸손하다기 보다는 다소 무책임하게 들린다. '이번 〈제3의 신〉은 희곡을 제대로 알고 썼다고는 말할 수 없다. 우선은 그저 사소한 기술상의 편의를 취했기 때문이다. 소설을 쓸 때는 늘 지문의 연결에 애를 먹었다. …희곡에선 그 점이 훨씬 여유 있어 보였다. 지문 부분은 특히 그 책임의 절반 이상을 무대 담당자에게 미룰 수 있을 것으로 해서이다.(팸플리트)

연극이 끝난 후 우선 떠오르는 질문은 작가가 이 희곡을 통해 하고 싶은 얘기가 무엇이었는지, 혹은 과연 절실히 하고 싶은 얘기가 있었는지 하는 것이다. (중략) 문제는 부분적인 연극적 감각에도 불구하고 작가가 '희곡'을 모르고 있거나 혹은 그야말로 편법으로 사용하려는 데 있다. 지문으로 엮어진 한 편의 소설 속에 공존할 수 없는 인물들, 소설 속의 인물들의 입을 빌어서는 얘기될 수 없는 생경한 관념적인 대사… 이런 골치 아픈 문제들을 처리하기 위해 희곡이라는 방식을 택했다면 그것은 매우 무책임한 행위이다. (중략) 연출자는 희곡이 넘겨준 이런 근본 문제들을 조금도 해결하거나 경감시키지 못했다.” (『주간조선』 749호, 1983.7.3)

「번역극과 연출 감각」 제목의 평론에서 김방옥은 권오일 연출 작품 〈뜨거운 양철지붕 위의 고양이〉를 잘된 연출, 잘된 연기로 즐거웠던 공연이라고 평가했다.

“성좌의 공연은 단순한 외면적 사건의 전개를 상당부분 벗어났다는 점에서 성공적이라 할 수 있다. 특히─연출자(권오일)에게 힘입은 바 크겠지만─하라버 지역의 김길호의 성격해석은 뛰어났다. 김길호와 이승철의 긴 대화 장면은 오랜만에 '연기'를 즐길 수 있는 압권이었다.” (『주간조선』 753호, 1983.7.31)

1983년 연극평론의 논제 가운데서 중요하게 다루어진 것이 창작극 활성화 문제였다. 최성자는 《한국일보》 1983년 2월 5일자 기사에서 이 문제에 관한 연극계 인사들의 견해를 전하고 있다. “신춘문예 희곡의 침체는 오늘날 연극계의 이상침체에서 영향을 받은 것이다. 저질연극이 난무하고, 연극은 빈사지경에 와 있다는 것을 알고 있는 문학 지망생이 대중적인 인기도 좋고, 밥벌이도 괜찮은 다른 문학 분야를 놔두고 희곡을 쓰겠느냐” 윤조병은 말하고 있다. “그릇된 연극인식이 질 저하를 낳았다. 요즘 젊은 극작가들이 우리나라 연극을 모른 채 외국에서 유행하는 연극 경향만 관념적으로 받아들여서 작가의식도 없이 이야기를 꾸미고 있다"고 차범석은 말했다. 이강백, 강성희, 노경식 등 극작가들은 말했다. '희곡에 대한 일반인들의 무관심을' 지적하면서 말하고 있다. "초·중·고·대학의 18년 교육과정 중 창작희곡이 국어교과서에 실려 희곡을 접하는 기회는 한두 번 정도이다. 그나마도 20년, 30년 전 것이 구태의연하게 실려 있다. 희곡작품을 썼을 경우, 실어주겠다는 문학잡지도, 출판해주겠다는 출판사도 없어서, 시나 소설처럼 일반대중에게 보급되기 어려운데다가 자비 출판을 해도 읽지 않는 풍토이기 때문에, 희곡의 질은 자연 떨어질 수밖에 없다."

김흥우 교수는 「창작희곡 부재의 책임」(『예술평론』 제4호, 1983)에서 극단과 연출가에게 창작희곡 빈곤의 책임을 묻고 있다. 유민영은 이 문제에 관해서 "우리 극작가들은 기본적 드라마트루그도 약한데다가 현실 포착력과 역사의식마저 약하고 감각조차 낙후되어 있는 것이다"라고 비판했다(「희곡문학과 창작극」,《단대신문》, 1983.11.7). 침체된 창작극 진흥의 과제에 대해서 필자는 같은 지면에서 쉽게 할 수 있는 방안을 제시했다(《단대신문》, 1983.11.14).

> "대한민국연극제는 창작극 지원의 한 가지 방안이었다. 이 연극제가 수준 높은 창작극 공연의 축제가 되기 위해서는 예산이 증액되어야 하고, 극작가 지원 장기계획의 수립이 필요하다. 그 계획 속에는 극작가 지원의 일환으로서 신작희곡집 간행을 지원하는 일을 반드시 포함시켜야 한다."

김유경은 10월 13일자 《경향신문》에서 연극제를 다음과 같이 총평했다.

> "〈안개의 성〉의 표현주의 기법, 특이한 형식의 역사극으로서의 〈게사니〉, 〈자전거〉에서 보여준 김우옥의 멋진 장면처리와 배우들의 대사처리, 신선희의 무대미술, 이호재와 바웅 등의 중후한 연기로 전체적인 조화가 이룩된 〈적과 백〉, 현대사회에 대한

비판의식이 잘 부각된 〈호모 세파라투스〉 등이 주목을 끌었다."

한상철은 《한국일보》 10월 13일자에 다음과 같이 연극제 총평을 썼다.

"대한민국연극제는 아직도 진정한 의미의 범연극적 축제는 되지 못하고 있음을 보여주었다. 관객도 작년의 반 밖에 오지 않았고, 별다른 수확도 없었다. 참가할 수 있는 극단이 협회에 가입된 36개 단체 중 8개 단체밖에 안 되며 운영방식 또한 상금을 건 경연의 형식을 취하고 있는 것이 문제이다. (중략) 이근삼의 〈게사니〉는 사실(史實)과 픽션의 관계에 문제를 제기한다. 선조와 게사니와의 만남, 일개 천민이 왕에게 모욕을 가하는 일이 실제로 있었던 사건을 모티브로 하느냐, 아니면 전부가 허구냐 하는 점이다. 작가의 상상력은 자유지만 최소한 개연성을 가질 때 리얼리티를 얻는다. 이 작품은 심한 평안도 사투리를 활용했다. 그리고 연극제 참여 나머지 작품 중 4 작품도 부분적으로 또는 전적으로 사투리를 구사하고 있다. 언제부터인지 연극에서 사투리 사용은 다반사고, 마치 당연한 것처럼 여겨지고 있다. 연극이 언어를 순화시키고, 정확한 표준어를 가르치는 수련장이란 이젠 옛말이 되었단 말인가. 언어의 혼란은 곧 사고의 혼란이며, 이는 오늘 우리 사회의 혼란의 징표이기도 하다."

서연호는 《조선일보》 10월 13일자에 다음과 같이 총평을 했다.

"이번 연극제는 예년처럼 관중들의 참여가 많지 않았고, 작품 수준 면에서도 괄목할만한 것을 찾기 어려웠다. 희곡 자체의 미숙성과 아울러 작품을 충실하게 다듬으려는 성실한 자세, 넉넉한 연습기간, 그리고 실제 무대화를 위한 준비 등이 대체로 부족하게 보이는 가운데 아직 습작 수준에서도 크게 벗어나지 못하는 설익은 작품들이 고개를 성급하게 내미는가하면, 지금까지 연극제의 본래의 취지에서는 다소 이탈된 느낌을 주는 이른바 계몽주의적인 작품도 끼여 있어 연극의 다양화라는 의미와는 또 다른 차원에서 연극제의 성격이 변질되어 가지는 않나 하는 의문을 갖게도 하였다."

김방옥은 《동아일보》 10월 11일자에 연극제 총평을 썼다. 그 중 일부를 요약하면 다음과 같다.

　　"올해 연극제에서 유일하게 형식적 실험에 중점을 둔 작품으로는 〈자전거〉가 있다. 그러나 희곡에서나 연출에서나 그 나름의 새로운 미적 원리도 정통적 의미의 연극성도 발견할 수 없었던 납득하기 어려운 공연이었으며 한 아파트 주부의 심리적 불안을 통해 현대 문명이 빚는 소외감을 표현주의적 수법으로 그린 〈안개의 성〉은 극적 상황이 모호하며 진부한 감상주의에 머무른 작품이었다."

유민영은 『광장』 12월호에 총평을 기고했다.

　　"제7회를 맞은 금년의 연극제는 무대 성과가 돋보이고 있다. 여기서 돋보이는 무대 성과라는 것은 완숙한 작품의 창조라든가 숙련된 연기의 조화 같은 것을 두고 일컫는 것이 아니라 작가와 연출가가 무엇인가를 새롭게 만들어 보려는 강렬한 욕구를 보여준 창의성을 의미하는 말이다. 〈안개의 성〉이 시선을 끈 것은 역시 표현 형식이었다. (중략) 〈게사니〉는 전통 사극을 뒤엎는 반사극의 접근이었다. 따라서 주역은 왕후 장상에서 서민으로 바뀌었던 것이다. 바로 이러한 시점 때문으로 해서 〈게사니〉는 역사의식이라는 것이 선명하게 드러난다고 하겠다. 〈자전거〉는 영화적인 희곡구성에서부터 그 구조주의적 연출수법, 무대장치에 이르기까지 색달랐던 것이다."

필자는 《서울신문》 10월 13일자에 연극제 평을 다음과 같이 썼다.

　　"〈안개의 성〉은 획일화된 도시 속에서 맴돌고 있는 비정한 인간의 문명은 무엇인가 하는 의문을 제기하고 있다. 그 문명의 한 단면을 아파트 속의 한 가정의 일상생활을 통해서 보여주고 있다. 이 무대가 우리의 관심을 불러일으킨 것은 표현주의적 연출수법 때문이었다. 일상적 생활의 밑바닥에서 꿈틀대고 있는 비합리적 무의식의 상태와 심리를 주인공의 성격분리를 통해 노출시켜 보려는 연출의 의도는 적절한 무대미술과 음향효과, 그리고 간결하고도 압축된 연기에서 그 성과를 거두고 있었다. 그러나 이같은 참신한 시도에도 불구하고 이 작품이 실패한 까닭은 일상적 생활의 디테일 표현이 수긍되지 않고 인물의 성격적 대립이 뚜렷하지 않으며, 극의 전체적인 흐름이 주제

표출의 일관성을 잃고 리듬감을 상실했기 때문이다. 〈게사니〉는 시사적 민중 사극이다. 작가는 임진왜란 때의 왕실의 비굴함과 무기력을 비판하면서 이름 없이 살다간 민중의 용감성과 활력을 옹호하고 있다. 이 민중의 대표적 존재가 난중의 용감한 어머니 게사니이다. 게사니 역을 맡은 이윤미는 억척스럽고, 현명하고, 사랑스런, 그러면서도 피맺힌 한 속에서 생을 유지해야 했던 우리들 과거 어머니상을 표출해내는 데 있어서 지극히 어울리는 배우였지만 지나친 연기의 오버 액션이 문제였다. 이 연극은 나레이터의 기능을 살려 과거와 현재를 동시적으로 부각시킨 기발함을 보여주었고, 플롯 전개가 명확했으며, 평안도 방언의 묘미가 무대언어로서 재미있게 살아 있었다. 〈농민〉은 개압네를 통해 농촌여인의 모습을 생동감 있게 표현해내는 데 성공했지만, 농촌에 흘러들어 온 산업화 물결이 농민을 어떻게 변모시키고 있는가 하는 주제가 극구성에서, 그리고 인물의 성격 표현에서 충분히 살아나지 못했기 때문에 이 작가의 농촌물 3부작 가운데서 가장 실패한 공연이 되고 말았다. 〈자전거〉는 6·25의 민족적 비극을 한 폭의 무대그림으로 압축한 작품이라 할 수 있다. 김우옥의 이미지 표출방법은 효과적인 무대미술(신선희)과 조명(유덕형)의 힘을 얻어 독창적이며 신선한 무대를 만드는 데 성공하고 있었다. 고설봉, 강계식, 강창수 등 원로배우들과 김복희, 조상건, 조경래, 이봉규 등의 신선한 연기적 감각이 멋진 앙상블을 이룬 무대였다."

『한국연극』지 1983년 10월호에 실린 "제7회 대한민국연극제를 결산한다" 좌담회(김정옥, 한상철, 구희서, 이태주)는 연극제 운영방식과 공연성과를 마무리 짓는 종합 토론이었다. "작가적인 측면에서 볼 때 소재와 표현양식에 대한 관심이 커졌고, 연출 쪽에서 뭔가 새롭게 연출하려는 비상한 노력이 있었다"는 지적은 고무적이었지만, 구희서가 《일간스포츠》 1983년 10월 15일자에 발표한 연극제에 대한 논평은 다분히 연극제의 앞날을 우려하는 경고성 발언이어서 관심을 끌었다.

"올해 연극제 참가무대는 작가들의 소재가 다양해졌고, 언어에 대한 관심과 실험이 돋보였으며, 연출의 개성을 찾으려는 노력이 두드러졌다는 일반적인 평을 받고 있

〈신의 아그네스〉, 존 필미어 작, 윤호진 연출, 실험극장

다. 그러나 대개의 무대가 전체적인 앙상블이 약했고, 무대언어에 대한 관심이 방언 구사에만 치우쳤으며, 연출과 미술의 자기주장이 작품을 살리지 못한 경우가 많았으며, 연기진에 눈에 띄는 기회가 주어지지 못했다는 아쉬움이 지적되고 있다.”

공연 평 이외에도 1983년 연극시평에서 주로 다루었던 논제는 제1회 지방연극제, 신축 10주년을 맞는 국립극장 문제, 문예진흥원 개원 10년을 계기로 한 연극지원정책 등이었다.

실험극장의 〈신의 아그네스〉(존 필미어 작, 윤호진 연출)가 1983년 10월 말 1백 회 공연 전회매진을 기록했다. 개석 150석 소극장에서 두 달 열흘 만에(8월 15일 개막) 1만 6천 여 명의 관객을 동원하고 기립박수의 성원 속에서 장기 공연에 돌입했다. 이 공연은 부산, 제주 등 지방 관객의 ‘원정관람’의 사례를 남기기도 했다. 1983년 10월 26일자 《한국일보》는 최성자 기자가 취재한 ‘전회매진’ 기사를 싣고 있다.

“〈신의 아그네스〉에 왜 관객이 밀려오는 것일까. 총 관객 중 여성이 70%이다. 관객들의 의견을 종합하면 〈신의 아그네스〉의 가장 큰 매력은 충격적인 소재를 통해 가장 근원적인 신과 인간의 문제를 진지하게 다룬 것에 있는 것 같다. 여기에 연극사의 보기 드문 연기 앙상블로 평가되는 윤소정(정신과 의사 역), 이정희(수녀원장 역), 윤석화(아그네스 수녀 역)의 숨 막히게 밀어 붙이는 연기력과 긴박감 있는 연출, 탁월한 시각효과의 무대미술 등도 큰 작용을 했다. 실험극장 기획진이 현재 미국에서 2년째 장기 공연 중인 이 작품의 롱런 가능성을 재빨리 판단, 미국 연출가 린제이 호그에게 대본을 직접 입수, 체미 중인 윤석화에게 번역케 한 작품 선정 과정이나, 연습(6월 방배동 아파트 전세 내어 연습실로 이용하다가 출연진 세 명의 목소리가 너무 커 아파트 주민들의 항의를 받기도 했음), 관객분석에 따른 치밀한 선전 공세 등이 관객동원의 원동력 구실을 했다."

1983년 12월 11일 〈신의 아그네스〉는 네 차례의 연장 공연 끝에 관객 2만 4천 명이 몰렸다. 극장 앞은 예매권을 구하려는 관객이 장사진을 이루고 있었다. 『주간조선』에 실린 〈신의 아그네스〉 평에서 김방옥은 말했다.

"〈신의 아그네스〉가 〈에쿠우스〉에 버금 가는 화제작으로 부상될 조짐이 보인다, (중략) 〈에쿠우스〉와 매우 흡사한 이 극에서 결국 관객들을 흥분시키고 격앙시키는 것은 각 인물의 성격과 행동이 부딪치는 데서 빚어지는 극적 갈등이 아니라, 찬송가, 양 손바닥에서 흐르는 피, 종교를 가장해 주입되는 성적인 강박증, 최면술에 의해 재생되는 어린 시절의 끔찍한 기억 등. 효과적이기는 하나 매우 평면적인 극적 고안(考案)들이며, 관객들(주로 여성으로 이루어진)은 현대의 성녀이며 순교자, 정신신경과 히로인이며, 종교적인 이미지로 미화된 섹스, 특히 '매저키즘(masochism)'의 심벌로서의 아그네스에게 히스테릭하게 몰입하게 되는 것이다. 따라서 이 극은 종교적, 혹은 심리적 멜로드라마에 불과하다는 생각이다. 그러나 3명의 여배우들의 열연, 그리고 그들을 숨 돌릴 틈 없이 휘몰아가며 두 시간 동안 꼼짝없이 관객을 사로잡은 연출, 단순하고도 인상적인 무대장치 등은 올 가을 시즌에 활기를 불어넣을 멋진 무대임에 틀림없다."

〈신의 아그네스〉는 1984년 2월 11일 2백 14회 공연 기록을 세우면서 7개월째 연속 공연을 하고 있다. 이 공연은 앞으로도 연장될 조짐을 보이고 있다.

1983년 연극평론에서 반드시 언급해야 되는 일은 월간 『한국연극』이 1983년 3월부터 시작한 "공연비평의 새 장을 연다" 특집과 《한국일보》가 시작한 공연 평 고정칼럼이다. 전자의 경우는 연극계의 관심이 쏠리는 공연에 대해서 여러 극평가들의 다양한 평을 소개하는 편의를 제공했고, 후자의 경우는 신문사가 극평론가와 장기 계약을 맺고 평문을 게재하는 《뉴욕타임스》 스타일의 획기적인 변화였다. 이렇게 되면 평론가는 집중적으로 현안문제를 연속 다룰 수 있고, 평론가의 연극론이나 미학적 관점이 일관성 있게 노정(露呈)되는 이점도 있다.

이제 우리 연극은 1983년에 이르러 일간지, 주간지, 그리고 월간지에 전문가의 평론이 실리는 체제를 갖추게 되었다. 이 일은 연극평론의 정착과 한국연극의 발전을 위해 여간 반가운 일이 아니다. 『한국연극』의 경우 극평가 서연호, 김방옥, 구희서, 양혜숙, 이태주, 이상일, 유민영, 여석기 등이 평필을 들고, 《한국일보》의 경우 한상철이 우선 비평 첫 타자로 나섰다. 『한국연극』에서 시도된 칼럼에서 거둔 성과를 예로 든다면 양혜숙의 〈잠녀풀이〉(탐라민속연구회구성, 이수열 연출, 1983.2.25~3.1, 국립극장 실험무대) 논평(『한국연극』 4월호, 1983)과 이태주 평론의 비교라든가, 〈바리더기〉(국립극장, 김진희 작, 손진책 연출, 국립극장 소극장) 공연에 대한 서연호의 평론(『한국연극』, 3월호, 1983)과 양혜숙의 평론의 비교, 그리고 역시 같은 공연에 대한 이태주의 평론과 이들 평에 대한 이상일의 반론(『한국연극』 7월호, 1983) 등이 된다.

평단의 이런 결실은 오래 전에 이미 검토되어 예견된 일이었다. 1982년 5월 15, 16일 양일간 '공연법 개정 이후의 한국연극'이라는 주제로 아카데미 하우스 대화의 모임이 있었는데, 이 자리에서 극평가들은 그 동안의 활동을 자체 평가하는 토론을 펼쳤고, 그 과정에서 평론 활동의 합리적 방법을 논의하게 되었다. 이 자리에서 한상철(「연극비평 자성론」), 유민영(「한국연극비평사 고찰」), 정진수(「공연의 실제와 극평」)의 발제 강연이 있었고, '연극의 질을 어떻게 높일 것인가?'에 관한 토론이 전개되었다. 이 주제는 다시 (1) 연극비평의 측면, (2) 연극교육의 문제, (3) 연극인(극단)의 자율성 문제, (4) 저널리즘의 측면, (5) 연극 환경 정책과 지원의 문제, (6) 관객 문제 등으로 세분화시켜 구체적으로 논의를 했다. 이 모임의 참석자는 고승길, 김동훈, 김방옥, 김상태, 김의경, 김정옥, 양혜숙, 유민영, 이태주, 이상일, 한상철, 정진수, 허규, 이강백 등 연극분야 인사와 저널리즘 분야에서 이해령(연합통신), 최성자(한국일보), 홍찬식(동아일보) 등이 참석했다(『한국연극』6월호, 1982 참조).

한상철이 공연 평의 문제에 관해서 제기한 문제는 참석자들 공통의 문제였다.

(1) 전문비평이 없다. (2) 비평 대상 공연이 극히 한정되어 있다. (3) 공연 활동이 증가하고 있지만 이 공연들을 적절히 비평할만한 비평가도, 발표지면도 부족하다. (4) 연극 정보의 전달이 여의치 않다. 비평을 통한 관객 가이드의 기능이 없다. 사후 비평이라는 치명적인 결함이 노출되고 있다. (5) 역사적 기록으로서의 공연 평의 기능이 제 몫을 다하지 못하고 있다. (6) 공연 평이 공연 초일 다음 날에 발표되어야지 저질연극을 막을 수 있다. (7) 극평가는 특정 극단과 유착되어서는 안 된다. 극평가의 권위는 극평가의 객관성이 유지될 때 확보된다. (8) 연극을 사회적, 정치적, 철학적 맥락에서도 분석하고 해석해야 한다. (9) 작가론, 연출론, 연기론 등의 이론적 연구가 부족하다. (10) 한국연극의 입장에서 평론을 해야 한다. 진정한 한국연극은 무엇이고, 그 한국연극 속에서의 평론은 무엇인가를 탐구해야 한다.

2) 84년의 연극과 평론

1984년 서울에서 공연된 연극 편수는 146편으로 1983년보다 7편이 증가했다. 창작극은 71편, 번역극은 75편이었다. 이 통계는 연극협회 회원단체의 공연만을 집계한 것으로서 서울시에 등록된 100여 개 비회원단체들의 공연 편수를 합치면 그 수는 더 늘어난다.

1984년의 극단별 공연 상황을 보자. 민중(창작극 1편, 번역극 4편), 광장(창. 1, 번. 4), 대중(창. 1, 번. 3), 춘추(창. 1, 번. 4), 성좌(창. 1, 번. 3), 극단 76(창. 2, 번. 2), 민예(창. 5), 실험(창. 1, 번. 2), 국립극단(창. 1, 번. 1), 동랑(창. 1. 번. 1), 현대(번. 2), 시민(번. 2), 신협(번. 3), 뿌리(창. 1, 번. 2), 에저또(창. 1, 번. 2), 사조(창. 2), 자유(창. 2), 가교(창. 1, 번. 1), 대하(창. 1, 번. 1), 비회원 단체 가운데서 왕성한 공연 활동을 전개한 단체는 극단 마당(창. 5, 번. 5), 푸른극단(창. 2, 번. 1), 서울무대(창. 2, 번. 2), 도라(창. 3), 집시(창. 2), 서강(번. 2) 등을 꼽을 수 있다.

제8회 대한민국연극제는 춘추의 〈해곡〉(김길호 작, 문고헌 연출), 민예의 〈그 찬란하던 여름을 위하여〉(최인석 작, 강영걸 연출), 실험극장의 〈파벽〉(윤대성 작, 문호근 연출), 민중의 〈식민지에서 온 아나키스트〉(김의경 작, 정진수 연출), 여인극장의 〈모닥불 아침이슬〉(윤조병 작, 강유정 연출), 성좌의 〈봄날〉(이강백 작, 권오일 연출), 창고의 〈한스와 그레텔〉(최인훈 작, 이보라 연출) 등이 무대에 올랐다.

한상철은 《한국일보》 8월 1일자 신문에서 "대부분의 작품이 사실주의 계열 작품으로서 인간의 의식세계와 역사의식을 접합시킨 작품이 주류를 이루었으며, 희곡 수준이 상당히 향상되었다"고 말했다. 그러나 "연출, 연기, 무대장치 등이 수준 높은 희곡작품들을 뒷받침하지 못해 아쉬움을 남겼다"(《경향신문》, 10.11)고 비판했다. 그 밖의 창작극 가운데서 화제가 된 작품은 자유극장의 〈바람 부는 날에도 꽃은 피네〉, 세실의 〈영점구일칠〉, 극단 마당의 〈님의 침묵〉, 연우무대의 〈나의 살던 고향은…〉, 극단 목화의 〈아프리카〉, 극단 76의 〈빵〉 등이었다.

1984년의 연극제에 대해서 유민영은 같은 평문에서 다음과 같이 논평했다.

"84년 연극무대에서 특기할만한 공연상의 특징으로는 젊은 연출가들의 의욕적인 활동과, 무대공간의 확대, 생명감 있는 무대미술 등의 성공을 지적할 수 있다. (중략) 84년 연극제에 제기된 문제들로는 연극이 민 주도가 아닌 관 주도라는 점과 약화된 연극인의 자생력, 장인의식의 쇠락(衰落), 연극교육제도의 문제점과 연극의 직업화 문제, 연출부재 현상, 연기자 양성문제, 연극인의 예술정신의 쇠퇴, 무대기술의 빈곤, 극장 부족, 관객의 감소와 무반응 등이 심각한 연극계의 현실적 상황으로 지적되었다. 그리고 거론된 비평으로는 종교극 비평, 청소년과 공연예술, 연극과 에로티시즘, 한국연극의 현실수용의 한계, 마당극 비평, 문화올림픽과 연극, 연극제 개선을 위한 제언, 지방연극제 비평 등이 있었다."

1984년 연극의 화제는 〈신의 아그네스〉(존 필미어 작, 윤호진 연출, 실험극장)가 지방공연까지 포함해서 401회 장기 공연에 관객 6만 5천 명을 동원한 일이었다. 1984년에 서울연출가그룹과 서울연기자그룹이 탄생되었다. 1977년에 발족한 서울극평가그룹과 1983년에 결성된 서울극작가그룹을 합치면 연극인 그룹이 4개가 되었다. 1984년 4월 1일부터 5일까지 문예회관소극장에서 우리나라 초유의 국제인형극페스티발이 개최되었다. 천주교 200주년 기념 교황방한, 개신교 선교 100주년 등의 행사 때문에 종교극 〈님의 침묵〉(김상렬 작·연출), 〈낮은 데로 임하소서〉(이청준 작, 최정률 연출), 〈하늘에 꽃피우리〉(백일성 작·전세권 연출, 사조), 〈보석상〉(카롤 보이티야 작, 주요철 연출, 민중·대중·광장) 등이 공연되었다.

〈님의 침묵〉에 대해서 김방옥은 "희곡으로나 연출로나 안정감이 없고, 고르지 못한 톤과 현대적이지만 세련되지 못한 감각들이 거부감을 준 것도 사실이다"(『객석』, 1984.5)라고 평했다. 〈보석상〉에 대해서 한상철은 논평했다(『한국연극』, 1984.6) "전혀 종교적 색채를 띄우지 않으면서 우리에게 그것이 곧 종교로구나하고 깨닫게 하는 작품이 이것이다." 그러나 이반(李盤)은 "사실적인 의상은 이 작품에 처음부터 어울리지 않았다. 의상과 무대미술을 맡은 신선희는 처음부터 시각화 과정에서 혼란을 갖게 했다"(『문학사상』, 1984.6)라고 비판했다. 이 문제는 약간의 보충 설명이 필요할 것 같다. 무대미술은 후면 전체를 스테인드글라스로 채워 극의 분위기를 엄숙하게 만드는 데 공헌했지만, 연기자들의 사실적 의상이 극의 이미지와 맞지 않았다는 것을 지적하는 말이었다.

〈바람 부는 날에도 꽃은 피네〉(김정옥 구성·연출, 자유)는 집단창조에 의한 연극이라는 것이 화제가 되었다. 한상철은 이 연극에 대해서 다음과 같이 평을 썼다(《한국일보》, 1984.2.21).

"아무리 바람이 사납고 거세어도 풀잎은 쓰러졌다 일어서며 비록 초개같은 인간이지만 모진 설움과 한을 헤치고 죽음에서 삶으로 소생한다. 이것이 연극 〈바람 부는 날에도 꽃은 피네〉의 제목이 암시하는 것이고, 이 극이 주제로 삼고 있는 것이다. 이 공연은 자유극장이 78년 〈무엇이 되고 하니〉 이래 계속 시도해 온 집단창조 총체연극의 연장이라 할 수 있다. 특히 〈무엇이 되고 하니〉와는 주제와 형식에서 매우 흡사하다. 그 때문에 처음 공연에서와 같은 충격과 신선함은 덜하다. 반면 전체적으로 보다 단순화되었고 시적인 이미지와 무드를 조성하는 연출의 방향이 두드러졌다. 바닥에 깐 백색의 천, 절제된 태권도 동작, 멀리 실루엣처럼 보이는 남녀의 만남과 헤어짐 등이 그렇다. 대사를 현저하게 줄이고 대신 음악적인 요소를 대폭 증가시켜 놓은 이 극은 차라리 음악극이라 해야 하겠다. 노래의 연기자 윤복희의 가락과 더 다듬어진 박윤초의 창이 그것을 위해 큰 몫을 한다. 그들의 노래는 슬픔과 기원의 정서를 깊이 있게 불러내고 있다."

유민영의 평을 보자.

"희곡과 연출이 안 보이고, 배우만 보인다는 점에서부터 기존 연극의 틀을 근본적으로 뒤엎은 이 작품이 한국연극이 그 동안 꺼려왔던 형이상학적 문제에 도전한다는 점에서 높이 평가할만하다"(《중앙일보》, 1984.2.20).

〈영점구일칠〉(이현화 작, 채윤일 연출)은 1984년도 창작극 중 흥행에 성공한 작품이었다. 이 작품은 어린이에게 어른스러운 성적인 행동과 언어를 사용케 하는 역할 문제로 숱한 논쟁을 불러 일으켰다. 《조선일보》(1984.5.12)는 "그런 이상한 연기를 어린이들에게 시키는 것은 잔인한 성적 학대가 아니냐", "이 작품이 의도하는 바를 몰라서가 아니라, 변태적인 섹스를 연기하는 어린이 스스로에게 어떤 영향이 미칠 것인지 생각해 보라", "어떤 이유에서도 티 없이 자라야 할 어린이들이 공개된 무대에서 수단으로 쓰여서는 안 된다"라고 논평했다. 한편 연극계에서는 "연극적 트릭 이상으로 어린 배우를 보는 것은 곤란하다"(김기주), "일반 사회인들이 예술의 윤리문제를 보다 신중하게 고려치 않은 채 획일적으로 돌팔매질하는 것은 예술의 위축을 가져오는 결과를 초래한다"(유민영) 등의 반응이 나왔다. 한편 이 연극에 대해서 한상철은 "작가가 우리의 동시대적인 사회적 상황에 백열 조명을 던져 준 좋은 예의 하나이다. 오늘날 한국인의 삶의 진상이 이처럼 대담하게 무대 위에 노출된 적이 별로 없다는 점에서 이 극은 센세이셔널한 화제가 되기에 충분하다"(《한국일보》, 1984.7.3)고 말했다. 이 연극은 제작을 맡은 세실극단이 실험소극장, 엘칸토예술극장, 문예진흥원소극장을 전전하면서 무려 400여 회의 장기 공연을 기록했다.

제8회 대한민국연극제 참가극단인 연우무대가 한 달 전인 7월 7일과 8일 드라마센터에서 공연한 〈나의 살던 고향은〉은 현대의 공해문제를 마당극으로 다룬 작품인데, 이 작품이 공연윤리위원회 심의 대본과 다른 내용을 공연했다는 이유로 6개월 공연정지처분을 받았다. 현행 공연법은(제4장 17조) 심의대본과 실제 공연이 다르면 공연정지처분을 내릴 수 있고, 정지처분 기간에는 일체의 공연 활동을 할 수 없도록 규정하고 있다. 이 공연은 연우무대 단원들이 공동창작하고 임진택이 연출했다. 이중한 공연윤리위원은 "심의대본과 실제 공연은 내용이 너무 달랐다. 작품 제목 이름만 같았지 전혀 딴 작품이었다. 내용보다는 연우무대 측이 바뀐 대본을 사전에 공윤에 제출하지 않고 공연을 했기 때문이다"라고 말했다(《한국일보》, 1984.8.10). 이 공연에 대해서는 "특정한 사회문제를 다룬 정치적인 목적극이다"(한상철, 《한국일보》, 1984.7.11)라는 비평에 대해서 "오늘의 연극은 현실 상황을 폭넓게 수용할 수 있는 새로운 연극관을 세워나가야 한다."라는 박인배의 반론(《한국일보》, 1984.7.25)이 이어졌다. 한상철은 좀 더 구체적으로 이 공연의 문제점을 분석하고 있다.

"이 연극은 공해 그 자체를 주제로 삼고 있고, 공해의 직접 또는 간접 요인들을 일방적으로 비난함으로써 프로파간디스트 연극의 성격을 띠고 있다. 산업화 과정이 필연적으로 초래하는 이해의 갈등과 딜레마, 산업공해가 미치는 넓은 의미의 영향과 다각적인 이해들은 이 극의 관심밖에 있다. 다만 공해에 대한 경각심을 일깨우고 공해의 원인들을 추방하자고 역설할 뿐이었다. 물론 공해에 대한 무관심이나 몰이해를 일깨우고 그것의 심각성을 의식하자는 이 극의 목적은 매우 중요하다. 그러나 주장의 소리가 높다고 의식의 각성이 깊어지는 것은 아니다. 목적이 너무 단순하고 일방적으로 수행되고 있다. 마당극은 감성과 직관에 호소하는 힘이 강한 형식이고, 이 같은 형식적 특성을 연출가 임진택은 십분 활용하고 있다. 다섯째 마당 식수마당에서 격앙된 목소리와 행동으로 시민들이 봉기하는 장면은 마당극의 선동적인 효과를 살린 예가 된다. 논리적인 분석과 지적인 토론을 거치지 않고도 직접 메시지를 전달할 수 있는 것을 마당놀이의 장점의 하나로 친다면 그것의 정서는 센티멘털리즘이 주가 될 가능성이 많다. (중략) 야외에서 사용된 꽹과리의 옥내 도입, 재래적인 극장 공간에서의 노는 자와 구경꾼의 어울림, 풍자이기보다 욕설이 대사, 언젠가는 애국가마저 그렇게 될지 모를 가사 바꿔 부르기 등 생각해 봐야 될 일들을 다시 생각해 본 공연이었다."

《동아일보》는 이례적으로 이 사건을 사설(1984.8.10)로 다루었다.

"우리는 이번 조치의 형식적 요건보다는 그 실질 내용에 더 관심을 갖고자 하며, 연극이나 다른 자매예술이 현실을 수용하는 한계가 어디까지인 것인가에 대해 주목하고자 한다. 비단 이번 경우뿐만 아니라 우리는 모든 창작분야에서 이 문제와 여론을 조우했기 때문이다. 결론부터 말하면 다른 부문도 그렇지만 공연예술도 현실적인 상호성을 그 속에 수렴, 예술적으로 승화시키는 것이 마땅하며, 그런 창조 행위를 통해 시민들의 생활의 질을 높여주어야 한다."

이상일은 이 문제에 대해서 "오늘의 마당극이 민중극의 현실비판적 사회극으로 민중적 해학과 풍자의 어법을 구사하면서 문화기층에 잠재해 있는 민중적 활력을 끌어내어 그것을 의식케 하는 일종의 사회극 형식을 지향하고 있다"고 지적했다(『객석』, 1984.10). 필자는 이 문제의 주요성에 관해 지적했다.

"극작가 박조열의 〈오장군의 발톱〉, 시인 구상의 〈수치〉, 극작가 신명순의 〈증언〉, 극작가 이강백의 〈개뿔〉, 전위연극 무세중의 〈반, 그리고 통, 막, 살〉 등의 창작극이 표현의 자유와 그 규제 사이에 심각한 마찰을 일으켜왔는데, 이 일은 관이 주도하는 문화의 획일성과 예술계가 지향하는 문화의 다양한 표현 사이의 갈등일 수 있으며, 공연법에 의한 행정적 규제는 문화의 자주성과 표현의 자유를 보장하고 있는 문예진흥 선언문과도 상반되는 일이기에 점진적 개선을 위한 검토가 있어야 하며, 지나친 규제와 검열은 극작가들의 창작 활동을 저해하는 요인이 된다."(『객석』, 1984.10)

오태석 작품을 계속해서 면밀하게 관찰하고 있는 한상철은 극단 목화의 〈아프리카〉(오태석 작·연출)에 대해서 다음의 평을 썼다(『객석』 12월호, 1984).

"연극에서 우리의 동시대인으로서의 한국인과 그의 삶이 사실 그대로 의미 있게 묘사되는 경우가 거의 없다는 사실은 오늘의 한국연극에 대한 비판의 표적이 된지 이미 오래다. 필자는 70년대 한국 사회의 정치적, 경제적으로 격변하고 있음에도 불구하고 연극이 이 격변의 양상을 표현하고 그에 대한 분석 및 의미부여 작업을 진지하게 시도한 사례가 없음을 문제 제기로서 지적한 바 있지만, 아직도 그것은 여전히 우리 연극의 문제로서 남아 있다. (중략) 그러나 여기에 예외적인 존재가 있다. 그것은 오태석과 그의 작품들이다. 〈아프리카〉도 그 중의 하나인데, 이 작품은 그가 집요하게 추구하고 있는, 오늘을 살고 있는 한국과 한국인의 실상을 파헤친 최근의 작품들과 동일한 계열에 속하는 작품이다. (중략) 오태석의 〈아프리카〉는 오늘 한국 사회가 좋은 의미에서 국제화, 나쁜 의미에서 자기 상실화되어 가는 현상에 대한 작가의 판단 및 가치부여에의 욕구와, 또한 자신이 직접 외국에 나갈 기회가 많았던 관계로 자신이 그것에서 얻은 체험을 어떻게든 형상화해 보고 싶은 충동이 강했을 것이고 그것이 앞의 욕구와 결합되어 집필의 동기를 얻었을 것이다. (중략) 〈아프리카〉는 전체적으로 사실적인 디테일을 생략하고 있는 것이 특징이다. 연출을 겸한 오태석은 객관적 정확성을 거의 무시한 채 자신의 주관적 비전에 심히 의존하고 있는 듯했다. 그것은 전체적으로 일면 표현주의적이고 일면 초현실주의적이라 해도 좋을 것이다."

1984년 연극제 출품작 가운데서 〈봄날〉(이강백 작), 〈모닥불 아침이슬〉(윤조병 작), 〈식민지에서 온 아나키스트〉(김의경 작) 등은 우수 창작극으로 평가를 받았다. 극단 민중이 무대에 올린 〈식민지에서 온 아나키스트〉는 희곡의 우수성과 연출의 탁월함을 인정받았지만 대상을 수상한 〈봄날〉과의 경쟁에서 탈락하는 불운을 겪었다. 이 작품에서 "이경영(박열 역)은 신인으로서 대임을 맡았음에도 정확한 발성과 반듯한 자세와 함께 신성한 맛을 풍기는 좋은 연기를 보여주었다. 윤소정(가네꼬, 후미꼬 역)은 앳되지만 담찬 여인을 잘 묘사하고 있다"라는 한상철의 찬사(《한국일보》, 1984.9.19)와 이태주의 "이경영은 약화되어 있었다. 그를 떠받쳐 주어야하는 윤소정도 사랑의 발단, 발전, 그리고 파국의 드라마가 제대로 구성되지 못해 큰일을 해내지 못하고 있다"라는(《중앙일보》, 1984.10.11) 엇갈리는 평이 나왔다. 한상철은 이 작품을 1984년도 '베스트 5'로 선정했고, "전체적으로 간결한 위트와 문어체에 가까운 격식적인 대사들로 구성되어 있어 그것이 이 극을 볼만한 극으로 만드는 데 성공했다"고 논평했다(『객석』, 1984.10). 양혜숙은 다음과 같은 평을 남겼다.

"아리스토텔레스적 정통극(正統劇)이 가장 필요로 하고 있는 집중과 절제를 그 핵에 품고 있으면서도 장면의 구성과 전개에 있어서는 자유분방한 현대적 감각을 극도로 살려 관객으로 하여금 긴장의 연속 속에 극의 진행을 지켜보게 하면서도 그 긴장의 시선 속에는 사유와 추리의 여지를 충분히 제공해주고 있는 것이다." (『문학사상』, 1984.10)

"여인극장의 〈모닥불 아침이슬〉은 심사총평(차범석)에서 '연출의 미숙함'을 지적받았는데, 한상철은 "생사 위기에 몰린 배우들의 동작이 너무 단조로워서 한가롭다는 느낌이 들고 상화의 절박감이 전달되고 있지 않다"(《한국일보》, 1984.9.25)는 평을 받았지만, 배우 심양홍의 연기와 김정길의 음악이 찬사를 받았다. 김방옥은 다음과 같이 평했다.

"연출은 함몰된 갱내라는 극히 사실주의적 무대공간을 고수하며 이들이 '모닥불 아침이슬'처럼 사그라져 가는 모습을 의연한 정통적 수법으로 보여주려고 했으나, 원작의 단조로움을 극복치 못해 지루한 감을 주었다. 또한 사실주의 무대를 지키려니 회상 장면 등의 이동처리에 고전을 면치 못한 듯하다." (『객석』, 1984.11)

이 작품은 희곡상(윤조병)과 연기상(심양홍)을 받았다. 성좌의 〈봄날〉은 "중간 중간에 삽입된 이화효과 장면을 빼놓고서는 흠 잡을 데 없이 말끔하게 처리된 무대"(이태주, 《중앙일보》, 1984.10.11)라는 평과 "공연에서의 성과는 실패였다. 우선 삽입되는 양이 많아 그 자체가 도식화되어 버렸고, 결합이든 이완이든 본 줄거리와의 유기적 연관이 부족하거나 적절하지 못했고, 이 두 가지 구조의 연출적 접합기능이 안이하고 평탄했다"(한상철, 《한국일보》, 1984.10.2)라는 상반된 의견도 있었다. 이 작품은 대상과 함께 연출상(권오일)을 받았다. 여석기는 〈봄날〉이 연극제에 참가한 작품 가운데서 가장 '완성된 희곡'이라고 평가했다.

〈착한 사람〉, C. P. 테일러, 정진수 연출, 연기자그룹

"이 작품이 갖는 설화적 바탕은 일련의 메타포를 통해 봄날의 이미지를 정착시키는 데 그치는 것이 아니라, 부성과 모성, 아비와 자식, 노년과 젊음, 소유와 박탈 사이의 갈등을 상징화시켜 놓는 데 성공하였다. 거기에다 설화를 현실에 연결시켜 주기 위한 서사극적 기교까지도 작가는 잊지 않고서 구사하고 있으나 이것이 작품의 효과를 높여주는가에 대해서는 적지 않은 의문을 남기고 있다." (『객석』, 1984.11).

번역극으로 관심을 끌었던 작품은 민중, 광장, 대중의 합동 뮤지컬 공연 〈아가씨와 건달들〉(에이브버러우스 작, 문석봉 연출), 연기자그룹의 〈착한 사람〉(C. P. 테일러 작, 정진수 연출), 극단 춘추의 〈드레서〉(로날드 할우드 작, 문고헌 연출), 시민극단의 〈검은 몸들〉(장 쥬네 작, 김영덕 연출), 민중극단의 〈진짜 서부극〉(샘 셰퍼드 작, 정진수 연출), 실험극장의 〈신의 아그네스〉(윤호진 연출) 등이다. 1984년의 연극평론에서 공연 평과 별도로 거론된 주제는 '연극과 에로티시즘', '문화올림픽과 연극', '청소년 연극', '현실수용의 한계와 마당극', '연극제 개선방안' 등이었다.

5. 소설가 최인훈의 변신
— '형이상학적 신비극'의 가능성

최인훈

북한 땅, 함경북도 북쪽 끝 눈보라 도시 회령에서 1936년 4월 13일 태어난 최인훈은 6·25전쟁이 일어난 1950년 가족과 함께 철수하는 함정을 타고 남한으로 피난 왔다. 그는 당시 14세의 소년이었다. 이윽고 그는 서울 법대 학생이 되었다. 공부를 잘 했다는 증거다. 그러나 그는 1957년 학교를 중퇴하고 군에 입대한다. 1959년 『자유문학』지에 「그레이 구락부 전말기」로 데뷔한 이래, 1960년 소설 『광장』으로 세상을 깜짝 놀라게 했다. 이 소설은 현재까지 '롱 셀러'가 되고 있다. 1963년 그는 군에서 제대한 후, 「총독의 소리」(1967), 「소설가 구보씨의 일일」(1969), 「태풍」(1973), 「회색인」(1976) 등을 연달아 발표하며 독자들의 관심을 끌고 시종 화제(話題)의 중심이 되었다.

그러다 7, 80년대에 걸쳐서 그는 희곡창작에 몰두하는 변신을 했다. 〈어디서 무엇이 되어 만나랴〉(1970), 〈옛날 옛적에 훠어이 훠이〉(1976), 〈봄이 오면 산

한국연극 전환시대의 질주

에 들에〉(1977), 〈둥둥 낙랑둥〉(1977), 〈달아 달아 밝은 달아〉(1978), 〈한스와 그
레텔〉(1980) 등의 희곡이 연달아 발표되었다. 이들 작품의 공연은 무대를 휘몰
아친 돌풍이었다. 그는 이들 작품으로 한국일보 연극영화상 희곡상(1976), 서
울극평가상(1978), 중앙문화대상(1978) 등의 상을 연달아 받고 평론의 끈질긴
논의의 대상이 되었다. 이후 1979년에는 『최인훈 전집』 12권이 출판되었다.

또한 그 해 〈옛날 옛적에 훠어이 훠이〉가 미국 공연 길에 나섰다. 미국 언론
에 그 일이 연일 보도되었다. 미국 '동부 미주판' 《교포신문》(1979.2.21)에 '한
국연극 미국무대 진출'이라는 헤드라인으로 기사가 났다. 1979년 2월 22일부
터 24일, 3월 1일부터 3일까지 뉴욕주립대학교 브록포드 대학 극장에서 〈옛날
옛적에 훠어이 훠이〉가 영역되어 공연된다는 소식이었다. 이 대학의 교포 연
극학자 조오곤 교수의 영역 대본에 케네스 존즈 교수의 연출, 한국 무용의 전
문가 엘레노아 킹의 안무로 막이 오르는 공연에 즈음해서 조오곤 교수는 미국
관객을 위해 간결하고 정확한 작품 해설을 공연 안내책자에 실었다.

"이 작품은 한국의 고대 설화에 토대를 두고 있습니다. 그 설화는 고민에 빠진 농
가 부부에 관한 것입니다. 농부의 아내는 초인적인 인간을 낳았습니다. 그 장수는 부
패한 사회를 정화시키는 운명을 타고 난 것입니다. 그러나 그 아이는 죽어야 했습니
다. 그의 탄생은 부패한 정치 사회의 변혁을 의미하고 있었기 때문입니다. 이들 부부
와 마을 사람들은 이런 변혁을 두려워했습니다. 그들은 숙청의 희생자가 되는 것을
두려워했습니다. 그래서 마을의 잠정적인 평화를 유지하기 위해 아이를 죽여야 했습
니다. 한국의 전통극의 관행처럼 이 작품도 어느 부분에서는 철저하게 반사실적으로
갑니다. 실제 배우들과 그림자극의 인형들을 극에 도입해서 이런 비현실적인 특성을
살리고 있습니다. 이 작품에서 클라이맥스는 아기가 마을 사람들이 오랫동안 기다리
고 있던 초인 장수라는 것을 알고 깜짝 놀라는 장면입니다. 아기는 초인간이기 때문
에 목소리는 어른 목소리입니다. 그리고 마음대로 걸어 다닐 수도 있습니다. 극작가
는 이 부분에서 고도의 연극적 방안을 안출해내고 있습니다. 그것은 인간과 인형의

대립입니다. 이 때문에 관객은 사실적 세계와 환상의 세계를 체험하게 되는 것입니다. 관객의 흥미를 끄는 장면은 아기의 살해에도 불구하고 극은 '해피엔딩'으로 끝나는 일입니다. 마을 사람들이 아기가 살해되어 매장되었다는 사실을 알고(아기는 날개 단 말을 타고 돌아와서 양친을 모시고 사라집니다) 즐겁게 북을 치면서 춤을 춥니다.

케네스 존즈의 예리한 연출은 관객을 공포감에서부터 웃음으로 옮아가는 체험을 가능케 합니다. 그리고 안도의 한숨을 쉬면서 깊은 자기 성찰(省察) 명상에 잠기도록 합니다. 정통적(正統的) 한국 의상, 춤, 그리고 특히 한국의 전통 악기는 이 공연의 질을 한층 높였습니다.

하지만, 공연은 완벽하지 않습니다. 흠도 있지요. 작품의 1막은 너무 길기 때문에 늘어지는 것을 조일 필요가 있습니다. 때로는 극적인 생동감에 넘친 대사의 부족으로 힘들었습니다. 그러나 대체적으로 연출가와 단원들은 생전 처음으로 이런 유형의 아시아 신비극을 보는 관객들에게 알기 쉽게 내용을 전달하는 일에 성공하고 있습니다."

서울예전에 출강하고 있을 때 그는 소설가 김인숙과 긴 대담(《한겨레신문》 제329호)을 가진 바 있다. 최인훈은 이 좌담에서 "70년대 들어와서 『광장』에서 얻어진 것 이상으로 내 문학을 발전시키지 못한 탓으로 그런 고민 속에서 장르를 소설에서 희곡으로 바꾸었다"고 말하면서 작가는 지적(知的) 확신이 있어야 작품을 쓸 수 있다는 말도 하고 있다. "20세기 우리 전체를 뒤흔드는 변혁의 조류가 처음 생각한 것처럼 다루기 단순치 않다는 생각이 들더란 말입니다." 그래서 그는 지적 모험을 계속한다는 말도 하고 있다. "한때는 정치학, 역사학, 심리학에 빠져 있었지만 요즘은 의학, 생물학, 우주과학 등을 탐독하고 있다"고 하면서 "90년대에는 소설을 다시 쓴다"고 말하고 있다. 필자가 주목하는 것은 그가 5·16 직후에 쓴 소설 「구운몽」은 쿠데타 이후를 그린 작품인데 상징적이고 초현실적인 기법을 쓰고 있다. 그 기법은 바로 희곡에서 그가 시도하고 있는 일과 상통(相通)하는 것이 아닌가 하는 점이다. '현실을 당당히 얘기할 수 있는' 작가 최인훈의 고도의 전술이 아닌가 생각해 본다.

한국연극 전환시대의 질주

나는 최인훈 작품을 '형이상학적 연극'이라고 말하고 싶다. 그의 희곡작품은 사물의 본질과 존재의 근원을 파헤치고 있기 때문이다. 그런 독창성은 이 나라 연극사에서 좀처럼 보기 힘든 지적(知的)이며, 철학적인 내용의 작품을 잉태했다. 그것은 시(詩)의 극이요, 상징의 숲에서 공명(共鳴, resonance)하는 다양한 모습의 생존의 환영(幻影)이라 할 수 있다.

최인훈은 희곡의 소재를 한국의 민담, 전설, 역사 등에서 얻어오고 있다. 그러나 이들 소재는 그의 창작과정을 거치면서 아주 새롭고도 독창적인 현실적 드라마로 변용(變容)된다. 그의 언어는 자연의 소리와 음악으로 변하고, 마지막 침묵의 신비로 남는다. 그의 무대는 자연과 인간이, 인간과 인간이 서로 어울리고, 등을 부비며 기대는 기묘한 관계의 설정이 된다. 무대에 끊임없이 흐르는 바람 소리는 별의 속삭임으로 파동되어 은하(銀河)의 흐름으로 솨아아 소리를 내며 가슴에 와 닿는다. 부엉이 울음소리, 늑대 울음소리, 매미 울음소리, 나뭇가지 눈 떨어지는 소리는 존재의 허무함, 그 상징적 표현일 수 있다. 이 때문에 나는 최인훈의 희곡이 시극에 가깝다는 생각을 떨쳐버릴 수 없고, 그러기 때문에 부조리극의 특징을 그의 작품에서 감지하게 된다. 최인훈은 한상철과 대담(『공간』 141호, 1979.3) 하면서 소설을 버리고 희곡을 쓰게 된 동기를 이렇게 말했다.

"아무래도 소설은 역사소설임에도 불구하고 민화 스타일이나 전설 스타일로 쓸 수 없고 만약 언제라도 한다면 자기도 알지 못하는 디테일을 집어넣어야 소설이 된단 말예요. 온달 시대의 디테일이나 단군이 뭘 먹었는지 걸음걸이가 어땠는지 그걸 어떻게 알아요. 집어넣는다는 데서부터 나는 허위가 시작된다고 생각해요. 그럴 바에는 현대의 인물을 그리지 무엇 때문에 고대인을 소화시키려 들어요. 이제는 고대인이라 해서 그렇게 할 생각도 안 나고 또 현대소설의 토대, 리얼리즘이라는 토대가 구속하는 거라 현대소설을 쓰면서 조차도 구속받았는데 고대소설을 쓴다는 건 일종의 전략이라 생각이 들어요. 본질적인 얘기는 주제라는 것은 형식을 요구하니까 역시 희곡이라는 형식이 필요하다는 생각을 하게 되죠. 이론적으로는 어떻게 하는 건지 연구를 못했지만 직감적으로 희곡이란 희곡 대본을 쓰는 사람의 힘, 연극하는 배우의 힘, 이런 것의 장르라고 봐요. 재료 자체가 가지고 있는 창출력, 혹은 축적된 그것 자체의 양식화의 능력, 양식이 갖고 있는 표현은 다 못할망정 표현을 가능하게 하는 개방성, 그런 것이 있는 것 같아요."

최인훈은 창작 동기에 대해서 계속 말했다.

"소설을 해온 이유라는 게 바로 한국적인 심성의 근원이란 뭔가 하는 거였어요. 소설이란 형태를 지닌 한국 정신사의 탐색, 이런 건데 소설이란 가장 자유스러운 형태니까 그런 주제를 다룬다고 해서 안 되는 것 없죠. (중략) 문학적인 역정의 필연적인 단계로서 왔다는 게 제일 명쾌한 답변이 될 것 같군요. 예술가의 일이니까 사적인 것이 사적으로만 그치지 않고 작품에도 연관이 됐을지도 모르죠. 제가 희곡을 쓰기 시작한 무렵을 전후해서 개인적인 불행을 많이 당했어요. 이별이라든지, 근친의 죽음이라든지, 아이들 중에 사고를 당하다든지 그것이 2, 3년 안에…아마 비극은 몰려다니길 좋아하는 모양이죠? 제가 미국 가 있는 동안에 그런 일이 계속 일어난 건데 그런 것에 혹 심리적으로 영향을 받았는지도 모르죠. 막이 올랐을 때 볼 수 있는 〈옛날 옛적에 훠어이 훠이〉의 조명과 비슷한 색깔이 아니었나 생각됩니다만. (중략) 소설 자체의 양식이 요구하는 것은 본질적인 한계가 있는 거니까, 소설은 소설로서 쓰여지고 읽혀져야 하는 약속은 있으니까 그런 형태로는 다 할 수가 없었던 거지요. 그런데다한 3년 동안 침묵하는 사이에 여러 가지 남아있는 힘들에 대한 새로운 분출구를 생각했던 것 같아요. 그 결과 쓴 것이 〈옛날 옛적에 훠어이 훠이〉인데 저는 그 작품을 쓰고서 많은 분량의 표현을 한 것 같은 느낌을 받았어요. 소설을 가지고 다 채울 수 없었던 감을 상당히 이루어 놓은 것 같은 생각이에요. 그 이후 비슷한 맥에 속하는 작품을 현재까지 써온 거죠."

대담 중에 최인훈은 무대언어 구사 문제에 대해서 이렇게 말했다.

"이를테면 말을 더듬더듬하는 게 그 사람의 성격 구성에도 필요해서 그렇기도 하나, 그보다도 연극 자체가 좀 어떻게 말이 더듬거리는 것처럼 막히는 데가 생기면 그걸 극복하고 다음으로 나가고 하는 식으로 말이라는 것 자체에 의미 전달 이상의 비언어적인 것까지도 곁들여보려고 하는 시도를 했어요."

이상일은 「둥둥 낙랑둥, 연극 읽는 즐거움」(공연프로그램, 1980.9)에서 극시인 최인훈의 '찬란한 변신'에 대해서 다음과 같이 말하고 있다.

"북소리의 의음화로 붙여진 낙랑의 비련은 형상의 흐름에 치중되었던 전작들에 비해 극중 인물들이 구체적이고 생동적이다. 전작들의 근원성과 창조적 카오스가 극문학의 강력한 집결력과 폭발력을 약화시킬지도 모른다는 불안을 동반하고 있었음에 비하여, 이 호동왕자 이야기는 서사적 현실감과 서정적 환상의 적절한 짜임으로 극문학의 완전한 성립을 이룩한다. 흔들리지 않는 구성, 시로 장식된 지문, 압축된 대사, 대사의 시어(詩語)적 긴장감, 그리고 넓은 의미의 시세계로 확대될 가능성을 지닌 디테일의 묘미 등 최인훈의 극화의 재능은 이 땅의 극작가들이 체득하지 못했던 것들을 보여준다. 분명히 이 작가는 다른 장르 형식으로 처리할 수 있는 소재의 표현양식 가운데 군이 드라마를 선택한 것이 아니라, 드라마가 아니면 표현을 할 수 없는 것을 드라마로 표현한다. 이것은 중요한 문제이다."

양혜숙은 평론 「삶과 예술의 차이」(『주간조선』 608호, 1980.9.8)에서 〈둥둥 낙랑둥〉을 분석하고 평했다.

"최인훈의 희곡 세계는 엇갈리는 두 세계, 극적인 동의 세계와 시적인 정의 세계가 오묘하게 결합해 있는 데 그 강점을 찾을 수 있으며, 또한 그 약점도 찾을 수 있는 것이다. (중략) 특히 이 작품이 설화에서 얘기를 그대로 받아들이지 않고 오히려 호동이 승리하고 고구려로 돌아가게 된 승전의 축제 속에서 자신의 승전이 어디까지 하늘의 뜻이고, 어디까지 인간인 자신의 인위적인 조작이었나를 추궁하는 아이덴티티의 확인과 그것이 불가능함을 작가는 낙랑을 쌍둥이 자매로 설정해 놓고 가일층 복합적이고 모순된, 그래서 현실적인 삶에서는 도저히 풀어질 수 없는 수수께끼인 채로 남지만, 연극 속에서는 어쩔 수 없이 절망과 파멸이란 해답으로 종결을 맺게 되는 훌륭한 비극이 된다."

이상일은 그의 평론 「어눌과 시적 비전의 작가 최인훈론」(『한국현역극작가론 I』, 1987.12)에서 이 작가를 더 깊게 연구하고 있다. 짜임새 있는 긴 평문이기에 중간 중간 요약해서 소개하기가 어려우니, 그의 평론집 『전통과 실험의 연극문화』(225~242쪽)를 참고하기 바란다. 이상일은 그의 저서 『한국연극의 문화형성력』에서도 최인훈 희곡과 무대에 관한 분석의 글을 발표하고 있다. 특히 극단 민예가 공연한 최인훈 원작 허규 각색 작품인 〈놀부뎐〉의 분석은 최인훈 연구에 도움이 되는 이다. 이상일의 「최인훈 론」 결론 부분에서 언급하고 있는 「한스와 그레텔」론을 요약해서 인용해 본다.

"역사와 현실의 이중 구조적 복합성이 신화적 심상과 현대─역사의식의 이중구조의 복합성으로 병립될 때, 최인훈은 신화─설화세계 속에서 시적 상상력을 극대화한다. 현실이 각박함으로 오히려 꿈의, 신화의 세계에서 현실을, 현대를, 역사를 재단하던 최인훈은 마침내 주제와 소재를 바로 우리가 사는 시대의 역사로 옮기면서 〈한스와 그레텔〉 한 편을 끝으로 극시인으로서 붓을 놓는다.
〈한스와 그레텔〉이라는 환상적 동화의 제명을 따오면서 나치 독일의 비밀을 간직한 채 30년의 독방 신세를 진 한스 보르헤르트는 6백만 유태인을 죽이지 않는 대신 나치 독일의 멸망을 막아 보려했던 히틀러의 비밀협정의 전권대사였다. 역사는 유태인 학살을 증언한다. 그렇다면 연합군이 비밀협정을 파기함으로써 유태인 6백만 학살이라는 비극이 용인된 셈이다. 그런 의미에서 역사는 거짓을 강요할 수도 있고, 한스는 그런 역사의 희생자일 수도 있다는 결론이 나온다. 역사의식은 현대의 이데올로기이다. 이데올로기에 치인 한국의 역사를 살면서, 최인훈은 한스로 하여금 이데올로기를 버리고 사랑하는 아내에게로 돌아가게 한다. 그레텔은 사랑의 여인이고, 인고의 여인으로 30년 동안 남편을 기다린다. 그레텔은 이데올로기가 아니고, 현대의식도 역사의식도 아니다. 그녀는 여인이고, 그저 인간이다. 렌즈를 닦으며 한스는 진리를, 진실을, 현실을 맑은 유리로 꿰뚫어 보고 그 종점을 인간 승리에다 둔다. 현대의 동화는 마지막 지문을 다음과 같이 맺고 있다. (두 사람 다가선다/포옹한다/두 사람 서로 부축하며 퇴장하기 시작한다…/〈보리수〉 흘러나온다.)

　최인훈 극문학이 일종의 인간승리, 여인으로 상징되는 부드러움에의 회귀로 끝나고 있음은 의미심장하다. 그는 긴 순례를, 극문학의 핵심을 찾아 신화적 심장의 근원에서 오늘 이 땅의 역사−현대의식을 거쳐 조국이라는 어머니상을 향해 헤멘 순례의 끝을 인고의 여인, 곧 인간에게로 귀착시킨다. 그 다음 전개는 극시인 최인훈의 또 다른 변신이 될 것이다."

6. 지방연극, 1985년 연극과 평론, 통일문화

— 극작가 윤조병의 세계

윤조병

　　지방의 문화유산을 원천으로 삼고 지방연극문화를 진흥시키려는 노력이 지방연극인들에 의해 성실하게 추진되었다. 이런 노력이 지방연극제로 열매를 맺게 되었다. 제3회 연극제는 5월 24일부터 6월 4일까지 청주시 충북예술문화회관에서 전국 12개 시, 도 대표 극단 참가로 막을 올렸다.

　　1983년도 부산에서 개최된 제1회 지방연극제는 부산지방 연극 활성화의 도화선이 되었다. 이를 계기로 부산연극제가 생기고, 부산지방에는 13개 극단이 공연 활동을 하고 있다. 이들 가운데서도 특히 처용극장(이동재), 부산레퍼토리(윤광부), 전위무대(전성환), 예술극장(이영식) 등의 활동이 시민들의 관심을 끌고 있다. 부산시는 1983년 '부산 문예진흥 5개년 계획'을 수립하고, 1988년 완공예정으로 부산문화회관을 건립 중에 있었다. 특히 1985년 10월 1일부터 13일까지 개최된 부산무대예술제는 한국연극협회 부산지부 5개 정회원 단체가 공동으로 참여하고 있다.

동아일보 송영언 기자는 4월 22일자 기사에서 '활기 찾는 지방무대'의 실적을 보도하고 있다. "지방연극이 꽃을 피워가고 있다. 전국지방연극제 참가를 위한 지역예선이 예선전의 차원을 뛰어넘은 시도연극제로 차차 정착돼 나가고 있으며, 광주, 포항에 이어 전주도 이달 중 시립극단이 창단될 예정이어서 지방연극에 활기를 불어넣고 있다."

예총 인천지방에는 극단 대표 박승인, 극작가 윤조병, 배우 정진 등이 활동하고 있다. 인천지방에는 극우회, 돌체, 엘칸토, 경동예술극장, 미주홀, 집현전, 예인그룹 등의 연극 단체가 있다. 춘천에는 혼성, 굴레, 예맥 등 3개 극단이 활동을 계속하고 있다. 이들 극단을 육성한 주역들은 최지웅, 이영철, 윤고성, 김경태 등이다. 청주에는 시민극장, 상당극회, 청년, 도도, 무성 등 5개 극단이 있으며, 정일지, 임해순, 민병인, 장남수 등이 청주연극의 주역들이다. 마산에는 불씨촌, 어릿광대, 무대, 사랑방 등의 극단이 있다. 어릿광대 대표 박락원이 운영하는 터전소극장은 이들의 근거지가 된다. 목포지역 연극은 1920년대 극작가 김우진에 의해 개척되어, 차범석, 김길호 등에 의해 활성화되다가, 연극협회 지부 자문으로 있는 이재윤의 예술인사랑방에서 소극장 운동을 하고 있다. 진주 연극의 주역은 극단 현장을 18년간 키워온 이희대이다. 1987년에 도립문화예술회관이 완공될 예정으로 있다. 경주에는 57년 이수일이 창단한 에밀레극단이 있다. 안동에는 이용사가 대표로 있는 극단 관객이 있다. 극자가 장창호가 이끄는 극단 고래는 창단 공연으로 〈에쿠우스〉를 무대에 올렸다.

제3회 지방연극제에 참가했던 극단과 작품은 다음과 같다.

경기도 극단 80 〈끝없는 종말〉(이봉운 작, 이광진 연출), 전북 극단 황토 〈너딜강 돌무덤〉(박환용 작, 박병도 연출), 제주 극단 정랑 〈배비장전〉(김상열 작, 강한근 연출), 경남 거창 입체극단 〈징소리〉(이상용 작, 이종일 연출), 충북 청년극장 〈만선〉(천승세 작, 한기호 연출), 부산 처용극장 〈가출기〉(윤조병 작, 이동재 연출), 충남 앙상블 극단 〈낭랑인 가라전〉(김상열 작, 이종국 연출), 전남 목포극협 〈물모지〉(차범석 작, 이재윤 연출), 강원 극단 굴레 〈그대의 말일 뿐〉(김상열 작, 이영철 연출), 인천 극단 엘칸토 〈참새와 기관차〉(윤조병 작, 김기성 연출), 대구 극단 우리무대 〈달아 달아 밝은 달아〉(최인훈 작, 이한섭 연출), 경북 포항 은하극단 〈대지의 딸〉(차범석 작, 김삼일 연출).

이 연극제에서 대상은 경북 포항 은하극장이 차지했다. 우수상은 강원 굴레였다. 장려상은 전북, 인천, 충북의 극단들이 차지했다. 개인상은 희곡상에 박환용(전북), 연출상은 이영철(강원), 연기상은 이휘향(경북), 이화진(부산), 임영주(충남), 미술상은 안상철(전북) 등이 차지했다.

유민영은 제3회 지방연극제 평을 다음과 같이 요약했다.

"경기도 안양 극단 80의 무대는 연출, 연기, 무대장치에 이르기까지 전형적인 통속극이었다. 전북 극단 황토의 공연은 황토색이 강한 작품이었다. 작품의 구성에 결함이 있음에도 불구하고 주제가 선명하고 연출에서 재능이 보인 무대였다. 제주도의 연극은 이번에 가장 괄목할 정도로 발전된 모습을 보여준 여우였다. 연출이 돋보였다. 경남의 경우는 희곡의 구성, 연출, 연기 등에 문제가 많았다. 충북의 경우는 너무나 범용한 작품이었다. 연출의 창의성을 발견할 수 없었다. 부산의 연극은 소품이긴 하지만 이번 연극제 작품 가운데서 가장 산뜻하게 처리된 작품 중 하나였다. 희곡, 연출, 연기가 균형을 이루고 있었다. 이화진의 연기가 돋보였다. 충남의 경우는 주제의식이 뚜렷한 작품이었다. 원작이 안고 있는 보편성의 결함이 문제였다. 전남의 경우 무대장치는 좋지 못했지만 열연이었다. 어머니 역의 김연순의 가능성이 크게 부각되었다. 강원 극단은 매우 세련된 무대를 보여주었다. 이번 연극제에서 부산, 포항 극단과 함께 가장 훌륭한 무대를 창출한 경우가 된다. 인천의 경우는 원작은 상당한 수준을 유지하고 있었지만 연출의 창의성이 전혀 보이지 않았다. 단원들의 고른 연기력은 좋았다. 대구 극단은 매우 특이한 각도에서 심청을 재구성했지만 무대는 평범한 상식의 범위를 넘지 못했다. 경북 은하극단의 공연은 소도시 공연치고는 너무나 경이적인 무대였다. 은하극단은 지방연극의 훌륭한 모범이었다." (『문화예술』 100호, 1985.8)

제2회 지방연극제는 전남 광주에서 12개 단체가 참가한 가운데 막이 올랐다. 이 연극제에서는 지방 작가들이 쓴 8편의 창작극이 선을 보여 이채로웠다. 대통령상은 인천시의 극우회가 무대에 올린 〈휘파람 새〉(윤조병 작·연출)가 수상했다. 〈휘파람 새〉는 이 연극제에서 거둔 눈부신 성과였다. 이 희곡이 지방연극제를 위해 쓴 신작희곡이라는 점에서도 그 의의는 크다. 극작가 윤조병은 연출에도 탁월한 재능이 있음을 입증한 이 공연은 그 해 상반기 우리 연극의 수확이었다. 필자는 그 당시 인천시 문화공보 담당 관리에게 이렇게 말했다.

"산업도시 인천에 극작가 윤조병이 모스크바의 체호프처럼, 스톡홀름의 스트린드베리처럼 그곳을 떠나지 않고 글을 쓰고 있다는 것은 인천시민의 자랑이요, 행운이다. 인천시는 이번 수상을 기념해서 그에게 응분의 예우를 해야 한다. 그것은 2백 석도 좋고, 3백 석도 좋으니 연극전용극장을 하나 만들어주는 일이다. 도시의 자랑은 극장이다. 윤조병이 활동하고 있는 극장이 인천시에 있으므로 해서 인천시는 배만 들락거리는 항구도시, 무역도시만이 아니라 예술이 꽃피는 문화도시로 탈바꿈할 수 있을 것이다. 윤조병의 연극을 보러 우리들이 인천으로 달려가는 날을 나는 기대한다."

꿈같은 일이 놀랍게도 그 후에 실현되었다. 인천에 큰 극장이 서고, 윤조병이 그 극장 부설 극단의 예술감독이 되었기 때문이다. 전국지방연극제 개최의 성과로 지적될 수 있는 것은 지방문화인들과 공직자들의 증진된 친화력을 들 수 있다. 특히 연극에 대한 관리들의 관심은 지대(至大)했다. 그 결과로 각 지방에 극장 건립사업이 본격화되었다. 물론 이 사업의 추진에는 중앙정부도 적극적으로 재정지원에 나섰다.

필자는 제2회 지방연극제 총평을 월간지 『문예진흥』(94호, 1984.8)에 발표했다.

　　"〈휘파람 새〉는 결혼식을 끝낸 신랑, 신부가 해외 신혼여행을 포기하고 발길 닿는 대로 시골로 가서 세속의 먼지를 털어내고 어떻게 자연을 만나고 있는가라는 단순한 내용을 담고 있다. 스토리는 단순하지만, 이 무대가 일깨우는 상상의 세계는 무한한 것이었다. 한 마디로 이 작품은 작가가 말한 대로 "젊음과 사랑의 시요, 노래요, 그림이다." 그것은 초원의 빛이요, 햇살의 환희요, 흐르는 구름의 서정이요, 반딧불의 기적이요, 하늘과 땅의 교향악이다. 우리는 이 모든 자연의 풍성한 축복과 순수한 기쁨을 잊고 살아가고 있다. 그래서 그것은 어린 시절의 동화처럼 아득하기만 하다. 이 희곡의 무대형상화에서 우리를 놀라게 해 준 점은 일상적인 생활 속에서 직면하게 되는 사소한 일들과 행위, 그리고 사물들을 기발한 발상으로 연극화시키는 일이다. 이 희곡의 무대설명을 보면, 이 점을 알 수 있다. "이 연극은 무더운 여름의 어느 오후에서 이튿날 새벽 사이에 일어나는 잔잔한 사건들과 분위기로 구성되어 있기 때문에 미루나무가 있는 들길, 평야를 가로지르는 철로, 거룻배가 왕래하는 나루, 묘지 근처의 호수, 잡목 숲 사이로 넘어가는 황토 고갯길, 뙤약볕, 노을, 어둠, 새벽과 잘 어우러지게 꾸며져야 한다. 특히, 훤하게 탁 트인 주변 공간을 현실 및 회상 장면으로 전환시켜 환상적 분위기가 표현될 수 있게 처리해야 한다." 말하자면 일상적 생활의 디테일이 상징적 기능을 발휘하고 있는 것이다."

　　이 작품은 젊은 부부의 생활을 그리거나, 자연을 접하는 신혼부부의 심리적 상태만을 보여주고 있는 것이 아니라, 일상생활에서 만나는 아주 사소한 일들도 때로는 인생의 중요한 가치를 담고 있다는 주제를 표현하고 있다. 이 작품은 표현 형식면에서도 리얼리즘 연극을 한 단계 넘어서 상징적 수법으로 심화시키고 있었다. 농촌 문제를 주로 다룬 윤조병의 작품은 언어 중심의 전통적인 리얼리즘 계열의 작품이다. 그러나 그는 〈휘파람 새〉에 이르러 획기적인 전환을 시도했다. 우선 대사가 간결하게 압축되어 시적 감흥을 쉽게 전달하고 있으며, 관객들의 연극적 상상력을 자극하고 있다. 그는 간결한 대사의 반복이 단조로움에 빠지지 않도록 하기 위해서 음악과 조명을 면밀하게 도입하고 있으며, 작중인물의 분신을 등장시켜 극의 변화감을 살리고 있다. 무대장치도 간단하다. 이 연극은 기승전결의 치밀한 갈등구조에 토대를 두고 있는 것이 아니고, 극적 이미저리의 표현에 의존하는 표현주의적 기법을 사용하고 있다. 우산과 웨딩드레스, 자연의 숲과 육체의 숲 등 두 가지 이질적 요소의 융합은 훌륭한 아이디어였다. 장면전환의 적절한 타이밍, 동작과 음악의 조화, 배경막을 통한 장소 이전, 반딧불의 놀라운 연극적 효과, 그리고 깨끗하고 격조 높은 연기 등은 〈휘파람 새〉를 높이 평가하게 되는 이유가 된다. 김혜숙 역을 맡은 배우 정주희는 정확한 대사발성과 민감한 연기적 감성으로 이 연극을 빛내고 있었다. 특히 어른이 어린이의 눈으로 세상을 보고, 어른이 어린이의 순진한 마음으로 돌아가서 행동하는 일은 어려운 일인데, 그 연기를 이 배우는 자연스럽게 해내고 있었다.

필자는 「윤조병론 서설」을 써서 발표했다.

"비사실적 상징기법은 우리나라 사실주의 희곡이 사실주의로부터 어떻게 탈피할 수 있는가 하는 것에 대한 귀중한 한 가지 방향제시가 되었다. 그러나 윤조병은 〈휘파람 새〉에서 처음으로 이 같은 시도를 시작한 것은 아니었다. 그 실험의 씨앗은 이미 〈참새와 기관차〉(1977)에서 뿌려지고 있었다. 그리고 이 같은 비사실적 경향은 그의 작가적 체질 속에 잠재해 있는 것으로서, 작품에 따라 유효적절하게 분출되고 있는 것이라 생각된다. (중략) 〈참새와 기관차〉는 상징주의 희곡의 세 가지 요소를 모두 지니고 있는 작품이다. 이 작품은 〈휘파람 새〉로 발전되는 모태가 되고 있다. 과거의 시간과 행위가 극중극 형식으로 전개되고 있는 점은 다분히 프로이트적인 발상이라 할 수 있으며, 이 작품 속에 사용되고 있는 자연과 문명의 상징은 진실에 관한 작가의 직관을 상징을 통해 암시하려는 극작기교의 발로라 할 수 있다. 그리고 이 작품에서 지적되어야 하는 가장 중요한 부분은 생의 신비를 시적 분위기의 창출을 통해 전달하고자 하는 상징주의 희곡기법이라 할 수 있다. 이 작품의 주제라 할 수 있는 진실과 허구의 문제에 대해서도 도입부의 상황설정은 노을을 묘사하는 자연의 상징에 의존하고 있다. (중략) 이 작품의 또 다른 주제인 전쟁의 비극에 대해서는 기관차에 부딪치는 새들의 이미지를 통해 암시하고 있다." (이태주, 「윤조병론 서설」, 한국연극평론가협회, 『한국현역극작가론』, 예니, 1984)

필자는 결론에서 말했다.

"윤조병은 농촌극, 관산촌극, 그리고 어촌극을 통해 사회와 인간의 도덕적 관계를 꾸준히 탐색해 왔다. 그것은 그가 사회문제에 깊은 관심을 갖고 있는 모럴리스트인 증거가 되기도 한다. 그러나 주목할 일은 그가 하층민의 소외된 삶에서 폭넓은 소재를 얻어와 인도주의적 입장에서 인간의 사회적 양심과 책임문제를 집요하게 다루어 나가면서도 결코 도식적인 이데올로기의 함정에 빠지지 않는 점이라 할 수 있다. 이 문제는 그가 희곡작품의 예술성에 부여하고 있는 작가적 신념과도 밀접한 관계가 있다고 생각된다. 그 신념은 사실주의 희곡의 완성과 그것으로부터의 탈피, 또는 비사실적 희곡과의 기법상의 융화 등의 과제가 그에게는 이데올로기에로의 일방적인 경도보다 더 중요하기 때문이다."

남도예술회관에서 1984년 6월 1일부터 12일까지 전국 12개 시·도 대표극단이 참가한 연극제에서 공연된 작품은 다음과 같다. 〈잃었던 고향〉(박경창 작, 정일원 연출, 충북 청주 시민극장), 〈망나니〉(윤대성 작, 이재인 연출, 수원 예술극장), 〈정선아리랑〉(이하륜 작, 최지웅 연출, 강원 극단 혼성), 〈박수, 바람을 타다〉(강태기 작, 허영길 연출, 극단 부산레퍼토리시스템), 〈귀향〉(김상열 작, 서영우 연출, 대구 극단향토), 〈만선〉(천승세 작, 유석유 연출, 전남 광주 극단 예후), 〈그 소리, 바람에 지다〉(김용락 작·연출, 충남 대전 극단 갈채), 〈상방〉(김지현 작, 이희대 연출, 경남 진주 극단 현장), 〈이어, 이어, 이어도 사나〉(강용준 작·연출, 제주 극단 이어도), 〈달집〉(노경식 작, 박병도 연출, 전북 전주

극단 황토), 〈신의 원죄〉(권유식 작, 이수일 연출, 경북 경주 에밀레극회).

이들 작품들은 대부분 리얼리즘 계열의 작품이었고, 대체적으로 이들 작품은 비극적인 상황에서 비극적인 인물이 어떻게 그의 운명과 싸우고 있는가하는 내용을 다루고 있었다. 이들 공연에서 발견되는 문제점은 비극적 내용이 나열되고, 서술되어 해설되고 있을 뿐이지 충돌과 갈등의 과정을 통해 비극적 인물이 자연스럽게 창조되는 성격의 형상화 과정이 미흡하고 모호하다는 점이었다. 인간의 비극적 상황을 관찰하고, 이해하고, 체험하는 일들이 극작가에 의해 심도 있게 수행되지 못한 이유는 비극적 현실의 객관화 작업이 미숙한 탓이었다. 비극적 현실의 객관화란 비극적 사실의 은유적 '역사화' 요 '현재화' 인 것이다.

정진수는 「한국연극 속의 지방연극」(『문예진흥』 통권 92호, 1984.4)에서 지방연극의 활성화를 위해 해결되어야하는 과제로서 첫째, 공연장 시설의 개선과 극장관념에 대한 전근대성의 탈피, 둘째로, 극장은 관람 장소이면서 동시에 예술작품의 창작 현장이라는 인식의 제고, 셋째, 극장을 '짓는 일' 못지않게 지은 뒤에 '쓰는 일' 에 더 많은 계획이 필요하다는 점을 알아야 하는 일, 넷째, 극장 사용 목적의 정립, 다섯 번째로는 '전속예술단체' 의 설립과 운영 등을 제시하고 있었다.

유민영은 지방연극제에 관해 다음과 같이 논평했다.

'84년의 제2회 지방연극제는 그 열기도 대단했지만 그 수준도 지난해에 비해 많이 향상되었다. 신작이 6편이나 되어 창작극 열기가 보였고, 작년과 달리 묻혀있던 작품도 3편이나 나와 그만큼 중앙의 일방적 모방이나 아류를 벗어나 개성을 가져보려는 바람직한 모습을 보여주었다. 그리고 전반적인 특징은 제1회 때의 작품들이 설익은 실험극 계열이 많았던 것과는 달리 리얼리즘 계열의 연극을 지향하고 있다는 점과, 자기 고장 출신 아마추어 작가의 희곡을 선택해서 짙은 방언을 구사하면서 향토색을

살린 점이다. 그러나 수준에 있어서 우열의 차가 심하게 드러나 우수한 작품 한두 편
은 중앙의 직업연극 수준을 능가했으나 상당수 작품들은 1930년대의 신파극 수준에
머물렀다."(『문예연감』, 1984)

　　제2회 지방연극제에서 확인한 일반적 문제점은 지방의 문화유산을 원천으
로 삼고 창작한 희곡이 부족하고, 대사발성의 문제가 심각하고, 무대흐름의
느린 템포와 인물의 과장된 성격 등 사실주의 무대기술의 미숙 등이었다. 중
앙과 지방의 연극 교류와 연극교육의 활성화를 통해 이런 부족한 점들이 시급
히 해결되어야 한다고 평론가들은 의견을 함께 했다.

　　1985년은 해방 40년을 기념하는 공연과 심포지엄이 다채롭게 펼쳐진 한 해
였다. 1985년 연극은 연극 환경의 변화가 목격되고 무대공간이 확대되는 한 해
가 되었다. 1985년 초에 문예진흥원은 '창작활성화 지원계획'을 입안해서 창
작환경 개선에 도움을 주었다. 호암아트홀, 산울림소극장, 신선소극장, 현대
예술극장, 민중소극장 등 공연장이 새로 문을 열었다. 아주 다행스러웠던 일
은 소극장 공연이 활성화되면서 새로운 실험적 총체연극이 활기차게 시도되
었다는 점이다. 우수 창작극이 의욕적으로 공연되는 바람직한 현상이 인지되
면서 새로운 재능들이 대거 무대에 진출한 일도 연극의 변화를 촉발(促發)하고
있었다. 윤조병의 〈풍금소리〉, 최인석의 〈쌀〉, 윤대성의 〈방황하는 별들〉, 노경
식의 〈하늘만큼 먼 나라〉, 김의경의 〈잃어버린 역사를 찾아서〉, 오태석의 〈필
부의 꿈〉, 황석영의 〈한씨연대기〉 등이 관객을 모으고 있었다. 김석만(연출-
〈한씨연대기〉), 김지숙(연기-〈뜨거운 바다〉), 양희경(연기-〈한씨연대기〉),
박재서(극작-〈AD313〉, 〈하나님〉, 〈비상이에요〉), 주요철(연출-〈무덤 없는
주검〉), 정순모(연출-〈비계낀 감자〉), 김갑수(연기-〈잃어버린 역사를 찾아
서〉), 문성근(연기-〈한씨연대기〉), 심순이(연기-〈아메리카의 이브〉), 차유경

(연기-〈삼시랑〉), 송미숙(연출-〈오 나의 얼굴〉), 최형인(연기-〈필부의 꿈〉), 정태화(연기-〈쌀〉), 김혜옥(연기-〈검은 새〉), 우상전(연기-〈무덤없는 죽검〉), 김영무(극작-〈구름가고 푸른하늘〉), 이승호(연기-〈안티고네〉), 윤주상(연기-〈진짜서부극〉), 이정희(연기-〈산불〉), 박혜진(연기-〈대머리 여가수〉), 이원균(평론-객석예술평론상 입상, 「한국연극의 방향-관객과의 관계를 중심으로」), 구장흥(기획), 김상수(연출-〈포로교환〉), 박규배(연출-〈콜렉터〉), 강영걸(연출-〈하나님, 비상예요〉), 이현화(극작-〈카덴짜〉), 채윤일(연출-〈카덴짜〉), 정복근(극작-〈검은새〉), 이종훈(연출-〈AD, 313〉), 김철리(연출-〈티타임의 정사〉), 이호성(연기-〈루브〉), 최주봉(연기-〈뜨거운 바다〉) 등은 1985년 연극에 신선한 충격을 안겨준 인물들이었다. 연극의 다양화 현상, 연극의 국제교류, 지방연극의 활성화, 실험극과 뮤지컬 공연 등 제반 양상은 80년대 중반의 연극 발전을 확인하는 징조였다.

문예진흥원은 '창작활성지원계획' 을 발표하면서 다음과 같은 설명을 했다.

> "이번 지원계획은 이제까지의 지원형태인 행사의 개최, 시상금의 지급 등 형식적이며 평면적인 창작 활동 지원방안에서 한 걸음 더 나아가 우리의 문화예술 활동이 가지고 있는 문제점을 검토하고, 이에 대한 구체적인 대처방안으로서 순수문예창작 활동에 대한 근본적이며, 실질적인 지원제도를 정착시키는 데 역점을 두었다."

이 같은 발전계획이 마련된 것은 86아시안게임과 88올림픽 문화행사 때문인데, 핵심 사업이 국제적인 연극제의 개최이고, 연극제가 성공하려면 창작극이 활성화되어야한다는 견해가 도출되었기 때문이다.

창작극 활성화 계획의 내용을 세 가지로 요약할 수 있다. 첫째는 해마다 10편의 창작극을 선정하여 1편 당 3백만원을 지급하고, 그 작품을 공연하는 단체는 7백만원의 제작비를 보조한다는 것이었다. 최우수 공연단체는 1천만원의 지원금을 받고, 지방순회공연의 혜택이 있었다. 둘째, 공연 대본의 출판을 지원한다는 것이었다. 셋째, 극작가를 육성하기 위해서 해마다 2명을 선정해서 매월 50만원을 지원해서 연간 1편의 창작극을 제출토록 하며, 국립극단에 전속작가 제도를 마련한다는 것이었다. 또한 문예진흥원은 참가단체에 대한 지원금을 245%까지 증액키로 했다. 220평 규모의 연습장(종로구 충신동 예일빌딩 내, 대연습실 3, 소연습실 7)을 마련하고, 문화올림픽용 소재와 희곡작품의 공모를 실시키로 했다. 소재 당선작은 오페라 〈불타는 탑〉(김영운), 〈신적(神笛)〉(최옥자), 가무극 〈지하철의 연가〉(홍원기), 〈달맞이 해돋이〉(윤조병), 한국무용 〈하얀 초상〉(국수호), 발레 〈물방울〉(노경식) 등이었다.

소극장 '산울림'(대표 임영웅)이 1985년 3월 3일 개관되었다. 〈고도를 기다리며〉가 개관기념 작품으로 공연되었다. 신선소극장(대표 안선호)은 3월 1일 개관되었다. 이 소극장은 연희극단 광대, 동주극단, 춤패 신, 놀이패 한두레, 신영상연구소 등 5개 단체의 공동무대요 작업장이었다. 카페소극장이 늘어나면서 4월에는 어울림소극장이 무세중 전위연극 〈날개는 침대 속에〉(아라발 작)와 기국서 연출의 〈미궁〉이 공연되었다. 소극장 '삐에로'는 팬터마임을 주로 하는 김동수가 마련한 극장으로서 개관기념으로 최인호 원작, 서현석 연출로 〈잠자는 신화〉가 공연되었다. 최첨단 시설을 갖춘 중형극장 호암아트홀(객석 1천 석, 무대 1백 86평)이 5월 1일 개관되었다. 개관 기념공연으로 〈햄릿〉(이해랑 연출)이 5월 16일부터 22일까지 공연되었다. 서울 강남 지역에 현대예술극장(대표 최불암)이 10월 개관되었다. 객석 2백 50석과 가변무대를 갖춘 극장에서 뮤지컬 〈애니〉가 공연되었다. 소극장 '3&5'가 강남구 역삼동에서 10월 3일(200석, 대표 김영덕) 개관되어 장 쥬네의 작품 〈발코니〉가 공연되었다.

한국연극 전환시대의 질주

11월 1일 민중소극장이 개관되어 김철리 연출로 〈티타임의 정사〉가 공연되었다. 12월에는 극단 연우가 〈한씨연대기〉를 신촌 연우소극장에서 공연했다. 크리스털백화점 9, 10층에 두 개의 공연장이 개설되어 11월 19일 개관되었다. 9층이 45평 1백 20석, 10층이 100평에 2백 38석이며, 9층 극장에서는 소극장 연극을, 10층은 무용, 음악, 영화를 위한 공간이었다. 개관 기념공연으로 여성국극, 이정선 콘서트, 장두이 귀국공연 〈뉴욕 코메리칸 블루스〉, 추송웅 모노드라마 〈우리들의 광대〉 등이 공연되었다.

소극장 공간이 확보되면서 다양한 연극공연이 활기를 찾게 되었다. 그러나 소극장이 기성연극을 모방하는 축소판이 되어 저질 상업극의 온상이 되는 경향에 대해 우려의 목소리도 높았다. "소극장이 단순히 극장 규모가 작다는 의미가 아니라, 상업적인 연극에 대항하는 새로운 연극창조의 실험실로서 연극에 기여할 때, 본래의 의미를 살릴 수 있다."(유민영, 《조선일보》, 1985.4.20). "요즈음 우리나라 소극장의 실태를 보면 대극장의 축소판일 뿐, 실험정신이 그 속에 전혀 담겨져 있지 않다."(차범석, 『한국연극』 12월호, 1985). "소극장에서는 가능한 한 저항의식이 있어야 한다. 소극장은 실험성이 결여되면 존재가치가 없다"(이해랑, 『한국연극』 12월호, 1985) 등 경적(警笛)이 울렸다. 극장 공간이 늘어나면서 문제점으로 지적되는 것은 극장 운영의 미숙, 기획의 빈곤, 예술적 수준의 저하, 지나친 상업주의적 경향, 전속극단의 부재, 불성실한 창조과정, 무대기술의 빈곤 등이었다. 호암아트홀이 개관되면서 〈햄릿〉, 〈만선〉, 〈시집가는 날〉, 〈오셀로〉, 〈수전노〉 등 5편의 작품이 공연되었다.

제9회 대한민국연극제가 1985년 8월 12일부터 10월 8일까지 문예회관 대극장에서 개최되었다. 이 연극제에서 공연된 창작극의 특징은 역사를 소재로 한 작품이 많았다는 점이다. 민중극장의 〈선각자〉(이재현 작, 정진수 연출)은 말년의 춘원 이광수를 주인공으로 하여 그의 친일 행각을 심판하는 법정극이다.

이 작품은 반민특위에서의 조사과정을 통해 고난의 시대의 지식인의 위선을 검증하면서 동시에 한일관계의 심층을 재조명하고 있다. 민예극장의 〈쌀〉(최인석 작, 손진책 연출)은 을사보호조약이 체결된 다음해인 1906년이 배경이다. 일제치하에서 대지주가 쌀을 일본에 수출하고, 양복, 구두, 양과자 등을 수입해서 치부하는 착취와 패륜의 매국행위를 고발하는 작품이다. "일제에 타협한 지주는 민족에 대해 하나의 거대한 폭력을 행사했다는 생각으로 이 작품을 썼다"고 작가는 말하고 있다. 또한 "안일과 공허한 조상숭배에 빠진 한 인간의 몰락을 통해 부(富)의 타락과 허구성을 고발했다"라고 연출가는 말했다.

현대극장이 공연한 〈잃어버린 역사를 찾아서〉(김의경 작, 김상열 연출)은 1923년 9월 1일 일본의 관동대지진 때 6천여 명의 한국인들이 학살당한 사건을 다루고 있다. 작가는 재일교포 김진도 부자와 부녀, 그리고 일본인 공장장 다나까 부자의 스토리를 한국인 신문기자의 취재로 밝히는 형식으로 극을 구성했다. 극단 성좌의 〈검은 새〉(정복근 작, 권오일 연출)의 주인공은 조선인으로서 만주에 대금국을 세우고 황제가 되었으나 큰뜻을 이루지 못하고 숨진 "이징옥의 역사를 입지와 실패"라는 시각에서 재조명해 본 작품이다.

산울림의 〈하늘만큼 먼 나라〉(노경식 작, 임영웅 연출)는 이산의 비극을 통해 8·15와 6·25 등 40년 세월동안의 우리 사회의 변동을 보여주었다. 이 작품은 방송국의 이산가족 찾기로 35년 만에 재회한 노부부의 갈등에 극의 초점을 두고 있다. 작가는 "단절의 긴 세월에서 오는 위화감과 이질성 속에서 우리는 무엇을 해야 하느냐"라는 문제를 추구했다고 말했다. 연출은 이산의 고통과 이 시대가 안고 있는 비인간적 상황을 형상화하는 데 역점을 두고 있다.

여인극장의 〈풍금소리〉(윤조병 작, 강유정 연출)은 강원도 탄광촌을 무대로 삼고 있다. 풍금할머니인 이길녀의 인생 유전, 그 애환을 다루고 있다. 김정길 작곡의 동요 15곡을 주연 배우 김보애가 노래하는 일이 이색적이다. 김정길은

한국연극 전환시대의 질주

산울림 연극에서도 무대음악을 담당했다. 가교의 〈제3스튜디오〉는 드라마를 제작하는 스튜디오가 무대이다. 작품의 내용은 상업성을 추구하는 프로듀서가 가짜 도사를 등장시켜 방송계 이면의 반도덕적 부조리를 고발하는 내용이었다. 현대사회에 있어서의 매스컴의 횡포와 위선을 비판한 작품이다. 극단 목화의 〈필부의 꿈〉(오태석 작·연출)은 고대소설 「양반전」, 판소리 〈심청가〉, 〈춘향가〉, 〈남사당놀이〉를 오늘의 무대에 끌어내 가난한 부부의 애환을 격조 높은 희극으로 처리해 낸 이색적인 작품이었다.

이번 연극제는 "리얼리즘 연극이 주류를 이루고 있으며, 작가들이 역사의 아픈 응어리에 집착하여, 그 아픔을 재현하는 경향이 강해서 작품들이 대체적으로 어둡고, 암울하고, 답답한 느낌을 주었으며, 젊은 극작가들은 물론 신인 배우들의 활동이 두드러지게 부각되었다"고 유민영은 평했다.

구희서는 평을 썼다.

> "희곡이나 작품 전체에 대한 평가에서 가장 엇갈림이 심했던 무대는 정복근 작 〈검은 새〉와 오태석의 〈필부의 꿈〉이다. 〈검은 새〉는 역사를 보는 작가의 새로운 시각에 대해서, 〈필부의 꿈〉은 작품, 연출 양면에서 보인 기발한 조합에 대해서 평론과 관객, 무대 위아래가 모두 양쪽으로 갈라섰다. 이번 연극제 시상이 좋고 나쁜 요소를 함께 지닌 무대보다 비교적 안정된 수준으로 얘기와 무대를 만들어 간 산울림의 〈하늘만큼 먼 나라〉와 〈풍금소리〉에 쏠린 것은 어쩌면 이런 들쭉날쭉 속에서 평균치를 존중했기 때문일 것이다."(《한국일보》, 1985.10.12)

신예(新銳) 평론가 김성희도 진지하게 긴 평을 썼다.

> "〈선각자여〉는 원작의 임의 수정문제로 원작자와 연출가가 마찰을 일으킨 경우였고, 더구나 이광수의 훼절(毁節)을 소재로 하면서 지식인의 유약성이나 자기합리화의 허위의식에 초점을 맞춘 것이 아니라, 그의 인간적 측면을 강조한 나머지 훼절을 긍

정적 측면으로 몰고 간 점에서 그 역사의식이 문제점을 남긴 공연이었다. (중략) 〈검은 새〉는 검은 새로 상징되는 여진족의 민족주의만 부각되고, 이정옥이 지나치게 수동적 인물로 그려져 있어 연극의 구심점을 찾기 힘들었다. 추상화된 무대장치가 장면 전환에 기여하지 못함으로써 시간의 흐름이나 사건의 전개가 명료하게 전달되지 못했고, 매우 공들인 군무나 집단 앙상블 또한 무대 미학적인 효과를 거두지 못한 공연이었다. 민예의 〈쌀〉은 민중들의 의식화를 유도해내는 과정에서 작가의 의도적인 흑백논리나 작위성이 노출된 생경한 리얼리즘극이었다. 그러나 개화기 일본자본의 침투를 일본 상인과 지주와의 유착으로 그린 점이나, 결말부분에서 지주가 몰락하자 일본 상인이 중전에 굽실거리던 태도에서 돌변하여 칼을 빼들고 덤비는 장면은 지루했던 연극에 참신한 포인트를 주었다. 산울림의 〈하늘만큼 먼 나라〉는 (중략) 사건을 풀어가는 방식이 너무 안이하고 평면적이어서 그 비극을 절실하게 형상화하지 못하고 있었다. 이러한 희곡사의 결점을 보완하여 깔끔하고 안정된 무대로 만든 것은 전적으로 연출과 노련한 연기의 힘이었다. 목화의 〈필부의 꿈〉은 인생을 하나의 꿈으로 보고, 그 꿈의 과정을 여러 가지 한국의 원형적 심상으로 표현해 내려고 한, 자유분방한 연극이었다. 현대극장의 〈잃어버린 역사를 찾아서〉는 (중략) 일본인들의 만행을 소재로 하면서도 지나치게 성자화(聖者化)된 일본인 주인공을 부각시킴으로서 작품의 초점이 어디에 있는가를 의심케 했고, 한국인의 경우 고통 받는 상황만 그려져 있지, 민족적 자긍심이나 의식에 있어 긍정적인 측면은 거의 그려져 있지 않은 점이다."(『예술계』, 1985.11)

한상철은 연극제 공연에 대해서 부정적 입장의 견해를 밝히고 있었다.

"(전략) 〈잃어버린 역사를 찾아서〉는 관동대지진의 비극을 놓고 누가 이 역사적 과오에 정의를 실현해야 할지 초점이 흐리다. 한국인을 비호한 일본인이 이 극의 주인공처럼 보이는 것은 참으로 아이러니컬하다. (중략) 민예의 〈쌀〉이나, 여인의 〈풍금소리〉는 너무 이야기가 많고, 사연이 많아 무슨 말을 꼭 하려는 것인지 모르겠다. 성좌의 〈검은 새〉는 반대로 내용이 너무 엉성해서 탈이었다. 반갑게도 오늘의 문제를 다룬 두 작품이 있었다. 가교의 〈제3스튜디오〉는 가짜 도사와 매스컴의 횡포를 병렬시켰는데 상승적 효과보다 혼란이 눈에 띄었다. 산울림의 〈하늘만큼 먼 나라〉는 시의

적절한 주제를 택한 반면 이산부부의 재결합을 반대하는 그들의 제2세대의 의식이 납득 안갈 뿐더러 마치 TV드라마를 보는 것 같았다. 그러나 연출과 연기의 앙상블이 어느 극보다 연극 보는 즐거움을 줄만 했다. 목화의 〈필부의 꿈〉은 두서없는 꿈을 본 기분의 무책임한 연극이었다."(《서울신문》, 1985.10.9)

『한국연극』(1985.10)에 실린 제9회 대한민국연극제 총평, 《한국일보》 지상에 발표된 김문환의 평문, 《일간스포츠》 지상에 실린 양혜숙의 평문, 유민영이 《단대신문》에 쓴 1985년 연극계 회고의 글, 그리고 기타 일간지와 월간지에 실린 연극제 관련 평을 종합해 볼 때, 이 연극제는 리얼리즘 연극이 주류를 이루었고, 극본의 경향이 우리나라 역사의 어두운 단면을 암울하게 표현하고 있었으며, 사회현실을 다룬 작품이 주목을 받았는가 하면, 실험적 연극도 시도되는 다양성이 특징이었다고 요약할 수 있다. 또한 공연의 측면에서 볼 때, 젊은 연기자들의 활약이 두드러진 반면에 극작가와 연출가의 불협화가 문제점으로 지적되기도 했다.

연극제 심사위원회(이해랑, 여석기, 차범석, 박조열, 김정옥, 이상일, 이태주)는 대상에 〈하늘만큼 먼 나라〉(산울림), 희곡상에 윤조병(여인극장), 연출상에 임영웅(산울림), 연기상에 백성희(산울림), 조명남(산울림), 미술상에 송관우〈잃어버린 역사를 찾아서〉 등을 선정했다.

광복 40년을 맞는 1985년은 갖가지 연극행사가 이루어진 한 해였다. 국립극장은 8월 14일부터 9월 16일까지 광복40주년 기념예술제를 개최했다. 8월 14일부터 23일까지 국립극장 대극장에서는 〈내일 그리고 또 내일〉(이근삼 작, 허규 연출)이 공연되었다. 이 연극의 무대미술은 신선희가 맡았고, 음악은 박범훈, 안무는 김학자가 맡았다. 전후시대 분단의 비극을 그린 〈한씨연대기〉(황석영 작, 김석만 연출, 연우무대)도 기념연극으로서 큰 호응을 얻었다. 연출가는 이 작품에 대해서 말했다.

> "이 작품에서는 한 개인의 비극적 삶보다는 그 삶을 규정한 이데올로기와 국제정
> 치 역학의 시대적 의미의 영상화에 주력했다. 분단의 현실을 먼 과거의 희미한 추억
> 쯤으로 생각하는 우리들에게 그 의미를 공감으로 부각시켰다는 점에 일단 만족하려
> 한다." (《조선일보》, 1985.5.25)

이 연극은 서사극과 다큐멘터리극의 수법으로 형상화되어 그 실험정신이
높이 평가된 무대이기도 했지만, 젊은 연기자들인 문성근, 양희경, 박용수, 오
인두, 김경희 등이 일인 다역의 변신연기를 통해서 작중 인물의 성격을 성공
적으로 창조해낸 무대로서도 연극계의 관심을 모았다. 6·25 이후 포로교환
과정을 새로운 시각으로 그려낸 김상수 작·연출의 〈포로교환〉도 젊은 연기
자들 ―정재진, 조인하, 윤태영, 민경진, 장대수, 장재영, 김완수 등의 실험의
식이 투영된 성실한 무대로서, 광복40년의 기념무대라 할 수 있는데, 6월
10~28일 국립극장 실험무대에서 초연된 후, 7월 7일부터 산울림소극장에서
앙코르 공연되었다. 일간스포츠의 이형숙 기자는 이렇게 논평했다.

> "6·25를 내용으로 한 과거의 문학 영화가 기록중심, 휴머니즘, 잔혹성을 그린 반
> 면, 이 작품은 주인공들이 자의반 타의반으로 좌익으로 전향했던 인간적인 고민과 북
> 한으로 가기 싫어 정신병자를 가장하고, 중립국을 택하는 결말을 통해 이데올로기 전
> 쟁; 전쟁에 대한 외세개입과 책임자들의 의식에 초점을 맞췄다." (《일간스포츠》,
> 1985.6.20)

김문환은 이 공연에 대해 "진지성에 비해 명료성이 부족한 공연"(《한국일보》,
1985.7.26)이라고 비판했으며, 동아일보 송영언 기자는 "6·25를 배경으로 한
대부분의 작품이 '반공'이란 목적극이지만 이 연극은 차원을 뛰어넘어 이 시대

가 처하고 있는 분단 상황을 비교적 객관적으로 조명했다."라고 평했다.(《동아일보》, 1985.7.16) 창단 25주년 기념공연으로 막이 오른 실험극장의 〈삼시랑〉은 국립극장 실험무대에서 워크숍 공연을 통해 대본을 노경식이 다듬고, 김동훈이 연출을 맡아 무대형상화 작업을 했으며, 강석희의 작곡, 이만익의 미술, 이규태의 의상, 최현의 안무, '탐' 무용단의 현대무용으로 총체극이 실험되었다. 언어적 전달에만 의존하던 리얼리즘의 표현양식을 과감히 탈피해서 소리와 스펙터클의 지평을 확대하고 심화시키며, 무대영역과 여건에 대한 통합적 표현의 가능성을 모색해 본 공연이라 할 수 있다. 〈삼시랑〉의 주제, 스토리, 인물, 다이얼로그 등의 내용을 살펴볼 때, 우리 현실의 절실한 문제인 남과 북의 단절문제를 인식할 수 있었다.

광복 40주년을 기념하는 행사 가운데서 특히 뜻 깊었던 것은 통일문화와 공연예술의 상관관계를 모색하며 토의한 두 심포지엄이었다. 한국공연예술평론가협회는 2월 15일과 16일 수안보관광호텔에서 '통일문화 지향과 오늘의 공연예술'을 주제로 심포지엄을 개최했다. 또한 국토통일원에서는 5월 9일과 10일 반도유스호스텔에서 '통일문화 지향과 문화예술'을 주제로 토론회를 가졌다. 첫 번째 모임에서는 정세현이 '통일문화 창조의 전망'을 얘기하고, 발제 강연에는 이태주, 이상만이 각각 '통일문화와 연극의식', '문화 환경 조성과 정책의 문제점'을 발표했다. 둘째 모임에서는 이상일이 '민족 심상의 현대적 형상화'라는 제목으로 통일문화와 남북 공연예술의 교류 문제를 다루었다. 이상일은 그의 주제논문의 결론 부문에서 다음과 같은 제안을 했다.

"(1) 통일문화 지향을 위해 사회적 민주화, 표현의 자유, 예술적 다양화가 선행될 것. (2) 민족적 원형의식에의 회기. (3) 북한 문화예술에 대한 장르별 연구와 현실파악이 전문적으로 이루어질 것. (4) 문화유산 및 민족적 고전의 공동제작 내지는 교류."

　월간 『한국연극』은 1985년 7월호에서 남북공연예술교류의 기본 성격과 방향, 남북연극교류를 위해 추천하고 싶은 작품에 관해서 연극인들에게 질문했는데, 여기서 추천된 작품은 〈어디서 무엇이 되어 만나랴〉(최인훈), 〈탑〉(노경식), 〈학이여 사랑일레라〉(차범석), 〈봄이 오면 산에 들에〉(최인훈), 〈맹진사댁 경사〉(오영진), 〈옛날 옛적에 훠어이 훠이〉(최인훈), 〈달집〉(노경식), 〈산불〉(차범석), 〈태〉(오태석) 등이었다.

한국연극 전환시대의 질주

제Ⅴ장

80년대 후반의
연극과 평론

1. 아시안게임 연극제와 연극평론

― 창작극과 번역극 공연

    1986년에도 연극 현상론, 연극 지원정책, 공연 평, 극작가론 등 수많은 연극 평론이 발표되었다. 《한국일보》의 예술평론 고정 칼럼을 위시해서, 각 일간지 가 부정기적으로 평론가 전담의 연극평론 지면을 마련하고, 정기간행물로는 『객석』, 『공간』, 『동서문학』, 『예술계』, 『한국연극』, 『문학사상』, 『월간통일』, 『문화예술』, 『소설문학』, 『신동아』, 『주간조선』, 『여성동아』, 『월간조선』, 『문예중앙』 등이 공연 관련 평론을 게재하고 있다. 연극현상론에서는 주로 소극장 연극, 청소년연극, 실험연극, 리얼리즘 등에 대한 주제를 다루고 있다. 1985년 과 1986년에는 많은 소극장들이 개관되어 연극이 활기를 찾게 되었는데, 공연 장의 증가에 따르는 소극장의 상업주의 경향과 질적으로 저하된 연극이 주로 비판의 대상이 되었다. 이 문제에 관해 한상철은 다음과 같이 논평했다.

    "소극장은 오히려 대극장보다 더 치열한 그리고 어느 의미에서 더 순수한 예술정 신이 충일(充溢)하고 보다 진지한 태도가 보여야 하는 곳이며, 그렇기 때문에 비록 대 극장 연극인보다 경험이 적고 나이가 어리지만 관객은 신선한 충격과 감흥을 얻을 수 있는 곳이다. (중략) 우리 연극계에서 가장 심각한 문제점은 소극장과 대극장의 개념이 명확하게 설정되어 있지 못하고 경험 많은 배우와 없는 배우의 구분이 없는 점이다. 바로 이 점에서 연극인의 전문성이 큰 문제로 제기되고 있다." (『객석』, 1986.1)

청소년 및 아동연극이 1986년에는 소극장을 중심으로 활기찬 공연 활동을 했다. 그러나 아동극이 상업화의 조짐을 보이고 있다는 것이 문제점으로 부각되었다. 유민영은 이 문제에 관해서 말했다.

"아동극은 주로 인형극 형태의 어린이 뮤지컬 형태로 나타나고 있다. 그런데 문제는 아동극이 점차 상업성을 띠어 가는 데 있다. 어린이들의 조기 정서교육의 일환으로 되어야 할 아동극이 초창기부터 타락한다면 그런 것은 없느니 만도 못할 것이다. 어떻게 하면 어린이들에게 아름다운 꿈을 심어줄 것인가를 먼저 생각해야 할 것이다." (유민영, 『동서문학』, 1986.11)

1986년에 발표된 실험극에 대해서 심정순은 평을 했다.

"우리의 연극 현실에서 무엇을 〈실험적〉인 것으로 보아야 할 것인지에 대한 기준 자체도 확실치가 않다고 하겠다. 왜냐하면 예술적 기준이라는 문제도 그것이 탄생되는 예술적 환경이 상대적인 평가 속에서 정립되어야 할 것이기 때문이다. (중략) 수많은 공연에 접하면서 필자가 느낀 또 다른 특기할만한 현상은 실험적 공연이 얄팍한 상업주의를 정당화시키는 도구로 전락하고 있는 현상이었다. 이러한 경우에 특히 성(性)과 폭력의 문제는 상업적인 고려와 예술의 실험성 추구라는 두 개의 상이한 목적이 연결되면서 묘하게 이용되고 있는데, 예를 들자면 극단 76이 공연한 페터 한트케 원작 〈관객모독〉은 원작과는 관계없는 심한 음담패설을 사용하여 관객의 말초적인 신경을 자극함으로써 일종의 카타르시스 효과를 노리고 있는데, 결과적으로 원작의 심각한 실험성은 빛을 잃게 되는 결과를 가져왔다." (심정순, 『객석』, 1986.6)

여석기는 소극장에서 제기되는 관객과 무대와의 관계에 대해서 이렇게 말하고 있었다.

"연극이 얼핏 보기에 무엇을 어떤 형식으로 이야기하여도 상관없을 것같이 보이는 때일수록 우리는 눈에 보이지 않는 이 '벽'의 존재에 대해 조심스러워야 하겠다는 것이다. 이런 감상을 품게 된 이유 중의 하나가 너무 관객을 손쉽게 무대 위로 끌어들여서는 안 되겠다는 데 있다. 물리적으로 막이 존재하거나 않거나 하는 문제를 떠나서 무대와 객석과의 사이에는 엄연하게 '연극의 벽'이 존재하고 있다. 관객참여라는 손쉬운 방편으로 무너뜨리기에는 너무나 두꺼운 벽이란 것을 우리는 다시 한 번 인식해 둘 필요가 있다." (여석기, 『한국연극』, 1986.7)

소극장 운동이 알차게 전개된 곳이 자유극장의 카페 떼아뜨르의 경우가 된다. 이 극장은 명동에 있었다. 자유극장 대표 이병복이 살롱 드라마 육성의 일환으로 중구 충무로1가 24의 11에 객석 80석의 소극장을 선보인 때가 1969년 4월 초순이 된다. 의상디자이너 이병복이 프랑스 파리 체류 5년 만에 서울로 와서 1966년에 연출가 김정옥과 함께 자유극장을 창단하고, 창단공연으로 〈따라지의 향연〉을 김정옥 연출로 국립극장에서 1966년 6월 16~19일까지 무대에 올렸다. 제8회 공연이 이오네스코의 〈대머리 여가수〉인데 역시 김정옥 연출로 1969년 4월에 새로 개관한 소극장 카페 떼아뜨르에서 막이 오른 것이다. 이 극장의 역사적 흐름을 적어 놓은 기록이 시인 김영태가 쓴 「소극장 운동 측면사」(『공간』 100호, 1975)가 된다.

『공간』 100호 발행 기념호에는 필자와 김정옥, 박정자, 고인이 된 연출가 이윤영의 좌담회 기사가 있고, 필자의 「자유극장론」이 함께 실려 있다. 지금 읽어보면 그 당시 어려운 가운데서도 따스했던 소극장 연극의 신선감, 충격, 그리고 진지함이 한없이 그리워진다. 이 좌담회에서 나는 이들 자유극장 단원들에게 물었다.

질문: 카페 떼아뜨르에서 연극을 하게 된 동기는 무엇입니까?

답변: 보다 본격적인 소극장 운동입니다. 소극장 운동이란 대극장과 같이 관객을 극장으로 유치해 오는 연극이 아니라, 관객이 있는 곳으로 연극이 찾아가는 운동이라고 할 수 있겠지요. 그러니까 다방에서 연극을 한다는 것은 이러한 소극장 정신과 아주 부합되는 일입니다. 왜냐하면 다방이란 시민들이 휴식하기 위해 들어오는 곳이며, 더욱 거기에 출입하는 손님들은 능히 우리들의 연극을 자연스럽게 받아들일만한 관객이 될 수 있기 때문입니다. 그러니까 크게 보아서 이러한 우리들의 취지는 환경 속으로 연극이 적극적으로 파고 들어가는 운동의 하나라고 볼 수 있겠지요. 창단 멤버는 이병복, 김정옥, 박정자, 김혜자, 나옥주, 최지숙, 김영림, 윤소정, 최불암, 문오장, 하명진, 김수일, 김무생, 김관수, 추승웅 등이었습니다.

리얼리즘 연극에 관한 논의가 활발하게 진행된 1986년의 평단은 자못 학구적인 분위기가 감돌았다. 정진수는 『객석』(1986.11)에서 리얼리즘 희곡이나 연극에 대한 평론가들과 연극인들의 인식의 착오를 비판하고 있었으며, ITI 한국본부가 개최한 '한국 리얼리즘 연극의 현상과 전망'(1986.12.20) 심포지엄은 리얼리즘 연극에 대한 한국연극계의 관심과 현 단계를 진단하고 있었다. 유민영은

「한국의 리얼리즘극의 수용」이라는 발제 논문에서 리얼리즘 연극이 수용된 1920년대 초부터 해방 직후까지의 연극상황을 요약하면서 이렇게 말했다. "애란 스타일의 저항적 리얼리즘을 기조로 하여 현실의 모순만을 들추려 했을 뿐 진정한 서구 리얼리즘을 우리 연극상황에다가 이식해보려는 노력까지는 해보지 못했던 것이다. 그것이 곧 한국 리얼리즘의 체질이 되어 버린 것이다. 그 체질이란 것은 극히 경직되고 현실부정적인 방향으로 흘렀으며, 니힐리스틱한 것이었다. 이러한 현실부정의 주제의식은 허무주의 사상이 뒷받침되어 센티멘털리즘으로 흐르거나 멜로드라마로 갔다."

극작가 이재현은 「현재 드라마의 부재」라는 발제에서 80년대 우리나라 리얼리즘극을 분석했다. 그에 의하면 1981년부터 86년까지 공연된 창작극이 총 188편이도, 그 중 155편이 사실주의 형식을 취하고 있다는 것이다. 그리고 대부분의 사실주의 작품이 과거를 소재로 하고 있으며, 거의 천편일률적인 주제만을 달고 있다고 분석했다.

제10회 대한민국연극제를 겸한 아시안게임 국제연극제가 1986년 8월 23일부터 10월 12일까지 문예회관 대극장에서 개최되었다. 이 연극제는 종래의 행사형식에서 탈피해서 축제형식을 택하게 되었으며, 국립극단의 창작극 1편, 연극사적인 걸작 희곡 4편, 번역극 1편, 지방연극제 대상 작품 1편, 그리고 특별 초청된 외국의 작품 2편 등이 공연되었다. 총 12개 작품 공연에 35,310명(유료 15,821명)이 관람했다. 1985년 연극제 9개 극단 공연 관람객은 37,297명(유료 13,948명)이었는데 그 보다 저조했다. 1983년 제3세계연극제 이후 가장 큰 행사였고, 관객은 이 무대를 통해 과거의 명작 공연을 다시 볼 수 있었다. 구희서의 평(「연극읽기 2」)에 의하면 연극제 "초장에는 별 관심이 없었던 관객이 〈비옹사옹〉(국립극단) 이후 만원을 이루었다"라고 적고 있다.

이 연극제는 대통령상 대신에 지방순회공연 작품 1편과 개인상 대상자만을 선정했다. 53일간의 연극제를 끝내고 연극제심사위원회는 자유극장의 〈어디서 무엇이 되어 만나랴〉(최인훈 작, 김정옥 연출)를 지방순회공연 작품으로 선정했고, 남녀 연기상은 〈목화〉의 조상건(오태석 작·연출)과 〈초승에서 그믐까지〉의 손숙(윤조병 작, 권오일 연출)이 수상했으며, 연출상은 김정옥이 차지했다. 창작극에 대한 평론의 반응은 다양했다.

"희곡으로는 윤조병의 〈초승에서 그믐까지〉가 그의 탄광촌 3부작 중에서는 그 중 실한 작품이긴 했지만, 주제를 통일시키고 집약시키지 못해 산만한 효과를 줄 뿐이었

다. 최인석의 〈시간의 문법〉은 극을 산개(散開)시켜놓기만 했지 아물리지를 못한 구
성상의 문제가 치명상을 입혔다. (중략) 공연에서는 가장 성공하고 희곡에서는 실망
스러웠던 작품 〈비옹사옹〉도 그러한 논의의 좋은 본보기가 된다. 창작극 공연으로서
화제는 모았지만 주목할만한 가치는 별반 없었던 것이 연우무대의 〈칠수와 만수〉이
다. 나는 이 작품에서 배우들의 즉흥 연기력은 높이 산다. 그러나 그들이 무엇을 위
해서 저렇게 혼신의 힘을 다하고 있느냐에 대해서는 별반 할 이야기가 없다. (중략)
연극제에서 제일 주목받은 공연이었지만 그것은 연출 이승규와 그밖에 무대예술가
의 공헌 때문이었으며, 작가 이강백은 실은 가장 역할이 빈약했다. 이처럼 이강백의
발목을 붙잡은 것은 실은 손이 아니라 그의 머리, 즉 작품의 지적 해석력의 불완전성
이었다.

　　1986년의 연극은 번역극에 그랑프리를 넘겨주지 않을 수 없었다. 마메트(David
Mamet)의 〈아메리카 들소〉는 잘 짜여진 희곡의 구성, 뜨거운 연기, 꼼꼼한 장치가 어
울려 최상감이 되었다. 최종원과 윤주상의 앙상블은 이같은 분위기를 훌륭히 엮어내
가장 인상적인 연기를 남겼다. 정진수 연출의 치밀성은 플러스 쪽이고 분위기의 전환
없는 한 가지 톤과 무드 일변도는 마이너스 쪽이었다. 막스 프리쉬의 〈만리장성〉(현대
극장, 임준빈 연출, 최종원, 윤주상, 박동훈, 이용녀, 주현상, 양금석 등 출연) 한국에서
재공연된 것은 뜻깊은 일이었다. (이 작품은 80년 가교가 국내 초연으로 공연했었다.
구희서, 「연극읽기 2」) 〈위기의 여자〉도 우수한 공연이었다. 박정자는 점차 원숙해가는
연기를 십분 과시했다. 테네시 윌리엄스가 여성관객을 흡수하기 때문인지 올해도 여러
편이 공연되었는데 한 가지 다른 점은 늘 하는 〈유리동물원〉, 〈욕망이라는 이름의
전차〉, 〈뜨거운 양철지붕 위의 고양이〉 말고 〈장미문신〉이 한국 초연된 점이다. 입센
의 〈헷다 가블러(Hedda Gabler)〉가 드디어 무대에 올라 편협하던 공연 레퍼토리의 폭을
넓힌 것은 다행한 일이다. 1986년 연극의 최대 작품은 일본 "스코트 극단"이 공연한 〈트
로이의 여인〉이었다. 이 공연이 보여준 강렬한 힘과, 감탄할만한 연기술, 일본과 희랍
의 전통극을 하나로 결합, 재창조한 연출력은 강력한 충격이며 자극이었다."(한상철,
「숙제로 남은 창작극」, 1986. 『한국연극의 쟁점과 반성』, 현대미학사, 1992. 재수록)

이상일의 비평적 관점은 한상철의 경우와는 달랐다.

"이미 대학가에서 민속극, 가면극, 마당놀이를 통해 탈춤과 민요와 농악과 민화와 판소리 등을 익히고 배운 새로운 세대들이 현대극과 전통극의 접목을 시도해 가는데, 현대적 실험도 전통극적 활성도 마다하는 보수적 리얼리즘 연극이 과연 기성 연극인, 특히 국립극단에서 어느 정도의 설득력을 가지고 문화형성력으로 발전되어 줄 것인가에 대해 주시해 왔다. 〈비용사옹〉은 국립극단으로서의 그 해답이었다. 국립극단의 능력은 리얼리즘의 전통극을 넘어서 전승연희의 예술화와 극장 무대화를 가능하게 하는 하나의 시범인 것이다. 이번 공연이 특히 의의가 있는 것은 전통연희를 수용하는 마당극 세대들이 팔만 벌여놓고 다듬지 못한 그 설익은 연극을 국립극단이 연극예술로 끌어올려 하나의 모델을 보였다는 데 있다 할 것이다.

작가 이강백의 주제는 단순한 구비전승의 〈옹고집전〉을 통과의례의 시련으로 간주함으로써 설화의 보편화를 가능하게 하였다. (중략) 작가는 주제에서 변신의 계기를 준다. 버림받은 옹고집의 양부모를 홀대하는 까닭 없는 비정함이 어린 시절의 역경, 전쟁터의 특이한 체험 등이라는 설정은 너무 인위적인 것이 사실이다. 옹고집과 인색함의 상관관계도 분명하지 않은데 그것은 가짜의 정치, 사회적인 의미와, 본질에의 복귀가 주제의 정면에 있기 때문이다. 그러니까 그대로 고대설화의 권선징악으로 끝나고 말 〈옹고집전〉은 통과의례의 보편적 소재 속으로 돌아와야 한다. 어떻게 보면 남가일몽(南柯一夢)같은 덧없는 삶으로 해서 본질의 일과성이라거나 가상의 보완작용을 노리는 〈비용사옹〉은 제목 그대로 본질은 없고 본질 비슷한 것만이 존재하는 인간의 삶에 대한 관조일 수도 있고, 그렇게 본질을 만들어 나가는 삶의 형태를 깊은 허무주의로 투시하는 것도 된다.

그런 관념에 빠지기 쉬운 함정을 이승규는 리얼리즘과 민속적 동질성을 병행시키면서 다듬어 나가는데 거기에는 무대장치(신선희)의 뛰어난 신선미와 허수아비 안무 등을 주도한 배혜령, 풍물 지도의 박병철, 음악의 박일규 그리고 옹고집의 최상설 등 연기진의 세련된 기량이 크게 기여하였다." (이상일, 『주간조선』, 1986.11)

연극제에 공연된 〈맹진사댁 경사〉(오영진 작, 김동훈 연출, 실험극장)는 "한국인의 여러 가지 생활현상을 미학적 관점에서 형상화하고, 또한 우리 한국인의 비극을 웃음으로 승화시키고 있으며, 전통혼례를 고증에 의해 실현하여 연

〈맹진사댁 경사〉, 오영진 작, 김동훈 연출, 실험극장

극 속에 하나의 완전한 우리의 전통을 살렸으며, 국악을 직접 생으로 연주하여 한국 고유의 멋과 흥을 살렸다"(김문환, 『문예연감』, 1986)는 평가를 받았다.

그러나 다음과 같은 또 다른 견해도 있었다.

> "당초 한국인의 해학은 과잉 몸짓에 있지 않았다. 순전히 시간의 균형을 깨뜨리는 속에서 웃음을 유발한다. 이 희곡도 그런 계산 속에 완성된 작품이다. 그런데 젊은 배우들이 생의 경륜이 몸에 익지 않은 상태에서 웃음만을 유발하려니까 자연히 과잉 몸짓이 나오게 되는 것이다." (유민영, 『동서문학』, 1986.10)

전통극의 현대적 수용방식에 대한 무대 실험은 〈비옹사옹〉의 설화 형상화 과정에서나, 〈어디서 무엇이 되어 만나랴〉에서의 한국적 사생관의 철학적이며 시적인 탐구에서도 엿볼 수 있는 일이었지만, 연극제 재공연 작품에 대해서는 일부 비판적인 평론이 발표되기도 했다. 그 대표적인 논평이 한상철의 경우가 된다. "재공연의 참뜻인 작품의 새로운 해석과 연출을 통한 새로운 의미부여, 오늘의 연관성의 창출 및 무대의 참신성 획득"이 미진한 작품이 타성적으로 되풀이 공연되는 일은 바람직하지 않다는 것이 그의 주장이었다. 즉 〈맹진사댁 경사〉의 경우 "희극적 연기와 연출에서 실패했으며, 〈물도리동〉의 경우 희극의 주제를 살려내는 공연이 아니라 노래와 춤을 옛 것과 새 것으로 미학적 일관성 없이 혼재시킴으로써 혼란을 야기시켰다"는 것이다. 구희서는 〈맹진사댁 경사〉에 대해서 다른 의견을 냈다.

"오연진의 42년작인 이 작품은 영화로도 만들어졌고 대학극 아마추어 그룹이나 기성 극단에서도 많이 공연된 작품이다. 우리의 창작극은 초연으로 끝나는 경우가 많은데 이 작품은 새로운 고전으로 대우를 받으면서 계속 무대가 이어지고 있다. 이 작품에는 재미있는 배역이 많지만 그 중에 으뜸은 역시 맹진사 역이다. 맹진사 역은 배역 자체가 지닌 뚜렷한 성격 때문에 무대를 만들 경우 적역의 배우를 찾게 마련이다. 이 작품은 실험극장이 네 번(1968, 1972, 1975, 1986) 공연하고 있다. 이 작품의 성공에는 맹진사 김순철의 매력이 작용하고 있다. 김순철의 체구, 목소리, 그의 어조 등이 그대로 맹진사의 것으로 이미지가 굳어져 버렸다. 올해 〈서울연극제〉 선정 작품 〈맹진사댁 경사〉에는 드디어 새 얼굴의 맹진사가 등장했다. 실험이 오래 아끼며 키워온 배우 서학이다. 서학은 실험이 대학극에서 스카웃해 대번에 중용한 배우다. 76년 입단해서 〈그 해 치네치타의 여름〉 등 소극장 무대에서 경력을 쌓아 79년 운현극장 개관 공연이었던 〈세일즈맨의 죽음〉에 큰아들 역을 맡아 본격적으로 데뷔했다. 새로 등장한 맹진사 서학은 할 걸음 커다란 도약을 보여준 셈이다. 회전 무대를 이용해 공간을 다각적으로 이용한 새로운 무대장치 속에, 새로운 연기자, 새로 만든 의상, 김동훈의 새 연출로 만들어진 실험의 〈맹진사댁 경사〉는 여러 모로 세대의 교체를 실감케 해주고 있다." (구희서, 『주간한국』, 1986.9.14)

〈태〉는 연극제 작품 중 가장 주목 받은 작품 중 하나였는데, "시각적 접근보다는 오히려 청각적 접근이라고 할 만치 다양한 음(音)들이 다양한 상태로, 그러나 그 나름의 통일을 유지하면서 점철된다"고 김문환은 평했다.(『객석』, 1986.10) 그러나 한상철은 이번 〈태〉에 대해서 종래 오태석을 대하던 입장과는 달리 이번에는 견해를 달리 했다.

"〈태〉 역시 여러 차례 공연된 작품이다. 안민수 연출의 초연 뒤에 오태석이 직접 연출한 종이옷을 입힌 흑백의 〈태〉가 공연되었는데, 이번 연극제에서의 〈태〉는 바로 이 오태석 연출의 연장이라 보이는 공연이었다. 안민수의 잔혹 장면이 양식적 상징성으로 전환된 것은 처음이나 다름없지만 미당이식 장치, 배경 막에 증폭된 그림자를 던져주는 환등기, 도입부와 중간 그리고 마지막에 도입된 창 등의 활용은 새로운 것이었다. 또 조상건이 이제까지의 세조에서 신숙주로 역 바뀜이 새 것이었다. 그런데 이상하게도 〈춘풍의 처〉에서는 전혀 느끼지 못했던 일종의 권태로움이랄까, 지루함이랄까 하여간 그 비슷한 감정을 종반부터 갖게 된 것이다. 어느 순간에는 짜증스럽게 '아주 간단한 연극을 가지고 뭐 이렇게 복잡하게 꾸미려고 하나' 하는 불만까지 솟구쳤다. (한상철, 「숙제로 남은 창작극—1986년의 연극계」, 1986, 『한국연극의 쟁점과 반성』, 현대미학사, 1992 재수록)

서연호는 86연극제의 성과로서 희곡 분야는 윤조병의 〈초승에서 그믐까지〉, 연출적인 면에서는 이승규, 오태석, 강영걸, 연기 분야는 서학, 이도련, 전운, 최상설, 우상민, 손숙, 박정자, 무대미술 분야는 임영주, 최연호 등을 거론하고 있었다. 김방옥은 86연극제에서 노출된 쟁점, 즉 왜 오늘의 현실이 무대화되지 못하는가에 대한 이유로 "신진 극작가부재, 기성작가의 안일한 창작태도, 극 현실비판적 의식의 쇠퇴, 실험정신의 결여" 등을 지적했다.

구희서는 『한국연극』(1986.11) 지에 「연극제 10년의 연기—명배우를 기다린다」라는 제목으로 연기자 중심의 총평을 쓰면서 연극제 결산을 하고 있다. 긴 글이지만 10년 연극제 기록으로는 귀중한 자료이기에 요약한다.

"연극제 10년에 연기상을 받은 배우는 모두 24명이다. 1회 때는 연기상이 없었고, 4, 5회 때는 신인연기상 제도가 있어 모두 6명의 신인연기상을 냈다. 10년 동안 신문, 잡지에 해마다 비슷한 양의 연극제 관계 기사가 실리고 있지만 배우들에 대한 평가는 의외로 적은 분량이다. 이러한 사정에는 물론 여러 가지 이유가 있다. 그 중 하나의 이유로는 연극제나 그 밖의 모든 연극에 대한 평가 작업이 활발하지 못하고 더구나 연기에 대해서는 평가가 많지 않다는 점을 꼽을 수 있다. 신문이나 잡지에서 연기자를 특별히 다룰 때는 대개가 화제 중심이고 연기의 좋고 나쁨에 대해서는 언급하는 경우가 드물다. 그것은 어쩌면 신문의 전통적인 요구일 수도 있다. 평론에 할애하는 지면이 적은 것이 또 우리의 신문들의 사정이다. 전문 잡지가 몇 가지 생겼지만 연극 배우에 대한 평가가 많지 않은 것은 마찬가지이다.

우리의 배우들은 참 많은 걸 알아야 한다. 세계의 모든 연극 사조가 골고루 들어와 앉아 있고 그 속에서 뭔가 독창적인 것, 개성이 뚜렷한 연극 세계를 가져야겠다는 생각이 연출이나 작가에게 또는 관객에게 번져 있기 때문이다. 배우는 그런 각종 무대의 다양한 요구 속에서 어떤 것이 과연 명연기를 기르는 근본적인 방법인지를 모르는 상태에 있다. 명배우가 없다고 나무라기 전에 명배우를 길러내는 길을 모색해야 하고 배우를 존중하며 지켜보는 마음을 가져야 할 것이다.

1회 연극제에는 연기부문상이 없었지만, 한상철은 심양홍(비목, 여인극장 무대, 국립극장 배우)과 임동진(이혼파티, 사계)을 좋은 연기로 평가했다. 김유경과 정진수는 박인환(아벨만의 재판, 가교)을 꼽았고, 박조열은 박봉서(사자와의 경주, 민중)를 칭찬했다. 대상을 받은 〈물도리동〉은 민예 단원 전체의 조화로운 집단연기를 다수의 평론가들은 높이 평가했다.

첫 회 연극제의 각종 무대에 참가했던 연기자들 11명이 그 후 9회에 걸친 연기상에서 상을 받았다. 신인상을 제외한 18명의 수상자 중 반이 넘는 숫자다. 우리 무대의 중요 연기자들이 총동원되었던 셈이다. 극단 광장의 〈화조〉에 전무송, 이대로, 백성희, 성좌의 〈빛은 멀어도〉의 홍여진, 가교의 〈아벨만의 재판〉의 박인환, 민예 〈물도리동〉의 오승명, 이주실, 여인극장 〈비목〉의 이승옥, 심양홍, 에저토 〈차매와 기관차〉의 김복희, 김종구 등이 모두 나중에 한 번씩 연기상을 수상했다. 연기상과는 관계가 없었지만 성좌의 〈빛은 멀어도〉의 연운경, 가교 〈아벨만의 재판〉의 이혜나, 민예 〈물도리동〉의 김성녀, 공호석, 윤문식, 김종엽, 여인극장 〈비목〉의 정동환, 사계 〈이혼파티〉의 정상철 등은 역의 크기에 관계없이 수준을 지킨 연기자로 그 후 많은 무대에서 중요한 몫을 해낸 배우들이다.

2회 연극제 연기상은 가교의 〈태풍〉으로 박인환, 여인의 〈산국〉으로 이주실에게

한국연극 전환시대의 질주

돌아갔다. 현대극장 〈멀고 긴 터널〉이 대통령상을 받았다. 이 무대에 나온 김갑수, 강태기, 기정수, 양서화, 문창길, 김덕남 등은 무대를 살찌게 한 사람들이다.

민중극단 〈카덴자〉의 전인택, 가교 〈태풍〉의 최주봉, 김진태, 이혜나, 산하 〈종〉의 조상건, 작업 〈길〉의 이대로, 자유 〈무엇이 될고 하니〉의 박정자, 조구현, 한영애 등은 조금씩 빛을 내면서 무대를 지켰다. 3회 연극제 연기상은 〈그날 그날에〉의 이대로, 신협 〈탑〉의 이승옥이 차지했다. 4회 연극제 연기상은 양재성(현대, 〈그대의 말일 뿐〉)과 〈일어나 비추어라〉의 홍여진이 받았다. 5회 연극제는 〈농토〉의 김종구와 〈들소〉의 황정아에게 연기상이 수여되었다. 5회 때부터 개인상 수상자에게 해외여행 및 연수의 특혜가 주어졌다. 권병길 〈족보〉(자유)과 이한나 〈길몽〉(사계)는 신인상을 받았다. 6회 연극제는 산울림의 〈쥬라기 사람들〉의 전무송, 에저또의 〈농녀〉에서 김복희가 연기상을 받았다. 〈사슴나비〉의 이승철은 주목을 받았다. 〈신화 1900〉(실험)의 이승호, 정동환 등의 연기가 호평이었다. 김갑수, 김명곤, 박용수, 이승철, 이문수, 이호재, 신영희, 이주실 등의 연기도 주목을 받았다. 7회 연극제 연기상은 실험 〈호모 세파라투스〉의 오현경, 현대 〈까치교의 우화〉의 유현목이 받았다. 8회 연극제 연기상은 〈그 찬란하던 여름을 위하여〉의 오승명, 〈모닥불 아침이슬〉의 심양홍이었다. 대상을 받은 성좌의 〈봄날〉에서는 오현경, 박웅 등과 함께 이승철, 하상길, 이일섭, 이호성, 정승호, 김익태 등이 모두 깨끗하게 무대에서 소임을 다했다. 9회 연극제에서는 산울림의 〈하늘만큼 먼 나라〉가 남녀 연기상을 모두 차지했다. 백성희와 조명남, 극중극의 이산가족 부부이다. 이들 두 사람은 박정자와 함께 이 작품에서 얘기의 감동을 풀어내는 역할을 했다. 오영수, 이호성, 최재영, 우상민, 김보애, 최형인 등은 모두 참신하고, 충격이요, 발전이었다. 10회는 성좌의 〈초승에서 그믐까지〉로 손숙, 목·화의 〈태〉로 조상건이 연기상을 받았다. 〈어디서 무엇이 되어 만나랴〉의 박정자의 온달 어머니는 배우와 역의 밀착, 무대에 선 발길의 무게를 느끼게 해준 연기였다."

신진 극작가 부재현상은 기록으로도 여실하게 나타나고 있다. 1977년에 시작되어 1985년까지 9회 동안 열린 대한민국연극제의 경우, 9회 동안 무대에 오른 창작극은 96편인데 황석영, 이문열, 구상, 이어령 등의 작품 12편을 제외하면, 이재현 7편, 윤조병 7편, 이강백 5편, 김상열 5편, 오태석 4편, 정복근 4편,

허규 4편, 차범석, 이근삼, 노경식 등이 각 3편으로 원로 및 중견 극작가들의 작품이 주류를 이루고 있었다. 젊은 극작가의 경우는 최인석의 3편이 예외가 된다. 한상철은 〈새 희곡의 단절감〉(『한국연극』, 1987.1)에서 이 문제를 다음과 같이 거론했다. "우수 창작 희곡이 없을 때, 연극은 활발한 생명을 갖기가 어렵다. 일차적으로 연극을 풍요롭고 의미 있게 해주는 것은 새로운 희곡의 단절 없는 공급에서 가능해진다. 이런 의미에서 1986년은 성공적인 해가 아닌 것 같다."

신인 극작가의 육성과 이를 지원하는 실험무대의 확보는 이 때문에 연극계가 해결해야하는 시급한 과제가 되고 있다. 그러나 해결해야 될 문제는 그 것 뿐인가. 일차적으로는 연극인들의 창조적 상상력의 결핍을 창작극 부진의 이유로 들 수 있다. 그것은 연극의식의 쇠퇴가 원인이다. 그리고 공윤의 심의가 장해물이다. 그뿐인가. 그 뿌리에는 상업주의 저질성이 도사리고 있다. 그리고 결국은 연극의 가난이다. 이렇게 생각을 해보면 맥이 풀리는 일이지만 연극인들은 무엇인가 위기탈출의 궁리를 하고 있어야 했다. 표현의 자유에 과잉 규제에 대한 극작가의 항의에 대해 공연윤리위원회는 작품의 저질성과 안보 상황 때문에 심의는 불가피하다는 주장을 하고 있었다. 서로 맞서고 있는 가운데 극작가 박조열은 「표현의 자유, 그 한계상황과 개선책」이라는 글을 『한국연극』(1986.5)에 발표했다. 이 글에서 박조열은 신랄하게 공윤을 비판했다.

"〈파수꾼〉(이강백 작) 등이 현실비판을 담고 있고, 〈당신들의 방울〉(최인석 작)이 확대 해석될 때, 반체제적인 연상이 가능한 대목이 있다 하더라도 그것을 규제한 것은 공윤의 협량(狹量)이면서 표현자유에 대한 관 규제의 위협을 느끼게 하는 것이었다."

필자는 『공윤시론』(135호, 1988)에 「공윤과 표현의 자유」라는 제목으로 『뉴스위크』 서울지국 특파원 킴 화라로와의 인터뷰를 소개하면서 어떻게 하면 제6공화국이 정치사회적 민주화를 지향하면서 언론 출판 및 예술 활동의 자유를 실질적으로 보장하며, 법적인 보장을 해줄 수 있는가, 그러면서 표현의 자유를 최대한도로 신장할 수 있는 구체적인 방안이 무엇인가라는 문제를 거론했다.

한국연극협회는 18명의 극작가로부터 설문지에 대한 응답을 얻어 그 결과를 극작가 윤조병이 「한국연극의 현주소―극작가」(『한국연극』, 1986.5)라는 리포트 속에서 정리했다. 이 리포트에 의하면 한국의 극작가들은 소재선택의 한계, 현실적 보상의 부족, 예술적 성과의 미흡 등의 고민을 안고 있는 것으로 나타났다. 응답자의 33%가 지난 한 해 동안 원고료 수입이 전혀 없었고, 58%가 다른 직업을 갖고 있어 창작에 전념하지 못했다는 보고였다. 작품의 무대화 과정에서 연출가에 대한 불만도 커 33%의 응답자가 "연출가가 희곡의 정신을 제대로 이해하지 못한다" 17%가 "연출솜씨가 서툴다", 11%가 "희곡을 임의로 고친다"라고 불만을 토로했다.

신극 이후 1986년 신춘문예 당선자에 이르기까지 1편이라도 희곡작품을 발표한 극작가는 160명, 이 가운데 1986년 창작 활동을 계속하고 있는 작가는 50명 정도가 되었다. 극작가의 대부분이 신춘문예(50%), 공모당선(22%), 문예지 추천(12%) 등으로 데뷔하였고, 데뷔 연도는 60년대 67%, 50년대 17%, 70년대 이후는 17%였다. 1986년 한 해 동안의 활동을 보면, 18명의 총 창작 편수는 33편, 이 가운데서 52%인 17편이 무대공연, 5편이 잡지 발표가 되었다.

1986년에 발표된 극작가론 가운데서 김성희의 「역사적 삶과 존재론적 삶―윤조병의 희곡에 대하여」(『예술계』, 1986.3)와 유민영의 「현대사에 대한 우의적 희화―이강백론」(『예술과 비평』 여름, 1986)은 비평계의 관심을 끌었다.

1986년 한 해에 4개의 공연장이 새로 생겨 서울 시내의 소극장이 모두 28개로 증가했다. 새로 마련된 공연공간은 바탕골, 예술극장 미리내, 극단 하나방소극장, 여의도 백화점소극장 등이었다. 바탕골소극장은 80평 200석 규모의 극장으로서 '전통을 바탕으로 한 실험극 무대'에 중점을 두고 운영한다는 목표를 세웠다. 극단 목화의 〈춘풍의 처〉, 현대극장의 〈만리장성〉 등을 공연해서 주목을 끌었다. 미리내소극장은 200평 규모의 공간에 객석 300이었으며, '창작극의 장기 공연'을 목표로 삼고 있었다. 극단 연우무대의 〈꿈 꾸러기〉와 극단 아리랑의 〈아리랑〉 공연으로 화제를 모았다. 소극장 공연장의 확대로 창작극의 장기 공연체제가 뿌리를 내리게 되었다. 엘칸토의 〈코메리칸의 무서운 아이들〉, 연우소극장의 〈한씨연대기〉, 〈칠수와 만수〉, 동랑레퍼토리의 〈방황하는 별들〉, 〈꿈꾸는 별들〉이 그 예가 되었다. 특히 〈칠수와 만수〉(오종우 작, 이상우 연출)은 1986년 6월 14일 문예회관 소극장에서 대성공을 거두자, 7월 4일부터 연우무대소극장에 장기 공연되었다.

서연호는 다음과 같이 평했다.

"모순과 부조리와 허위에 가득 찬 오늘의 현실에 대한 시사성 짙은 아이러니와 세태풍자, 서민들의 생활주변을 생생하게 표현하면서 긴박감 있게 이끌어 가는 작가와 연출가의 신선한 노력은 배역들의 열연과 더불어 오랜만에 창작극의 맛을 느끼게 해준다. 그러나 보다 설득력 있는 공연을 위해서는 작품 전체의 구조를 더욱 건실하게 보완해야 한다는 충고를 아끼고 싶지 않다. 특히 후반부의 투신자살에 얽힌 갈등양상과 이면적인 논리를 보다 명료하고 간결하게 극적으로 처리하는 방향에서 새로운 보완작업을 기대하고자 한다."

정유(丁酉)왜란을 배경으로 양반 사대부 가문의 여인상을 그려낸 극작가 노경식의 작품 〈강건너 너부실〉(여인극장, 강유정 연출)이 3월 13~19일 배우 김성녀가 출연하는 가운데 문예회관 대극장에서 공연되었으며, 바탕골소극장에서 무세중 연출로 홍가이 작품 〈나는 원폭피해자〉가 9월 9~14일까지 공연되었다.

제4회 전국지방연극제가 5월 23~6월 4일까지 대구시민회관에서 개최되었다. 지방연극제가 개최되고 있는 동안 지방연극 활성화를 위한 심포지엄이 개최되었는데, 이 심포지엄에서 이창구(청주대)는 「지방연극의 실태」를 발표하면서 "극장이 없어서 예식장을 빌려서 공연을 하는" 어려움을 토로했고, 김동규 교수(부산산업대)는 "지방연극의 영세성 때문에 정통극 한 편도 다루지 못한 상태에서 2, 3명이 출연하는 단막극을 2, 3일간 공연하고 있다"고 어려운 실정을 전하고 있었다. 이한섭 교수(영남대)는 「지방연극의 관객 개발」에서 "관객을 개발하기 위해서는 다양한 작품을 성의 있게 공연해야한다"고 강조했다. 김승규 교수(전주대)는 "향토에 묻혀있는 소재를 발굴해야 하고, 희곡작가의 지방정착, 시립극단의 창설, 소극장 확보, 지방극단의 합동공연 등이 실행되어야한다"고 역설했다. 이 연극제의 대통령상은 전북 대표극단 황토의 〈물보라〉 공연이 차지했다. 연극제 심사위원장을 맡았던 극작가 차범석은 "연극이 지니는 창조성보다 모방성이 높고, 독특한 개성구현보다 구태의연한 작업자세가 엿보이는 작품이 많았으며, 희곡 선택이 중요한데, 희곡으로서 결점이 많은 작품도 눈에 띄었다"라고 연극제에 대해서 논평을 했다. 유민영은 지방연극의 앞으로의 과제는 "지방연극이 수상과 같은 단기적인 효과보다는 극작과 연출 분야 등에서 인재를 양성하는 일"이라고 말했다.

산울림 소극장 개관 1주년 기념공연 〈위기의 여자〉(보봐르 원작, 정복근 각색, 임영웅 연출)가 박정자, 이주실, 연운경, 조명남 등의 출연으로 공연되었는데 중년부인들의 절대적인 호응 속에서 격찬을 받았다. 배우들의 탁월한 연기, 연출의 우수성, 미술(장종선), 의상(노라노), 조명(김의중) 등이 보여준 무대예술의 효과 때문에 연말까지 장기 공연되었다. 이 공연에 대한 비평적 반응도 긍정적이었다.

"산울림의 〈위기의 여자〉는 공연의 성패를 가름하기에 앞서, 연극사에서 하나의 이정표 역할을 한 셈이라 하겠다. 보봐르의 소설에서 각색을 한 것이긴 해도, 번역,

각색, 연출, 연기가 조화를 이루어 짜임새 있는 공연을 이룩했다."(심정순)

"(전략) 전체적으로 공연을 볼 때, 작품이 의도하는 뜻이 조화롭게 전개되고 있어서 관객들의 마음을 흐뭇하게 해준다. 타이틀 롤을 맡은 박정자의 그 섬세하고도 정밀한 연기는 연기의 맛을 흠뻑 음미하게 해 준다. 손에서는 뜨개질을 멈추고 있으나 마치 중년여성의 내면에 다가온 위기를 하나하나 실을 뜨듯 엮어 가는 동작은 한아름의 감동을 안겨준다. 성숙된 연기를 통해서만 극적인 '위기'가 표현될 수 있다는 보편적인 원리를 우리는 배우 박정자의 움직임에서 확인할 수 있다."(서연호)

셰익스피어의 〈한여름 밤의 꿈〉(이태주 역, 패트릭 터커 연출)이 중앙일보사와 한국연극협회 공동 주최로 4월 18~24일까지 호암아트홀에서 공연되었다. 이 연극의 조연출은 김아라가 맡았으며, 캐스트는 고설봉, 이진수, 김길호, 황정아, 이정희 등이었다. 연출가는 이 무대를 만들면서 서구연극의 전통적인 고전적 아름다움을 재현하는 일에 힘썼다. 그러나 비평적 반응은 작품해석의 방향이 애매하고, 소극적 요소를 과다하게 투입했으며, 연기의 앙상블보다는 무대장치나 음악에 치중하는 경향이 농후했다는 것이었다. 연기에 있어서 대사처리의 문제, 성격창조의 실패 등이 이 공연의 문제점으로 지적되었으나 현실과 환상의 공간을 성공적으로 교차시키는 일에 성공한 마틴 릴리의 무대 디자인은 높이 평가되었다.

셰익스피어 작품을 전통적인 방법으로 접근하지 않고, 현대적 감각을 투입해서 재구성한 〈맥베드〉는 떼아뜨르 추(秋)가 창단 5주년을 기념해서 문예회관 소극장에서 공연되었다. 생음악 연주(록그룹 문명모임), 양식화된 무대장치, 청바지에 가죽옷, 색안경, 금속장신구 등으로 몸치장한 배우들이 등장하기 때문에 지극히 이색적인 무대가 창출되었는데, 중요한 점은 연출가 무세중이 이 작품의 양극성을 강조하기 위해 두 사람의 맥베드를 동시에 무대에 내세운 점이라 할 수 있다. 그리고 던칸왕이 무대에 등장하지 않는 대신에 현란한 차림의 미녀들이 무용적 동작으로 등장하는 시퀀스는 연출적 창의성으로 돋보인 무대가 되었다. 현대극장의 〈만리장성〉은 배우 윤주상과 박동훈이 연기의 성과를 올린 무대가 되었다.

〈밤으로의 긴 여로〉(유진 오닐 작, 오화섭 역, 이해랑 연출)가 연극제 우수작품 초청공연으로 신협이 주최해서 문예회관 대극장에서 9.28~10.2까지 공연되었다. 이순재, 이승옥, 정동환, 장기용, 조은경 등이 출연한 이 무대는 메어리 역의 이승옥이 빛나는 이정표를 세운 공연이 되었다. 타이론 역의 이순재도 깊고, 날카롭고, 정확했다. 이 공연은 리얼리즘 연극의 탐구와 완성에 평생을 바친 연출가 이해랑의 연극생활 50년을 기념하는 무대가 되었다. 이 공연과 함께 연출과정을 책으로 엮은 『이해랑 연출교정(演出敎程)』이 공개되었다.

실험극장이 정기공연 100회를 맞았다. 기념공연 〈화니〉(마르셀 파뇰 작, 민희식 역, 김동훈 연출)가 6월 19~25일까지 호암아트홀에서 공연되었다. 배우 정동환, 전무송, 김진해, 이승옥, 김광일, 채희재, 윤석화 등이 이 무대에 출연해서 호평을 얻었다. "〈화니〉는 여러 가지 면에서 잘 만들어진 극이다"라고 김문환은 평했다. 안정된 연기, 연출의 안목과 경험, 무대미술(송관우), 조명(정대식), 의상(이규태) 등의 기량이 이 공연을 잘 만들고 있었다. 실험극장의 〈신의 아그네스〉, 극단 광장의 〈무덤 없는 주검〉, 민중극장의 〈우리 집 식구는 아무도 못말려〉 등이 앙코르 공연되었다. 일본의 스콧트극단이 아시안게임 연극제에서 〈트로이의 여인〉을 공연해서 큰 충격을 안겨주었다. 송년무대는 뮤지컬 공연이 붐을 이루었다. 서울시립가무단의 〈지붕 위의 바이올린〉, 민중극장의 〈카바레〉, 극단 현대 앙상블의 〈스크루지〉, 현대극장의 〈빠담 빠담〉, 극단 뿌리의 〈가스펠〉, 서울연기자그룹의 〈이상한 나라의 앨리스〉 등 10편의 뮤지컬이 공연되었다.

2. 80년대 후반에 활약한 극작가들

— 연극계에 불어 온 새바람

1987년 10월 시행된 저작권에 의해 번역극 공연이 제한을 받게 되자 상대적으로 창작극이 활기를 띠기 시작했다. 월간 『예술계』가 『월간문학』과 함께 희곡작품을 싣는가 하면, 『한국연극』이 제5회 지방연극제에 참가한 희곡 6편을 게재하고 『현대문학』 등의 월간문예지와 계간지에서도 희곡에 대한 관심을 보여주고 있었다. 연출가 김정옥, 김창일, 이강열, 이수일 등이 창작극을 집필하고, 오태영, 이재현, 오태석, 김상열, 윤조병 등 극작가들이 연출 작업을 해서 주목을 끌었다. 1987년의 창작극은 120편을 상회하는 사상 초유의 기록을 세우게 되었다.

신춘문예를 통해 5편의 당선작과 1편의 가작이 선을 보였다. 새로 데뷔한 극작가들은 김이경(〈새들은 하늘로 날아오른다〉, 경향), 장정일(〈실내극〉, 동아), 김두삼(〈날 수 없는 새〉, 서울), 정미경(〈폭설〉, 중앙), 박미진(〈기묘한 G선〉, 한국), 장원범(〈진통〉, 가작, 조선) 등이다. 『월간문학』을 통해서 연출가 이강열이 〈아기동이〉를 발표하고, 곽노흥이 〈차이코프스키를 위한 변주곡〉,

강준룡이 〈방울소리〉, 김철이 〈계절〉을 각각 발표해서 극작가로 데뷔했다.
공연을 통해 등단한 극작가들은 다음과 같다.

　김광림(〈아빠 얼굴 예쁘네요〉, 연우무대), 김종철(〈일어나 빛을 발하라〉, 춘추), 김
광림(〈달라진 저승〉, 연우무대), 홍성기(〈저편에서〉, 연우무대), 신태범(〈노인, 새되어
날다〉, 부산예술극장), 조원석(〈어느 족보가 그 빛을 더하랴〉, 제작극회), 이석영(〈술〉,
산울림), 김창일(〈갯바람〉, 목포극협, 『한국연극』 7월호), 이수일(〈어이하여 나로 하여
금〉, 경북에밀레, 『한국연극』 7월호), 장성식(〈단야〉, 전북창작극회, 『한국연극』 7월
호), 최현묵(〈저승 훨훨 건너가소〉, 대구처용, 『한국연극』 7월호), 이종일(〈밀항선〉,
경북입체, 『한국연극』 7월호).

87년 지상에 발표된 희곡은 다음과 같다.

　노경식, 〈신적(神笛)〉, 『예술계』 1. / 강성희, 〈철쇄(鐵鎖)〉, 『월간문학』, 1, 2. / 윤
조병, 〈0 舞를 출거나〉, 『예술계』, 3. / 오태영, 〈다시 전쟁〉, 『현대문학』, 3. / 김경옥,
〈현대기인전〉, 『월간문학』, 4. / 이하륜, 〈여권 I〉, 『예술계』, 5 / 성준기, 〈진짜만 파는
가게〉, 『예술계』, 6. / 박일동, 〈그 많은 바람과 세월 속에〉, 『월간문학』, 6,7. / 장일
홍, 〈인간은 인간에게 이리〉, 『한국연극』, 7. / 홍승주, 〈마지막 죽어가는 황새 한 마
리〉, 『예술계』, 8. / 강준용, 〈개의 행복〉, 『예술계』, 9. / 오태영, 〈원시인은 말한다〉,
『월간문학』, 10. / 최현묵, 〈하구에 내리는 비〉, 『한국연극』, 10. / 하유상, 〈달, 비, 피
리〉, 『예술계』, 10,11. / 오태영, 〈매춘진혼제〉, 『예술계』, 12. / 김용락, 〈부소산성〉,
『백제문학』. / 장두이, 〈망향극, 미국 속에 피는 절망의 연극〉, 『가교문예』. / 이어령,
〈오! 나의 얼굴〉, 이어령 희곡집. / 김광섭, 〈저승꽃〉, 한국희곡작가협회 연간집. / 김
일부, 〈무덥고 불안한 여름〉, 한국희곡작가협회 연간집. / 함수남, 〈별이 된 하닷사〉,
한국희곡작가협회 연간집. / 김일부, 〈무덥고 불안한 여름〉, 한국희곡작가협회 연간
집. / 강나현, 〈웨이짜이의 죽음〉, 한국희곡작가협회 연간집. / 박운원, 〈귀부인〉, 한
국희곡작가협회 연간집.

1987년에 발간된 창작희곡집은 다음과 같다.

　　윤조병 희곡집 I, 『농토』 / 윤조병 희곡집 Ⅱ, 『모닥불 아침이슬』 / 박운원 희곡집 I, 『갈잎의 노래』 / 박운원 희곡집 Ⅱ, 『파도소리』 / 이어령 희곡집, 『세 번은 짧게 세 번은 길게』 / 서연호 편, 『한국의 현대희곡 2』 / 정태혁, 『사리자여 사리자여』 / 김선 · 이병도 · 전기주 『3인 희곡 모음집』 / 한국문화예술진흥원 편, 『제10회 대한민국연극제 희곡집』 / 한국희곡작가협회 편, 『꺼지지 않는 시대의 등불』 / 엄한일, 『망명정부 주식회사』 / 김지하, 『밥』.

발표된 희곡 가운데서 무대화된 작품은 다음과 같다.

　　박재서, 〈여자만세〉, 서울연기자그룹 / 김정옥, 〈이름 없는 꽃은 바람에 지고〉, 자유극장 / 이근삼, 〈낚시터 전쟁〉 · 〈학자와 거지〉, 민예 / 정복근, 〈지킴이〉, 미추 / 차범석, 〈꿈하늘〉, 국립극단 / 정시운, 〈옥황상제 서울여행〉, 하나 / 남정희, 〈서푼짜리 아르바이트〉, 가교 / 엄인희, 〈왔구나 왔어〉, 바탕골소극장 / 엄인희, 〈고추 먹고 맴맴 담배 먹고 맴맴〉, 춘추 / 노경식, 〈타인의 하늘〉, 실험극장 / 윤정선, 〈자유혼〉, 여인극장 / 김상열, 〈로미오 20〉, 현대극장 / 이현화, 〈불가불가〉, 쎄실 / 오태석, 〈부자유친〉, 목화 / 이강백, 〈유토피아를 먹고 잠들다〉, 산울림 / 노경식, 〈침묵의 바다〉, 국립극단.

김흥우는 1987년의 희곡작품을 특성을 다음과 같이 요약했다.

　　"동시대의 현실을 고발하거나, 풍자한 작품이 가장 많았고, 각 지방에 잠재해 있는 민담이나 전설 또는 설화를 발굴, 극화한 작품, 역사적 사건이나 인물을 형상화하거나, 역사의식을 극화한 작품, 향토색 짙은 소재를 다루거나, 민족상잔의 비극이나 분단의 아픔 및 이산가족의 애환을 그린 작품이 있었다"고 말했다.(『문예연감』, 1987)

창작극 공연의 경우 제11회 서울연극제의 성과를 검토하지 않을 수 없다.

유민영은 87년 우리 창작극의 변화에 대해서 다음과 같이 분석했다.

"우선 사회성이 강한 작품들이 대거 공연되었다. 가령 정치해금에 따른 현실고발, 비판, 풍자극이 많았다. 그 동안 공연윤리위원회의 검열에 저촉되어 공연이 안된 작품들이 몇 편 무대에 올랐고, 또 정치사회의 비리를 풍자한 창작극들이 여러 편 공연되어 관객의 호응을 얻었다. 그런데 정치풍자극들 중에서는 주목할 공연도 없지는 않았지만 상당수가 사회문제를 구조적으로 수용해서 승화시키지 못하고 표피적으로 표출하는 천박성으로 흐른 것이 하나의 아쉬움이었다. 그러나 창작극이 대세를 잡아가는 듯이 보인 것이 금년 연극계의 주된 경향이었다. 금년에는 저작권법이 시행됨으로써 어차피 창작극 쪽으로 공연이 흘러갈 수밖에 없기 때문에 사회풍자극이든 코메디이든 우리 작가 작품들이 증가되는 것은 바람직하다."(『문예연감』, 1987)

유민영은 개별 작품에 대해서 다음과 같이 논평했다.

"극단 미추의 〈지킴이〉는 과거 민예 연극 스타일을 좀 더 세련시킨 공연이었다. 〈지킴이〉는 여류작가답지 않게 스케일이 컸고, 연출의 힘 역시 돋보였다. 특히 전통예술을 현대의 연기방식에 접목시켰음에도 별다른 껄끄러움을 느끼지 않게 한 것은 연출가의 절제력에서 오지 않았나 싶다. 실험극장의 〈타인의 하늘〉은 우리 시대의 최대 과제라 할 분단문제를 이산의 아픔으로 형상화한 작품이다. 그러나 원작에서부터 연출, 무대미술 모두가 성과를 못 거둔 작품이었다.

여인극장의 〈자유혼〉은 우리 희곡의 문학성의 수준을 높인 점에서 평가받을 수 있겠다. 무대형상화에 있어서도 우리 나름의 독특한 연극적 분위기를 창출한 것이었다. 아쉽다고 한다면 감각의 진부함이라든가 무대미술의 조잡성 같은 것이다. 현대극장의 〈로미오 20〉은 작가 김상렬이 놀라운 상상력으로 KAL기의 피격 과정을 재현하고 승객들의 삶과 죽은 뒤의 존재까지를 묘사해 놓음으로써 무거운 현실을 경쾌한 예술로 변화시킬 수 있는 재능을 과시했다.

제작극회의 〈어느 족보가 그 빛을 더하랴〉는 작중인물 조병갑을 지나치게 긍정적으로 평가해서 사실과 동떨어진 것은 문제지만 성격창조가 돋보이는 무대였다. 극단 세실의 〈불가불가〉는 원작의 신선한 감각과 현실투시 그리고 그것을 박진감 넘치게 무대화한 채윤일의 연출 솜씨가 돋보였다. 극단 목화의 〈부자유친〉은 오태석이 추구하는 이미지즘과 몽상성이 한껏 표출된 작품으로서 이번 연극제에서 가장 강렬한 실험정신을 보여준 공연이었다. 다만 지나치게 추상화된 표현이 관중에게 낯설음을 준 것은 사실이지만 우리 연극의 정체성을 타파해 보려는 오태석의 도전성은 살 만했다." (『문예연감』, 1987)

이상일은 제11회 대한민국연극제 작품을 평하는 글에서 〈부자유친〉과 〈불가불가〉에 관해서 다음과 같이 평했다.

"축제적 연극이었던 〈지킴이〉나 〈로미오 20〉에 상응하는 판놀음 형식이었으나, 〈부자유친〉이 사도세자와 아버지 영조 사이의 죽음의 축제를 현대화한 굿판이라면, 〈불가불가〉는 역사의 축제를 무대 위에서 양식화했다는 의미에서 훨씬 계산적이었다는 점이 지적되어야 할 것이다" (『주간조선』, 1987.10).

1987년 구희서가 『주간한국』에서 거론한 문제작은 다음과 같다.

〈파랑테리블〉(실험, 장 콕토 작, 정순모 역, 송미숙 연출), 〈서울방자〉(대중, 김용락 작, 김동중 연출), 〈변방에 우짖는 새〉(연우, 현기영 작, 김석만, 오인두 각색, 김석만 연출, 이호성, 문성근, 최형인), 〈거세된 남자〉(민중, 프란츠 크시버 크뢰즈 작, 이원양 역, 정진수 연출, 정운봉, 손봉숙), 〈호모 세파라투스〉(극단 교실, 이강백 작, 장수동 연출), 〈영국인 애인〉(산울림, 마르그리트 뒤라스 작, 오증자 역, 임영웅 연출, 이주실, 조명남, 주호성) 〈알로에의 교훈〉(성좌, 아돌 후가드 작, 황남진 역·연출, 최상설, 이일섭, 차유경), 〈그 해 치네치타의 여름〉(뿌리, 나타리아기니즈버그작, 정진수 역, 김근지 연출, 윤소정, 마흥식, 유하연), 〈고도를 기다리며〉(극단 76, 사무엘 베케트 작, 기국서 연출, 이봉규, 기주봉, 한세훈), 〈덤 웨이터〉(작업, 해롤드 핀터 작, 김명일 연출), 〈왔구나 왔어〉(미추홀, 엄인희 구성, 장수동 연출, 최현 안무, 김종엽, 김영화), 〈달라진 저승〉(연우무대, 김광림 작, 김광림 연출, 최형인, 안석환, 이미연, 김기호, 박영구, 김혜란, 전규일, 이미연), 〈울타리(Fences)〉(가교, 어거스트 윌슨(August

Wilson)작, 정종화 역, 김호태 연출, 김진태, 이정희, 원근희, 박정순, 이기열, 김준식, 임영신), 〈리틀 말콤〉(실험, 데이비드 하리웰 작, 김철리 역, 김성노 연출, 김기승, 이종구, 이중걸, 유형관, 송덕희), 〈선샤인 보이〉(춘추, 닐 사이먼 작, 김철리 역, 이창기 연출, 김길호, 최종원, 허현호), 〈자유도시〉(에저또, 프라이언 프리엘 작, 방태수 역, 방태수 연출, 김진구, 안진환, 하덕성, 문홍섭, 김경태, 전환원), 〈사랑앓이 소동〉(셰익스피어 작, 〈한여름 밤의 꿈〉 제목 바꿈, 주백 역, 권영근 연출, 김홍수, 이화진, 곽순호, 송영미, 성잭준), 〈당통의 죽음〉(현대극장, 게오르그 뷔히너 작, 임호일 역, 김철리 연출, 안선호, 한진섭, 김덕남, 박동훈).

극단 76의 〈고도를 기다리며〉는 특이하다. 극단 76은 이 작품을 1987년에 세 번 공연했다. "1969년 12월 주간한국 주최로 한국일보사 소강당에서 임영웅 연출로 첫 무대를 열었다. 김성옥, 함현진, 김무생, 김인태, 이재인이 출연해서 대성공을 거두어 극단 산울림 창단의 계기가 되었다"고 구희서는 적고 있다.(『주간한국』 1987.8.23) 구희서의 평은 배우의 연기에 관해서 충실하게 기록하고 있는 점이 특색이다. 이 공연에서도 예외는 아니었다. 한국 연기사 저술에 그의 평은 빼놓을 수 없는 자료가 될 것이다.

"블라디미르의 이봉규, 아스트라공에 한세훈은 쉽고 분명하게 연출의 방향을 따르면서 긴장보다 이완 쪽으로 말투를 끌어갔다. 이봉규의 날카롭고 뚜렷한 모습이나 한세훈의 풀어지기 잘 하는 원만함이 무두 느슨하게 고삐를 늦춰 가며 대사를 끌어갔다. 이들의 이완은 그러나 긴장과 이완의 대비가 약한, 탄력성이 부족한 것이 돼버렸다. 좀 더 깊이 있게 역을 내 것으로 누리지 못했다는 아쉬움이 있다. 포조 역의 기주봉은 〈매스터 해롤드〉, 〈관객모독〉, 〈빵〉 등에서 보이던 얼굴과 비교해볼 수 있는 다른 크기, 다른 얼굴을 만들었다. (중략) 이들이 정리해놓은 작품 줄거리는 짤막하고 간명하게 관객에게 작품의 내용을 펼쳐 보여준다. 정말 지루하지 않을 줄거리 설명이다."

구희서의 평필은 부드럽고 따뜻하다. 구석구석을 잘 살피고 꾸짖되 험담 않으며 매사 친절하고 인자롭다. 그의 평은 신문 리뷰의 한 가지 전형(典型)을 세웠다.

"극단 춘추의 〈선샤인 보이〉에는 김길호와 최종원 두 배우가 이 배역들을 맡고 있다. 김길호 씨는 올해 나이 53세, 무대 경력 30년에 연극, 영화, TV 광고에서 활약하고 〈딸〉(1963년 《경향신문》 신춘문예 희곡 당선), 〈해곡〉(1968년 연극제 참가 작품)의 작가이기도 하다. 최종원 씨는 서울연기자그룹 초대 회장으로 우리 무대에서 일 많이 하는 부지런한 배우다. 오랜 경력, 꾸준한 발전을 내세울 수 있는 김길호라는 배우나 젊은 층의 연기자 중에서 연기력을 인정받고 있는 최종원 두 배우의 절실한 연기 대결이 춘추의 〈선샤인 보이〉의 매력이라고 할 수 있다. 배역이 크면 배우를 요구하고 배우가 듬직하면 배역이 따라온다. 최근 몇 년 간 김길호 출연 연극 목록을 보면 그가 있어서 만들어진 연극이 많다는 생각이 든다. 춘추의 〈드레서〉의 노배우 역과 함께 〈선샤인 보이〉의 늙은 코미디언 역은 그런 상관 관계를 생각하게 해준 역이었다." (『주간한국』, 1987.12.6)

〈덤 웨이터〉를 논하는 자리에서도 구희서는 극단 작업에 대해서 여간 자상하지 않다.

"극단 작업의 오랜만의 무대 〈덤 웨이터〉는 이 작품이 해롤드 핀터의 유명한 작품이라서가 아니라 극단 작업이 3년 만에 다시 무대를 여는 어떤 시작이라는 의미가 보여서 반가웠다. 연출가 길명일과 배우 전아, 최융부 세 사람이 7년 만에 함께 만나는 것이고 연출가 길명일에게는 3년 만에 복귀 무대가 된다. 이들은 극단 작업 창단 동인으로 70년대 초반 이후 젊은 뜻을 모아 소극장 중심의 연극 활동을 해왔고 중견 극단으로 성장했다.
두 배우는 극단 작업을 떠나 전아는 성극(聖劇)으로 가끔 무대에 섰고, 최융부는 무대에 나서지 않았다. 이 연출은 83년 해외연수를 다녀온 후 연극을 쉬었었다. '회의 때문이었다'는 것이 그의 설명이다. 젊음을 바쳐 열심히 연극을 만들다가 이들은 잠깐 말

한국연극 전환시대의 질주

을 멈추고 망설였고 그러다가 못내 떠날 수 없어 다시 돌아와 무대에 선 것이다. 창단 초기였던 70년 12월 《한국일보》 소강당 무대에서 그들이 힘들여 만들었던 〈덤 웨이터〉를 이 말없는 재출발의 첫 무대로 들고 나온 것이다. (1987.9.1~14, 문예회관 소극장)

초연에서 거스 역을 했고, 이번 무대에서 벤 역을 한 최용부는 침착하게 역에 임한다. 그에게는 어딘가 애써 흥분하지 않으려는 어떤 경직 같은 것이 있었다. 조직의 일원으로 회의하는 불평분자이다가 스스로 죽어가는 거스 역의 전아는 좋은 배우라는 기대를 많이 받았던 연기자로서 새 무대의 흥분이 무척 컸다는 인상이다. 나이에서 오는 어떤 신중함, 오래 묵혀뒀던 열정의 폭발 같은 것들이 힘겹게, 서투르게 무대 곳곳에 드러나고 있다. 오래 쭈그리고 앉았다가 일어선 사람처럼 이들의 발걸음은 딱딱한 데가 있었다. 어느 때는 너무 작게, 어느 때는 너무 크게 떼어놓는 발걸음처럼 균형이 흐트러져 있었다. 그러나 이들의 무대는 부싯돌 같은 불길의 가능성이 있었다. 불이 잘 붙지 않아 자꾸 부딪쳐볼 때 곧 불이 붙으리라는 기대가 있었다. 작업의 다시 시작하는 무대가 그대로 꺼져버리지 않고 진정한 불길이 되는 걸 보고 싶다." (『주간한국』, 1987.9.20)

연우무대 〈달라진 저승〉의 평에서 구희서는 "김광림의 극작술은 훨씬 복잡해지고 세련된 맛이 있었으나 그의 외침은 근본적으로 같다고 볼 수 있다. 착하고 아름다운 것에 대한 믿음이고 부당한 폭력에 대한 저항이다"라고 김광림 연극을 날카롭게 재단(裁斷)하고 있다. 그의 평은 범인에게 좀처럼 안 보이는 깊은 연극의 내면을 낱낱이 들여다보는 용기와 지혜를 갖추고 있다.

제11회 서울연극제는 1987년 8월 25일부터 10월 7일까지 문예회관 대, 소극장서 개최되었다. 6·29 민주화 선언의 개방된 사회 분위기 속에서 3개 초청무대와 8개 경연무대가 선보였는데 "그 모든 무대들을 바라보는 객석의 표정에도 시대적 감각은 작용했던 것 같다. 크고 의젓한 몸짓에는 갈채를 보냈고 체념에는 유난히 분노했으며 초라함에는 고개를 돌렸다. 무대를 이렇게 주제와 방향, 크기로만 보려는 분위기 속에서 사실 연출이나 배우, 기타 무대 참여 요소들의 개개의 노력이나 성취도에 대해서는 세심한 눈길이 미치지 못했던 것 같다. (중략) 44일간의 연극 큰잔치가 뭔가 더 나올 수 있다는 기대 속에 진행됐으나 결국 〈꿈하늘〉, 〈지킴이〉로 크게 외친 소리를 받아낼 만한 작품은 나오지 않고 말았다."(구희서, 제11회 서울연극제, 『주간한국』, 1987.10.18)

연극제 참가 단체와 작품은 다음과 같다.

〈꿈하늘〉(차범석 작, 김석만 연출, 국립극단), 〈노인, 새 되어 날다〉(신태범 작, 김경화 연출, 부산 예술극장), 〈지킴이〉(정복근 작, 손진책 연출, 미추), 〈타인의 하늘〉(노경식 작, 김동훈 연출, 실험극장), 〈자유혼〉(윤정선 작, 강유정 연출, 여인극장), 〈로미오 20〉(김상열 작, 김상열 연출, 현대극장), 〈어느 족보가 그 빛을 더하랴〉(조원석 작, 이완호 연출, 제작극회), 〈유토피아를 먹고 잠들다〉(이강백 작, 임영웅 연출), 〈불가불가〉(이현화 작, 채윤일 연출, 쎼실), 〈부자유친〉(오태석 작·연출, 목화), 〈당나귀 가죽〉(샤롤 페로 작, 롤랭 줄리앙 연출, 프랑스 농브 로드로극단).

양혜숙은 연극평단의 새로운 조류에 대해 분석하는 글에서(『문예연감』, 1987) 정치적 민주화 물결이 연극평단에 '참신한 변화'를 불어넣고 있다고 말했다. 그 '새바람'은 연극전문지 『한국연극』과 『객석』이 새로운 평론가를 배출하고 상을 주는 제도를 마련했다는 것이며, 『객석』, 『동서문학』, 『문학사상』, 『예술계』, 『한국연극』 등 잡지 이외에도 연극평을 싣는 간행물이 늘어나고 있다는 점이었다. 그러나 여전히 우려의 목소리는 있었다. 문제는 "공연풍토의 신속한 변화와 생기 있는 다채로움을 제때 제때에 관객층에 홍보할 수 있는 가능성은 여전히 배제되고 있다"는 사실 때문이었다.

1987년 연극평론의 쟁점은 민중극의 문제, 리얼리즘극론, 저작권법에 관한 문제, 지방연극론, 연극의 질적 향상과 연극평론의 반성 등이었다. 『한국연극』지에서 특집으로 다룬 리얼리즘 연극론은 김방옥이 서양에서의 사실주의 연극의 '형성과 발전'을 다루었고, 서연호는 한국 사실주의 희곡의 인식, 및 그 전개과정과 성과를 다루고 있다.

『한국연극』지가 1987년 6월호에 '민중극'과 '마당극'의 접목을 시도하는 특집을 꾸민 것은 시기적절한 일이었다. 정지영은 「마당극의 현 단계」라는 글 속에서 한국의 마당극 형성과 전개과정을 정치 사회적 배경에 비추어 설명했다. 양혜숙은 「제3세계의 민중극」이라는 평론에서 마당극의 본질적 요소와 마당극 형성의 사회적 배경을 설명했다. 김창우는 「서양의 민중극」에서 50년대부터 80년대에 이르는 구미 여러 나라의 민중극을 소개했다. 박인배는 「발생과 흐름」이라는 글에서 마당극을 창작극 운동의 한 가지 경향으로 간주하고 있었다. 「마당극의 현황과 과제」라는 제목으로 이상일, 서연호, 임진택이 한 자리에서 나눈 대담은 포괄적이고 미래지향적인 내용을 담고 있다.

공연에 대한 평에서 심도 있게 다루어진 작품은 뮤지컬로는 〈카바레〉, 〈아파트 열쇠를 빌려드립니다〉, 〈아가씨와 건달들〉, 〈한강은 흐른다〉, 〈왕과 나〉, 〈피핀〉, 〈가스펠〉 등과 번역극으로는 〈거세된 남자〉, 〈19 그리고 80〉, 〈영국인 애인〉, 〈베케트 페스티발 Ⅱ〉, 〈봐냐 아저씨〉, 〈관리인〉, 〈만리장성〉, 〈아일랜드〉, 〈들오리〉, 〈황금연못〉, 〈울타리〉, 〈나이트마더〉 등이다. 창작극에서는 〈칠수와 만수〉, 〈지킴이〉, 〈숲속의 방〉, 〈뜨거운 바다〉, 〈낚시터 전쟁〉, 〈새들도 세상을 뜨는 구나〉, 〈변방에 우짖는 새〉 등이었다. 청소년 연극으로는 〈방황하는 별들〉이 좋은 평가를 받았다.

한상철은 1987년의 연극에 관해서 다음과 같이 논평했다.

"연극의 외적 환경변화 가운데 중요한 것은 새로운 저작권법 발효와 대한민국 연극제 명칭과 운영방식의 변화이다. 10월 저작권법의 시행으로 한국연극의 절반 이상을 차지하는 번역극의 작가 승인과 원작료 지불이 제도화되었다. 아직은 큰 영향을 받지 않고 있으나 시간이 지날수록 이 문제는 극계에 큰 압력으로 작용할 것이며 이에 대한 대책이 구체적으로 마련되어야 할 것이다.

연극 자체를 볼 때 연극공연의 수적 증가가 두드러지며, 대체로 좋은 공연보다 저질 상업극이 많았고, 특히 창작극에서 현저했다. 창작극은 단연 현 사회를 고발하는 풍자극이 압도적이었음은 그만큼 한국 사회의 비리와 모순이 많다는 것을 입증하는 것이었지만 내용이 치졸하고 공연술이 유치하여 연극의 품격을 저하시켰다. 더욱이 대다수 극단들이 입장권을 덤핑하는 비윤리적인 상행위가 극성을 부려 관객은 물론 일부 연극인 자신에게까지 혐오감을 불러 일으켰다.

반면 성실하고, 창의적인 공연으로 주목을 받은 연극도 있었다. 민중의 저항을 이름 없는 광대로 상징화한 자유극장의 〈이름 없는 꽃은 바람에 지고〉와 혼이 없는 사회에 각성을 준 미추의 〈지킴이〉같은 상반기 공연에 이어, 연극제에서 연극예술 특유의 독창적인 가능성과 창의적인 무대술로 찬사를 받은 목화의 〈부자유친〉과 품위 있고 성숙한 무대를 보여준 〈나이트 마더〉가 후반기를 빛냈다. 특히 〈나이트마더〉와 현대예술극장의 〈19 그리고 80〉에서는 김혜자, 김용림이 오랜 공백 끝에 무대에 복귀하여 좋은 연기를 보여주었고, 두 연극 다 바람직하게도 기성층 성인 관객이 많았던 것이 인상적이었다. 희곡으로는 〈불가불가〉의 이현화, 〈자유혼〉의 윤정선이 주목되었으며, 〈영국인 애인〉에서의 이주실의 내면연기와 〈선샤인 보이〉에서의 최종원, 〈지킴이〉에서의 송용태가 우수한 연기를 보여주었다. 올해의 수작으로는 청소년 연극인 〈마법왕 투란도트〉가 빛났으며, 이 공연에 의상을 담당한 변창순의 활약은 눈부셨다.” (「검열 폐지 새 쟁점 떠올라」, 〈일요뉴스〉, 1987. 『한국연극의 쟁점과 반성』, 1992 재수록)

3. 88년 이후 해빙무드와 정치극

— 연극은 발전하고 있는가?

1988년에 공연된 창작극은 다음과 같다.

이근삼, 〈학자와 거지〉 / 조성현, 〈어느 생애의 어느 하루〉 / 강원도, 〈어쩐지 돌연변이〉 / 정복근, 〈웬일이세요, 당신〉 / 김지하, 〈금관의 예수〉 곽노흥, 〈차이콥스키를 위한 변주곡〉 / 윤일웅, 〈매춘 2〉 / 김정옥, 〈수탉이 안 울면 암탉이라도〉 / 윤조병, 〈이름 없는 별들〉 / 박제홍, 〈어머니〉 최미화, 〈바람처럼 강물처럼〉 / 박재서, 〈오유란전〉 / 박조열, 〈오장군의 발톱〉 / 원창연, 〈구로동 연가〉 / 김명곤, 〈갑오세 가보세〉 / 정복근, 〈독배〉 / 정우숙, 〈매매춘〉 / 권병길, 〈거꾸로 사는 세상〉 / 조일도, 〈굴뚝위의 사랑〉 / 김창일, 〈맹진사댁 공기사〉 / 조원석, 〈술래잡기〉 / 오태석, 〈팔곡병풍〉 / 윤조병, 〈젖섬 시그라불〉 / 박만규, 〈즐거운 한국인〉 / 심회만, 〈8장 7절을 거부한 화려한 여인〉 / 김영무, 〈우리들의 김무용〉 / 박철, 〈비풍초똥팔삼〉 / 심명순, 〈증인〉 / 정복근, 〈덫에 걸린 집〉 / 박노해, 〈노동의 새벽〉 / 김상렬, 〈애니깽〉 / 박제홍, 〈대통령 아저씨 그게 아니어요〉 / 김명곤, 〈인동초〉 / 김상수, 〈택시 택시〉 / 박법신, 〈불의 나라〉 / 이재현, 〈코리아 게이트〉 / 김명곤, 〈청산이 소리쳐 부르거든〉 / 이상우, 〈4월 9일〉 / 최인호, 〈타인의 방〉 / 윤대성, 〈사의 찬미〉.

발표된 희곡작품은 다음과 같다.

김윤미, 〈열차를 기다리며〉 / 이상례, 〈귀향일기〉 / 정우숙, 〈소망의 자리〉, 이상 신춘문예 / 김철, 〈계절〉 홍승주, 〈두 세대의 죽음〉, 『월간문학』 / 정복근, 〈지킴이〉, 『예술계』 / 전옥주, 〈그림자 연〉, 『동서문학』 / 강준용, 〈무인도〉, 『예술계』 / 장일홍, 〈인간의 얼굴을 한 야만〉, 『월간문학』 / 김용락, 〈황진이〉, 『예술계』 / 윤조병, 〈도요 새와 들오리〉, 『현대문학』 / 안옥희, 〈초원의 종말〉, 『예술계』 / 성준기, 〈간이역〉, 『예술계』 / 윤조병, 〈고향 봉선화〉, 『월간문학』 / 최명희, 〈내 사랑 외디푸스〉, 『예술 계』 / 이반, 〈아버지 바다〉, 『동서문학』 / 하유상, 〈사랑 이야기〉, 『현대문학』 / 김용 락, 〈등장인물이 죽인 작가〉, 『펜문학』, 봄호 / 곽노흥, 〈테르마타의 바다〉, 『예술계』 / 강준용, 〈간이역 이중주〉, 『현대문학』 / 정순렬, 〈수술실의 살인〉 / 이지양, 〈맨발로 걷기〉 이상 『월간문학』 / 김창활, 〈한일〉, 『현대문학』 / 성준기, 〈황혼의 집〉 / 이강열, 〈복사꽃 필 때마다〉 이상 『월간문학』 / 김홍우, 〈조선의 꿈〉, 『예술계』 / 오학영, 〈철 부지 달빛〉, 『예술계』 / 김광섭, 〈뿌리〉, 『예술계』.

42편의 희곡이 무대공연되었고, 28편의 희곡이 발표되었다. 1987년 희곡의 특징은 정치적인 민주화 영향으로 정치극이 계속 발표되었다는 점이다. 〈대통 령아저씨 그게 아니어요〉, 〈새들도 세상을 뜨는 구나〉 등은 제5공화국의 정치 적 비리와 인권 탄압을 다루었고, 〈코리아게이트〉는 박정희 대통령 시대의 대 미 로비 활동에 얽힌 의혹을 다루었으며, 긴급조치 4호에 얽힌 인혁당 사건을 다룬 〈4월 9일〉, 그리고 〈금관의 예수〉와 〈인동초〉 등이 모두 정치극 계열에 속한다고 말할 수 있다. 노동문제를 다룬 사회극으로는 〈구로동 연가〉, 〈노동 의 새벽〉이 있고, 사회의 부패상을 폭로한 작품으로는 〈애니깽〉, 〈8장 7절을 거부한 화려한 여인〉, 〈어머니〉, 〈거꾸로 사는 세상〉, 〈술래잡기〉 등이다. 그 러나 이토록 소재 면에서는 개방되었지만, 질적인 내용에 대해서는 숱한 문제 점을 안고 있다고 김용락은 비판했다. "새로 탄생한 정치극은 몇몇 작품을 제외하고는 거의 생경한 주장이나 야유에 그친 감이 많고, 그러기에 오히려 억압된 상황에서 비유적·우의적 방법으로 우리네 정치상황을 표현한 예년의 희곡보다 나을 것이 없고 특히 신인의 작품일수록 직접적이어서 그 질이 떨어지고 있다."

김문환은 〈새들도 세상을 뜨는 구나〉 평에서 희곡과 각색, 그리고 연출의 상관관계에 관해서 고찰했다.

"극단 연우무대는 1988년 2월 9일부터 〈새들도 세상을 뜨는 구나〉를 연우소극장에서 공연하고 있다. 황지우의 시를 주인석이 희곡화했고, 이를 김석만이 연출했다. (중략) 희곡은 대체로 시의 세계를 충실히 무대화할 수 있도록 배려하고 있다고 말하겠다. 특히 재미로 보나, 의미로 보나 대체로 시「잠든 식구들을 보며」를 바탕으로 한 〈보도본부 24시〉 뉴스쇼는 단연 압권에 속한다. '대체로'라는 단어를 써넣은 것은 황지우의 시집에 없는 장면을 무리 없이 삽입해서 연극만이 보여줄 수 있는 맛을 살려내려고 했기 때문이다. (중략) 김석만의 연출기법은 브레히트로부터 상당한 자양분을 흡수한 것으로 보이고, 주인석 역시 그러한 영향 속에서 이 희곡을 구성해간 것이 아닌가 싶다."(「버라이어티쇼로 극화된 시」, 『한국연극』, 1988.3)

〈새들도 세상을 뜨는 구나〉 공연에 대한 이상일의 평은 긍정적이었다.

"이번 공연은 빠른 장면전환에다 에피소드 구성이어서 즐거운 관극 체험이 되었다. 〈새들도…〉는 시에서 얻어진 이미지와 날카로운 주제 때문에 의식 과잉이 절제된 데다 다시 극화과정을 거침으로써 의식의 형상화가 짤막짤막하게 다듬어져서 에피소드 구성 내지는 모자이크 구성이 된다. 열댓 개의 그림들은 에피소드가 되어도 좋고 모자이크의 한 파편이라 해도 좋고 연극의 장, 영화의 시퀀스라 불러도 좋다. 많은 것들이 묶이고 엮인다. 숨바꼭질 하듯이 두 남녀가 각계각층의 입장을 대변하고, 넝마주이가 떨어진 팔다리를 줍고, 놀이하던 아이들이 잡혀가고, 만남의 광장이 재현되기도 한다. 술 취한 시인과 고고한 예술가가 대비되고, 광주사태의 묘역과 진혼가 및 시낭송이 어우러지고, 공돌이와 여대생의 지독한 욕설도 들리고, 뉴스쇼가 비판당한다." (『주간조선』, 1988.3)

그러나 한상철의 비평은 냉엄했다.

"〈매춘〉 사건은 금년 연극 성향의 신호탄으로 공연과 연극인이 정면 대결한 정치적 사건이었다. 결국 공연을 함으로써 연극인의 승리로 끝났지만 공연 자체를 두고 볼 때, 그런 작품, 그런 무대가 왜 필요했나를 되묻지 않을 수 없었고, 그것을 강행한 연극인의 예술가적 양식과 책임을 묻지 않을 수 없었다. 선정주의, 포르노, 상업성을 정치적 이슈라는 깃발로 위장한, 연극의 품위를 저버리는 공연이었다. 6 · 25 한강 폭파사건을 다룬 신명순의 〈증인〉은 이 시점에서 퇴색한 소재를 부활시키지 못한 채였으며, 박조열의 〈오장군의 발톱〉은 금지시켰던 당시의 정치상황의 가혹함과 어리석음을 되씹으며 현대사회에서 한 개인의 나약함을 한탄하였지만 너무 단순하여 주인공의 정서와 주위 상황의 지적통찰을 얻을 수는 없었다. (중략) 창작극으로 문제 삼을 수 있었던 공연은 정복근 작 임영웅 연출의 〈덫에 걸린 집〉이었다." (「축제와 정치참여에 휘말렸던 한 해」, 『공간』, 1988. 12.『한국연극의 쟁점과 반성』, 1992 재수록)

페미니즘 관점에서 연극 비평을 하면서 독특한 논설을 피력(披瀝)했던 심정순은 〈매춘〉 공연을 계기로 연극에 있어서의 성의 문제를 집중적으로 다루었다.「예술이냐? 외설이냐?」(『한국연극』, 1988.2),「공연의 자유와 외설의 한계」(『크리스천 타임스』, 1988.3),「개방화, 사업화 시대의 대중 포르노 현상, 최근 연극에 나타나는 여성 몸의 상품화 경향」(『객석』, 1993.2) 등과 이들 평론 외에「외설과 표현의 자유문제에 관한 토론과 공연」'미란다'가 제기한「포르노 논쟁 어떻게 볼 것인가?」라는 제목의 비평은 그의 평론집 (『페미니즘과 한국연극』, 삼신각, 1999)에 재수록되고 있다.

심정순은 김정옥 작 · 연출의 〈수탉이 안 울면 암탉이라도〉(자유극장) 평에서 서사극의 감정이입 배제와 소격효과의 문제와 관련해서 이 작품을 이렇게 분석하고 있다.

　"한일합방을 전후한 한국의 정치와 역사를 소재로 하고 있는 이 공연은 객관성을 위해 서사극적 연출 스타일을 택하고 있으면서도 필요한 부분에서는 개인적 인물의 묘사를 주관적인 차원에서 효과 있게 조화시키고 있는 것이 흥미로운 점이라 하겠다. (중략) 작가는 대한제국의 멸망을 거시적, 객관적 차원에서는 열강의 세력에 희생된 경우로써 접근하는 한편, 미시적, 개인적 차원에서는 민비라는 여자의 마음을 이해할 수 없었던 권력의 야망에만 불탔던 한 남성으로서의 대원군과 우유부단한 성격으로 인해 나라의 죽음과 민비의 정치참여를 유발시켰던 무능한 고종에서도 그 원인을 찾고 있는 것이다. 이 작품에서 흥미로웠던 점은 남성작가인 김정옥이 가부장적 지배계급 남성의 시각을 탈피, 피지배적 계층을 이루어왔던 여성적 관점을 의식적으로 채택하고 있는 점이다. 대원군과 고종의 모습을 여성적 시각이라는 화면 위에 가깝게 클로즈업 시키면서 두 남성의 나약한 '실존적'인 삶의 실체를 규명하고, 역사적 인물들에 대한 해석의 차원을 확장시키는 동시에, 역시 유사한 정치, 역사극들이 갖는 철학 부재의 현실적 한계성을 극복하고 있다.

　(중략) 한말의 역사적인 의미를 죽음이라는 실존적 철학의 차원까지 확대시키는 이 작품의 의미를 효과적으로 시각화하기 위해 연출자 겸 작가인 김정옥은 검은색을 기조로 하는 무대를 구사한다. 단순하면서도 기능적인 무대장치, 다각도 조명, 객석의 공간까지 이용하는 연출은 많은 삽화적 장면들을 진행시키는 데 무리가 없고, 민비 시해 장면 등에서 보여주는 상징성과 대칭적 균형 감각 등은 이 공연을 김정옥의 차분하면서도 예리한 예술 감각의 구현으로 특징짓게 한다. 여성 코러스의 역할이 화자(話者)로서, 극중 인물로서, 평자로서, 노래와 춤을 추는 공연자로서 다면적 기능을 발휘하면서 극중 장면들이 갖는 급박한 분위기에 휴식의 변화감을 창조한다. 그러나 작금의 정치적 현실에 대한 코러스의 풍자적 노래나 코멘트는 관객을 '헷갈리게' 하려는 의도였는지는 모르나, 공연 전체의 미적 통일성에 별로 도움이 못되는 것 같다. 초반부에서 코러스의 배경설명 대사가 너무 장황하여 관객의 작품이해에 별로 도움이 안 되는 듯하다." (『한국연극』, 1988.6)

1988년의 한국연극은 화려한 축제의 연속이었다. 88올림픽 문화예술축전의 일환으로 서울국제연극제가 열렸고, 민족극 한마당 축제가 열렸다. 서울국제 연극제는 국내외 19개 단체가 참가해서 8월 16일부터 10월 5일까지 52일간 계속되었다. 체코 '스보시' 극단의 〈충돌〉은 마임연극이었는데, 배우의 연기술이 너무나 탁월해서 연극의 재미를 고조시켰다. 폴란드의 '가르지에니체' 극단의 〈아바쿰〉은 촛불 조명으로 제의적 분위기를 조성한 가운데 보여준 육체연기가 연극의 신비스러움과 격렬함을 과시하고 있었다. 브라질의 '마쿠나이마' 극단의 〈쉬카 다 실바〉는 연출과 연기 모두 탁월한 무대였다. 그리스, 프랑스, 일본의 고전극 공연은 고전극의 전통적 가치와 품격을 일깨워준 공연이었다. 특히 그리스 국립극단의 〈오이디푸스 왕〉은 이색적인 무대미술, 우렁찬 발성, 절제된 동작, 심화된 내면연기 때문에 한국 관객들에게 깊은 감동을 안겨주었다. 일본의 가부키 공연은 한국 초연의 역사적 의미가 있었다.

이미원은 서울국제연극제의 의미를 몇 가지 지적했다.

"우리 연극 국제교류의 교두보를 마련하였다는 의의가 크다. 둘째로는 이른바 '민족극 세대'의 두드러진 부각이다. 민족극 세대는 기존의 연극계와는 별도의 연극세력으로, 주로 '운동권 문화'라고 불리건 대학극 출신들이 주축을 이룬 젊은이들이다. 이들은 뚜렷한 자신들의 시각으로 노동현장 문제나 현실 비판에 깊은 관심을 표명하고 있다. 올해는 최초로 제1회 '민족극 한마당'이라는 연극제를 열었다. 셋째로는 작년 6·29선언 이후 민주화 물결에 힘입어 나타난 많은 고발극과 도서 해빙무드를 차고 등장한 공산권 작가, 작품의 출현이다. 넷째로, 많은 공연이 점차 기획 공연화되고 있음이 주목된다. 국립극장의 '세계명작무대 시리즈', '민중소극장'의 '사랑의 전화', 서울연출가그룹의 '88신춘문예 희곡당선 및 입선작 시리즈', 현대예술극자의 '우수연극 초청공연' 등이다. 다섯째로 아마추어 공연, 특히 여성 아마추어 극단 공연이 두드러졌음을 꼽겠다. 마지막으로, 가벼운 브로드웨이풍의 상업적 뮤지컬은 올해에도 그 인기가 여전하였다.

한국연극 전환시대의 질주

논평했다.

　　"이 작품은 종래의 체재 비판적 연극들이 선호했던 도식화된 마당극의 양식에서
많이 탈피하여 구체적이고 사실적인 장면들을 연결시키고 여기에 금희의 내레이션과
슬라이드를 삽입하여 다큐멘터리로서의 객관성을 보장하는 동시에 서사극적 효과를
더하고 있다. 연기면에서도 아마추어리즘을 극복한 상당한 수준을 보였고, 잦은 장면
전환과 긴박한 극의 흐름에 일치된 호흡을 유감없이 발휘하였다." (「뜨거운 연극」,
『한국연극』, 1988.9)

　　극단 아리랑의 〈갑오세 가보세〉에 대한 김방옥의 평론은 비판적이면서도
개선책을 제시하는 여유가 있었다.

　　"〈갑오세…〉는 노련한 기성 연기진, 빠른 장면전환, 다양한 조명효과, 양쪽 발코니
의 사용, 판소리 창(唱)자 겸 해설자 및 전통 인형극의 도입 등으로 과거에 등장한 이
런 계열의 어떤 작품보다 활기차고 시각적으로 흥미로운 무대를 만들어냈다. 그러나
아직도 왠지 공허하고 지루하다는 느낌이 남는다. 연극의 알맹이가 빠져 있기 때문이
다. 역사적 관점, 스펙터클, 계층과 계층의 대립만 있지 살아있는 인간, 그들의 생생
한 갈등이 결핍되어 있는 것이다. 결론적으로 우리 민족극의 갈 길은 아직도 멀다고
하겠다. 진지함과 열기, 열성적인 관객, 관념적인 정치의식만이 앞서 있을 뿐, 연극과
인간에 대한 충분한 이해에 뒷받침되어 있지 못하기 때문이다. 관념적인 정치적 입장
은 좀 더 구체적이고 심도 있는 문제의식으로, 구체적 문제의식은 독창적이며 필연적
인 연극적 표현으로 형상화되어야 할 것이다. 지나치게 단순하게 유형화된 인물, 피
상적인 풍자, 의식으로 굳어지기 쉬운 춤을 경계할 필요가 있으며, 이제 마당극에서
민족극으로 개념을 확장한 만큼 기존 마당극의 양식적 상투성을 깨뜨릴 다양한 실험
들이 시도되어야 한다." (「우리 마당극의 현주소」, 『월간조선』, 1988.6)

　　정치극이라 통칭되는 새로운 풍조에 대해서 서연호는 이렇게 논평했다.

"연극 이념적인 측면에서 88년은 정치극의 한 해라 해도 과언이 아니다. 연극의 사회적 효용 내지는 사회적 도구로서의 인식이 이처럼 강렬하게 폭발적으로 노출된 시기는 우리 연극사에서 일찍이 없었다. (중략) 상반기에는 연우의 〈새들도 세상을 뜨는구나〉, 산울림의 〈금수회의록〉, 자유의 〈수탉 안 울면 암탉이라도〉, 여인의 〈어머니〉, 현대극장의 〈독배〉, 그리고 민족극 한마당잔치 등에서 토박이의 〈금희의 오월〉, 아리랑의 〈갑오세 가보세〉와 같은 주목할만한 정치극이 있었는데, 사실상 이러한 작품들은 상반기를 대표하는 공연들이다. 신명순의 〈증인〉은 1966년 공연 중지 이후 20년만에 빛을 본 것이다."

서연호는 88년 우수 창작극 공연으로 〈새들도…〉와 〈독배〉, 산울림의 〈덫에 걸린 집〉, 〈타인의 방〉을 지적하고 있으며 우수 번역극으로는 김광림 연출의 〈수족관〉(크뢰츠 작)을 들고 있다.

"〈독배〉와 〈덫에 걸린 집〉의 작자인 정복근은 88년 최대의 극작가로 부상된 셈이다. 특히 〈독배〉를 통하여 그의 작품세계는 매우 견고히 표명되었다. 〈새들도…〉의 김석만, 〈독배〉의 김아라, 〈수족관〉의 김광림은 새로운 연출가로서 지반을 굳히고 있는 유망주로 보인다. 그 중 김석만의 실험정신은 오늘의 매너리즘 속에서 외롭게 빛나고 있다. 젊은 연기자 이호성은 〈새들도…〉를 제외한 이상 네 편의 작품에 모두 출연하여 그의 다양하고 깊은 잠재력을 유감없이 발휘하였다.
〈타인의 방〉은 거의 그가 혼자서 이끌어 가는 작품인데 소설 각색상의 문제는 있으나 연기력 면에서는 설득력을 안겨주어 관객들의 폭넓은 호응을 받았다."(『문예연감』, 1988)

김문환은 정치극의 의의와 범위를 다음과 같이 정의했다.

"정치극에 관한 글을 쓰려면 우선 해결해야 될 문제가 정치극이란 무엇인가 하는 질문에 대한 답이다. 그것을 어떻게 정의하든 극히 현저한 갈등의 무대화인 바에야 정치극이란 이러한 갈등 중에서 정치로 인한 갈등을 그린 것이라 할 수 있다. 그 정치적 갈등이 크든 작든 현실을 장악하는 통치 세력과 더불어서 일어나는 갈등이라고 한다면, 우리는 정치극을 일단 그러한 갈등의 무대화라고 정의할 수도 있을 것이다."(『한국연극』, 1988.12)

김미도는 〈애니깽〉과 〈코리아게이트〉 공연을 접하면서 정치극 내지는 기록극의 가능성을 언급했다.

"기록극은 정치적 현실과 결부된 실재의 역사적 사건의 기록이나 여론을 바탕으로 소재를 비관적 입장에서 극적으로 재구성하여 역사에 대한 재조명과 더불어 현실에 대한 비판과 개혁의 기능까지 수행하고자 한다. 그런 의미에서 기록극은 일종의 정치극인 것이다. (중략) 두 작품에서 볼 수 있듯이 기록극이 과거의 일회성에 머물지 않고 현재와의 관련을 강조하기 위해 개방적, 비판적 형식으로서 서사극을 지향하는 것은 당연한 일이다. 열린 무대와 관객을 향한 해설, 나레이션, 슬라이드 등이 창출하는 소외효과는 관객의 비판적 각성을 유도함으로써 대상의 역사화를 꾀하는 연극적 장치이기 때문이다. 최근의 역사를 소재로 함에 있어서 작가의 섣부른 주관적 판단이나 평가는 오히려 역사의 진실을 왜곡하는 방향으로 나아갈 위험이 있다. 그러므로 작가는 갖추어진 객관적 자료들에 충실하여 자신이 의도한 사회적, 정치적 초점에 따라 취사선택하고 몽타주하는 정도의 창조력을 발휘하는 것이 바람직하다. (중략) 역사의 극화는 과거가 단지 과거 속에 박제되는 것이 아니라 현재 속에서 끊임없이 되살아나고 미래의 삶으로까지 연결되는 역사적 전망을 의식하여 어둡고 암울한 역사 속에서도 항상 보다 나은 삶을 위해 투쟁과 도전을 멈추지 않는 미래적 비전을 제시할 수 있어야 한다." (『한국연극』, 1988.12)

1988년 변혁기의 연극평론에 대해서 유민영은 다음과 같이 정리했다.

"1988년 한 해 동안 발표된 연극평론의 내용을 보면 다음과 같이 분류해 볼 수 있겠다. 우선 〈매춘〉 파동으로 나타난 표현자유 문제에 대한 비평이다. 둘째, 정치적 해빙무드를 타고 그동안 음양으로 제약을 많이 받았던 재야극단들이 중앙에 모여 '민족극 한마당'을 벌인 데 대한 비평이다. 셋째, 지방연극 활성화의 계기가 된 제6회 전국연극제에 대한 비평이다. 넷째, 서울올림픽 문화축전이 하나로 개최된 서울국제연극제에 관한 비평이다. 다섯째, 정치풍자극에 대한 비평이다."

정치극 바람이 불었던 80년대 후반의 연극에 대해서 한상철은 결론적인 논평을 추가했다.

"〈수족관〉은 1981년도에 뒤셀도르프 샤우쉬필하우스와 베를린 샤우뷔네에서 동시에 초연되어 연극 전문지 『테아테 호이테』에 의해 최우수 희곡으로 선정된 작품으로 알려져 있다. 김광림 연출은 그리 넉넉하지 못한 무대조건(대학로극장)에도 불구하고, 특히 이호재를 비롯한 연기진(이호성, 최형인, 김용란)의 호연으로 노동문제를 둘러싼 이 작품을 잘 살려냈다. 약간 초현실주의적 색채도 가미되어 있으나 사실주의적 기법에서 그리 벗어나지 않은 이 작품에서는, 아직 웃음기가 가시지 않은 반면, 〈거세된 남자〉는 자못 충격적이다. 역시 서민들을 중심으로 실업, 전쟁, 인간 상실 등의 주제를 다루고 있다는 점에서 〈수족관〉과 유사하나, 표현이 보다 강렬해졌다고 볼 수 있다." (『KBS 저널』, 1988.5)

"1980년대 창작극은 대학이나 재야에서 민중극을 해오던 일군의 작가들이 전면에 부상하여 관심권 안으로 들어왔다는 특징을 빼놓을 수 없다. 마당극을 기본 틀로 하는 이 민중극은 희곡 자체보다 연행에 더 중요성을 부여하며, 예술성보다 운동성에 더 역점을 두기 때문에 극작가의 위치는 다른 일반 연극보다 높지 않다. 그러나 민중극이 극장 공간 안으로 들어오고 불특정 관객을 대상으로 하게 될 때에는 작품을 전체적으로 조정할 수 있는 역할이 아무래도 작가에게 주어지게 될 것이고 따라 작가의 위상이 높아질 것이다. 아무리 정치적, 사회적 목적극이라 하더라도 연극으로 좋은 연극이 되기를 원할 것이며, 그러기 위해서는 훌륭한 극본을 갖춘다는 것이 선결요건이 된다. 최근 무성해지고 있는 각종 정치극이나 풍자극들은 배우의 기량보다 작가의 기량이 훨씬 부족하다는 것이 여실히 드러나고 있다. 이 점 반성할 필요가 있다.

(중략) 80년대 창작 희곡계는 무명, 신진, 중견, 원로 극작가들의, 그리고 소설의 각색까지 포함하여 수많은 희곡이 발표됐고, 70년대부터 번역극에 대한 열세를 번역

극이 상업주의에 휘말려 있는 틈을 타서 극복해 온 추세를 80년대에도 지속시켜 왔다. 소극장의 증가는 또한 창작극의 수를 증가시켰으며, 진흥원과 대한민국연극제의 창설은 분명 창작극 발전에 크게 기여하였다. 그 내용과 형식에 있어서도 실로 다양하고 다채롭다 하지 않을 수 없다. 그러나 어제의 그 수많은 작품들 중에서 고전으로 남아 한국연극의 레퍼토리가 될 작품은 몇 편이나 될는지 적이 의심스럽다. 시대가 바뀌고 풍속이 변하고, 사상이 달라져도 살아남아 빛을 발할 수 있는 희곡이 과연, 오늘날 같이 현실의 벽 너머를 내다보지 못하고 있는 극작가들에 의해 쓰여 질 수 있을지는 의문이다. 일회용 소모품처럼 한 번 공연으로 생명을 다하는 희곡들이 우리 주위에는 너무나 많음을 본다. 거듭 말하거니와 이 혼돈의 시대물을 밝힐 희곡이 있기를 바라마지 않는다." (「70년대의 계승과 변화」, 『공간』, 1989)

1989년은 공연윤리위원회 사전심의제도가 해제된 뜻깊은 한 해였다. 36년간 우리 문화를 억압했던 일제의 검열제도에서 시작되어 군사통치 시대 27년간 통제되고 유보된 표현의 자유가 민주화 개방 시대가 열리면서 문화는 해방의 자유를 만끽하게 되었다. 시대 흐름에 영향을 받은 연극의 새로운 경향은 1989년 3월 개관한 동숭아트센터 개관 기념공연축제에서 그 징조가 보이기 시작했다. 핵 문제를 다룬 〈아 체르노빌〉, 오태석의 〈비닐하우스〉, 이윤택의 〈시민 K〉, 〈늙은 도둑 이야기〉, 이병훈이 연출한 〈꼽추왕국〉 등은 모두 통제된 사회의 비인간화 현상을 다룬 내용이었다. 민족극 한마당의 두 번째 행사도 같은 맥락을 유지했다. 서울연극제에서도 새바람이 불고 있었다. 연극제 이외의 작품으로 주목받은 창작극 최인석의 〈신이국기〉, 이병원의 〈바람꽃〉, 이용찬의 〈흔들리는 의자〉, 김영무의 〈거슬러 부는 바람〉, 윤대성의 〈불타는 별들〉, 오태석의 〈물보라〉 등에도 자유와 개방의 바람이 불었다. 임영웅과 최청자의 안무로 빛이 발산된 〈지붕 위의 바이올린〉, 〈엘리펀트 맨〉, 〈신더스〉, 〈독배〉, 〈장미문신〉 등 관객을 사로잡은 연극무대에는 87년 백상예술상 신인연출상을 받은 김아라의 실험이 있었다.

김문환, 서연호, 유민영, 이상일, 한상철 등 평론가들은 80년대의 문제작으로 〈하늘만큼 먼 나라〉(노경식 작, 임영웅 연출), 〈방황하는 별들〉(윤대성 작, 김우옥 연출), 〈알〉(이강백 작, 김기주 연출), 〈부자유친〉(오태석 작·연출), 〈고도를 기다리며〉(사무엘 베케트 작, 임영웅 연출), 〈한씨연대기〉(황석영 작, 김석만 연출), 〈약속〉(이승규 구성·연출), 〈쥬라기의 사람들〉(이강백 작, 임영웅 연출), 〈창극 춘향전〉(허규 각색·연출), 〈태〉(오태석 작·연출), 〈오장군의 발톱〉(박조열 작, 손진책 연출), 〈들오리〉(헨릭 입센 작, 이해랑 연출), 〈신의 아그네스〉(존 필미어 작, 윤호진 연출), 〈하나를 위한 이중주〉(톰 케펜스키 작, 송미숙 연출), 〈내, 물, 빛〉(마이클 커비 작, 김우옥 연출), 〈아일랜드〉(아돌 후가드 작, 윤호진 연출), 〈피의 결혼〉(가르시아 로르카 작, 김정옥 연출), 〈춘풍의 처〉(오태석 작·연출), 〈나의 살던 고향은〉(공동구성, 임진택 연출), 〈둥둥 낙랑둥〉(최인훈 작, 허규 연출), 〈불가불가〉(이현화 작, 채윤일 연출) 등을 거론하고 있었다.

80년대 장기 공연 기록은 86년 2월 9일로 다음과 같다.

〈에쿠우스〉(804회, 실험), 〈0.917〉(488회, 세실), 〈신의 아그네스〉(341회, 실험), 〈빨간 피터의 고백〉, 〈우리들의 광대〉(각각 500회, 추송웅 모노드라마), 〈아일랜드〉(214회, 실험), 〈아가씨와 건달들〉(198회, 민중), 〈우리집 식구는 아무도 못 말려〉(122회, 민중), 〈님의 침묵〉(184회, 우리극단 마당), 〈지저스 크라이스트 슈퍼스타〉(239회, 현대), 〈한씨 연대기〉(148회, 연우), 〈카덴짜〉(311회, 세실), 〈방황하는 별들〉(124회, 동랑).

한국 ITI는 80년대 대표작으로 다음의 작품을 선정했다.

〈둥둥 낙랑둥〉(최인훈 작, 허규 연출, 국립), 〈농토〉(윤조명 작, 방태수 연출, 에저또), 〈신화 1900〉(윤대성 작, 김동훈 연출, 실험), 〈식민지에서 온 아나키스트〉(김의경 작, 정진수 연출, 민중), 〈봄날〉(이강백 작, 권오일 연출, 성좌), 〈풍금소리〉(윤조병 작, 강유정 연출, 여인), 〈칠수와 만수〉(오종우 작, 이상우 연출, 연우), 〈불가불가〉(이현화 작, 채윤일 연출, 세실), 〈지킴이〉(정복근 작, 손진책 연출, 미추).

한상철은 「사회변동과 연극의 책임」(『예술과 비평』 겨울호, 1989)에서 1980년대 대표작으로 다음 작품을 선정했다.

〈오장군의 발톱〉(박조열 작, 손진책 연출), 〈자전거〉(오태석 작·연출, 목화), 〈하늘만큼 먼 나라〉(노경식 작, 임영웅 연출, 산울림), 〈한씨연대기〉(황석영 작, 김석만 연출, 연우), 〈부자유친〉(오태석 작·연출, 목화), 〈실비명〉(정복근 작, 윤호진 연출, 실험).

80년대 한국연극은 정치사회적인 격동기 속에서 급전(急轉)하는 현실을 반영하고 있었다. 세 차례의 국제연극제를 치루고, 10회의 서울연극제와 7회의 전국연극제를 개최하면서 80년대 연극은 70년대 연극의 전통을 지속적으로 이어가고 있었다. 70년대에 줄기차게 모색하고 실험했던 전통연희의 현대적 수용이 확산되어 보편화되고, 70년대 선 보인 극작가들과 연출가들이 80년대에도 지속적이며 주도적인 활동을 계속하면서 괄목할 만한 업적을 남기고 있었다. 80년대에 두드러진 현상은 연극제가 정착되면서 창작극 공연이 활성화되어 번역극이 우세하던 연극계에 창작극이 기세(氣勢)를 올리며 연극을 주도한 일이었다. 1977년 제1회부터 89년 제13회까지 연극제에서 공연된 새 창작 희곡은 모두 104편인데, 80년대 10년 동안 발표된 창작극은 75편이며, 이들 창작극을 발표한 극작가의 수는 44명이 된다.

임영웅, 김정옥, 권오일, 안민수, 오태석, 손진책, 김상렬, 정진수, 윤호진, 채윤일 등 70년대 활약한 연출가들은 80년대에도 이들 극작가들을 품고 있었으며, 김석만, 김우옥, 김명곤, 김광림, 김아라, 이윤택 등이 이들과 합세해서 독창적인 무대를 창출하고 있었다.

이 때문에 정치사회적 격랑 속에서도 연극은 불굴의 힘을 과시했다. 1988년 한 해만 해도 전국에서 1,191편의 연극이 공연되었는데, 1986년의 409편과 1987년의 720편에 비교할 때 놀라운 발전이라 하지 않을 수 없다. 서울 공연이 760편이었는데, 이 숫자는 1987년의 2배였다.

1988년 연극계는 서울올림픽의 여파로 연극의 국제교류가 왕성했던 한 해였다. 해외 공연은 모두가 인상적이요 충격적이었다.

"브라질의 마쿠나이마 극단의 〈쉬가 다 실바〉는 남미 측유의 열정이 돋보이는 박진감과 빠른 진행으로 무대를 압도했으며, 그러한 스피디한 진행 속에서도 노예의 걸음거리마저도 스타일화한 세세함을 잃지 않았다. 무대장치를 전혀 하지 않고 화려한 의상과 소품만으로 무대를 이끌고 나간 것도 특이했다. 2인의 판토마임 〈충돌〉(체코슬로바키아, 쓰보시 극단)은 뛰어난 조직적 연기가 돋보였다. 폴란드의 〈아바쿰〉(가르지니차 극단)은 자연광인 촛불을 이용한 조명, 노래의 사용, 제의적인 분위기 등이 특기할만한 공연이었다. 그리스 국립극단 〈오이디푸스 왕〉 공연과 코메디아 프랑세즈(〈서민귀족〉) 공연은 언어의 비중이 두드러진 공연이었다. 그리스 공연은 고전적 정취를 지키면서도 현대적 감각을 살린 점과 극중극을 도입해서 오이디푸스를 바라보는 오이디푸스 두 사람 등장시켜, 한 사람은 한국 배우로 기용하여 끝마무리 이야기를 한국어로 전달했던 기법은 주목할 만했다. 프랑스의 〈서민귀족〉 공연은 자막이 사용되었으나 연극적 효과를 거두지 못했고, 희극이 언어 의존도가 많은데 그 전달이 문제였다. 일본의 가부키는 고도의 훈련과 숙련성만이 줄 수 있는 안정감으로 각종 무대를 이끌었다. 해외 공연에서 영어권 공연이 없었다는 것이 이상했다. 우리 신극 형성에 영어권 근대극이 가장 많은 영향을 끼쳤다는 것을 생각할 때, 무엇인가 빠진 듯한 느낌이었다. 행정상의 문제점으로는 전문적 공연 행정가의 양성이 시급하게 느껴졌다. 좀 더 연극인 주도의 행사 결정이 이루어졌으면 싶다. 올림픽 조직위원회, 문공부, 진흥원의 중복되는 관료적 절차가 많았다." (이미원, 앞의 책)

한국연극 전환시대의 질주

서울 플라자호텔에서 8월 31일부터 9월 3일까지 개최되었던 '서울국제연극토론회(Seoul International Theatre Forum)'는 '창조와 충돌이 만나는 연극(Theater as Encounter: Creation and Clash)'을 주제로 500여 명의 국내외 학자, 연극인이 모여 토론하는 자리였다. 여석기의 개회사, 마사 꾸와이네 국제 ITI 위원장의 축사에 이어 각 나라 15명 연극인들의 주제논문 발표와 토론회가 진행되었으며 앙드레 루이 페레네티 사무총장의 폐회사로 모임이 종료되었다. 주제논문 가운데는 마틴 에슬린의 「만남으로서의 연극」, 존 엘솜의 「의상을 차려 입은 악당들」, 안민수의 「실험연출가들에게 있어서 '만남'이란 무엇인가」, 도시오 가와다케의 「이리본 연극에서의 충돌과 창조」, 제레미 에클스의 「'1481' 오스트레일리아 2백주년 기념제와 비평가」, 양혜숙의 「충돌과 창조」, 한상철의 「연극과 관객의 역사적 만남」 등이었다. 서울국제연극토론회 종합보고서 「만남의 연극·창조와 충돌」이 서울국제연극제 조직위원회 편집으로 1988년 간행되었다. 그 보고서에 담긴 세계적 석학들과 유명 연극인들이 발언한 주옥같은 내용은 연극의 현재를 증언하고 미래를 밝히는 역사적인 자료로서 서울국제연극제가 거둔 최고의 수확이라 생각된다. 마사 꾸와이네(미국) 회장은 축사에서 충격적인 발언을 했다.

> "우리가 살고 있는 이 위태로운 세상에 대해 우리 모두가 깨어있어야 한다고 믿고 있습니다. 연극은 창조에 이를 수 있는 충돌과 전투를 제공할 수 있어야 합니다. 아울러 연극은 전쟁터에서 공연될 수 있어야 하고, 짐짓 살인을 할 수도 있어야 하며, 평화의 새벽이 올 때까지 관객을 각성과 화합의 상태로 유지시켜야 합니다.

이미원은 『문학사상』(1988.12)에 이 모임의 내용과 성과에 관해서 언급했다.

> "토론회의 주제 설정이 너무 광범위했다고 보여진다. '연극과 만남'은 너무나 상식적이어서, 논문 발표자의 전문가적 깊은 안목을 처음부터 기대할 수 없었다고 생각

된다. 우리가 돈을 들여 개최한 만큼, 우리 연극에 있어서 가장 절실한 문제를 택하여 외국의 석학들에게 그들의 관점이나 그 나라의 경우를 배웠더라면 하는 아쉬움이 크다. 가령 토론회에서도 전통연극 양식과 현대극의 양립이나 접목 문제라든가, 분단국가에 있어서 통일을 지향하는 연극은 어떠해야 하는가 등등 좀 더 구체적인 문제를 주제로 하였더라면, 구체적인 대화성과를 얻었으리라 생각된다. 한편 이들 외국학자들에게 우리 연극에 대한 홍보가 부족한 듯싶었다. 그러나 대회 조직이나 운영에 있어서는 큰 무리가 없었다."

특히 이채로웠던 것은 한국연극평론가협회와 단국대 공연예술연구소가 공동으로 주최하고 영자신문 〈The Korea Times〉가 후원한 마틴 에슬린 초청 '〈고도를 기다리며〉 특별강연'이었다. 부조리연극의 명칭을 고안하고, 『부조리연극론』 저서를 발간해서 세상을 놀라게 했던 에슬린은 BBC 방송국에서 연극비평과 드라마 제작을 하고 있었는데 한국에 올 당시 그는 미국 스탠포드대학교 초빙교수(1977년 이후)로 재직하고 있었다. 그는 헝가리 부다페스트에서 태어나 비엔나대학교에서 철학을 전공하고 라인하르트 세미나에 참석하고 있었는데 1938년 히틀러 군대가 오스트리아를 침공 후 비엔나를 떠나 영국에 상주하게 되었다. 그는 영국 런던에서 방송과 저술에 몰두하면서 브레히트, 핀터, 현대연극, 부조리연극, 텔레비전 시대의 연극론 등에 관한 저서를 출판해서 세계적인 이목과 관심을 끌었다.

4. 80년대 변혁의 시대—공연성과와 평론

— 이윤택 돌풍

1989년 연극평론은 80년대 한국연극에 대한 결산과 90년대 연극 발전에 관한 전망을 다루는 평론이 주류를 이루고 있었고, 남북문화예술 교류에 대한 논의도 활발하게 전개되었다. 한상철은 「사회변동과 연극의 책임」(『예술과 비평』 겨울호, 1989)과 1989년 12월 26일 발표한 「80년대의 한국연극과 평론」(한국연극평론가협회 주최 심포지엄)에서 80년대 한국연극의 특징을 "격동하는 사회와 혼란스런 연극"이라는 말로 압축했다.

"80년대의 광주사태로부터 87년의 민주화, 자유화 선언에 이르기까지 지난 10년간 한국 사회는 미증유의 격변과 갈등의 진통을 겪어왔고 기존 가치의 재편성이라는 사회 변혁의 와중에서 연극 역시 부하(負荷)된 사회적 책임을 모면할 수 없었다. 연극과 사회와의 긴밀하고도 직접적인 관계를 80년대만큼 뚜렷하게 드러낸 시도도 별로 없었다고 할 수 있다. 80년대 한국연극은 변혁의 시대가 요구하는 시대적인 인식과 의식을 바탕으로 사회의 제현상을 무대공간에 반영하는데 적극적이었으며 달라진 관객의 감성과 기호에 부응하여 다양한 형식과 기교를 도입하는데 적극성을 보였다.

공연법 개정은 소극장 설치기준을 철폐함으로써 80년대를 소극장 전성기로 유도

하는 한편 공연공간의 부족현상을 대폭적으로 수정시켜주었다. 그러나 졸속제작, 공연장의 품위손상, 연극예술의 평가절하 등 부작용을 초래하기도 하였다. 공연의 사전 심의제도의 철폐로 연극에서의 표현의 자유가 거의 무제한으로 신장되었으며, 이것은 한국연극사가 최대의 업적 중 하나로 기록될 것이다. 세 차례의 국제연극제로 한국연극은 이제 세계의 연극무대에 문호를 활짝 열었으며, 특히 88년 서울올림픽을 계기로 동구권 연극의 서울 공연이 이루어진 것은 한국연극의 국제화에 결정적인 계기가 되었다. 또한 80년대는 제한된 활동을 해오던 정치적 성향이 강한 민중적인 마당극을 연극계의 중심권으로 부상시켜 정통적인 연극과 함께 두 가지 큰 맥을 형성시켰고, 민족극 한마당잔치를 두 번 열어 그들의 세를 과시할 수 있는 기회를 갖기도 했다."(한상철, 「우리나라 연극이 갖는 제반 문제」, 『문예연감』, 1989)

유민영은 80년대를 회고하는 평론에서(『한국연극』 12월호, 1989) "참으로 많은 변화와 숱한 얼룩으로 점철된 현대연극사의 한 페이지였다"고 말했다. 또한 80년대 연극의 특징으로 "인형극, 뮤지컬, 모노드라마, 마당극, 청소년 연극 등 표현방식의 다양화와 관객층의 다변화도 지적하고 있었다.

80년대를 결산하는 평론을 발표해서 예술평론상을 수상한 김길수는 「80년대 한국연극의 흐름과 극복자세」(『예술세계』 가을호, 1989)에서 "민중극은 퇴행해버린 역사적 현실이나 정치계의 부정을 직격탄식으로 비판하면서 최소한 민중의 주체성이나 동질성을 확보해야 한다는 주장을 저변에 담고 있다"고 분석했다. 이어서 그는 "이들 민중극류는 사회계층 간의 갈등이나 사회의 구조적 모순 등을 실용적으로 전화하고 극복하려했다는 점에서 그 공과가 인정될 수 있다. 그러나 지나친 소재주의, 도식적 사고, 배타적 자파 강화 방법 등은 비판되어야 하며, 지나친 특정 현실, 특정 진실, 특정 운동에의 경사는 일반 연극 감상자의 상상력을 구속·제한시켰다"라고 비판했다.

1989년에는 연극평론의 공과에 관한 글이 발표되어 주목을 끌었다. 한상철은 『문화예술』(12월호, 1989.11)에서 한국의 연극평론의 과거와 현재의 문제점을 분석했다. 한상철은 연극평론의 문제점으로 "연극평이 희곡평에 치우쳐 있는 점과 너무 교훈적이고 계몽적이며 교과서적"인 점을 지적했다. 이태주는 『극평회보』(1989.8·9 합병호)에서 공연 평의 전달 템포가 늦기 때문에 '오프닝나이트' 평론의 필요성과 극평의 역사기록적 가치의 중요성을 역설했다. 김문환은 『극평회보』(1989.10·11 합병호)에서 "공연법의 개폐와 제도적 개선, 초·중·고등학교에서의 연극교육의 도입, 기업의 연극지원 확산 방안이 모색되어야한다고 전제한 다음, 세계 연극의 현황 파악과 우리 연극의 성과를 해외에 소개하는 경우 연극평론의 역할이 크다"라고 말했다. 89년 평단에는 이 같은 맥락에서 주목해야 되는 평론이 계속 발표되었다. 「좋은 연극을 만들기 위한 제언」(김우옥, 『문화예술』 123호), 「정책적 차원에서 한국연극의 현황과 전망」(김문환, 『문화예술』 125호), 「리바이벌 공연의 의미」(이태주·김미도, 『한국연극』, 1989.3), 「시야의 확대와 예술성 탐구」(유민영, 『문화예술』 126호) 등이 이에 속하는 평론이 된다.

1989년도 총평에서 서연호가 지적한 사항들은 중요한 내용이었다(『문예연감』 1989). 공연단체가 늘어나고 공연횟수도 증가하여, 관객도 늘고, 공연의 양식도 다양해졌으나, 질적인 면에서 큰 진전이 없고, 흥행에서도 성과가 없었다는 것이다. 제작여건이 나빠진 것도 연극계 침체의 원인이었다는 분석도 있다. 인건비, 재료비, 기재사용료의 인상, 배우 선정의 어려움, 출연료 인상 등이 제작 여건을 악화시킨다고 말하면서 서연호는 이런 악조건 속에서도 89년의 성과로 기록될 만한 수준작이 있었음을 시인하고 있다. 그가 거명한 우수작품은 다음과 같다.

〈비닐하우스〉, 〈시민 K〉, 〈아버지 바다〉, 〈칠산리〉, 〈실비명〉. 청소년연극 〈불타는 별들〉. 마당극 〈불감증〉, 〈마지막 수업〉, 〈금강산 빌려주고 머슴살이 웬말이냐〉. 창극

〈심청전〉, 〈홍범도〉. 번역극 〈보물 곡괭이〉, 〈간계와 사랑〉, 〈밤주막〉, 〈재채기〉, 〈곱추왕국〉. 외국단체 공연 〈밀란 슬라덱 판토마임〉, 〈필립 장띠 판토마임〉, 〈천년의 고독〉, 〈샤까나이 진혼곡〉.

이들 작품에 대해서 서연호는 다음과 같이 논평 했다.

"〈비닐하우스〉는 오늘날 우리의 삶을 본질적으로 구조적으로 문제 삼고 그것을 희화시켜 고발하고 있다는 점에서 현대적인 우화극이다. 오태석 특유의 비약과 다소 설익은 부분들 때문에 소기의 의미가 충분히 발휘되지는 못하였으나 창작의 의도가 번뜩이는 실험극이었다. 민중극단의 〈칠산리〉(이강백 작, 정진수 연출)는 우리 사회에서 빈번하게 일고 있는 분단의 문제와 해결에 대하여 연극으로 구체화된 대표적인 사례라고 할 수 있다. (중략) 주제의 신선함이나 시대적 의의에도 불구하고 이 작품은 집단적인 연기의 양식화나 음악과의 조화에서 미숙함을 보인 것이 결함이었다. 서울연극제에서 대상을 수상한 실험극장의 〈실비명〉(정복근 작, 윤호진 연출)은 최근의 우리 사회가 겪고 있는 인권문제와 인간상실의 비극을 취급한 것이다. 이 작품의 소재나 주제는 그 동안 우리 시민들이 숱하게 겪었던 사회적 체험을 다룬 것이어서 새삼 신선하다는 느낌을 주지 못하였다. 다만 시대상의 진솔한 반영이라는 점에서 큰 의의를 갖게 하였다. 서울연극제에서 이 작품이 좋은 평가를 받을 수 있었던 것은 배우들의 열연과 짜임새 있는 연출에 힘입은 바 컸다. 특히 실종된 아들의 어머니 역할을 맡았던 이정희(여우주연상 수상)의 열연은 관객들의 마음을 사로잡게 하였다.

부산의 극단 거리패가 공연한 〈시민 K〉(이윤택 작·연출)는 80년대를 휩쓴 정치권력의 횡포를 상황극으로 구성한 것이다. 아무런 무대장치 없이 빈 공간을 극중 장소로 빠르게 활용하면서 전개되는 이 작품은, 상황의 변화에 따른 소도구와 조명, 스크린의 이용 등을 통해 인간관계와 분위기의 창출, 이미지의 부각에 산뜻한 재능을 보여 주었다. 매우 상투적인 소재를 취급하였으면서도 관객들의 가슴을 붙잡을 수 있었던 요인은 지식인의 처지를 사회문제와 깊이 밀착시켜 리얼리티의 객관성을 획득할 수 있었던 까닭으로 볼 수 있다.

현대극장이 공연한 〈아버지 바다〉(이반 작, 김호태 연출)는 속초시의 부둣가를 무대로 실향민의 아픔과 노사분규를 함께 다룬 작품이다. 전통적인 리얼리즘의 방법에 따라 만들어진 이 작품의 무대는 드물게 보이는 바다풍경과 억센 함경도 사투리, 그리고 치열한 삶의 내용을 조화시켜 훈훈한 감동을 느끼게 해 주었다. 다만 동화의 과거사와 어부들의 현실이 잘 맞물리지 못하게 구성된 것이 다소의 결함이었다."

서연호는 공연 평 결론에서 89년의 연극계가 무엇을 반성하고 도약의 90년대를 어떻게 구상해 나가야할 것인가에 대해서 고민했다.

"1989년의 연극을 전반적으로 뒤돌아보면서 새삼 떠오르는 생각은, 연극인 자신의 예술정신 결핍과 전문성의 부족, 그리고 실험적인 작업에 대한 인식의 부재가 심각한 상태에 이르렀음을 지적할 수 있다. 외국 연출가나 무대미술가들이 참여하여 만들어진 공연이나 혹은 외국단체들의 공연을 통해서 이러한 사정은 상대적으로 매우 명료하게 부각된 셈이다. 무엇보다도 이러한 사실이 우리 연극의 위기 상황이라 하겠다. 아울러 이러한 사정으로 인해 야기되고 있는 오늘날 우리 연극의 침체와 불황은 어쩌면 너무도 당연한 귀결이라 아니 할 수 없다. (중략) 우리 연극인들은 오늘의 관객들이 무엇을 원하고 있으며, 내일의 연극은 어떻게 만들어져야 할 것인가를 심도 있게 미래지향적으로 내다보면서 작업에 성실히 임해야 할 것이다."

1989년 한국연극에 대한 종합적인 평가는(『한국연극』 11월호 특집, 1989) '제13회 서울연극제 종합평' (『한국연극』 7월호, 1989)에서 다룬 제7회 전국연극제에 관한 평론, 그리고 한상철의 평론 「2개의 축제, 하나의 연극」(『예술과 비평』 여름호, 1989), 양혜숙의 평론 「다양한 연극 기법과 현실적 시각」(『예술비평』 가을호, 1989) 등 여러 평론에서 볼 수 있다.

제7회 전국연극제(1989.5.22~6.5) 마지막 날인 4일 포항문화원에서 각 시도 연극관계자들과 참가극단 대표들이 참석한 가운데 '지방연극 전용극장 현황 및 확보책'에 관한 심포지엄이 개최되었다(《세계일보》, 1989.6.9/ 《부산일보》 1989.6.5).

7회 연극제는 초연 작품 2편뿐이어서 지방연극 창작극의 빈곤을 보여주었다. 사실주의 계열의 작품이 9편, 실험성을 띤 작품이 5편으로 이중 〈오장군의 발톱〉(전북, 박병탁 연출), 〈봄날〉(대전, 진규태 연출), 〈옛날 옛적에 훠이 훠이〉(충남, 안광희 연출) 등은 원래 연출과 다른 양식화를 시도해 눈길을 끌었다. 〈초혼〉(경기·수원, 이재인 연출), 〈매야 마이다〉(경남, 현태영 연출) 등은 제의적 형태에 마당극 무대를 도입하고 있는 점이 특이했다. 그러나 일부 극단을 제외하고는 나비도 중앙연극 모방 수준에서 그친 경우가 많았고, 극작가, 연기자 부족 현상이 심각한 결함으로 지적되었다. 주제의 글을 발표한 이태주(단국대 교수, 연극평론가)는 지방연극 전용극장 현황에 대해 "전국의 문화공간이 기존 공연장과 건립중이거나 계획 단계에 있는 것을 합치면 모두 2백여 군데에 이르지만 대부분 문화시설과 극장이 서울에 편중돼 문예진흥원기금의 지방지원을 통한 지방문화공간 확산 사업이 시급하다. 한편 우리나라 문화공간의 운영 현황을 살펴보면 무엇보다 문화공간 설립이념과 기본 방향이 확립돼 있지 않은 게 큰 문제이다. 그나마 현재 있는 지방문화공간이 지역문화의 창달과 국민문화 향상을 목적으로 하는 시민 공동체 기구로서 활성화되고 있는 것이 아니라 관주도의 공공행사나 대관업무에 치중하는 집회 장소로 전락하고 있다고 비판했다."(《세계일보》, 이충수 기자)

이미원은 제13회 서울연극제를 논평하는 글에서 이 연극제의 수확에 관해서 집중적으로 분석했다. 특히 이윤택 작품 〈오구―죽음의 형식〉에 대해서는 예리한 분석을 하고 있다.

한국연극 전환시대의 질주

"〈오구〉는 양식상 굿판을 빌은, 산자를 위한 놀이판이다. 과거부터 전통연극의 양식이나 기법들을 현대연극에 수용하려는 노력은 꾸준히 있어 왔다. 〈오구〉는 우리 전통연희인 굿의 양식과 그 기본적인 놀이정신을 계승·활용하였다는 점에서도 의의가 크다. 이렇듯이 〈오구〉가 놀이판의 양식을 택하였으나 여기에, 작가가 〈시민 K〉에서 보여준 소위 '서사적 리얼리즘'의 기법을 활용하고 있다. 브레히트의 서사극에 대한 이해를 포기하면서 작가가 자신의 연출방향에 이름 붙인 서사적 리얼리즘에서는, 가지가지 방법을 동원하여 끊임없이 연극을 보고 있다는 사실을 일깨운다.

〈오구〉의 성공적인 공연을 위해서는 오랫동안 전통연희를 훈련받은 연기자가 필수적이라고 하겠다. 단순한 창이나 사설의 전달이 아닌, 우리 전통연희가 갖는 구성짐과 흐드러짐을 구사해야만 자연스럽게 놀이판이 형성되며 잡다한

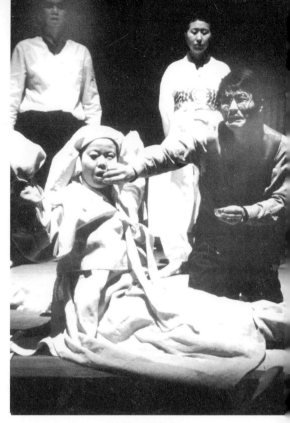

〈오구〉, 이윤택 작

일상성이 중심을 갖게 된다. 이 점에서는 이번 극단 세실의 공연이 부족하지 않았나 싶다. (중략) 우리 전통적 양식이 놀이판을 벌리면서 하필이면 희랍의 구희극(Old Comedy)의 인물을 그대로 묘사했나하는 점이다. 물론 구희극이 우리 놀이정신과 많은 부분 상통하지만, 가장 한국적인 양식에 가장 서구적인 인물을 모방한 것은, 양식상 문제를 제기할 수 있다고 여겨진다."(이미원, 『한국연극』, 1989.11)

이윤택이 쓰고 연출한 〈시민 K〉는 부산 연희단 거리패의 작품인데 구희서는 그의 평문에서 말하고 있다.

"이 작품은 80년대 언론 학살을 겪는 한 평범한 기자의 얘기를 다뤘다. 선언서, 체포, 고문, 재판을 겪는 별로 용감하지 않은 오종종한 크기의 지식인이 주인공이다. 우

리 무대에는 이 시대의 상황을 그린 많은 작품들이 등장하고 있다. 이들 무대들은 〈대통령 아저씨 그게 아니어요〉의 희극적인 어법이나 〈4월 9일〉의 풍자와 희화 같은 어조로 대분할 수가 있다. 상황극, 서사적 수법을 내세운 〈시민 K〉는 퉁명스러울 정도로 규칙적으로 두드리는 북소리처럼 내뱉는 어조에 가끔씩 몰아붙이듯 두드려 대는, 격정이 쏟아지는 말투를 채택하고 있다. 이 무대의 작가이며 연출가인 이윤택은 이것을 음송조의 대사라고 설명한다.

이 무대를 만든 이윤택이라는 사람은 나이 38세, 경남고를 나왔고 서울예전을 중퇴했고, 78년『현대시학』을 통해 등단한 시인이며, 희곡 〈삼각파도〉, 시나리오 〈우리는 지금 제네바로 간다〉로 상을 받기도 했다. 86년, 6년간의 《부산일보》 기자생활을 그만두고 연희단 거리패를 만들어 본격적인 연극 활동을 시작했다. 지금까지 그는 〈푸가〉, 〈히바쿠샤〉, 〈산씻김〉, 〈카프카의 심판〉, 〈안티고네〉, 〈오해〉, 〈시인후방〉, 〈파우스트〉, 〈카사노바를 위한 예식〉 등이 무대를 만들어 왔다. '상황극, 서사적 리얼리즘'이 그가 내세운 연극 방법이다. 지난 해 민속적 연희 양식을 무대에 끌어들여 현재를 얘기한 〈산씻김〉의 서울 공연으로 부산만이 아니라 서울 무대에서도 지지를 얻어가고 있다."(구희서, 《일간스포츠》, 1989.4.15)

김미도는 〈시민 K〉 공연 평에서 평하고 있다.

"〈시민 K〉는 바로 80년대 초반의 긴박했던 우리의 정치 현실을 바탕으로 한 일종의 '지식인론'이다. 〈연희단 거리패〉는 부산에서 뿐만 아니라 한국연극 전체로 볼 때에도 전문적 직업 극단으로서 드물게 성공적 모범을 보이고 있는 단체다. 그들은 부산의 중앙동에 '가마골소극장'이라는 전용극장을 소유하고 있으며 거리패의 꼭두쇠라 자처하는 이윤택과 지역시민들의 공동대표제로 이끌어지고 있다. 〈연희단 거리패〉는 서울로만 집중되어 있는 기형적 문화현상 속에서 지역적 열등감을 극복하는 것은 물론 더 나아가 그들 나름의 독창적 소재, 독자적 연기 메소드를 구축해가고 있다.

이 연극에서 각 인물의 성격은 각자의 개성보다도 우리 시대의 보편적 전형으로 표출되고 있다. 시민 K는 처음에 개인주의적 자유주의자로서 안정된 사회적 지위를 바탕으로 출세와 신분 상승을 꿈꾸는 신중산층으로 등장한다. 우연히 선언문 작성에 개입되었다가 조사관 앞에서 보여지는 비굴한 몸 사림은 이 시대에 널려 있는 회색분자들의 치부이다. 그러나 그는 조사를 받는 과정에서 점차 의식의 각성을 통해 의로운 저항을 시작하며, 치열한 현실인식을 작품 전체를 변호나 패배가 아닌 발전과 극복의 미학으로 승화시키고 있다. 이에 비해 군복을 입고 등장하는 조사관은 체제의 이데올로기를 맹목적으로 추종하며 막강한 권력을 노리는 극우적 군부 계급의 모델이다.

소도구의 이동과 등·퇴장마저 강압적인 구조적 폭력을 느낄 수 있게 배치한 점, 결코 넓지도 않고 효율적이지도 못한 공간을 객석과 분장실 출입구까지 이용하여 원활하고 효과적으로 사용한 점, 또 형광 조명을 통한 전기 고문 장면의 충격 등이 매우 돋보이는 무대였다." (김미도, 『주간조선』, 1989.4.30)

김미도의 〈비닐하우스〉 평을 보자.

"(전략) 극단 목화가 오태석 작·연출로 공연하고 있는 〈비닐하우스〉는 바로 조직화되고 물질화된 현대사회 속에서 더 이상 생각하거나 사랑하기를 포기한 실존의 절망적 위기를 시니컬하게 풍자하고 있다. (중략) 이 작품은 연민을 유발하는 조작극을 통해 매혈을 은폐하고 헌혈을 부추기려는 체제의 반도덕성과 체제의 이데올로기에 길들여진 채 비닐하우스처럼 쾌적한 삶의 조건 속에서 체제의 질서에 맹목적으로 순응하며 타인의 고통과 소외에는 철저히 무관심한 현대인의 비정을 우화적으로 캐리커처하고 있다. 정의와 합의라는 미명하에 교묘하게 위장되는 국가의 횡포, 다수결의 질서 속에서 억울하게 매장되는 소수의 진실, 무시무시한 감시 속에서도 눈앞의 쾌락과 안위에 자족하며 사는 속물들, 자기중심주의와 개인주의의 팽배 속에서 사회의 소모품으로 전락한 희생자들의 이미지가 차츰 차츰 명징하게 살아 나온다.

극의 첫 부분에서 남편을 찾아다니는 한 여인의 자지러지는 듯한 오열, 수은 중독에 걸리고도 다시 조직의 실험 대상으로 이용되는 소년의 진저리나는 욕지기는 곧 애통할 수밖에 없고, 구역질 해댈 수밖에 없는 추악한 세상, 추잡한 현실이다. 결국 세상은 변기가 엎질러진 듯한 형국이고 변기에 얼굴을 처박고 살아가는 인간들의 몰골은 문명의 황폐화, 인간성의 상실, 휴머니즘의 몰락으로 환치된다. 가상의 우화를 통한 첨예한 현실과의 알레고리, 고도의 상징이 빚어내는 모호함 속에서 아스라이 빛나는 작가의 목소리, 보이지 않는 조직의 힘과 획일적으로 지배당하는 세계를 분명하게

시각화한 연출이 절묘한 조화를 보여준 무대였다. (김미도, 《스포츠서울》, 1989.4.6)

　필자는 1993년 9월 7일 일본 후쿠오카 이무즈홀에서 부산 연희단 거리패 창단 7주년 기념 〈바보각시—사랑의 형식〉 공연 주최측으로부터 한국연극과 이윤택에 관한 공연 프로그램용 원고 청탁을 받고 글을 보낸 적이 있다. 제목은 「한국연극의 현황과 이윤택」이었다. 그 글의 일부를 옮겨 본다(일부 가필).

　"군사정권 시대가 가고 문민정부가 들어서면서 연극계에도 변화의 바람이 불고 있다. 나타난 변화 가운데 특이한 현상은 정치사회적인 문제를 다룬 진지한 연극이 관객으로부터 외면당하고, 흥행 위주의 오락적 연극이 극장마다 위세를 떨치고 있다는 것이다. 문제는 오락의 범위 속에 '벗는 연극'이 포함되어 포르노냐 예술이냐 현재 논란을 일으키고 있다. 이런 와중에서 현재 극단 세실의 〈불의 가면—권력의 형식〉, 극단 판의 〈북회귀선〉, 극단 반도의 〈알몸의 스타들〉, 〈햄릿 머신〉, 극단 춘추의 〈온리 걸〉 등이 화제를 모으고 있다.

　〈불의 가면〉은 독재권력을 재조명하는 연극인데 섹스와 마약을 배합하고, 남녀배우 4명의 '알몸연기'로 관객동원에 성공하고 있다. 이 작품은 예술표현의 영역을 넓혔다는 긍정적인 평가와 지나치게 상업주의에 영합하고 있다는 상반된 평가를 얻고 있다. 이 작품을 쓴 이윤택은 창작 의도에 대해서 단언(斷言)했다. '독재자들, 그들은 이 세계의 방화범들이다. 이들 독재자들의 존재를 분석하면서 연극성을 불어넣어 주고 싶었다. 광기와 섹스의 역사를 분출했던 독재권력의 불의 신화를 나는 무대에서 보여주고 싶었다.' 당당하고도 이치에 닿는 말이다. 그의 말을 부정할 수는 없다. 〈북회귀선〉은 한국에서 금기시(禁忌視)된 동성연애 장면을 보여주고 있으며, 〈알몸의 스타〉들은 포르노 배우들의 꿈과 현실을 다루면서 정사(情事) 장면을 계속 보여주고 있다.

　그러나 한국연극에는 또 다른 면이 있어서 우리들의 불안감을 씻어주고 있다. 사회의 부정과 비리, 인권 탄압, 정치 폭력의 고통과 시련에 굴복하지 않고 올바른 세계의 실현을 위해 노력하는 연극이다. 금년 서울에 예술의전당이 개관되어 자유극장의 〈햄릿〉, 극단 목화의 〈백마강 달밤에〉 등 우수 예술 작품이 선을 보이고 있다. 극단 미추는 〈남사당의 하늘〉을 국립극장에서 막을 올려 격찬을 받았고, 이윤택이 연출한

〈홍동지는 살아 있다〉, 창우극장의 〈돼지와 오토바이〉, 극단 연우무대의 일련의 창작극 공연들, 한국연극협회가 주최한 〈사랑의 연극잔치〉와 아동극 축제, 목화와 창무춤패들이 공동으로 만든 실험무대 〈아침 한 때 눈이나 비〉, 극단 작은 신화의 영상 세대를 위한 '영상연극' 〈Mr. 매킨토시!〉 등이다.

이윤택은 한국연극에서 특이한 존재이다. 그는 이미 한국연극의 주류에 속하지만 하는 일은 지극히 '아웃사이더'이다. 부산에서 활동하던 그가 서울로 진출해서 연속적으로 보여준 연극은 연극계 돌풍(突風)이었다. 당시 그를 만나보니 말도 잘하고, 동작의 템포 빠르고, 운신의 폭이 컸다. 그는 매사에 저돌적이요 대담했다. 앞으로 큰일 하겠다고 느끼면서도 그의 연극을 보면 잡다하고, 혼란스럽고, 세련미가 부족해서 머리가 덜 정리된 듯싶었다. 그러나 한국 전통예능의 요소들을 추출해서 서양연극에 접목·융화시키는 예술적 실험을 보고 나는 그의 확고한 원리(原理)와 주장을 알게 되었다. 브레히트처럼, 아르토처럼 그런 연극이었다. 문제작 연발로 명성은 치솟고, 지위는 상승되어 그는 이제 권위도 지니게 되었다. 유럽, 미국, 일본, 독일 등 해외 원정길에 나서고 우리나라 전국을 단숨에 누볐다. 그는 이른바 전천후(全天候)였다. 시도 소설도, 희곡도, 평론도 쓰고 TV 영화, 축제 할 것 없이 동(東)에 뻔쩍 서(西)에 뻔쩍 눈코 뜰새 없었다. 경탄할 일이었다."

가운데서도 이윤택 활동의 중심은 연출이었다. 이윤택은 "해체, 그 이후… 재구성되는 현실과 신화"(1993.9.7. 후쿠오카 공연 프로그램)에서 포스트모던한 세계에 대한 연극적 수용과 그 한국적 공연양식에 대한 탐색에 관한 자신의 입장을 다음과 같이 말한 적이 있다.

"작가가 진단하는 지금 이곳은 전시대적 신념체재가 와해되고 탈이데올로기, 탈중심 사회적 속성으로서의 세기말적 분열 양상을 띤다. 사회 전체가 지표로 삼을 만한 가치 중심이 보이지 않음으로서 극도의 개인주의와 이에 따르는 소외양상이 드러나고 후기산업사회적 속성으로서의 인간 불신(不信)이 조장되고 있다. 이런 양상을 문화적으로 포스트모던한 현실이라고 가정할 때, 여기에 대한 연극적 대응과 극복의 방향을 찾는 일은 오늘의 진보적이고 실험적인 연극의식이 당면하고 있는 과제일 것이다. 어떻게 이 세기말적 징후를 읽어내고 연극방식으로 표현해낼 것인가? 그리고, 이런 새로운 연극방식에 대한 실험이 제시해야 할 '삶'의 의식은 무엇인가? 여기에 대한 단서로서 작가, 연출가는 우리의 신화를 지금 이곳 우리의 '삶' 의식으로 재구성해서 보여주려 한다. 아울러 우리의 원형연극이 지니고 있던 총체성을 회복함으로써 언어-소리-몸짓-빛의 종합적 이미지가 보여주는 우리의 정서를 오늘의 도시적 감각으로 표현해 보려하는 것이다. 이런 실험이 우리 연극의 개성과 다양성의 일원으로서 새로운 연극방식의 길트기가 된다면 더할 나위 없는 보람이 될 것이다."

필자는 이윤택의 〈리어왕〉 연출에 관한 평론(『연극평론』 겨울호, 2007, 통권 47)에서 "이윤택은 누구인가?"라는 질문을 한 적이 있다.

"이윤택은 누구인가? (전략) 이윤택 문화비평서 『우리에게는 또 다른 정부가 있다』(민음사, 1992)에서 그가 한 말을 반추(反芻)해 본다. '나는 견디지 못한다. 무엇인가 움직이는 시간과 필사적인 싸움을 벌이는 그때만이 살아있음을 증명하는 순간이다. 나는 우리 민족의 고유한 원형연극을 보존, 계승, 발전시켜야 한다고 믿는다. 굿이나 민간 돌놀음 형식으로 수용하고 이론적 체계로 정립시키는 작업이 선행되어야 하는 것이다.' 그리고 아주 중요한 말을 했다. '나의 모든 무대작업은 시적(詩的) 상상력에서 나온다.' 인용한 그의 말은 그의 연극론이다. 그는 야성적 성격을 발산하면서 기성적 가치에 항거하고 부정하며 돌출행동을 감행하고 이 나라 정치사회적 현황에 대해서 예리한 필봉(筆鋒)을 휘두른 이 시대의 진보적 지식인에 속한다.

연출가 이윤택의 이런 독특한 성격 때문에 나는 그의 셰익스피어 극 공연에 지대한 관심을 기울여왔다. 그런데 이상하게도, 셰익스피어에 대해서는 그의 태도가 너무 정중하고, 보수적이며, 정통적(正統的)이라는 것이다. 이른바 '게릴라'적 발상으로 극단행위를 하고 있는 그가 〈리어왕〉 연출은 너무나 정상적이고, 원전에 대체적으로 충실하며, 셰익스피어에 조심성 있게 접근하고 있다는 것이다. 셰익스피어는 야성적인 에너지로 넘쳐있기에 이윤택의 야성적 성격에 알맞다. 둘이 부딪치면 폭발할 것 같은 예감이 든다. 나는 그의 독창적인 해석에 의한 〈리어왕〉을 보고 싶었고, 리어왕과 광대, 리어왕과 코델리아, 알바니의 역할 등이 더 선명하게 제시되는 구상을 기대했다. 또한 나는 〈리어왕〉을 그가 관심을 기울이고 있는 마당극 형식으로 번안하면 어떨까 생각도 했다. 나는 연출가 이윤택에게 셰익스피어를 우리 시대와 엮어보는 파격적이며, 진취적인 전위연극을 창조해주기를 기대하고 있다."

김방옥은 이윤택의 〈불의 가면 – 권력의 형식〉을 이렇게 평했다.

"이 작품은 두 개의 서로 다른 방향 사이에서 방황하고 있는 듯하다. 첫째는 독재자의 광기와 천재성과 권력의지 그 자체에 대한 그로테스크한 찬가이다. 작가와 연출가는 이 점에서 어느 정도 성공하고 있다. 둘째로, 이런 독재자의 광기를 이성과 지성과의 대결을 통해 연극적으로 정당화시키거나 입체화시키지는 못했다." (『뉴스메이커』, 1993.8)

김윤철은 〈바보각시〉 공연을 평했다.

"의미 있는 실험이었지만 이 공연은 글쓰기와 무대 만들기가 조화를 이루지 못했다. 가장 치명적인 결함은 바보각시와 단골손님들의 관계가 극 안에서 필요충분하게 확립되지 않은 것이다. 그 결과 작가가 그리고자 했던 그녀의 희생적인 사랑 베풂이 제 의미를 확보하지 못했다. 오히려 집단 폭행에 의해서 희생된 한 여인의 불행을 다룬 단편적 사건으로 축소될 위험마저 보였다. '연희단 거리패'의 텃광대들이 빠진 채 어린 단원들로 꾸민 탓인지 무대가 몹시 거칠게 느껴졌다. 자작 연출의 이윤택도 포장마차 위에 돛배를 올려 바보각시의 새로운 항해를 숭엄하게 장식한 것이라든지 꼭두를 이용해 뮤직박스 장면의 희극성을 높인 처리 등에서는 빼어난 동(動)의 미학을 보였지만 정(靜)의 미학에서는 무력했다. 정(靜)의 역동성에 대한 인식이 이루어질 때 이윤택의 연출은 탈각의 발전을 이룰 것이다. (《한국일보》, 1993.10.26)

그러나 김윤철은 〈산씻김〉에 대해서는 "뛰어난 무대미학"이라고 칭찬하고 있다.

"실험극장 소극장에서 공연되고 있는 부산 '연희단 거리패'의 〈산씻김〉(이현화 작, 이윤택 연출)은 굿판의 연극성을 애써 강조하고 있다. 연극을 위해 굿의 틀을 도입했다기보다는 굿을 위해 연극의 틀을 이용하고 있다. 간단한 전화기 비즈니스를 시작과 끝에 두고, 극의 전부이다시피 한 중간을 온통 씻김굿으로 채운 구성이 그 증거다. 탈(脫)장르를 주요 특징으로 삼는 오늘의 포스트모던한 시대에 굳이 굿이냐 연극이냐를 따지자는 게 아니다. 다만 연출자가 꾀했던 바 굿과 연극의 진정한 만남이 이루어졌으려면, 본인이 '현실반영'이라고 표현한 시대성이, 지금처럼 극의 모두에 음향을 통해 단편적, 선언적으로 열거되는데 그쳐선 안 되었고, 어떻게든 관객을 단순한 관람자가 아닌 참여자로 만들어 굿이 갖는 공동체성을 먼저 구축했어야 했다는 점을 지적하고 싶을 뿐이다. 잔혹극을 떠올리게 하는 대담하고 충격적인 에로티시즘, 씻김굿, 전체를 빛낸 퍼포먼스의 혼이 밴 능숙미 등은 이제까지 민족극을 표방한 다른 공연들이 이룩해내지 못했던 무대미학이었다. 대사 없는 제주 배미향의 성격창조와 육체연기가 인상적이었다. (『주간조선』, 1990.9.2)

이윤택 자신이 그의 평론에 도움을 받았다고 인정(이윤택, 『김윤철을 평한다』)한 김윤철의 〈문제적 인간 연산〉 평도 그의 연출의 공(功)을 치하하고 있다.

"비극적인 장중함과 희극적인 해학을 적절히 배합한 이윤택의 글쓰기가 매우 효과적이다. 또한 지식인들의 기회주의를 통시적인 권력의 형식으로 바라본 시각이 동시대적이어서 극의 시의성이 높다. 이윤택 무대 만들기 또한 동(動)과 정(靜)의 미학을 균형 있게 배합하고, 선과 부피를 적절히 사용해 서정과 서사를 함께 생산하며, 사실적 연기와 왜곡적 연기를 교차시키면서 무대와 객석의 거리를 필요에 맞게 효과적으로 조절한다." (『한겨레 21』, 1995.7.13)

이미원은 1993년의 연극을 논하면서 이윤택의 '포스트모던' 연극의 선도적인 작업을 언급하고 있다.

"전통의 현대적 수용 실험도 우리 뿌리 찾기의 연장이면서도 포스트모던한 실험과 직결된다. 전통의 복원이 아닌 해체와 재구성을 통한 현대화 작업은 근년에 시도되어 왔었는데, 전통수용의 방법으로 올해 더욱 확고한 지위를 굳혀가고 있다. 극단 '자유'와 오태석, 이윤택의 작업들이 이러한 실험을 선도해 나갔다고 하겠는데, 〈햄릿〉, 〈백마강 달밤에〉, 〈홍동지는 살아 있다〉, 〈바보각시〉 등을 예로 들겠다." (『동아연감』, 1993)

이상우는 〈불의 가면-권력의 형식〉을 평했다.

"극단 세실이 산울림소극장에서 공연한 시인 겸 평론가이자 극작가이며 연출가인 이윤택이 쓰고 채윤일 연출로 무대에 오른 〈불의 가면-권력의 형식〉은 문제적인 연극이었다. 작가의 말대로 '권력과 지식의 대립, 광기와 이성의 집요한 대결'로 집약되는 극적 갈등구조를 〈불의 가면〉은 위압적 독재권력으로 점철된 우리 현대정치사에 대한 주효(奏效)한 우화(寓話)적 알레고리로서 기능하기도 한다. 아니, 그 이상을 넘어서는 관념적 탐색이 날카롭게 번뜩이기도 한다. 그런데 왜 이 연극은 벗기기 연극의 화제로 비화되어 소모적인 논쟁에 휘말려야 하는가." (『월간중앙』, 1993.9)

한상철은 〈불의 가면-권력의 형식〉을 싸늘하게 비판했다.

"산울림소극장에서 공연되고 있는 〈불의 가면〉은 화제의 진폭을 더욱 넓혀가고 있다. 좋은 작품, 훌륭한 공연이어서 그렇다면 얼마나 기쁘고 좋은 일이겠는가. 여자 연기자가 알몸을 드러내 관객의 성적 욕망을 자극하는 이 연극은 혐오스럽다. 또한 극 내용이야 어떻든 알몸인 여체를 보러 입석까지 마다 않고 관객이 몰려드는 현상도 오늘날 우리의 퇴폐적이고 비문화적인 풍경을 반영하는 징표라고 생각한다. 우리의 어두웠던 독재정권 시대를 은유적으로 표현한 것 같지만 이런 광기와 부도덕과 황음(荒淫)은 바람직한 극문학의 소재일 수 없으며, 여자를 발가벗겨 관객 앞에 노출시키고 눈앞에서 격한 성행위를 하고 남자의 성기를 무대에서 보여주는 행위를 다만 충격적인 무대 표현의 자유를 구가하는 것이라고 할 수는 없다. 그것들이 꼭 필요하거나 극의 효과를 증대시켰다고 볼 수 없기 때문이다. 아름답고 감동적인 미적 쾌감 속에서 생의 진실을 깊이 있게 이해하고 느끼도록 해주는 것이 예술이요 연극이다." (『시사저널』, 1993.8.19)

한상철은 〈산씻김〉의 잔혹극 실험에 대해서는 긍정적으로 평가했다.

"연출가 이윤택은 일반 현대극 속에 굿을 삽입하여 이색적인 관극체험을 제공한다. 그는 아르토의 잔혹극 이념을 〈산씻김〉에서 실험, 극을 논리적 언어와 심리적 분석으로부터 해방시켜 관객으로 하여금 보다 원초적이고 무의식적인 정신적·심적 터널을 통과하는 동안 일종의 엑스타시 내지 카타르시스를 체험하는 수단으로 삼고자 했다. 그러나 이 같은 효과를 얻자면, 그 과정의 장치가 고도로 정밀하고 정확해야 한다고 아르토는 말한다. 이윤택의 연출은 그 점에서 부족하여 소기의 성과를 거두지는 못했지만, 88년 첫 연출보다는 진일보하여 극 자체의 예술적 형식미를 상당히 발전시켰다. 일상에서 제의로 들어갈 때의 충돌과 갈등, 제의에서 일상으로 돌아올 때의 연극적 변이와 주인공의 정신적 변화에 좀 더 유의하였으면 좋을 것 같다. 일본 알리스 페스티발에 초청받은 이 공연은 현대극의 틀거리 속에 비교적 정제된 우리 굿을 혼합한 특이한 형식과 내용 때문에 충격적 반응을 얻을 것으로 예상된다." (《스포츠조선》, 1990.8.17)

이영미는 '연희단 거리패의 〈어머니〉를 보고' 〈오구〉의 대를 잇는 대중적 레퍼토리라고 말하면서 이렇게 평했다.

"〈어머니〉는 앞으로 20년을 계속할 상설 레퍼토리가 됨으로써 대중적인 연극으로 자리를 잡아갈 듯하다. 손숙이라는 연기력과 대중적 인기를 함께 갖춘 스타를 내세우고, 지금의 준노년층들이 공감할만한 내용, 이윤택의 연극적 기술 등이 결합된 이 작품은 대중적인 연극으로 손색이 없으며, 장기화될 경우 〈지하철 1호선〉과 〈의형제〉 등의 학전의 레퍼토리와 함께 우리나라의 대중적 연극의 수준을 높이고 연극의 대중적 저변을 넓히는 데에 크게 기여할 것으로 기대된다."

계속해서 이영미는 김명곤의 〈어머니〉와 이윤택의 〈어머니〉를 비교하고 있다.

"이윤택은 자신의 작품 세계를 확실하게 지닌 개성 있는 작가이며, 그 개성을 드러
내는 방식은 가히 도발적이라 할만하다. 그에게 풍겨 나오는 강한 에너지는 한 작품
의 강렬함을 유지하면서 다른 한편 매번 새로운 무언가를 보여주는 힘으로 드러난다.
이윤택이 연출한 〈어머니〉는 4년 전 김명곤 연출의 〈어머니〉의 영향을 상당히 강하게
받고 있었기 때문이다. 이번 〈어머니〉는 애초에 그가 썼던 극본 〈어머니〉의 발상에
충실한 연출이라기보다, 김명곤이 극본을 다듬고 무대화한 결과를 비교적 충실하게
받아들이고 있다.
　이윤택이 성공할 수 있는 원동력은 다분히 작가 이윤택의 역량에 있다고 생각한
다. 작가적 연출가이기 때문에 그는 어떤 희곡을 가지고 연출을 해도 이윤택의 작품
으로 만들어 버릴 수 있었고, 무대의 구석구석까지 기술이 아닌 작가적 에너지로 채
워나갈 수 있었다. 그런데 이제 작가로서의 그의 모습은 점점 희미해지고 있다. 〈문제
적 인간 연산〉에서 이전까지 해왔던 그의 이야깃거리를 만들어내지 못하고 있는 듯하
다. 이후 작품의 문제작들은 〈햄릿〉이나 〈파우스트〉처럼 개작, 번안작이며, 그의 정
작품이라 할만한 〈어머니〉와 〈사랑의 힘으로〉, 〈눈물의 여왕〉은 이전의 작품에 비해
작가로서의 긴장력이 많이 떨어져 있다." (이영미, 『객석』, 1999.4. 『90년대 연극평론
자료집』, 2000 재수록)

김미도는 그의 평론집 『세기말의 한국연극』(1998)에서 「이윤택이 만든 연극」
이라는 제(題) 아래 〈시민 K〉(『주간조선』, 1998), 〈길 떠나는 가족〉(《스포츠조선》,
1991), 〈홍동지는 살아 있다〉(『객석』, 1993), 〈불의 가면〉(『한국연극』, 1993), 〈바
보각시〉(『객석』, 1993), 〈오구〉(『객석』, 1994), 〈문제적 인간 연산〉(『문학정신』 가
을, 1995), 〈어머니〉(『무용예술』, 1996.7~8) 〈햄릿〉(『무용예술』, 1996.11), 〈파우
스트〉(『객석』, 1997.12) 등 공연에 대한 평을 재수록하고 있다.
　이 모든 평을 다 인용할 수 없지만 그가 이윤택에 대해서 느낀 정서와 감동
의 총체적 결론은 "절망의 끝에서 우리는 결국 기적 같은 희망을 만났다. 실험

성과 예술성, 그리고 대중성까지도 잘 조화된 우리 연극사의 기념비적인 작품으로 기록될 만하다.”〈문제적 인간 연산〉 등에서 엿볼 수 있는 찬사로 일관되어 있다.

송민숙은 「이강백 작, 이윤택 연출의 〈느낌, 극락같은〉 공연분석」(『90년대 이후 한국연극의 미학적 경향』, 2011)에서 “이윤택 연출작품 분석은 한국 현대 연극의 변화를 가늠하는 데 분명 도움이 되리라고 생각된다”고 서두에 밝히면서 이윤택 연출을 이강백 희곡과 비교하면서 고찰하고 있다. 송민숙은 이 글의 결론에서 “〈느낌, 극락같은〉에서 이윤택의 연출은 몇 가지 점만 제외하면 작가 이강백의 관념적 세계가 담고 있는 미묘한 틀을 연극무대의 시청각적 요소들을 통해 환기시키고 관객과 소통하고자 최선을 다하고 있다고 판단된다”고 단정하고 있다. 그는 특히 이윤택의 ‘몸의 연출’을 확인했다고 강조하고 있다. 송민숙의 평론과 함께 김남석의 저서 『이윤택 연극의 미학적 시원: 이윤택 연극 연구론』(2006)도 눈여겨 봐야하는 이윤택 자료가 된다.

5. 이해랑 연극의 회고와 평가

— 〈햄릿〉 기타 공연들

1989년 5월 1일 호암아트홀이 개관되고, 동년 5월 6일에는 문예진흥원이 마련한 공연예술 연습실이 예일빌딩 4층에 마련되었다. 호암아트 개관기념 연극 〈햄릿〉(이해랑 연출)은 햄릿 왕자역에 유인촌, 클로디어스왕 역에 김동원, 오필리어 역에 유지인, 거트루드 역에 황정아, 폴로니어스 역에 오현경이 기용된 황금배역이었다. 이해랑 연출의 기본은 정통적인 리얼리즘이다. 이번에 보인 햄릿 왕자의 성격표현은 그 동안 우리나라 무대에서 볼 수 있었던 우유부단하고 침울한 비운의 왕자나, 또는 지성의

이해랑

비극을 상징하는 인물이 아니라 행동적이고 공격적인 햄릿 왕자였다. 특히 종래 우리나라 〈햄릿〉 공연 무대에서 제외되었던 4막 4장의 포틴브라스 진군 장면과 햄릿 고뇌의 장면, 그리고 결투 장면이 텍스트에 충실하게 공연된 것은 〈햄릿〉 해석의 발전이라 할 수 있다. 어느 〈햄릿〉 공연도 완전한 텍스트로 공연할수는 없다. 왜냐하면 텍스트 전체를 무대에 올리려면 6시간 이상 소요되기 때

문이다.

따라서 〈햄릿〉 연출가의 첫 번째 당면과제는 텍스트 가운데서 무엇을 선택하고, 무엇을 생략하느냐가 된다. 이 일을 해나가는 방식에 따라서 우리는 수많은 〈햄릿〉 군상(群像) 속에서 연출가가 만난 한 사람의 〈햄릿〉을 보게 된다. 그래서 어느 〈햄릿〉도 셰익스피어 원래의 〈햄릿〉으로 남지 못하고 우리 시대의 의미가 투영된 우리들 동시대의 〈햄릿〉이 된다. 셰익스피어 학자 얀 콧트가 그의 저서 『셰익스피어는 우리들의 동시대인』에서 강조한 점도 이런 맥락에서 이해될 수 있다.

우리는 셰익스피어 작품의 공연에서 두 가지 일이 실현되기를 바라고 있다. 즉, 셰익스피어 본래의 것이 최대한 풍성하게 그 무대 속에 담겨져 있어야 하고, 동시에 '우리들의 것'이 또한 여실히 그 속에 반영되어야 한다는 것이다. 셰익스피어 극 공연의 성패는 바로 여기에 달려 있다. 이 일이 실현될 때 비로소 우리는 셰익스피어 연극을 보고 인생에 관해서, 죽음에 관해서, 그리고 인간의 운명에 관해서 귀중한 교훈을 얻을 수 있다. 이해랑이 연출한 〈햄릿〉은 이 같은 체험을 어느 정도 가능케 해주었다.

이해랑 연출의 유산은 무엇인가. 70년대와 80년대에 걸쳐서 원로연출가들은 국립극장 무대서 주로 연출 활동을 했다. 문제는 국립극장 연극이 다 그런 것은 아니었지만 상당 부분이 구태의연한 타성에 빠져 관객들에게 아무런 신선감도 충격도, 흥미도 주지 못하고 있었다. 그렇기 때문에 국립극장은 평론가들의 주된 비판의 대상이 되었다. 관객들은 차츰 국립극장에 등을 돌리기 시작했다. 이토록 국립극장이 국책연극으로 침체되고 있을 때, 한 줄기 섬광처럼 희망을 안겨준 연극무대가 이해랑 연출의 〈천사여 고향을 보라〉(1978)였다. 이 공연으로 돌파구를 마련한 국립극장은 78년 한 해에 관객 76,325명을 동원하는 기록을 세웠다. 오태석 작 〈물보라〉가 국립극장 무대에서 〈천사여…〉에 이어 관객의 열띤 반응을 얻은 일도 반가운 일이었다. 동아일보 창간 50주년을 기념해서 〈객사〉(이태원 작, 안종관 각색)가 이해랑 연출로 국립극단 제90회 공연으로 막이 올랐는데, 이 무대도 창작극으로는 크게 성공하지 못했지만 이 연극에서 이해랑은 리얼리즘 연극의 또 다른 면을 보여주었다. 손숙의 연기와 신인배우 김명희의 신선한 연기가 돋보인 무대였다. 필자는 이때부터 연출가 이해랑과 자주 만나게 되었다. 그의 술자리, 그의 나들이에 빠지지 않고 함께 했다. 야외 피크닉과 자택의 초청 만찬은 유명한 행사였다. 상당 기간 함께 한 덕택으로 그에 관한 사진이 많이 남아있다. 그 전까지는 신협 배우, 예총회장, 유정회 국회의원 이해랑이었지만, 〈천사여…〉 이후 필자는 그의 연출을 면밀히 관찰하고 연구했다. 〈리어왕〉, 〈밤으로의 긴 여로〉, 〈황금연못〉, 〈들오리〉 등 숱한 무대에 대해서 나는 언제나 그에게는 솔직한 비평가였다. 그는 내가 아무리 격하게 나오더라도 언제나 따뜻한 미소로 경청해주었다. 그는 셰익스피어를 좋아하지 않으면서도 연출은 마다하지 않고 계속했다. 참으로 알고도 모를 일이다. 그에게 체호프나 오닐은 적합한데 셰익스피어는 궁합이 맞지 않았다. 〈리어왕〉을 할 때 왕과 코델리아 5막 상봉 장면을 더 애절하게 비극적으로 살려야한다는 나의 의견에 대해서 그는 셰익스피어는 "일관성이 없다"는 삼류 작가라고 통박했다.

1983년 극단 사조(思潮, 대표 김인태)가 이해랑 연출로 〈리어왕〉 막을 올린 것은 연극계의 관심이 쏠렸고 오랜만에 무대로 돌아온 배우 박근형도 화제가 되었다. 이 공연은 치밀한 구성과 일관성 있는 드라마의 전개와 정확한 대사 발성과 설득력 있는 움직임으로 활기에 넘쳐 있었지만 아쉬웠던 점은 이해랑 〈리어왕〉에 담겨진 빈약한 양(量)의 셰익스피어였다. 리어왕의 광증, 어릿광대의 역할, 코델리어의 죽음, 그리고 폭풍 장면에 대한 해석이 달라야 하고 그 의미가 무대에서 진폭(振幅)되야 하는데 그렇지 못했기 때문이다. 이 때문에

〈햄릿〉 연습 장면

나와 논쟁이 벌어진 적도 있고, 격해진 그는 아서 밀러를 격하시키는 말도 해서(당시 나는 아서 밀러 신봉자였다) 그의 발언에 대든 적도 있지만, 그는 연출을 할 때마다 나의 견해를 묻고 귀를 기울였다. 특히 오태석 작품을 연출할 때는 내 말이 마음에 들어 사람들 앞에서 칭찬하는 어른의 모습도 보였다.

이해랑 연출 작업이 성실하고 진지한 것은 정평이 나 있었지만, 무엇보다도 나의 마음을 사로잡은 것은 연극 작업에 임하는 그의 겸허하고도 진지한 자세였다. 그는 분명 사람을 다룰 줄 아는 연출가였다. 그 미덕으로 그는 그 혹독한 시대 정치가도(街道)에서도 할 일 다 하면서 견디고 살아남았다. 그의 정치력은 예총회장 시절에도 위력을 발휘했다. 한 손에 맥주 캔 들고 실눈을 포개면서 포근히 쓰다듬는 배우 특유의 언변과 설득력, 꾸준한 독서로 저장된 지식, 그리고 경우 바른 인간성은 그의 무기였다. 나는 〈햄릿〉 연습 때 부지런히 가서 연습 장면을 보았다. 주인공 햄릿(유인촌)과 김동원, 황정아 등 기라성 같은 배우들 연기 지도하는 모습을 보고 사진 촬영도 했다. 〈햄릿〉 대본에 연필로 갈겨 쓴 연출 메모가 남아있는 그 허름한 연출 대본은 지금 내 책장에서 항상 나를 내려다보고 있다.

평론가 김승옥은 이해랑의 〈햄릿〉을 보고 다음과 같은 소감을 썼다.

한국연극 전환시대의 질주

"지난 4월 15일부터 23일까지 호암아트홀 기획 공연으로 마련된 〈햄릿〉은 이를 지켜보는 관객들에게 유별난 감회를 불러일으키고 있었다. '눈에 보이지 않는 극적 진실을 찾아' 일생을 연극예술에 헌신했던 이해랑 선생이 그의 마지막 유작으로 남긴 연극 속에서 삶과 죽음에 얽힌 인간의 운명을 다시금 깊이 명상할 기회를 가질 수 있었기 때문이다. 신극운동을 벌여온 이 땅의 많은 연극인들이 새로운 문예사조의 유입과 시대의 추이에 따라 궤도를 수정해 갔지만 이해랑 선생만은 철두철미하게 자기 신념을 굽히지 않은 인물이었다. 그는 리얼리즘 연극의 철저한 신봉자로서 한정된 무대 공간 속에 압축된 인생의 의미를 표현하고자 마지막 순간까지 혼신의 힘을 기울였던 희유(稀有)의 연출가였다. 유작 〈햄릿〉 역시 그의 연극관이 그대로 반영된 무대로서 연출은 떠났지만 38명의 출연진 모두가 곳곳에서 그의 주문을 형상화해내기 위해서 애쓴 흔적을 역력히 엿볼 수 있었다. (중략) 햄릿을 감상적이고 사색적인 인물로만 해석할 수 없다는 것이 연출의 의도였다고 할 수 있다. 그러나 햄릿을 적극적인 성격의 행동하는 인물로 묘사하기에는 주변 인물들과의 성격적 대비가 다소 미흡했던 것으로 보인다. 무엇보다도 증오와 복수심에 들끓는 햄릿과 숙부 클로디어스의 간악함이 불꽃 튀는 대비를 구축해냈어야 했다. (중략) 그런데 무대 위에서는 햄릿의 역동성만이 지나치게 강조되어 상대적으로 클로디어스를 위축시켰고 인물들의 첨예한 상극 갈등이 부각되지 못해 극적 감동을 약화시킨 결과로 이어질 수밖에 없었다." (김승옥, 「이해랑 선생의 유작 〈햄릿〉」, 『공간』, 1989.5)

김문환은 그의 공연 평 「연극의 자존심과 이해랑」(《한국일보》, 1989.4.28)에서 말하고 있다.

"호암아트홀이 기획한 이번 공연은 말하자면 행동력이 앞서는 인물로서 햄릿을 만드는데 주력한 셈이다. 유인촌의 햄릿은 '논리적인 비판적 지성에 저항하라'는 연출자의 주문을 십분 살려내고 있다. 예컨대 그가 선왕의 망령을 만나고 나서 보인 고뇌의 표현은 격정에 차 있으면서 관객들로 하여금 그 다음을 잇는 행동들을 엿볼 수 있도록 한다. 그의 연기에서는 힘과 기가 비교적 자유롭게 구사되면서, 관객에게 매력을 느끼게 한다. 그러나 아무리 햄릿이 주인공이라 할지라도, 또 바로 그렇기 때문에 주변 인물들과의 관계설정을 통해 그의 성격이 부각될 수밖에 없는 것이 연극의 묘미이자 난점이다. (중략) 전반적으로 보아 비교적 성공했다고 볼 수 있겠는데, 여기에서 비교적이라고 내색한 표현을 구사한 것은 '조금 더' 하는 기대가 남겨져 있기 때문이다. 예로 든다면 극중극의 장면 이후 숙부 크로디어스왕(이호재)이 좀 더 부각될 수 있었을 텐데 라든지 하는 종류의 아쉬움이다. 아울러 날뛰는 햄릿의 가장 가까운 측근인 호레이쇼(이호성)는 무대의 처음과 마지막을 지키는 중요한 역할을 담당하고 있었는데, 햄릿에 휘말려든 느낌을 준다. 이에 반해 오필리아(김미숙)는 특히 실성한 이후의 모습에서 애잔한 잔상을 안겨준다. (중략) 고인이 완전히 마무리 짓지 못한 상태에서 연출을 이어받은 채윤일의 고충이 짐작되나, 그는 필경 이해랑의 햄릿에 좀 더 야성을 더해주는 손질 정도로 자신의 작업을 억제한 것으로 여겨진다."

국립극단 〈뇌우〉 공연을 보고 서연호는 이해랑 연출에 대해서 어렵사리 고언(苦言)을 건넸다.

"국립극단이 공연한 중국 작가 차치유의 〈뇌우〉는 오랜만에 해금을 맞은 공산권 작품인데다 1950년의 놀라운 흥행기록 내지 최근 중·소, 유럽권 연극에 대한 일반의 고조되어가는 분위기로 인해 애초부터 상당한 기대를 걸게 했다. (중략) 연출가 이해랑 씨는 이번 공연에 대해서 '〈뇌우〉는 오늘의 얼굴로 연극의 진수를 보여주는 연극'이라 규정했다. 필자는 이상과 같은 의견에 대하여 여기서 일일이 논의할 수 없으니 요컨대 〈뇌우〉를 연극의 모범적인 작품으로 오인하는 발상 자체가 매우 곤란하다는 점을 우선 지적해 두고 싶다.

중국 연극사의 관점에서 볼 때 〈뇌우〉는 리얼리즘의 지평을 최초로 열어놓은 기념비적인 작품이라는 것이 정설이다. 〈뇌우〉 이외에도 차오유는 〈일출〉(1935), 〈명량적천〉(1954), 〈왕조군〉(1978) 등을 발표하여 중국의 대표적인 극작가로 인정받게 되었다. 그러나 정작 차오유가 추구하고자 했던 서양연극사의 리얼리즘 정신이나 기법의 측면에서 볼 때 〈뇌우〉는 아직 본격적인 양식적 수준에 오르지 못한 중국 내의 선구적인 하나의 시도에 불과했다는 것이 평자의 소견이다. 이번 국립극단의 공연은 이러한 지점에서부터 문제가 유발된다.

〈뇌우〉는 애초에 통속성이 짙은 작품이므로 가령 작정신인 리얼리즘을 가능한 살리기 위해서는 연기에서 과장이나 우연성이 노출, 경직화된 발성이나 태도를 최대로 억제한 채 아주 자연스런 상태에서 서서히 내면의 움직임이나 갈등을 생동감 있게 표출시키는 방식이 채택되었어야 한다.

(중략) 반세기나 지난 작품이 오늘의 관객에게 그대로 수용될 리도 없으면서 더욱이 50년대의 감동이 급변해가는 현대사회 속에서 여전히 지속되리라는 보장도 없다. 또한 꼭 그러해야 할 당위성도 없는 것이다. 그렇다면 연출가는 나름대로 〈뇌우〉를 새롭게 해석하여 가능한 오늘의 현대극으로 재창조하려는 예술가적 노력을 보였어야 마땅하다. 리얼리즘이 과거를 재현하는 과정을 거쳐서 이룩되기는 하나 그 정신면에서는 오늘의 치열한 현실과 미래에의 비전을 제시하기위한 양식으로 존재이유를 삼고 있다는 지극히 당연한 논리를 잊고 있었던 것이나 아닐까." (서연호, 「국립극단 〈뇌우〉를 보고」, 《한겨레신문》, 1988.10.30)

이해랑 연출이 빛나던 〈황금연못〉(신협, 1984)을 보고 집에 와서 나는 다분히 감상적인 글을 일기 쓰듯 썼다.

"책과 테이블이 있는 방, 그리고 창 너머 나무가 보이고 그 나뭇가지 너머 멀리 강물이 바라다 보이거나, 아니면 그 뒤로 무한히 펼쳐진 하늘이 보인다. 이 황홀한 풍경에 햇살은 눈부신 가락을 튕기고 속삭이며 절묘한 음악을 연주한다. 인간은 자신이 언젠가는 죽는다는 것을 안다. 우주는 인간보다 크고 광대무변(廣大無邊)하다. 그러나 그 우주는 아무것도 모르고 있다. 인간만이 안다. 고뇌와 불행과 슬픔을, 인간은 시간적으로나 공간적으로 제한된 존재이지만, 사고하는 까닭으로, 무한한 시간과 공간의 한없는 넓이를 지닌 우주를 능가할 수 있다고 파스칼(Pascal)은 말했다.

이런 사색(思索) 끝에 나는 〈황금연못〉을 보기로 결심했다. 이 연극은 극단 신협(新協) 창단 40주년 기념공연이었다. 호암아트홀에서 칠십 고로(古老) 이해랑 선생이 연출한 작품이다. 내가 존경하는 명배우 백성희, 손숙, 심양홍, 이승철 등이 출연하고, 실로 오랜만에 영화감독으로 활동하던 최무룡이 무대를 밟았다. 셰익스피어의 〈햄릿〉, 〈오셀로〉, 오닐의 〈느릅나무 그늘의 욕망〉, 유치진의 〈마의태자〉와 〈한강은 흐른다〉, 조우의 〈뇌우〉 등의 공연으로 밤을 설치게 했던 내 청춘의 신협이 이제 40년 지나 그동안 119회의 공연무대를 기록한 것이다.

〈황금연못〉은 우리들에게 영화로 알려져서 유명해진 희곡작품이다. 미국의 여배우 제인 폰다와 아버지 헨리 폰다, 동생 피터 폰다 세 식구 배우들이 함께 출연할 수 있는 작품을 구하다가 어네스트 톰프슨이 쓴 이 작품을 만난 것이다. 헨리 폰다의 두 번째 아내 시모어와의 사이에서 태어난 제인과 피터 남매는 어린 시절 부모의 이혼과 이혼 직후 어머니의 자살이라는 비극을 겪었다. 자녀들은 자연히 아버지를 증오하며 반항적으로 흘렀고, 서로 이해하지 못하는 한 맺힌 원한관계가 이들 가족들 사이에서 오랫동안 지속되었다.

그러나 이들의 서먹서먹하고 뒤틀린 관계는 이 영화를 만들어가는 과정에서 원한의 매듭이 풀리기 시작했다. 제인은 이 작품을 하면서 아버지를 이해하기 시작했다. 아버지 헨리 폰다는 딸의 고뇌와 방황을 깊은 동정심으로 이해하게 되었다. 딸 제인은 늙어서 죽어가는 아버지의 모습을 발견했다. 아버지 헨리는 딸을 사랑하는 방법을 발견했다. 예술은 이 같은 일을 가능케 해주기 때문에 숭고한 가치를 지닌다. 헨리 폰다가 이 영화로 생애 최초의 아카데미상을 받았지만, 그 시상식에 나가지 못하고 그는 병상(病床)에 누웠다. 딸 제인이 그 상을 대신 받는 모습을 텔레비전 화면에서 보면서 나는 예술에 의한 가족 재회(再會)와 결합의 흐뭇한 감동에 젖었다.

〈황금연못〉은 80세가 된 전직교사 노만이 그의 아내 에델과 함께 한여름을 보내는 별장의 지명이다. 별장 앞에는 호수처럼 넓은 연못이 있다. 어미 물오리가 새끼 물오리에게 나는 법을 가르치는 그런 연못이다. 그 호수 주면에는 숲이 우거지고 딸기밭이 있다. 숲속의 오솔길을 따라가면 집을 잃게 될 정도로 울창한 숲이 있고, 그 숲으로 둘러싸인 이 별장에 딸 첼시가 결혼상대자인 치과의사 빌과 빌의 아들 빌리를 데리고 찾아온다. 노만은 빌리와 책을 읽고, 얘기를 나누며 낚시를 즐긴다. 호수의 노인과 소년이다. 그 소년도 이혼한 부모 밑에서 자라나 어딘지 모르게 반항적이다. 소년은 노만 노인으로부터 글을 배우고, 노만 노인은 소년을 벗 삼고 그의 과거 얘기를 한다. 노만 노인의 80회 생일날을 맞아 실로 오랜만에 가족들은 따뜻한 친화력을 느낀다.

그 화합은 햇살이 나무에 싹을 피우고 꽃을 피게 하는 그런 힘이다. 바람이 호수에 닿아 잔잔한 물결의 음악을 일으키는 그런 힘의 조화이다. 오리들이 서로 뺨을 부비며 하늘로 날아오르는 그런 희열(喜悅)이요, 화목(和睦)이다. 생일날 밤, 별장 응접실에 켜 놓은 노란 등불의 단란함이 노을이 번진 하늘과 함께 황금빛 호수에 반영되는 그런 아름다움이다. 인간은 이때 자연과 하나가 된다. 노만 가족들은 이때 새들이 주고받는 얘기를 들었을 것이다. 숲속 바람이 전하는 말을 들었을 것이다. 그래서 이들

〈밤으로의 긴 여로〉, 유진 오닐 작, 이해랑 연출

은 별장을 떠날 때 호수에 작별 인사를 한다. 이해랑 연출 〈황금연못〉은 이런 내용이
주는 드라마의 의미를 리얼리즘에 담뿍 담아서 아낌없이 전달하고 있다. 배우들의 대
사와 움직임은 이해랑 특유의 잔잔한 분위기 속에서 은밀한 내면의 심리를 드러내는
절제되고 압축된 연기였다. 그것은 이해랑 연출만이 할 수 있는 일이다.

(중략) 〈황금연못〉을 보고 돌아오면서 두 시간 동안의 인간의 드라마가 별의 시간
과 공간을 이길 수 있는 힘을 지니고 있다고 나는 믿게 되었다. 예술은 인간의 죽음을
극복할 수 있는 힘이라고 단언한 앙드레 말로의 기도(祈禱)같은 말도 믿게 되었다.
'사랑이란 무엇인가?' 독일의 시인 하이네는 답(答)했다. '그것은 자욱한 안개 속에
파묻힌 하나의 별이다." 그 사랑의 별은 죽음의 안개를 뚫고 이 순간에도 빛나고 있
다."(〈에터프리이즈〉, 1987.5)

평론가 여석기는 유진 오닐의 작품 〈밤으로의 긴 여로〉 평에서 이해랑과 여
타 배우들의 연기를 언급하는 글을 남겼다.

"연출 이해랑은 여유가 조금 아쉬웠으나 해석의 무리를 범하지 않게 정공법을 썼
고, 오랜만에 출연한 이해랑은 발성에 약간의 혼탁이 있었다손 치더라도 그가 발산하

는 극적 분위기는 당대 무류(無類)라 할 것이며, 황정순의 열연은 이 극 안의 가장 어려운 역을 소화시키는 데 별반 흠잡을 곳이 없다. 장민호는 그가 근년 중 최적역이라 할 수 있어 스스로 즐기고 있는 듯이 보이고, 최상현은 대사의 지나친 직선(直線)성이 불만이나 그를 여기 단역으로 보지 않을 사람은 드물 것이다. 하녀로 등장한 신인 여운계는 비록 단역이나 이번 것으로써 그의 앞날을 약속받았다 해도 과언이 아니다. 그리고 끝으로 이번 공연의 성공에 적지않이 기여함에 정확하고 유창한 번역(오화섭)과 디테일까지 손이 간 장치(장종선)의 공이 컸음을 말해 두어야겠고, 주어진 여건의 차이로 마주 비교할 것은 못되나 짜임새로 보아 이번 드라마센터 공연이 첫회의 〈햄릿〉보다 진일보(進一步)하였음도 아울러 지적하고 싶다"(『한국연극의 현실』, 1962. 6. 동화출판공사, 1974. 재수록)

리얼리즘 연극을 지향하는 이해랑 연출이 그렇지 않는 연극에 도전하면 실패하는 경우를 여석기는 신협이 올린 〈오이디푸스 왕〉(1967) 평에서 지적했다.

"〈오이디푸스 왕〉이 연극으로 성공하는 요체(要諦)는 수성상의 뛰어난 짜임새도 짜임새이러니와 그 신화의 근원성을 양식적으로 살림으로 해서 극에다 위엄과 비극의 불가피성을 부각시키는 데 있다고 하겠다. 리얼리즘은 금물이다. 일상적 차원에 떨어져 버린다면 이 작품은 견디기 어려운 멜로드라마로 전락할 위험성마저 없지 않다. 그런 견지에서 볼 때 이번 신협 공연이 야심적 기획이었던 만큼은 용의주도하게 무대화되었다고 볼 수 없다.

연출(이해랑)은 좀 더 양식화가 필요하지 않았던가. 그리스 비극 특유의 그 운명감의 강조, 고양된 정서의 순화를 무대 위에 살리기 위해서는 리얼리스틱한 무대화만 갖고서는 미흡하며, 특히 마이크를 통한 노래를 포함하여 코러스 처리가 안일하기 짝이 없었다.

그리고 전체의 제식(祭式)적 분위기를 북돋는 방향에서 이뤄져야 할 터인데도 불구하고 주인공(김동원)의 열연은 열연에 그치고 말았고, 결말의 부분에서는 거의 신파조에 흐르는 감이 없지 않았다. 왕비(황정순)와 크레온(박암)이 거의 미스 캐스트 같은 느낌을 준 것은 이 공연을 위해 마이너스가 되었다. 이번 공연을 계기로 앞으로는 그리스 비극을 다룰 때 먼저 작품의 해석에서 연출의 방향(이를 테면 가면의 사용 같은 것마저 포함하여)에 이르기까지 치밀한 준비가 이뤄지기를 바라고 싶다. (1967.4. 여석기, 앞의 책)

한상철은 국립극단 18회 공연 〈안네 프랑크의 일기〉(1960)에서 이해랑은 연출 대본을 작성해서 치밀하게 연출했기 때문에 공연이 성공을 거둘 수 있었다고 호평을 했다(「초창기 번역극 무대－국립극단 50년사」, 『국립극단 50년사』, 2000, 『현대극의 상황과 한국연극』, 현대미학사, 2008 재수록). 1967년 국립극장에서 공연된 안톤 체호프의 〈세 자매〉(백광남 역, 이해랑 연출)는 "나의 가슴에 잊을 수 없는 감동을 주었다"(한상철, 앞의 책)고 한상철은 회고한다. 〈밤으로의 긴 여로〉(1962, 드라마센터, 연출과 연기/1971, 1986 신협 연출)가 드라마센터 개관 기념공연으로 막이 올랐을 때 주인공 타이런 역은 이해랑 씨였다"고 말하면서 한상철은 "이 공연이 해방 이후 오늘까지 수많은 번역극 공연 중에서 가장 기억에 남는 공연의 하나로 남아 있다"(한상철, 「현대 서구극 소개의 선구자－오화섭 선생에 대한 기억」, 『시민연극』 7호, 2000.4. 앞의 책 재수록)고 말한다. 한상철은 이해랑 연출의 리얼리즘을 베르히만의 "파격적인 새로운 무대"와 비교하면서 그 보수적인 입장을 강조하고 있다. "1987년 이해랑은 국립극장에서 입센의 〈들오리〉를 연출했다. 이것은 세계 여러 무대에서의 공연과 마찬가지로 입센의 자연주의적인 대본을 충실히 따른 무대였다"(『객석』, 1993.8. 「우리 시대 가장 상상력이 풍부한 고전 연출가－잉그마르 베르히만 연출 작업」, 한상철, 앞의 책. 재수록)

필자는 「이해랑 연출이 남긴 것」이라는 제목의 평문을 『한국연극』(1990.8)에 보냈다.

"국립극단 제85회 공연 〈천사여 고향을 돌아보라〉는 지금까지 리얼리즘의 역사적 의의를 서툴게 받아들였던 다른 공문과는 달리 리얼리즘 연극의 진수를 보여주고 그것을 심화시킨 연극이었다. 연출가 이해랑은 이번 공연을 통해 그의 집념이 식지 않고 살아 있다는 것을 입증했을 뿐만 아니라 한국 리얼리즘 연극공연의 중요한 이정표를 세웠다.

객석의 불이 꺼지고, 달리는 기차 소리의 원근감과 이동감을 살린 음향효과(이무일, 공성원)로 관객들의 가슴을 뭉클하게 하는 오프닝에서부터 대사 발성의 소리와 조명의 빛이 던지는 기묘한 조화에 관객들은 또 한 번 숨을 죽이고 무대에 빨려들고 말았다.

(중략) 엘리자 역의 백성희, 룩 역의 전무송, 헬렌 역의 조한희, 피트부인 역의 박갑순, 로라 역의 손숙 등 배우들의 눈동자의 미묘한 움직임, 사뿐히 스쳐가는 얼굴의 미소, 조용히 움직이는 걸음걸이 하나에 이르기까지 관객의 시선이 파고들 수밖에 없었던 무대였다. 이 공연으로 국립극단은 관객 7만 6천 325명을 받아들이면서 침체에서 벗어났다."

2008년 11월 29일 동국대 이해랑예술극장 개관을 기념하는 심포지엄에서 신현숙은 「해방 후, 서구 사실주의 번역극 공연의 의미와 이해랑」을 발표했다. 그는 이 자리에서 이해랑이 "〈비오는 산골〉(J. 싱그 작, 1949)에서 연출을 시작한 이래로 타계한 1989년까지 한국 사실주의 연극의 수용 양상을 소개하고, 이해랑의 연출미학을" 풍부한 자료에 입각해서 면밀하게 분석하고 있다. 신현숙은 이해랑이 연출하고 출연한 자료를 제시하면서 그 자료는 「이해랑 연보」 『이해랑 평전』(유민영, 1999), 「이해랑 약력」 나현), 『이해랑 연출교실』(채승훈·강나현 공편, 1986), 『단신협 60주년 기념공연』(소책자, 2007), 『한국에서의 서양연극』(신정옥 외) 등을 참고로 한 것이라고 밝히고 있다. 그가 작성한 자료에 의하면 〈햄릿〉(1949, 1951, 1958, 1985, 1989), 〈오셀로〉 4회(1951, 1958, 1964, 1968), 〈맥베드〉 1회, 〈줄리어스 시저〉 1회, 〈베니스의 상인〉 1회, 〈로미오와 줄리엣〉 1회, 〈리어왕〉 1회로 되어 있다. 셰익스피어 13번 연출이요, 셰익스피어 극 출연은 〈오셀로〉(신협, 1952) 1회이다.

그 밖의 연출 작품은 다음과 같다.

〈도란기〉(극협, 1949), 〈비오는 산골〉(J. 싱그, 중앙대 연극부, 1949), 〈황금아〉(신협, 1950), 〈향수〉(마르셀 빠뇰, 예술극회, 1951), 〈뇌우〉(조우, 신협, 1950/ 국립극단, 1988), 〈목격자〉(맥스웰 앤더슨, 신협, 1952), 〈수전노〉(신협, 1952), 〈빌헬름 텔〉(프리드리히 폰 쉴러, 신협, 1953), 〈향수〉(마르셀 빠뇰, 신협, 1953), 〈느릅나무 그늘의 욕망〉(유진 오닐, 신협, 1955), 〈다이알 M을 돌려라〉(프리드릭 노트, 신협, 1956), 〈서쪽 나라에서 온 장난꾼〉(J. 싱그, 서울대 연극회, 1958), 〈뜨거운 양철지붕 위의 고양이〉(테네시 윌리엄스, 국립극단, 1959), 〈안네 프랑크의 일기〉(안네 프랑크 원작, 하케트 군리치 각색, 국립, 1960), 〈밤으로의 긴 여로〉(드라마센터, 1962/ 신협, 1971, 1986), 〈포기와 베스〉(헤이워드 부부, 드라마센터, 1962), 〈욕망이라는 이름의 전차〉(테네시 윌리엄스, 국립극단, 1965), 〈누가 버지니아 울프를 두려워하랴〉(에드워드 올비, 신협, 1967), 〈세 자매〉(안톤 체호프, 국립극단, 1967), 〈오이디푸스 왕〉(소포클레스, 신협, 1967), 〈인조 인간〉(K. 차페크, 국립극단, 1970), 〈좌와 벌〉(도스토옙스키 원작, 신협, 1976), 〈파우스트〉(요한볼프강 폰 괴테, 국립극단, 1977), 〈천사여 고향을 보라〉(토마스 울프, 국립극단, 1978), 〈라인강의 감시〉(릴리언 헬만, 사조, 1981), 〈황금연못〉(어네스트 톰프슨, 신협, 1984, 1987), 〈들오리〉(헨릭 입센, 국립극단, 1987).

이해랑 출연 작품은 다음과 같다.

〈검둥이는 서러워〉(헤이워드 부부, 극협, 1948), 〈목격자〉(맥스웰 앤더슨, 극협, 1949), 〈높은 암산〉(맥스웰 앤더슨, 극협, 1950), 〈뇌우〉(조우, 국립극장, 1950), 〈붉은 장갑〉(사르트르, 신협, 1951), 〈오셀로〉(셰익스피어, 신협, 1952), 〈수전노〉(몰리에르, 신협, 1952), 〈욕망이라는 이름의 전차〉(테네시 윌리엄스, 신협, 1955), 〈민중의 적〉(입센, 신협, 1956), 〈세일즈맨의 죽음〉(아서 밀러, 신협), 〈박쥐〉(라인할트/호프우드, 신협, 1957), 〈신앙과 고향〉(K. 쉘, 국립극장, 1957), 〈빌헬름 텔〉(프리드리히 폰 실러, 신협, 1960), 〈죄와 벌〉(도스토옙스키, 신협, 1960), 〈밤으로의 긴 여로〉(드라마센터, 1962).

신현숙은 「셰익스피어 극과 이해랑」을 논하는 글에서 이해랑 연출의 전체상을 명료하게 설득하고 있다.

> "그의 마지막 연출작품이 된 〈햄릿〉(1989) 공연은 이해랑의 총체적 연출미학을 보여주었다. 배우들의 탁월한 연기앙상블, 침묵과 리듬을 살린 대사의 처리, 등장인물들의 감정을 객관적으로 치밀하게 다듬기, 섬세하고 간결한 액션 구성, 조명과 음향효과, 이 모든 무대 요소들을 그가 남긴 연출 노트, 즉 그의 단일 시각으로 통일한 '앙상블 시스템'이 그 어느 때보다도 돋보인 빛나는 무대였다. (중략) 실기와 이론에서, 연기와 연출에서 탁월한 연극인이었던 이해랑은 외적, 내적 현실을 포함하는 거대한 교향악과도 같은 셰익스피어 극의 정신세계와 인간탐구에 깊이 매료되었던 것으로 보인다. 또한 셰익스피어 극의 특징인 '극장성'이 바로 연극예술의 본질임을 분명히 인식하고, 이를 자신의 연출에 수용했다고 볼 수 있다." (신현숙, 「셰익스피어 극과 이해랑」)

신현숙은 같은 논문에서 "미국 사실주의 극과 이해랑"을 논하면서 각 작품에 대한 연출의 성과를 예리하게 분석하고 있다. 결론적으로 신현숙은 이해랑의 사실주의 연출을 사실주의, 신고전주의, 극장주의가 혼합된 '시적 사실주의'라고 정의했다.

> "이해랑이 가장 애착을 가졌던 미국 사실주의극 작품들은 〈밤으로의 긴 여로〉, 〈느릅나무 그늘의 요망〉, 〈뜨거운 양철지붕 위의 고양이〉, 〈황금연못〉, 〈천사여 고향을 돌아보라〉이다. (중략) 1962년 드라마센터에서 공연된 〈밤으로의 긴 여로〉에 대해서는 "이해랑의 꼼꼼한 연출 솜씨, 배우들의 앙상블 연기, 그리고 장종선의 치밀한 무대장치가 어우러진"(여석기, 『한국연극의 현실』) 무대였다는 평이 나왔다. (중략) 특히 1986년의 연출에서 이해랑은 매우 꼼꼼하게 희곡작품을 재분석했고, 스태프들과 함께 철저하게 독해 과정을 거치고, 대사들을 정리했다. 그는 '서로가 서로를 아끼고 사랑하면서 사소한 일로 또 서로가 서로를 헐뜯고 공경을 하고 책임을 전가하고 있는 극중인물들의 내적인 갈등을 살리기 위해, 그 갈등을 그들이 더 강력한 극적 행동으로 무대

에 증명할 수 있게 하기 위해 희곡에는 무대 후면에 설정해 놓은 이층으로 통하는 계단을 객석에 앉은 관객이 볼 수 있게 무대 상수 전면으로 끌어냈다. 또 더블 도어 대신 벽과 망사창을 두르게 했다'(이해랑, 「연출의 창조적 실제」) 이것은 무대창치가 환경이고, 액션의 일부라는 사실주의 극의 무대미술을 따르는 것이다." (신현숙, 앞의 책)

심포지엄의 질의자로 참석한 필자는 이해랑 연출의 연구를 위해 몇 가지 연구 과제를 제시했다. 그중 한 가지 문제를 요약해 본다.

"체호프, 입센, 오닐, 윌리엄스, 밀러 등 이해랑 연출이 무대에 올린 모든 극작가들은 사실주의로 출발해서 상징주의와 표현주의 등 反(반)사실주의 경지에 도달했다. 이해랑 연출도 궁극적으로는 사실주의에서 상징주의, 표현주의 연출 방법론을 모색해야 되지 않았는가. 아니면 이미 그런 시도를 하고 있지 않았는가."

필자는 이 심포지엄 이전에 「셰익스피어 공연의 문제점―〈리어왕〉 공연과 관련지어」라는 평문에서 셰익스피어에 관한(『문학사상』, 1983.12) 연출의 문제를 제기한 적이 있다. 종래 일관된 〈리어왕〉 연출은 리어왕에 지나치게 집중하는 일이었다. 이해랑 연출도 그러했다. 그것은 물론 상식에 속하는 일이다. 그러나 우리는 새로운 〈리어왕〉 무대를 보고 싶다. 그런 무대를 실현하려면 연출이 관점을 바꾸어야 한다. 작품 해석을 새롭게 해야 한다. 예컨대 코델리아의 죽음에 초점을 두고 작품을 해석하면 그녀를 죽음으로 몰고 간 여러 인물들을 검토하게 되고, 그 결과 에드먼드를 더 깊이 파헤치게 된다. 그러다 보면 선한 사람은 왜 이유 없이 패배해야 하는가? 왜 죽어야 하는가? 이런 근원적인 주제에 봉착하게 된다. 이런 문제를 풀기 위해서 연출가는 새로운 극적 상상력을 발동하지 않을 수 없다. 분명한 것은 〈리어왕〉은 단순히 사실주의적 연출로는 해결될 수 없는 난제들이 너무나 많다는 것이다. 셰익스피어 작품은 다층(多層)적으로 복잡하게 꾸며진 상징적 시(詩)의 체계(體系)이기 때문이다.

필자는 심포지엄에서 이해랑 연극의 핵심은 연출가 자신이 말한 대로 "연극은 배우의 예술"이라는 것이다. 그의 말은 옳고도 옳다. 그러나 그것이 아이러니컬하게도 이해랑 연극의 발목을 잡고 있다. 왜냐하면 그것만으로는 사실주의를 넘어서 상징주의로, 표현주의로, 극장주의로 갈 수 없기 때문이다. 〈한여름 밤의 꿈〉에 이런 대사가 있다. "목소리가 보인다. 시스비의 얼굴이 들릴는지 모른다. / 지루하고 간결한 비극적 희극, 희극적 비극? 지루하고 간결해? 그렇다면 뜨거운 얼음, 아주 이상한 눈(雪) 아닌가?" 이런 대사는 비논리적이고, 비사실적이고, 부조리하다. 이런 대사의 무대 형상화는 어떻게 가능할 수 있는가. 단적으로 말하면 그것은 연출이 사실주의를 뛰어넘을 때 비로소 가능한 일이 된다는 것이다.

　　이해랑 연출 무대는 이 나라 배우들 연기술 발전에 큰 도움이 되었다고 믿는다. 이해랑 연극의 최대 성과는 사실주의 연기술의 실천이었기 때문에 우리나라 연극사에 길이 남을 것이다. 이해랑 연출은 혼합형 연출(사실주의, 낭만주의, 신고전주의, 극장주의)이라고 정의한 신현숙의 말은 충분히 이해될 수 있다. 그러나 그 말을 다른 말로 바꾸면 일관된 연출론이 분명치 않다는 말이 되기도 한다. 그러나 연극인 이해랑이 살아온 시대를 감안하면 그만할 수밖에 없었다는 진리를 우리는 깨닫게 된다.

제Ⅵ장

90년대 연극과 평론

1. 90년대 연극의 양식적 변화

　김방옥은 『문예연감』(1991)에서 "80년대를 주도했던 정치사회극에 변화가 왔다"고 말하고 있다. 그는 90년대 연극과 평론의 행방에 관해서 집약적인 결론을 내리고 있다.

　"90년대에 발표된 신작 창작극 중 20여 편은 대부분 강한 정치적 관심을 반영하고 있지만, 표현 양식이 80년대 정치극의 격앙된 계몽성, 거친 관념성, 흑백논리, 도식적인 무대어법들이 많이 사라지고, 우회적이며 환유(換喩)적인 발언, 복합적이며 다원적 접근, 무대 표현의 증폭 및 영상처리 등이 나타나기 시작했다. 이런 현상은 국내 정치에 대한 냉소주의와 무관심, 독일 통일 등 동구권과 소련의 정치변화에 따른 가치관의 변화, 국내 경기침체에 대한 위기감 및 물질만능주의 세태와 감각문화의 지속적 확산 등에서 영향을 받은 것이다. 논리적 구성의 해체, 이미지의 파편화, 인식주체의 모호성, 대중예술과의 결합, 장르 혼합, 일상적, 실제적 시간 및 공간의 활용, 즉흥성과 우연성의 강조, 언어의 격하 및 순수 행위(퍼포먼스)로의 환원, 굿, 놀이, 제의 등을 집단적 체험, 유희성의 회복 등을 포스트모더니즘의 경향을 보이는 작품으로 오태석의 〈운상각〉, 〈심청이는 왜 두 번 인당수에 몸을 던졌는가〉, 기국서의 〈햄릿, 45〉, 김상열의 〈우리는 나발을 불었다〉, 김광림의 〈그 여자 이순례〉 등을 지적할 수 있다.

이들 작품에서 이해할 수 있는 90년대의 특징은 사실주의의 희곡의 논리에서 탈피하려는 몸부림이다. 이런 해체 현상은 이미 80년대의 마당극에서 인지(認知)될 수 있었다. 90년대 연극은 80년대의 직설적인 경직성 대신 부드럽고 잔잔한 서정성, 내면성, 일인칭 시점(視點), 독백들이 자리 잡는다. 연우무대 〈최선생〉(김석만 작 · 연출), 극단 아리랑의 〈점아 점아 콩점아〉(김명곤 작 · 연출), 최형인 주연의 연우무대 일인극 〈봉숭아 꽃물〉, 윤석화 주연의 〈사의 찬미〉(실험극장), 이윤택의 〈청바지를 입은 파우스트〉, 극단 무천의 〈이디푸스와의 여행〉(김아라 연출), 이강백이 쓰고, 채윤일이 연출한 〈영월행 일기〉 등이 이에 속한다."

90년대 초 번역극은 부진을 면치 못하고 있었다. 그 원인은 표현의 자유가 보장되다보니 번역극을 통해 발산하던 고발성, 성적 표현, 저항성의 가치가 소멸되었기 때문이다. 예술적으로 승화되지 못한 80년대 이념극의 양산은 90년대에 창작극을 쇠퇴시킨 원인이 되었다. 정치이념극의 공백을 가정극이 보충하는 현상이 두드러졌다. 산울림의 〈목소리〉, 사조의 〈굿나잇 마더〉, 로뎀의 〈실내전〉, 현대예술극장의 〈결혼생활의 몇 장면〉, 임영웅의 〈위기의 여자〉 등이 이에 속하고, 유진 오닐, 오케이시, 베케트, 셰익스피어, 몰리에르, 소포클레스, 로르카, 쉴러 등의 명작이 무대에 올랐지만 큰 화제를 불러일으키지 못했는데, 평론가 김윤철은 그 이유를 "철저하지 못한 작품해석, 관습적이며 타성적인 안일한 무대표현"(『문예연감』) 때문이라고 지적했다.

1994년에 오태석 연극제와 제1회 베세토연극제(한 · 중 · 일)가 서울에서 개최되었다. 1994년 서울에 모인 한국, 일본, 중국의 세 나라 연극인들은 동, 서 연극의 상호 영향은 물론이거니와 아시아의 연극교류와 그 활로를 모색하는 연극 심포지엄, 워크숍, 연극공연을 통해 아시아가 세계로 향해 문을 여는 획기적인 연극축제의 개최를 약속했다. 매년 서울, 베이징, 도교를 순회하며 열기로 한 베세토연극제 창립총회에서 필자는 기조연설을 하면서 이 연극제가 앞으로 해야 될 과업에 대해서 몇 가지 제안을 했다.

"(1) 연극공연, 심포지엄, 워크숍을 통해 서울, 동경, 북경 세 나라 수도 연극인들은 자국의 전통예술이 현대연극 속에 어떻게 접목되고 융화되었는지 보여주고 알린다. (2) 베세토 연극인들은 자국의 공연예술이 세계 연극의 미래를 위해 무엇을 공헌할 수 있는지 보여주고 알린다. (3) 과거 베세토 연극은 서구인들에 의해 발견되고 알려졌다. 우리들의 것은 우리들 스스로가 발견하고, 우리들 모두에게 적극적으로 알리자. 그 방법은 무엇인가? 그 해답을 얻자. (4) 동양연극의 자원은 심원하고 풍부하다. 그 연극의 원류를 찾고, 그 흐름의 가닥을 파헤치고, 그 연극의 영향과 확산의 행로를 함께 탐색하자."(이태주, 『충격과 방화의 한국연극』, 현대미학사, 1999 재수록)

김윤철은 1992년도 연극을 서울연극제를 마무리하면서 총평하고 있다.

"올해로 서울연극제는 16회째를 마감했으나 이제 성년의식을 치를 나이도 멀지 않았는데, 아직도 서울연극제는 예술적으로나 상업적으로나 이렇다 할 성장을 보이고 있지 않다. 한국연극이 발전하는 데 중요한 구실을 할 수 있는 서울연극제가 올해도 또 한 번 필자의 기대를 배반했지만 평자로서 기록을 해야 했기에 공연된 순서를 따라 되돌아보고자 한다." (김윤철, 『문화예술』, 1992.11. 『우리는 지금 추학(醜學)의 시대로 가는가?』, 연극과 인간, 2000 재수록)

김윤철은 작품을 꼼꼼하게 분석하고 작품명 서두에 한마디로 요약해서 다음과 같이 평했다. 〈누군들 광대가 아니랴〉(박평목 작, 김도훈 연출)는 "핀터레스크한 구성, 완성도는 미흡"이라 했고, 〈이방인들〉(이재현 작)은 "일관된 주제 눈길, 극적 구성은 미흡"이라 평했고, 〈청계마을의 우화〉(차범석 작)는 "시사성이 돋보이나 교훈극 묘미 못 살렸다"고 표제를 달았으며, 〈영자와 진택〉(이강백 작, 정진수 연출)은 "연출 의도냐, 작품이냐? 일관된 연극 논리 절실"이라 했고, 〈거울 속의 당신〉(노경식 작)은 "소재의 상투성을 극복하는 치밀한 구성 미흡"이라 평했다. 〈오로라를 위하여〉(김상열 작 · 연출)는 "복잡한 구조 시도, 상징의 인위성 노정"이라고 했으며, 〈선녀는 땅 위에 산다〉(민화, 현대적 재해석 작품, 김완수 연출)는 "우화에 내포된 상징적 사실성의 간과"를 지적했다. 〈트로이의 여인들〉(유리피데스 원작, 김창화 번안 · 연출)은 "주제의 혼란과 현대화의 명분 못살려"라는 평을 달았다. 그는 연극제 부진의 원인을 캐면서 그 개선책을 다음과 같이 제시했다.

"서울연극제가 연극제 최대의 행사이면서 예술적 빈곤과 관객의 외면이라는 악순환에서 헤어나지 못해 연극을 사랑하는 사람들을 안타깝게 하고 있다. 근본적인 치유책이야 물론 연극인들의 자질향상을 위한 열정적인 훈련에서 찾아질 것이다. 그렇지만 이 연극제에 현재 적용되고 있는 반예술적이고 관료적인 운영방식이나 제도를 개선하는 것도 단기적인 부양책으로서 충분히 고려할만한 가치가 있다고 본다. 필자는 기본적으로 경연대회라는 맨탈리티에서 벗어나 축제성을 회복하는 것이 가장 중요하다고 생각되므로 그 실현을 위한 개선책을 두 가지만 제시해보겠다. 첫째, 참가작 전체를 실연심사로 선정하는 것이다. (중략) 둘째, 한 극단의 연속 3회 이상 참가금지를 규정한 조항을 폐기하는 것이다." (김윤철, 앞의 책)

김윤철의 제17회 서울연극제(1993) 평은 다음과 같다.

"1993년도 서울연극제 공식참가작의 공연이 지난 10월 10일자로 막을 내렸다. 한국연극계의 최대 잔치인 이 연극제는 올해의 경우 특별한 의미를 갖는다. 연극계의 여론에 따라 희곡심사 위주로 참가작을 선정하던 종전의 관행으로부터 벗어나 실연심사의 폭을 대폭 확대한 것이다. 그 결과 7편의 참가작 가운데 〈남사당의 하늘〉, 〈백마강 달밤에〉, 〈박사를 찾아서〉, 〈희미한 옛 사랑의 그림자〉, 〈춤추는 시간여행〉 등 희곡심사를 통과한 작품의 수보다 오히려 한 편이 많았다. 주최 측이 딱히 명시하지는 않았지만 서울연극제의 성격이 경연대회로부터 대동잔치로 점차 변화하고 있음을 시사한다. 금년의 서울연극제가 지난해보다도 평균적인 공연수준이 높았다는 평이 일반적인 평가일진데 이 연극제의 방향전환은 일단 긍정적으로 가늠된다."(『문화예술』, 1993.11. 김윤철, 앞의 책. 재수록)

「1993년 한국연극의 성취와 좌절들」의 평문(『문화예술』, 1993.12, 김윤철, 앞의 책. 재수록)에서 김윤철은 썼다. "올해 연극계의 특징으로서는 창작극의 가에, 희극의 부상, 선정주의의 확산, 전업작가의 증가, 뮤지컬의 침체 등을 지적할 수 있다. 긍정적으로든 부정적으로든 참으로 연극이 활했던 한 해였다. 내년의 한국연극은 올해의 성공과 실패를 바탕으로 도약할 수 있기를 소망한다"라고 전제한 후, 그는 1993년이 "번역극에 대한 창작극의 비교우위를 자리매김한 원년"이라 했고, "선정주의의 확산과 활발한 활동을 보인 전업, 중견작가들"을 소개했다. "두 개의 돋보인 기획 그리고 번역극 공연 행태의 변화"를 언급한 대목에서는 "본격적인 실험극" 공연으로 극작가 캐롤 처칠의 〈크라우드 나인〉과 〈탑 걸즈〉, 그리고 미국의 극작가 웬디 와서슈타인의 〈미스 앤드 미즈〉 등이 국내 초연된 것을 고무적인 현상으로 지적했다.

허순자는 90년대 이후 한국연극의 변화에 관해서 긴 글을 발표하면서 연극의 새로운 변화에 대해서 분석하고 있다.

"격동의 세기말과 새로운 천년을 이으며 100년의 역사를 신고하는 1990년대 이후의 한국연극은 발전과 성장으로 요약되는 변환의 시대였다. 그것은 또한 현대문명의 여러 가지 불안전한 징후들을 드러내며 정보화시대 이름 한 후기산업사회로 이동을 완료한 시간이기도 했다. 그 사이 연극은 첨단기술과 복제로 수놓는 영상시대의 압박을 받으며 나름의 변모를 추구해왔다. 때로 시원(始原)에 뿌리를 둔 연극 고유의 속성마저도 포기하면서 동시대 대중문화의 감각적 요구와 기호에 적극 조응하였다. 글로벌리즘의 소용돌이에 휘말리며 국제화 무드에 편승하고, 파편화된 포스트모더니즘의 문화에 도전받으면서 연극은 전통적 체질의 변혁을 추구해 왔다. 우리 삶에 직접적인 영향을 끼치는 정치, 경제, 사회의 변화에 민감하게 반응하면서 연극은 그것이 존재

한국연극 전환시대의 질주

하는 생태계의 변화에 적응해온 것이다." (허순자, 「1990년대 이후 한국연극의 주요 변화와 흐름을 중심으로」, 『90년대 이후 한국연극의 미학적 경향』, 푸른사상, 2011)

김성희는 90년대 새로 등장한 극작가론을 발표했다.

> "90년대 중반 이후 신세대 극작가들이 대거 등장했다. 이 일군의 신세대 극작가들은 차범석, 윤조병, 오태석, 이강백, 윤대성, 노경식, 김광림, 이윤택, 이만희 등 기성 극작가들과는 다른 감수성과 문화적 코드로 현실을 해석하거나 재현해낸다. 선배작가들이 리얼리즘 극작술이나 한국적 연극 양식을 토대로 사회와 역사, 혹은 인간성 같은 거대 담론을 무겁게 파들고 있다면, 포스트모더니즘의 세례를 받은 이 젊은 작가들은 미시 담론에 치중한다. 무거운 담론이라 해도 가볍게 표현하며, 연극성이나 놀이성에 기반한 글쓰기에 치중한다. 신세대 작가들의 또 하나의 특성은 연출, 또는 배우를 겸하고 있는 '멀티 플레이어' 극작가들이 많다는 것이다." (김성희, 「1990년대 이후 한국연극의 동향과 새로운 극작가들」, 『한국 현대연극 100년 공연사』, 2008. 『한국연극과 일상의 미학』, 연극과 인간, 2009 재수록)

김형기는 90년대를 논하면서 보다 근원적인 '비극'의 문제와 접촉하고 있다. 그는 「우리 시대의 비극론」에서 신예 작가 김도원의 작품을 남미정이 연출한 상황극 〈잠들 수 없다!〉를 통해 현대작가들이 다루는 비극의 두 가지 양상을 분석한 다음 "역사의 형식과 비극의 형식 간에는 기본적인 연관성이 존재 한다"고 추론하면서 "오늘의 우리 시대에 비극의 미학적 형식을 다시 취하는 일은 시간을 초월한 본질주의적 비극론에 의지할 수가 없다. 오히려 현행 비극론을 항시 새롭고 수미(首尾)일관하게 역사화할 것을 요구하고 있다"고 의미심장한 결론을 내고 있다. 이 같은 결론을 유도하는 논의 과정은 그의 긴 논문을 치밀하게 읽어야 이해할 수 있다. 결론 부분의 일 절을 인용해 본다.

"비극이 오늘날 거부되는 위의 세 가지 이유들은 이 논문(김형기, 「우리시대의 비극론」, 『90년대 이후 한국연극의 미학적 경향』, 푸른사상, 2011)에서 분석과 논증의 예로 삼은 〈잠들 수 없다!〉와 〈염소 혹은 실비아는 누구인가?〉(에드워드 올비, 〈The Goat or Whois Sylvia?〉)에도 타당하게 적용된다. 이 논문에서 필자는 한국에서 공연된 이들 두 연극작품을 토대로 고전적인 비극(성)과 구별되는 현대비극(성)의 특징들과 그 효과를 규명하고자 하였다. 이러한 현대비극성의 일면을 〈세일즈맨의 죽음〉(아서 밀러, 1949)에서도 쉽게 확인할 수 있다. 이 작품이 현대비극으로서 갖는 비극적 진지성은 인생에 패배를 겪고 어리둥절해진 윌리 로먼이 어느 정도로 상업주의 사회의 거짓된 가치를 열망하는 보통 사람들의 대표가 되고 있는가에 달려 있다. 다시 말해 그는 거짓에 대항함으로써가 아니라 그 거짓대로 살아감으로써 스스로에게 비극을 초래한다.

이 같은 비극이 관객에게 불러일으키는 효과는 비극적 연민과 공포라기보다는 연민에 가득 찬 이해일 뿐, 어떤 해방이나 구원의 목적을 위한 것이 아니다. 유기적인 세계상이 부재하고 가치관이 다원화된 우리 시대의 비극작품에 반복해서 나타나는 주인공이 전통적인 비극의 주인공과 다른 점을 지칭하기 위해 사용되는 용어가 바로 '반영웅적 주인공(anti-hero)' 이다. 그는 〈잠들 수 없다!〉의 '가' 나 〈염소 혹은 실비아는 누구인가?〉의 마틴과 마찬가지로 도전으로 다가온 운명 앞에서 위대함과 위엄과 능력과 영웅적 자질을 드러내는 대신에, 무력하거나 수동적이거나 하찮거나 비열한 사람이다."

1994년도 총 공연 수는 808건인데, 1993년도 641건, 92년도 723건보다 증가한 것이었다. 1994년도 연극공연 장르별 현황을 보면 아동극 193편, 성인극(정통극) 507편, 마임극 15편, 창극 3편, 마당놀이 9편, 외국극단 내한 공연 13편, 국내극단 해외공연 9건이다. 창작극 초연이 136편, 재공연이 297편, 번역극 초연 44편, 번역극 재공연은 116편이었다.

1995년 연극계는 뮤지컬 붐과 함께 시작되었다. 현대극장의 〈지저스 크라이스트 수퍼스타〉(표재순 연출), 〈그리스 록큰롤〉(신시뮤지컬컴퍼니, 배해일 연출), 〈심수일과 이순애〉(에이콤, 이상우 연출) 등이 서두를 장식했다. 1995년

말에 〈명성황후〉(에이콤, 이문열 작, 윤호진 연출)가 극계의 돌풍을 몰고 왔다. 1995년 서울에서 공연된 연극은 총 90편인데, 번역극은 40편이었다. 창작극 우세 현상은 우리 이야기를 우리의 형식 속에 담아보자는 열의 때문이었고, 지적재산보호에 관한 베른협약 가입에 따른 로열티 문제가 영향을 미쳤다. 예술의전당에서 세계명작시리즈로 셰익스피어 연극제가 개최되고, 고려대학교 개교 90주년 기념공연 〈리어왕〉, 연세대학교 개교 100주년 기념공연 〈한여름 밤의 꿈〉, 한양레퍼토리극단 공연 〈한여름 밤의 꿈〉, 극단 76의 〈리어왕〉, 극단 목화의 〈로미오와 줄리엣〉, 국립극단의 〈리차드 3세〉 등 날로 번성하는 셰익스피어 공연은 그의 예술성, 대중성, 보편성, 경영성 등을 감안(勘案)한 결과였다.

90년대 중반의 공연 내용은 리얼리즘 정통극, 뮤지컬, 마당놀이, 신파극 등 다양해지고 오락성이 강화되어 연극의 상업화 경향이 부각되는 한편 역사에 대한 관심이 고조되면서 현대사의 중요 사건을 다룬 진지한 작품도 무대에 올랐다. 제19회 서울연극제가 1995년 9월 1일부터 10월 15일까지 계속되었다. 또 1995년 7회째 맞는 춘천인형극제가 5만 관객의 환호 속에서 성황을 이루었다.

2. 90년대 사회변동 시대의 연극과 평론

영자신문 《코리아 타임스》는 1989년 12월 27일자 신문에 노벨상에 빛나는 아일랜드 극작가 사무엘 베케트의 서거를 알리고 있었다. 베케트는 22일(금) 파리에서 86세로 영면(永眠)했다. 그의 부조리극 〈고도를 기다리며〉는 기국서가 무대에 올리고, 임영웅이 절찬 속에서 연속적으로 장기 공연을 하고 있다. 그와 동향(同鄕)인 숀 오케이시의 〈쟁기와 별〉이 그가 타계한 다음날 서울 동숭아트센터 소극장에서 성좌의 권오일 연출로 개관 기념무대에 올랐다. 이 작품은 필자가 아일랜드 더블린에서 보았던 감동을 되새기면서 연출가에게 권하고 김진식 교수에게 번역을 부탁했던 작품이다. 한국 초연으로서 다수의 등장인물과 스펙터클한 무대 때문에 좀처럼 하기 힘든 작품인데 권오일이 큰마음을 먹고 도전했다. 전무송, 최상설, 주진모, 김은림, 김미경, 박현숙 등 배우들을 교섭하고 송관우에게 무대미술을 맡기며 최선의 노력을 기울였다. 그에게는 이 공연이 90년대 아침을 여는 의미심장한 뜻이 있었기 때문이다. 필자는 『한국연극』(1990.2)에 공연 평을 썼다. 요약하면 다음과 같다.

"아일랜드 사람의 기질과 언어행동, 그리고 일상적인 관습을 이해하고 번역한 대사가 잘 전달되고 있었다. 무대전환이 잘 되었다. 이 무대의 어려움은 복합적인 무대 장치를 연기의 행동선과 시각성을 방해하지 않고 좁은 무대공간에 어떻게 설치할 수 있는가 하는 것이 된다. 이 일이 무난하게 이뤄졌다. 남성 연기자들의 앙상블이 좋았다. 끊임없이 싸우고, 충돌하고, 화해하고, 슬퍼하는 극적 상황의 변화를 날카롭고 유연한 연기로 처리되고 있었다. 김은림과 박현숙은 두 여인의 애환을 유감없이 표현하였으며 무대에서 웃음을 어떻게 표현할 것인가 하는 문제에 대해서 연출은 명쾌한 해답을 주었다. 연출가는 무대 흐름의 리듬, 템포에도 각별한 주의를 기울였다."

이어령 장관은 1990년 1월 3일 발족하는 초대 문화부장관으로 취임했다. 그의 문화정책의 일환으로 '연극의 해' 축제가 1992년 탄생했다. 미국 브로드웨이 사상 최장기 공연 기록을 세운 뮤지컬 〈코러스 라인〉이 15년간 6,137회를 공연하고 1990년 4월 28일 대단원의 막을 내렸다. 이 소식은 한국의 뮤지컬 산업을 자극하고 힘이 되어 뮤지컬이 번창하는 조짐을 보였다. 극단 반도의 〈쌍씨(Les Cenci, 쌍씨가족들)〉 잔혹극(앙토넹 아르토) 한국 초연이 '쌍씨' 연구에 몰두했던(석사논문) 채승훈 연출로 막을 올렸다(1990.1.22~28, 바탕골소극장). 앙토넹은 브레히트와 함께 현대 연극의 문을 연 쌍벽이기 때문에 이 연극의 공연은 자못 의의가 깊다. 1990년 12월 26일자 《동아일보》는 "세종문화회관 별관과 동양극장이 폐쇄되는 등 우울한 분위기로 출발한 1990년은 주목할만한 창작극 부재로 이어지면서 예년과 다름없는 침체와 부진 속에 한 해를 마무리하고 있다. 긍정적인 면에서는 연극의 국제교류가 활발하게 진행돼 소련 동구권 극단이 내한공연을 가졌고, 산울림극단 등 국내 극단의 해외연극제 참가도 늘어났다"고 보도하고 있다.

연극의 침체 상황을 타개한 해결책으로 제안된 것이 1990년 6월 '문화발전 10개년 계획'에 의거해 1991년 1월 21일 문화부가 선포한 '연극영화의 해'이다. 3월 27일 진행된 '연극영화의 해' 출범식은 계획의 구체적인 실천으로서 거행되었다. 1991년 '연극의 해'를 맞아 연극계의 대표적인 극단들이 '사랑의 연극잔치' 라는 이름으로 70년대부터 최근까지 공연된 명작들을 새롭게 창조해서 공연했다. 전체 32개 극단이 42편의 연극을 공연하는 이 잔치는 유명 연극인이 총동원되고 극단과 관객을 동시에 지원한 '사랑의 티켓제도'가 처음으로 실시되어 눈길을 끌었다. 연극의 해 집행위원회는 5만 장의 5천원권 관람권을 발행, 1장당 3천원씩 기업체, 공공단체, 개인에게 판매했다. 나머지 차액 2천원은 문예진흥원의 지원금으로 충당되었다. '사랑티켓'으로 총 21편의 연극 중 한 편을 선택해서 관람할 수 있었는데 그 기간은 1992년 6월 1일부터 6월 30일까지였으며, 장소는 서울 전역의 연극공연장이었다. 공연 래퍼토리는 〈신의 아그네스〉(실험), 〈파우스트〉(부활), 〈트로이의 여인들〉(가교), 〈날아라 새들아〉(연우무대), 〈햄릿〉(예술기획), 〈딸에게 보내는 편지〉(산울림), 〈노력하지 않고 출세하는 법〉(민중), 〈칠수와 만수〉(학전), 〈당신의 눈물을 보여주세요〉(작업) 등이었다.

'연극의 해'를 기해서 연극제집행위원회(회장 권오일)가 결정한 추진 사업은 (1) 국립예술학교 연기원 설립 (2) 초·중·고등학교 연극교육 (3) 공연예술회관 확보 (4) 지방문화회관 운영개선 (5) 국공립극장 운영개선 (6) 예술의전당 운영참여 (7) 각종 연극제의 운영활성화 (8) 관객 개발사업 (9) 연극인 금고 운영 등이었다. 모두 연극계로서는 반드시 해결해야 될 중요 과업들이었다.

구희서의 책 『연극 읽기 3』은 1989년부터 1993년까지 공연된 문제작들을 총 망라하고 있어서 90년대 한국연극의 전체상을 부관(俯觀)할 수 있는 좋은 자료라고 생각된다. 구희서는 이들 작품에 대해 일일이 리뷰를 실었다. 그가 신문사에 있었기 때문에 가능한 일이었다. 그 중에서 필자가 선택한 연도별 화제작은 다음과 같다.

1989년

반도 〈문디〉, 광장 〈무덤 없는 주검〉, 로뎀 〈넛츠〉, 사계 〈이혼파티〉, 신협 〈타인의 방〉, 산울림 〈하나를 위한 이중주〉, 현대극장 〈꼽추왕국〉, 연희단 거리패 〈시민 K〉, 연우무대 〈늙은 도둑 이야기〉, 민예 〈거슬러 부는 바람〉, 미추 〈신 이국기〉, 자유 〈그리고 그들은 죽었다〉, 춘추 〈유리동물원〉, 로얄시어터 〈계엄령〉, 세실극장 〈불가불가〉, 산울림 〈고도를 기다리며〉, 76극장 〈관객모독〉, 민예 〈혼종〉, 신협 〈타인의 눈〉, 국립극단 〈옛날 옛적에 훠어이 훠이〉, 자유 〈도적들의 무도회〉, 작업 〈데미안〉, 윤석화 일인극 〈목소리〉, 창조극장 〈바람꽃〉, 현대극장 〈오픈커플〉.

1989년도 리뷰를 마치면서 구희서는 「90년대 한국연극의 위상－문화부 신설에 즈음하여」라는 제목의 글에서 탄식의 소리를 냈다. 요약하면 다음과 같다.

"23일 하오 아카데미 하우스에서 열린 서울연출가그룹의 '90년대 한국연극의 위상－문화부 신설에 즈음하여' 모임에 나온 많은 절망적인 말들, 희망과 의욕의 말들을 들으며 스치고 지나갔던 이런저런 생각들이 다시 떠올랐다. 이들 연극인들은 우리 문화예술 행정과 그 지원에서 대한민국 최하위의 대우와 지원을 받고 있는 사람들이다. 문화예술 지원은 국가예산에 포함되지 않고 영화, 연극 등 극장 매표구에서 관객에게 거둬들인 돈 등 별도 모금에 의한 기금으로 충당된다. 올해 문예진흥에 쓰인 돈은 명목상 총 287억이지만 그 중에서 창작예술인과 직결되는 돈은 138억이었고, 그 중에서 연극 쪽에 지원된 액수는 1억 7천 500만원으로 문화예술 각 분야 중 최하위다. '우리가 언제 도움 받고 연극했느냐? 앞으로도 마찬가지겠지.' 탄식이 나온다. 그러나 그들은 '그래도 연극은 하는 것'이라고 말을 멈추지 않는다." (《일간스포츠》 1989.11.25)

1990년

성좌 〈쟁기와 별〉, 현대극장 〈햄릿〉, 로얄시어터 〈유전무죄, 무전유죄〉, 사조 〈굿나잇 마더〉, 신시 〈우린 나발을 불었다〉, 미추 〈영웅만들기〉, 국립극단 〈남한산성〉, 산울림 〈어느 무정부주의자의 사고사〉, 국립극단 〈메르나르다 알바의 집〉, 신시 〈싯달다〉, 민예 〈그것은 목탁구멍 속의 작은 어둠이었습니다〉, 작은신화 〈전재음?악!〉, 로뎀 〈실내전〉, 연우무대 〈새들도 세상을 뜨는구나〉, 연희단 거리패 〈오구－ 죽음의 형식〉, 민예 〈신 낚시터 전쟁〉, 가교 〈5불짜리 사나이〉, 오완자무늬 〈청중〉, 자유 〈무엇이 될꼬하니 90〉, 실험극장 〈뺑대기전〉, 88서울예술단 〈한강은 흐른다〉, 76단 〈미아리 텍사스〉, 사계 〈그놈이 그놈〉, 세실극장 〈카덴자〉, 오픈 〈그 여자 이순례〉, 성좌 〈한가위 밝은 달아〉, 〈다녀오겠습니다〉, 세실극장 〈혀〉, 신협 〈햄릿 5〉, 대하 〈언제나 어디서나〉, 실험극장 〈에쿠우스〉, 자유 〈대머리 여가수〉, 산울림 〈고도를 기다리며〉, 목화 〈심청이는 왜 두 번 인당수에 몸을 던졌는가〉, 반도 〈우수주의자의 여행〉 강만홍 〈숨 4323년〉, 민중 〈도망중〉, 연우무대 〈봉숭아 꽃물〉, 연극협회 연기분과 〈밤주막〉, 반도 〈쌍씨〉

1991년

민중 〈연인과 타인〉, 실험극장 〈에쿠우스〉, 뿌리 〈리타 길들이기〉, 자유 〈기도〉, 〈대머리 여가수〉, 배우극장 〈붉은 방〉, 실험극장 〈쥬라기의 사람들〉, 신화 〈돈아 돈아 돈아〉, 산울림 〈그대 아직도 꿈꾸고 있는가〉, 국립극단 〈넋씨〉, 자유 〈따라지의 향연〉, 광장 〈그린 줄리아〉, 연우무대 〈한씨연대기〉, 민중 〈로미오와 줄리엣〉, 춘추 〈막차 탄 동기동창〉, 국립극단 〈사로잡힌 영혼〉, 미추 〈시간의 그림자〉, 산울림 〈엄마는 오십에 바다를 발견했다〉, 목화 〈백구야 껑충 나지 마라〉, 신화 〈돈아 돈아 돈아 2〉, 반도 〈레닌그라드에 피다〉, 대중 〈넌센스〉, 실험극장 〈스키밍—욕탕의 여인들〉, 여인극장 〈화분이 있는 집 사람들〉, 춘추 〈막차 탄 동기동창〉, 구립극단 〈물거품〉, 신화 〈전쟁음악!2〉, 아리랑 〈격정만리〉, 부활 〈파우스트〉, 연우무대 〈한국 현대연극의 재발견〉, 로뎀 〈요나답〉, 카망 〈어떤 겨울〉.

1994년 중반에는 연극계에 전라(全裸), 또는 반라(半裸)연극이 공연되어 경찰이 수사를 진행한 사건이 발생했다. 그 공연이 〈미란다〉이다. 이 연극이 관객을 끌어와 유사한 외설 연극이 대거 등장하게 된 것이 문제였다. 〈침대소동〉, 〈서울방자〉, 〈보잉보잉〉, 〈오드커플〉, 〈반노〉, 〈매춘〉, 〈매매춘〉 등이 예술이냐 외설이냐, 표현의 자유냐 억압이냐 하는 문제로 비화되었다. 일부 예술적인 필요성에 의해서 나체표현이 불가피한 경우는 있지만, 대부분의 경우 나체가될 필요가 없는 상황에서 벗는 연극이 성행한다는 것이 문제였다.《한국일보》 "〈벗기는 연극〉 안 된다"라는 사설(1994.8.28)에는 "외설은 독버섯 같은 것으로 우리의 생활자세가 조금만 흐트러져도 고개를 내민다. 항상 우리를 가다듬는 자세로 이같은 위장예술을 배격할 때만이 퇴폐문화를 근절시킬 수 있음을 우리 모두 깨달아 한다"라는 글이 실렸다. 각 신문사의 사설은 계속되었다. 《동아일보》 8월 28일자. 《세계일보》 8월 28일자 사설에도 일관되게 음란연극을 비판하고 있었다. "외설은 인간의 성과 품위를 유린하는 행위이며 결코 예술이 될 수 없다"《동아일보》, "예술을 가장한 음란물이 더 이상 활개치지 못하도록 성숙한 사회가 되어야하지만 우선은 연극인들이 스스로 참여하는 기구를 만들어 저질연극을 추방하는 제도를 제안하고자 한다"《세계일보》. 유민영은 《동아일보》(1994.7, 「문화시평」)에 이 문제 해결의 실마리를 제공하는 글을 썼다.

> "승화와 절제라는 예술의 기본 원칙을 저버린 채 한탕주의의 영리만을 목적으로 소극장을 외설스런 장소로 만드는 것은 연극 그 자체를 모독하는 행태로서 피땀 흘려 선구 연극인들이 쌓아온 전통의 기반을 붕괴시킬 우려마저 없지 않다. (중략) 그러나 연극이 대중예술과 구별되면서 고급문화의 자리에 오를 수 있었던 것은 그만이 갖는 높은 도덕성과 품격 때문이다. 오늘의 연극이 이 지경까지 온 것은 사회전체의 도덕 불감증과 비평기능 상실, 일부 무능연극인들의 상업주의 맹신, 준엄한 시민정신 부족 등에서 왔다고 말할 수 있다. 사실 연극은 관객과 함께 만드는 것이라 해도 과언이 아니다. 우리나라 신극사를 되돌아보아도 연극이 타락할 때마다 관객의 따가운 질책이 있었다. 이나마 신극사의 전통이 있게 된 데는 깨어있는 관객이 있었기 때문이다. (중략) 따라서 예술이 가장 경계하는 공권력의 개입 소식마저 들린다. 예술이 자유를 그 속성으로 지닌 만큼 사회의 자정기능에 맡기는 것이 좋을 듯하다."

예술의전당이 주최한 오태석 연극제가 1994년 7월 31일 4개월 대장정의 막을 내렸다. 다섯 작품 중 세 작품은 김철리, 이윤택, 이상춘 등 객원 연출가들의 무대는 오태석 연극의 다른 측면을 보여주었다. 오태석 작품 〈심청이는 왜 두 번 인당수에 몸을 던졌는가〉, 〈아프리카〉, 〈자전거〉, 〈비닐하우스〉, 〈도라지〉 등이 4월 1일 개막되어 총 1만 5천여 명의 관객이 극장을 찾았다. 신예(新銳) 평론가 김향이 쓴 『오태석의 공연미학』, 『90년대 이후 한국연극의 미학적 경향』(2011)은 〈심청이…〉와 〈용호상박〉을 집중적으로 분석한 논문이다.

1994년 제18회 서울연극제가 8월 29일 시작되어 10월 11일까지 문예회관 대극장과 소극장에서 열렸다. 참가작품은 〈번데기〉(맥토, 오은희, 이종훈), 〈비닐하우스〉(목화, 오태석, 이윤택), 〈영원한 제국〉(반도, 이인화, 주요철), 〈바라나시〉(신시, 김상열, 김상열), 〈이혼의 조건〉(민중, 윤대성, 정진수), 〈그 섬엔 신이 살지 않는다〉(뿌리, 최명수, 김도훈), 〈이런 노래〉(전망, 정복근, 심재찬), 〈아 이상, 이상(李箱)!〉(서전, 조광화, 박계배) 등이다. 1994년 말, 뮤지컬 전문 극단 창단 선풍이 일었다. 이는 국내외 대형 뮤지컬 흥행 성공 때문이었다. 극단 대중(조민)에 이어 학전(김민기), 한국뮤지컬프로덕션(이종훈), 에이콤(윤호진), 신신뮤지컬컴퍼니(김상열) 등이 본격적인 활동에 들어갔다. 한국연극의 복잡한 상황을 우려한 아카데미하우스(원장 강원용)는 1994년 12월 5일 '한국연극계는 어디로 가고 있는가?-한국연극계의 현황과 대안'이라는 주제를 걸고 대화의 모임을 가졌다. 이 자리에는 연극인 24명이 초청되었다. 극작가 차범석이 "한국연극의 어제, 오늘 그리고 내일"이라는 제목으로 발제를 했다. 이 자리서 그는 성애(性愛)연극의 범람을 경고하면서 우리나라 뮤지컬이 "설익은 기술과 비전문가들의 졸속주의에 의해 단순한 모방으로 끝나버리거나 얄팍한 상업적 흥행주의로 도장되었던 점은 아직도 아쉬운 여운으로 남아있다"고 말했다. 그는 결론적으로 우리 연극이 시급히 해결해야 되는 점으로 네 가지를 강조했다.

〈봄이 오면 산에 들에〉, 최인훈 작, 손진책 연출, 극단 미추

1. 전문가가 시급하다.
2. 상업주의 연극과 실험주의 연극이 분명히 가라져서 자기 몫을 찾아야 한다.
3. 연극정신의 회복이 필요하다.
4. 맥이 이어지는 예도(禮度)가 있어야 한다.

90년대 중반 평론의 집중적인 논평 대상이 된 작품은 다음과 같다.

대구 달구벌극단 〈뜨거운 땅〉(최현묵 작, 이상원 연출), 연우무대 〈날 보러 와요〉(김광림 작·연출), 극단 모시는 사람들 〈블루사이공〉(김정숙 작, 권호성 연출), 극단 미추 〈봄이 오면 산에 들에〉(최인훈 작, 손진책 연출), 국립극단 〈반도와 영웅〉(김의경 작, 장진호 연출), 극단 신화 〈옥수동에 서면 압구정동이 보인다〉(김태수 작, 기명수 연출), 연희단 거리패 〈햄릿〉(이윤택 연출), 극단 유 〈문제적 인간 연산〉(이윤택 작·연출), 〈덕혜옹주〉(정복근 작, 한태숙 연출), 극단 학전 〈지하철 1호선〉(김민기 번안·연출), 은행나무 〈마로위츠 햄릿〉(마로위츠 작, 윤우영 연출), 극단 유 〈파우스트〉(괴테 작, 정일성 연출), 극단 목화 〈서푼짜리 오페라〉(브레히트 작, 오태석 번안·연출), 극단 목화 〈로미오와 줄리엣〉(셰익스피어 작, 오태석 번안·연출)

1998년도 평론의 관심을 끌었던 이강백연극제 작품 〈내마〉에 관해서 한상철은 "초연 당시의 상황이 바뀐 오늘날에 유효하도록 작품을 재창조하지 못했다"고 비판했으며, 김윤철은 "언어 중심, 의미 중심의 연극이 되어야 할 〈내마〉를 연출가 김아라가 퍼포먼스 중심의 연극으로 만들어 놓아 텍스트와 조화를 이루지 못했다"고 평했다. 평론가 이혜경은 "논리성과 인과성이 부족하며, 희곡과 공연이 겉도는 결함"을 지적했다. 그러나 신아영은 "연출가 김아라가 원작이 의도하는 혼란스러움을 오히려 부각시켰다"고 긍정적인 평을 했다.

90년대 이후 활기찬 평론 활동을 했던 김윤철, 김형기, 김길수, 김미도, 심정순, 오세곤, 이미원, 이영미, 이재명, 이혜경, 이화원, 최준호, 김성희, 허순자 등은 1998년 평론집 모음집에서 만나는 신선한 얼굴들이다. 2008년판 『연극평론』을 보면 김유미, 김창화, 송민숙, 심재민, 장혜진의 평론을 만날 수 있고, 2009년 『연극평론』을 보면 임혜경, 김향, 김효, 이용복, 김광선, 김소연, 이진아, 권경희, 정숙현, 김기란, 이경미 등의 다채로운 필진을 보게 된다. 2009년 겨울호에서 「예술평가의 새 패러다임과 그 과제」를 토론하는 자리는 연극계의 신뢰를 얻고 있다. 한국연극평론가협회를 중심으로 회원들이 하는 일은 다방면에 걸쳐 있다. 평론 활동, 차세대 평론가 육성사업, 국제교류, 연도별 최우수 작품 선정, 여석기평론상 시상, 평론자료집 및 기타 서적 출간, 회의 및 심포지엄 개최 등이 중요 활동 내용이 된다.

90년대 말 공연예술계의 전망은 어두웠다. 이화원은 이와 관련해서 그의 소견을 말했다.

"1998년 이래 뚜레박소극장을 비롯해서 대학로 10여 곳의 소극장이 문을 닫았다. 1997년 경제위기 이후 한층 가속화된 우리 연극의 불안한 현실은 정보화 시대, 디지

털 시대로 통칭되는 이 시대의 문화적 변화를 감안할 때 더욱 어둡기만 하다. 연극의 미래에 대한 불안감은 세계 공통의 현상일 수 있으나, 경제 위기와 더불어 기업으로부터의 지원 감소, 그리고 연극 창작과 수급을 효율적으로 지원하는 제도 및 정책의 부재 등 요인이 우리 연극을 더욱 위축하게 하고 있다." (『문예연감』)

연극하는 환경이 나빠지고 상황은 어려웠지만 연극계는 30대 작가들과 연출가들의 활동에 기대를 걸고 있었다. 조광화는 〈철안 붓다〉를 유 씨어터에서 공연했고, 장성희 작품 〈A.D. 2031 제3의 날들〉은 연우무대의 정한룡 연출로 문예회관 소극장에서 공연되었다. 연극실험실 혜화동 1번지에 모인 연출가 1기 동인들은 김아라, 류근혜, 박찬빈, 이병훈, 이윤택, 이송, 채승훈, 홍동근 등이다. 1988년 혜화동 1번지 페스티벌 〈일상과 현실 전〉을 통해 2기 동인들이 활동을 했는데, 이들 30대 연출가는 김광보, 박근형, 손정우, 이성렬, 최용훈 등이다. 전통연희를 빌려 100년 전 민비시해 사건과 삼국유사의 〈도솔가〉에서 모티브를 얻은 〈일식〉이나, 삼국유사의 설화에서 소재를 얻어 작품화한 〈세 개의 사랑 이야기〉, 그리고 삼국통일과 원효와 요석공주 이야기를 내용으로 한 〈옴〉 등은 의욕적인 작업이었지만 이화원은 이들의 작품에 대해서 고뇌에 찬 의문을 제기하고 있다.

"연극의 위기에 대한 암울한 진단과 함께 지난 한 해의 창작 무대들을 정리해 보았다. 위기이든 아니든 참 많은 공연들을 위하여 많은 연극인들이 노고를 아끼지 않았음을 알 수 있었다. 그럼에도 불구하고 묻지 않을 수 없다. 무엇을 위한 노고였던가? 그들의 관객은 누구였던가? 과연 그 관객들은 무엇을 얻었던가?" (『문예연감』)

김윤철은 1999년 연극비평 활동이 비평공간의 감소로 심히 위축되었다고 말하고 있다. 일간지도 정기간행물도 연극평론에 지면을 내주지 않기 때문이다. 김윤철은 "신문사의 경제적 어려움, 전문평론가의 현학적인 글쓰기와 매체 적응 실패, 그리고 무책임한 가치 판단이 여전히 남아 있는 부정적 관행"
등을 그 원인으로 지적하고 있다. '부정적 관행'이란 무엇인가? "신문사 문화
부가 전문적인 연극평론가에게 연극비평의 공간을 양보할 수 없다"는 관행을
의미한다.

1999년에 돋보인 평론은 조광화 작·연출 작품 〈미친 키스〉에 대한 김명화
와 오세곤의 비평, 윤영선 작, 이성렬 연출의 〈파티〉에 대한 김형기와 김유미
의 평론, 그리고 이강백 작, 이상우 연출의 〈물고기 남자〉에 대한 신아영, 김
미도, 김승옥, 이상복의 지적이며 논리정연한 평론이었다. 김윤철은 국립극단
이 공연한 〈무의도 기행〉을 집중적으로 다룬 김미혜, 이재명, 김광선, 김승옥
의 비평을 중요시하고 99년 두각을 나타낸 이상복과 장혜순의 평론 활동에 기
대를 건다는 글을 『문예연감』에 발표했다. 신현숙이 2003년 한국 연극에 대해
서 논평한 글 중 오늘의 연극평론을 언급한 부분은 2000년대 한국 연극과 평론
을 개관(槪觀)하는데 적절하다고 판단되어 인용하고자 한다.

> "연극계의 2003년은 다양한 국내외 공연과 수많은 연극제들, 문화예술 정책의 개
> 혁논의, 새로운 문화 패러다임의 모색 등으로 활기차고 요동친 한 해였다. 45개교를
> 넘는 전국 대학 연극 관련 학과는 수많은 연극 전문 인력을 배출하기 시작했고, 이와
> 함께 전국 규모 혹은 국제연극제의 숫자가 급속히 증가하면서 수준급의 공연작품들
> 이 양산되었다. 급증하는 연극 전공 젊은 학자들이 평단에 대거 참여하여 연극비평에
> 다양한 목소리를 내고, 다양한 관점의 무대 읽기를 시도하고 있다. 2003년 연극평론
> 은 학술회의와 세미나를 통해 현장중심의 연극이론과 연극교육의 개선을 위해 힘썼
> 으며, 평론을 통해 창작의 현장을 격려하고 관객개발과 계몽에도 집중적으로 노력을
> 경주(傾注)했다." (『문예연감』)

3. 90년대 초 한국연극평론가협회

— 국제연극평론가협회(IATC)와 관련된 일들

1986년 아시안게임과 1988년 올림픽 문화축제는 한국의 연극을 해외에 알리는 좋은 기회가 되었다. 그 긍정적인 반응과 찬사를 필자는 1989년 3월 15일부터 27일 아일랜드 더블린에서 개최된 집행위원회에 참석하면서 피부로 느낄 수 있었다. 이 회의에서 필자는 아시아−태평양지역센터 사업보고를 하면서 폴란드, 동독, 헝가리, 소련과의 연극교류 방안을 제의했다. 동독의 세계적인 브레히트 학자인 에른스트 슈마커 교수와 한국브레히트학회와의 공동연구 계획도 논의했고, 1989년 서울국제극평가 세미나 개최 협조를 다짐하는 집행위의결도 성사시켰다. 1989년도 한국연극평론가협회 결산보고에 의하면 극평회보(1백 만원), 연극비평연수회(1백 50만원), 연극평론 심포지엄(1백 50만원), 「70년대 연극평론자료집」(2백 만원) 등 기타 경비 34만 2천원을 합해서 총계 6백 34만 2천원이 지출되었다. 이 가운데 6백 만원이 문예진흥원 지원금이었다. 필자의 해외 출장경비는 문예진흥원이 정례적으로 지원하고 있었고, 한상철 부회장이 리스본 회의에 참석할 때는 별도로 문화부장관(이어령)의 여비 지원이 있어서 가능했다.

1990년 평론의 특징은 한국연극평론가협회라는 집단조직을 통한 활동과 회원의 증가, 비평작업의 다양화를 꼽을 수 있다. 평론가들이 주로 다룬 주제는 "연극과 공연 본질, 문화정책, 연극제 운영개선, 남북연극교류, 평론의 역할과 사회적 책임"(심정순, 『문예연감』, 1990) 등이 된다. 심정순은 1990년 '아시아—태평양지역 연극평론' 모임에서 발표한 제레미 에클스(호주)와 오자사 요시오(일본)의 논문을 소개하고 있다.(『문예연감』, 1990)

1990년 한국연극평론가협회는 총회와 이사회 결의를 거쳐 해당년도 사업을 확정지었다. '극평회보' 발간, 아시아—태평양지역 연극평론가 심포지엄, 연극비평 연수회, 연극평론집 발간, 한국현역연출가론 발간 등이다. 이상의 사업을 추진하기 위해 이사회는 사업별 담당이사를 선임했다. 총무(김문환), 국제(양혜숙), 학술(이상일), 교육(한상철), 출판(유민영), 홍보(구희서). 이들 사업 가운데서 성공적으로 평가된 사업은 『70년대 연극평론자료집 I, II』의 발간이었다.

제I권에는 여석기, 김문환, 양혜숙, 구희서, 이상일의 평론이 실렸고, 제II권에는 서연호, 유민영, 이태주, 한상철의 평론이 실렸다. 이들 평론은 70년대의 화제작과 문제작을 망라하고 있다. 연극비평 연수회는 연극제 기간 동안 연극제 작품 평가를 겸한 신인 연극평론가 양성 워크숍이었다. 평론 지망생들을 모집해서 연극제 기간 동안 함께 관람하고 협회 이사가 순번으로 강사가 되어 매 작품에 대한 토론과 평가회를 주재(主宰)했다. 1991년 평론은 '연극의 해'의 의미와 평가, 공연 평가, 한국연극 미래의 전망 등을 중점적으로 다뤘다. 1992년도 연극평론은 전년도의 경향과 크게 달라진 것은 없었다. 1992년도, 1993년도 한국연극평론가협회의 사업 내용을 보면 협회의 활동을 알 수 있다.

한국연극 전환시대의 질주

한국연극평론가협회 회원

1992년도 사업: (1) 『80년도 연극평론자료집』 제4권 발간(이태주・유민영・서연
호・한상철・양혜숙・기문환・심정순 평론 수록). 신국판, 240페이지, 200부, 단웅미
디어 발행, 1992.12. (2) 연극비평연수회 20명 수료. 강사진 이태주・구희서・한상
철・유민영・심정순・양혜숙・서연호, 1992.8.29~10.10. (3) 국제연극평론가협회 집
행위원회 대표 파견. 프랑스 파리, 1992.1. (4) 제12차 국제연극평론가협회 총회 참가.
폴란드 바르샤바, 1992.10.22 ~11.1

1993년도 사업: (1) 연극비평연수회 93년 서울연극제 기간 참가인원 15명. (2) 『연
극평론자료집』 제5권 발간. 신국판, 300페이지, 200부 발행. (3) 국제연극평론가협회
회의 참가. 영국 런던, 이태주 참가.

1990년 연극평론가협회 회원은 다음과 같다. 여석기, 한상철, 이상일, 유민영,
양혜숙, 송동준, 구희서, 김문환, 정진수, 신현숙, 심정순, 김성희, 고명식, 이반,
정중헌, 김방옥, 정지창, 이현석, 김유경, 김미도, 이근삼, 김길수, 송애경, 서연
호, 이미원, 안광희, 전용유, 김미혜, 이종건, 이태주. 이들 회원은 『객석』, 『공
간』, 『동서문학』, 『예술계』, 『세대』, 『한국연극』, 『문학사상』, 『월간통일』, 『문화
예술』, 『소설문학』, 『신동아』, 『주간조선』, 『여성동아』, 『주부생활』, 『월간조선』,
『문예중앙』, 『한국문학』, 『춤』, 『극장예술』, 『문예진흥』, 『광장』, 『현대문학』, 『월
간문학』, 『예술과 비평』, 《대학신문》, 《사보》 등에 평론을 발표하고 있었다.

1990년대 연극평론은 필자를 위시해서 한상철, 이상일, 유민영, 서연호의 경우 80년대에 도출(導出)했던 연극과 사회의 문제를 수용하고 심화시키는 일에 힘을 보태고 있었다.

　　한상철의 연극과 정치에 관한 견해는 「한국 연극의 대사회적 관계」(1971, 『한국 연극의 쟁점과 반성』, 1992 재수록)와 「축제와 정치참여에 휘말렸던 한 해」(1988, 한상철) 등의 평론에서 파악될 수 있다. 필자의 경우는 「연극과 사회」(1983, 『예술원논문집』 22집, 이태주 『충격과 방황의 한국 연극』, 1999. 재수록)에서 도달한 결론이 이후 평론을 쓰는 이론적 근거가 되었다. 이상일, 유민영, 한상철, 필자, 그리고 서울극평가그룹 평론가들은 그 동안의 만남과 토론을 통해 자연스럽게 방법과 어법은 다르나 연극이념의 동질적인 결합체가 되었다. 동인지 성격의 평론집 『한국 연극과 젊은 의식』(공저, 1979)은 그 증표(證票)가 되었다. 평론가협회 회원들은 연극의 제반 주제들을 역사와 사회라는 넓은 맥락에서 관찰하고, 분석하고 비판하고 있었는데, 그 영향 때문인지는 몰라도 1990년 신작 창작극 중 20여 작품은 정치사회극(social play) 범주 내에 있었다는 것은 놀라운 일이었다.

　　90년대 연극도, 평론도 변화를 겪고 있었다. 사회가 변하면서 사람이 변하고, 사람이 변하면서 연극도 변하고 있었다. 이는 지극히 당연하다. 김방옥, 김성희 등이 평론에서 지적한 것처럼 연극의 표현 양식이 계몽적이며 직설적인 어법을 탈피해서 우회적인 수사(修辭)와 다원적 무대를 선호하는 경향을 나타나기 시작했다는 것이다. 이런 현상은 국내 정치에 대한 냉소주의와 무력감, 가치관의 변화, 경제위기와 물질만능 풍조, 대중문화의 확산과 정보통신의 발달 등이 요인이 되어 사회가 변화하고 있기 때문이라 두 평론가는 결론짓고 있다. 물론 그렇게 보는 것은 옳다. 포스트모더니즘 시대 연극의 예고였다. 새로운 가능성과 위기를 동시에 열어놓고 있는 포스트모던의 미학적 특징을 김방옥은 조목조목 추출(抽出)했다.

"논리적 구성의 해체, 이미지의 파편화, 인식주체의 모호성, 대중예술과의 결합, 장르 혼합, 일상적·실제적 시간 및 공간의 활용, 즉흥성과 우연성의 강조, 언어의 격하 및 순수행위(퍼포먼스)로의 환원, 굿·놀이·제의 등을 통한 집단적 체험, 유희성의 회복, 자기만족의 절충주의, 강렬한 정서의 찬미, 역사주의 쇠퇴, 형식미에 대한 새로운 성찰"(『문예연감』, 1991)

90년대 창작극의 대표적인 포스트모더니즘 작품으로 "오태석의 〈운상각〉, 〈심청이는 왜 두 번 인당수에 몸을 던졌는가〉, 기국서의 〈햄릿 4.5〉, 김상열의 〈우리는 나발을 불었다〉, 김광림의 〈그 여자 이순례〉" 등을 거론하면서 김방옥은 "오태석의 초논리적 장면 연결, 단편적이며 시각적 이미지의 활용, 감각주의와 무의식의 흐름, 즉흥성과 놀이에 의존하는 무대미학과 기국서의 원시적 활력, 논리적 일관성의 의도적 파괴, 멜로드라마 요소의 과장, 공연의 통일성 배제와 나르시즘" 등이 '포스트모던' 연극의 전형적 양상이라고 지적했다.

90년대 연극이 정신적 지주(支柱)를 잃고 전통적인 리얼리즘에서 벗어나 기존 문화의 논리를 배격하며 대중사회의 기호에 영합하는 개인주의적 사고와 쾌락주의 가치관을 추종하는 경향에 대해서 평론계가 경고 신호를 수없이 발신(發信)하고 있었지만 그 후유증은 정확하게 오늘의 비예술적 타락연극에서 극명하게 나타나고 있다. 평론은 이들 작품 이외에도 줄기차게 공연되는 오닐, 오케이시, 셰익스피어, 몰리에르, 소포클레스, 로르카, 쉴러, 테네시 윌리엄스, 아서 밀러, 체호프 등 정통적인 명작 공연을 주시(注視)하고 포착하며 기록하는 일을 게을리 하지 않았다. 연극평론은 결코 가치 판단의 균형 감각을 잃지 않고 있었기 때문이다. 정진수는 ITI 심포지엄에서 「한국 리얼리즘 연극의 현상과 전망」(1986.12.20)을 발표했는데 "1981년부터 86년에 공연된 창작극

188편 가운데서 155편이 사실주의 형식의 작품이었다"는 통계가 나왔다.(『객석』, 1986.11 참조)

평론가협회가 주최하는 연극평론 워크숍은 여인극단의 〈화분이 있는 집 사람들〉(구희서), 실험극장의 〈뉴욕에서의 차이나맨의 죽음〉(서연호), 민예의 〈당신들의 방울〉(양혜숙), 맥토의 〈카르맨 시타〉(심정순), 현대극장의 〈길 떠나는 가족〉(송동준), 극단 춘추의 〈막차 탄 동기동창〉(김방옥), 극단 목화의 〈심청이는 왜 인당수에 몸을 두 번 던졌는가〉(한상철), 성좌의 〈사파리의 흉상〉(이태주) 등을 대상으로 1991년 9월 9일부터 10월 11일까지 개최되었다. 1991년도 한국연극평론가협회 연극평론 토론회가 '연극의 해와 일간지 연극평론 및 연극관계 보도기사'를 주제로 삼고 12월 27일 예총 회의실에서 개최되었다. '연극의 해 관련 일간지 연극평론 및 연극관계 보도기사 자료'를 안광희가 발표하고, 자료 분석 및 논평에 한상철, 유민영, 필자가 참여했다.

1994년 1월 21일 한국연극평론가협회 신임회장 한상철은 회원들에게 새로운 시작을 알리는 다음과 같은 편지를 보냈다.

"지난해 회원 여러분의 추천을 받아 시상키로 하였던 94년 한국연극평론가협회상 수상작이 결정되었기에 알려드립니다. 작품상에서 창작극 부문은 〈백마강 달밤에〉, 음악에서는 〈동숭동 연가〉가 회원들의 가장 많은 찬성표를 얻었습니다. 번역극 부문에서는 여러 의견이 있었으나 중지를 모아 올해에는 수상작을 내지 않기로 하였습니다. 특별상에는 연우무대의 〈한국 현대연극의 재발견〉이 수상작으로 결정되었습니다. 이태주, 김미도, 한상철, 김윤철이 심사를 맡았습니다. 공지사항이 더 있습니다. 협회에서는 우수한 평론가를 육성하고 격려한다는 뜻에서 한국연극평론가상을 제정하기로 하였습니다."

1995년 서울에서 공연된 90편의 작품 중 번역극은 40편이고 나머지는 창작극이었다. 90년대 중반에 접어들면서 변화의 새바람이 불었다. 평론이 가세하

한국연극 전환시대의 질주

〈리차드 3세〉 셰익스피어, 김철리 연출, 극립국단

면서 이야기 중심 연극이 부활하고, 포스트모더니즘 연극에 식상한 관객들이 '감동이 있는 휴먼 드라마'를 바라고 있었기 때문이다. 이 시기에 한 때 저조했던 정치연극이 다시 활기를 되찾게 되었다. 고전 작품, 뮤지컬, 마당놀이, 신파극, 악극 등으로 공연이 다양해지고, 재공연, 장기 공연, 신작공연이 확산되면서 역사를 조명하고, 정치권력의 남용(濫用)을 비판하는 연극이 각광을 받기 시작한 것이다. 1995년 5월 윤석화의 〈덕혜옹주〉(정복근 작, 한태숙 연출), 극단 '유'의 〈문제적 인간 연산〉(이윤택 작 · 연출), 무천의 〈오이디푸스와의 여행〉(김아라 연출), 극단 아리랑의 〈배꼽춤을 추는 허수아비〉, 〈영월행 일기〉(이강백), 국립극단의 〈리차드 3세〉(김철리 연출), 대구 극단 달구벌의 〈뜨거운 땅〉(최현묵 작, 이상원 연출) 등에 대해서 평론은 면밀하게 관찰하고, 거론하며, 추천하고, 평가하면서 공연 기록을 남기고 있다.

90년 중반의 연극을 결산하면서 서연호는 "우리 연극계에 실험극이 있는가. 전위극이 있는가. 오늘날 이런 질문을 하기조차 부끄러울 정도로 우리 연극계는 침체일로를 걷고 있다."(『문예연감』, 1995)라고 말하면서 예술정신의 부재를 개탄하고 있다. "우리 연극계의 위기는 순수 창작을 위한 사회적 지원이 매우 취약하다는 점을 지적할 수 있다. 전위적인 예술 활동을 획기적으로 진작시키고, 아울러 젊은 예술가들의 기량을 마음껏 발휘하도록 하는 정부 혹은 문예진흥 당국의 문화예술정책에 대한 대폭적인 전환을 축구하고자 한다"라고 그는 격하게 말하고 있다. 이런 주장은 사실상 평론가들이 시도 때도 없이 제기하는 문제였다. 그러나 그 실천이 부진했기 때문에 평론과 정책 당국과의 불화와 마찰과 격돌은 90년대 후반서부터 치열하게 계속되었다.

중요한 일이 시작되었다. 이 일은 한국평론가협회 국제관련 활동의 전환점이 되었다. 이탈리아 남단 시칠리아섬 타오르미나 시립극장에서 국제연극평론가협회 집행위원회가 열렸다. 때는 1990년 5월 27일이다. 참석자는 존 엘솜(회장, 영국), 멜리티나 코도브스카야(부회장, 이탈리아), 제이넵 오랄(부회장, 터키), 렌조 타이안(부회장, 이탈리아), 죠르쥬 바뉴(사무총장, 프랑스), 이언 허버트(사무총장, 영국), 폴 코렌호프(재무이사, 네덜란드), 이렌느 사도브스카-길롱(재무이사, 프랑스), 크리스토프 허쉬맨(오스트리아), 안나 폴데스(헝가리), 안제이 쥬토프스키(폴란드), 에른스트 슈마커(독일), 클레스 엥글룬드(스웨덴), 포터 엔더슨(미국), 라미스-엘-아마리(알제리) 집행위원들이었다. 필자는 아시아-태평양지역센터(Asia-Pacific Center of IATC) 위원장 자격으로 집행위원회에 참석했다. 1988년 국제연극평론가협회는 집행위원회 결의에 의해 한국연극평론가협회 안에 아시아-태평양지역센터를 설치했다.

타오르미나 집행위원회(International Association of Theatre Critics, Meeting of the Executive Committee, Taormina, Sicily, 27 May 1990)는 회장의 인사말과 공지사항 전달로 시작되었다. 에른스 슈마커는 베를린 집행위 회의록을 전달하고, 회장은 1986년 런던 셰익스피어 회의 결과로 간행된 "셰익스피어는 아직도 우리들의 동시대인인가?"에 관한 업무 보고를 했다. 사무총장은 리스본 회의 총회 준비 사항을 전달하고, 재정이사는 회비 납부 상황을 보고했다. 사무총장은 IATC 제11차 총회 및 집행위원회가 1990년 9월 11~15일 포르투갈 리스본에서 개최되며, 회원국은 대표 2인을 리스본 회의본부에 연락해 주기를 바란다고 말했다. 회의 주제는 '연극－현실과의 대화'였다. 필자는 동 회의에서 발언권을 얻어 다음과 같은 내용의 발언을 했다.(「타오르미나 회의록」, 『극평회보』 13호, 1990.6.30. 참조) 제이넵 오랄 터어키 집행위원이 1991년 5월 이스탄불(터키)에서 개최 예정인 ITI 총회 때 IATC 집행위원회 개최를 제의해서 전원이 이 제안에 동의했다.

제3회 유럽연극상 시상식이 집행위원회 개최 시기에 맞춰 시립극장에서 개최되었다. 제1회 연극상은 프랑스 태양극단의 연출가 아리안느 므뉘쉬킨에게 수여되었으며, 특별상은 그리스 문화부장관 멜리나 멜꾸리에게 돌아갔다. 제 2회 시상식은 1989년 5월 5일 타오르미나에서 개최되어 연출가 피터 브루크에게 유럽연극상을 수여했으며, 이 자리에서 브루크와 그로토브스키의 연극론 대화와 연극평론가들의 열띤 토론이 있었다. 제3회 연극상은 이탈리아 연출가 죠오르지오 스테렐러에게 수여되었으며, 특별상은 소련의 연출가 아나톨리 바실레브가 수상했다. 시상식은 연극강연회, 토론회, 심포지엄, 바실레브의 연극워크숍 등으로 이어졌다. 필자는 이 모든 광경을 바라보면서 왜 아시아－태평양지역에는 이런 상이 제정되지 않고 있는지 아쉬움을 느꼈다. (따오르미나에서의 체험담은 『예술과 비평』, 1990/ 이태주 연극평론집 『충격과 방황의 한국 연극』, 1999 재수록)

한국에 돌아와서 필자는 문화부장관에게 타오르미나 집행위원회 결과를 보고 했다. 필자는 이 보고서에서 앞으로 개최될 서울 심포지엄은 아시아－태평양지역 국가 상호 간 연극교류 및 문화공동체 형성이 이루어지는 중요한 모임이며, 유구한 문화 전통을 자랑하는 우리 연극유산을 현대연극 속에 수용해서 연극의 독창성을 전세계에 알리는 행사가 된다는 것을 강조하며 재정지원을 요청했다. 문화부는 한국연극평론가협회의 지원 요청을 받아들였다. 1990년 11월 8일부터 12일까지 서울 뉴월드호텔 회의실에서 '아시아−태평양지역 국가의 공연과 연극평론가의 역할'이라는 주제로 심포지엄이 개최되었다. 오자사 요시오(일본), 마르세리노 카베스타니 주니어(비율빈), 예레미 에클리스(호주), 한상철, 심정순(한국) 네 나라 평론가들이 주제논문을 발표하고 각 나라 평론가들이 토론에 참가했다. 이 회의 내용과 결과에 대해서 《코리아 타임스》는 1990년 11월 10일자 신문에서 'Role of Critics in Performing Arts Discussed at Seminar'라는 제목의 기사를 상세히 보도했다.[1]

우리의 목표는 리스본 총회였다. 제11차 IATC 총회 및 집행위원회가 포르투갈 리스본에서 1990년 9월 11일부터 15일까지 개최되었다. 이번 총회는 임원 및 집행위원국 선출이 있을 예정이기 때문에 한국 대표의 참가는 그 어느 때 보다도 중요했다. 특히 한국평론가협회는 동년 11월 서울에서 개최될 예정인 아시아−태평양 지역연극평론가 심포지엄에 관해서 설명할 예정이었다. 리스본 총회에 가는 길에 우리는 네덜란드 로테르담에서 8월 31일부터 시작되는 네덜란드 국민연극제를 참관하고 외국의 연극제 운영 실태와 연극현황을 조사했다.

리스본 회의는 회장인 필자와 부회장인 한상철 교수가 참가했다. 11일은 집행위원회, 12~13일은 논문발표와 토론회, 14일은 평론 워크숍과 평가회 그리고 총회가 열렸다. 15일은 신임 집행위원 회동과 제1차 집행위원회가 개최되었다. 장소는 포르투갈 재벌이 기증한 이름을 따서 세운 호화찬란한 굴벤키안 문화예술전당이었다. 밤에는 연회와 관극 시간이었다. 오후에는 여가를 만들어 연극박물관과 시내를 둘러보도록 스케줄을 짜놓고 있었다. 포르투갈은 경제적으로 어려웠지만 문화는 빛나고 사람은 매력적이었다. 특히 전위연극은 충격이었다. 포르투갈의 집행위원인 마리아 헬레나 세로디오 여사는 여간 똑똑하고 민첩하지 않았다. 저렇게 영민한 여성 평론가가 있으니 포르투갈 연극이 발전하지 않을 수 없다는 생각을 하게 되었다. 집행위에는 또한 헝가리의 안나 폴테스, 터키의 제이넵 오랄 등 여걸(女傑)들이 있어서 활기에 넘쳤으며 그들은 국제행사에 맹위(猛威)를 떨치고 있었다.

리스본 총회에서 한국은 압도적인 찬성으로 집행위원국으로 선출되었다.[2] 엘솜 회장은 당선 축하 인사를 겸해서 앞으로 할 일에 관해서 긴 편지를 나에게 보냈다.[3]

회의 내용 상당 부분은 생략하고 회장이 구상하고 있었던 협회 활동에 관한 내용은 중요한 것이기에 전하고 싶다. 이 내용은 향후 IATC 활동의 목표가 되었다.[4]

1991년 1월 11~12 프랑스 파리에서 집행위원회가 열렸다. 존 엘솜 (회장, 영국), 포터 앤더슨(부회장, 미국), 제이넵 오랄(부회장, 터키), 안제이 쥬로프스키(부회장, 폴란드), 조르쥬 바뉴(사무총장, 프랑스), 이렌느 사돕스카 릴롱(재무), 앙드레 캠프(프랑스), 렌조 타이안(이탈리아), 마리아 헬레나 소로디오(포르투갈), 이보 오솔소베(체코), 멜리티나 코도보스카야(소련), 필자(한국) 등 위원들이 참석하고, 폴 코렌호브(재무), 칼로스 틴데만(평론워크숍 담당), 라르스 링(스웨덴)은 사정으로 불참했다.

집행위에서 회장 인사말이 있은 다음 리스본 총회 재무보고와 기타 회의록이 인준되고 서명되었다. 토의 안건 첫째가 서울 모임이었다. 필자는 1990년 지역 평론가 심포지엄 결과를 보고하면서 1991년 '연극의 해' 서울집행위 초청 건과 연극평론 심포지엄 개최에 관한 준비상항을 보고했다.[5] 집행위는 1992년 10월 제12차 바르샤바 국제연극평론가협회 총회 건을 상정하고, 쥬로프스키 위원의 준비 상황 보고를 청취했다. 젊은 극평가 세미나, 199년 5월 25~30일 이스탄불 집행위 제이넵 오랄 보고, 멜리티나 코도브스카야의 소련 체호프연극제 건, 프라하연극제 등을 논의하고, IATC의 미래에 관한 회장의 의견이 개진(開陳)되었다.

1991년 5월 28~29일 이스탄불에서 개최된 집행위에서 회장은 피립 모리스 국제공사에서 뉴스레터 발간 비용으로 9만 불 지원받은 사실을 알렸다. 뉴스레터 편집자로 니콜라스 화이트(Nicholas White)와 이피게니아 타소폴루(Iphigenia Taxopolou)를 임명한다고 그는 보고했다.

1991년 10월 13일 서울 타워호텔에서 개최된 국제평론가협회 집행위원회는 엘솜 회장, 쥬로프스키 부회장, 코토브스카야, 이태주, 팅데만 위원과 제임스 브란돈(James Brandon), 파라스람 라마무르디(Parasuram Ramamoorthi) 등이 옵저버로 배석해서 개최되었다. 여타 집행위 위원들은 우리나라 여비 지원 축소와 외국의 여비 지원 중단 때문에 참석하지 못했다. 상당수 집행위원 불참으로 의제는 협회의 당면과제와 아시아—태평양지역의 문제로 축소되어 논의되었다. 엘솜 회장은 협회운영 보고와 뉴스레터 발송 문제를 논의하고, 한국평론가협회가 개최한 아시아—태평양지역 최초의 집행위원회에 대해서 깊은 사의(謝意)를 표명했다. 쥬로프스키 위원은 1992년도 바르샤바 총회에 관해서 보고를 했다. 총회 주제는 '연극과 정치적 변화'로 확정되었다고 말했다. 팅데만 위원은 탐페르(핀란드)와 노비사드 젊은 극평가 양성 세미나에 관해서 보고를 하고, 코도브스카야(소련) 위원은 1992년 5월 10~19일 모스크바에서 개최되는 젊은 극평가 세미나에서 소련 대학연극축제공연이 있을 예정이라고 말했다.

ITI와 연극영화의 해 국제위원회가 주관한 국제연극포럼이 '연극적 유산과 새로운 창조(Heritage and Innovation of Asia—Pacific Theater)' 라는 주제로 10월 10일부터 12일까지 타워호텔에서 개최되었다. 이 포럼은 이론과 공연, 그리고 비평 세 분야의 주제발표와 토론으로 진행되었다. IATC는 이상일 교수, 존 엘솜 교수, 유민영 교수, 쥬로프스키 교수, 한상철 교수, 오자사 요시오 교수, 서연호 교수, 양혜숙 교수, 김윤철 교수, 신현숙 교수, 필자 등이 주제발표와 토론에 참가했다.[6]

1 Present: Matters Arising; President's Report; Secretary General's Report; Treasurer's Report;1990 Congress;
  Forthcoming Meetings; Rotterdam, Hollande, 1 – 10 September 1990; Seoul, Korea, October 1990;
  Istanbul, Turkey, May1991;Tampere, Finland, August 1991; Novi Sad, Yugoslavia, 1 – 2 June 1991;
  Holland, Autumn 1991;Villach, Austria, 1991; Montevideo, Uruguay, April 1992; Warsaw, Poland,
  Autumn 1992 Congress; USA, 1993/4; Membership Applications;

Reports from Regional Centres

Lee Tae – Ju also remarked that he felt somewhat isolated at ExCom meetings, as the sole representative of
a large geographical area. He would like another person from the Asian – Pacific area to be co – opted to
the ExCom. He also stressed the need for an organised, formal relationship between the critics of the
region. It was pointed out that in the region only Korea and Japan are at present members, and there was
some suggestion that China was not a member partly as a result of the present confused situation, but also
partly because China objected to Korea's membership. The president said that the whole question of co –
opted ExCom members would be raised at the Lisbon Congress, where he would welcome concrete
proposals from all regions where IATC representation needed to be developed. Meanwhile he offered the
Asian – Pacific Centre all the Association's support and encouragement, and congratulated the Korean
section on its excellent initiative in organizing the Seoul meeting. It was hoped that the Seoul meeting
might produce concrete steps towards the consolidation of the Asian – Pacific centre, ideally in the
formation of a board representing as many countries of the region as possible, that might pursue its own
countries of the region as possible, that might pursue its own programme of local events and act as an active
point of contact with IATC worldwide via ExCom.

Theater critics from four countries including Korea and Japan got together to discuss the logn – ignored
subject of the role of critics in performing arts at the first Asia – Pacific Theater Critics Seminar held at the
New World Hotel in southern Seoul Thursday. Organized by the Korean Theater Critics
Association(KTCA), the seminar marked the first official gathering of theater critics from the Asia – Pacific
region, participated b five veteran critics from Korea, Japan, the Philippines and Australia.

Two critics from the KTCA, Han Sang – chul and Shim Jong – Soon presented a through survey on the
Korean theater scene of the 1970s and 1980s, each focusing on the political aspects of contemporary
Korean drama and the furious changes that theater criticism went through during the period.

Professor Shim from Soongsil University observed the past two decades as a time of "decentering the establishment" in the theater and noted that "the current Korean theater scene projects a collage of diverse theatrical trends. But at the same time, the diversification has resulted in fragmentation and confusion."

Han gave a poignant speech on the current role of theater criticism in Korea, saying, "It is an important critical question if theater criticism has any influence on theater in Korea. In the present writer's view, the answer is negative." He concluded that critical reviews in Korea have value only as a historical record and added that the critics should reconsider their tendency to be "instructional like a professor's lecture" in order to be appreciated by the theater people and the audience alike.

Critics Yoshio Ozasa from Japan spoke on his studies which focused on the financial problems faced by theater critics, which was resulted in a huge imbalance between the small number of critics and the abundant number of theater productions, reaching over 3,000 a year in Tokyo alone.

Jeremy Eccles from Australia and Marcelino Cavestany Jr. from the Philippines each presented an introduction of the comparably unknown theater world of the two nations, which are going through drastic changes amidst political controversy and conflicts of tradition.

The participants joined in a discussion after their presentations, concentrating on the two contradictory roles of the theater critics, that of the co—operative supporter of the theater scene and that of the objective and criticizing reviewer.

"As it was the first time for us(the critics)to meet and introduce our nations' various trends in theater, I think this occasion was a valuable opportunity to establish ties for a better understanding between our cultures. I believe it will mark the opening of an intimate relationship," said Lee Tae—Ju, who is currently president of the KTCA. Lee also added that the seminar will hopefully result in a theater festival of Asia—Pacific countries in Seoul next year with the help of the Culture Ministry which has designated 1991 as the "Year of Theater."

2 득표 수: 한국 18, 오스트레일리아 10, 브라질 11, 헝가리 10, 이탈리아 10, 폴란드 14, 프랑스 13, 스웨덴 15, 체코 18, 터키 20, 소련 18, 미국 19, 포르투갈 21 등

3 Dear Tae—Ju,

Firstly, may I say how delighted I am that you were elected to the Executive Committee? This is an important development in the Association's history—that a non—European country should be elected to the Committee in its own right; and I know that this is in a large part due to your work in Seoul and your valuable contributions to our discussions. I know how difficult it must be for you to spare the time and the money to travel to Europe for our meetings'; and I am very grateful to you that you are prepared to make this effort.

4 There are three areas where I would like to see change—(1) in our methods of funding the Associations and our membership system, (2) in our service to members and (3) in our way of furthering the international debate among critics.

한국연극 전환시대의 질주

이 가운데서 3번 주제에 관한 그의 전략은 다음과 같았다.

We should be pursuing more vigorously what should be the main aim of our Association—not just exchanging information and telephone numbers, but raising the level of international critical discussion. At present, I feel that we are not engaging often enough in serious intellectual debate; and the occasions which I most remember from our meetings are those where real issues were discussed thoughtfully, particularly our jury at Nancy. The training seminar under Carlos Tindemans are particularly helpful here; and it was interesting that the discussions in Rotterdam were in some respects more searching than the papers in Lisbon

5 의사록에 포함된 필자의 발언; Lee Tae-Ju informed the ExCom that 1991 has been designated the year of the Theatre in Korea. He has been actively carrying out the policy of widening the IATC/AICT's sphere of influence in the South-East Asia region. through the exchange of critics, plays and videos. He would like the regional centre, Seoul, to become a kind of pivotal point for all East Asian critics. Particularly attention is being given to the problems surrounding theatre and education—or theatre and university. He hopes that it will be possible to establish a training centre for the technical professions in the theatre. As far as the International Festival is concerned, eleven countries are expected to attend. Its theme will be "The Traditional and the Contemporary

6 「한국의 경우—마당극세대의 개혁의지와 그 한계」(이상일), 「문화유산과 개혁」(존 엘솜), 「전통 계승의 시행착오—끝없는 모색과 방황」(유민영), 「오태석론」(한상철), 「심청이는 왜 두 번 인당 수에 몸을 던졌는가」(서연호), 「벚꽃 만발한 숲 속에서」(오자사 요시오), 「칼리규라」(쥬로프스키)

"We all know the purpose and significance of this gathering, as this could be the first meaningful step to be taken toward the establishment of Asia-Pacific cultural community, through which we can promote mutual understanding and cooperation." (이태주)

"After half a century of having imported modern theater from the West, we began to be deeply conscious of "our theater" and to re-discover and develop the traditional theaters and rituals for modern application." (한상철)

"In modern Korean theater, society and art are so closely interconnected that theater functions as a clear window to its society and culture. This is mainly due to the fact that the nation has had to undergo a rapid modernization in less than half a century. The conflict and friction involved in the transition from feudalism to modern democracy are simply too overwhelming for theater to develop oblivious to its social context." (심 정순)

4. 연극평론가 한상철
― 바다에 던진 두 권의 평론집

한상철

70년대 연극평론가들은 다급한 문제에 집착했다. 그 문제는 "우리 연극의 개혁"이었다. 평론가들은 이런 문제를 둘러싸고 연극의 본질, 연극과 사회, 연극개혁 방안 등에 관한 심층적인 토론을 벌리고 있었다. 한상철은 이런 자리에서 대부분 침묵을 지키다가도 입을 열면 단단한 이론에 입각해서 논리 정연한 탁견을 펼쳐 보였다. 평생 열심히 책을 모으고, 읽고, 글을 쓰면서 초야에 묻혀 살았던 그는 우리들 지식의 보고였고, 연극론 명저를 알리는 길잡이였다. 그는 깜짝 놀랄만한 일을 하지 않았다. 우리를 현혹시킬 일도 하지 않았다. 그러나 성실하게 연극을 보면서 더 크고 장엄한 연극을 설득하는 삶을 살았다.

한상철 연극평론의 특징은 이지적이며, 합리적이고, 진취적인 사고력과 깊고 넓은 지식에 토대를 둔 설득력, 그리고 간결한 문장이 주는 안정감이다. 나는 그를 1970년대 초 서강대에서 개최된 영문학회 학술모임에서 처음 만났다.

한국연극 전환시대의 질주

그는 동안(童顔)이요 눈빛은 남달리 빛나고 영특(英特)했다. 나는 그의 평문을 평소 읽으면서 그의 지적인 호기심과 정확한 판단력에 늘 압도당했지만 솔직히 말해 글보다는 그의 인상이 더 마음에 들었다. 그는 옷맵시가 깔끔했다. 예나 지금이나 그의 신사다운 모습은 변함이 없다. 나를 만나 환히 웃는 표정은 부드럽고 다정했다. 그렇게 시작된 교우는 이상일, 유민영 등과 교제의 폭을 넓히면서 1973년 한극회 탄생의 원동력이 되었고, 이 모임이 한국연극학회와 서울극평가그룹으로 바뀌고 더 나아가 한국연극평론가협회로 뻗어 나갔다. 지금 회고해보니 정말이지 오랜 세월 나는 그와 자리를 함께 했다는 생각이 든다. ITI나 국제평론가회의가 있을 때면 그는 언제나 나와 동행이었고, 수많은 연극관련 심포지엄과 학술회의, 관극과 여행에서도 언제나 동석이었다. 한때 나는 그를 초청해서 함께 숭실대 강단에 섰는데 방과 후 줄기차게 달려간 주막집에서 그와 나눈 즐겁고 유익했던 추억은 꿈만 같다. 한신문화사에서 기획한 『근대 및 현대 영미희곡집』 출판도 공동 편자(編者)였고, 자질구레한 나의 현안 문제를 들어주는 상담 창구도 친애하는 나의 친구 한상철이었다. 하지만 연극을 비평하는 그의 입장은 언제나 날카롭고 준엄했다. 평론가들은 그가 인용하는 에리카 먼크의 명언을 평소에도 귀담아 들었다. "완전하게 사는 것은 인생을 비평적으로 사는 것이다."

한상철은 연극에 관한 한 타협과 절충이 없는 철저한 길을 갔다. 그는 예술의 타락을 결코 좌시(坐視)하지 않았다. 그는 그러한 현상이 나타났을 때, 그것을 감시하고, 고발하고, 비판하는 일에 몰두했다. 그는 통찰력과 미래를 내다보는 비전을 지니고 있었다. 그의 비판은 가혹하고, 냉엄한 것이었지만, 그것은 창조적 생명력과 재능을 발견하고 격려하는 방편이었다.

그는 아르토의 잔혹연극론에서 비언어적 연극의 중요성을 인식했고, 그로토브스키로부터는 육체표현의 미학을 깨달았다. 에릭 벤트리의 연극론과 수

사학에 대해서도 그는 깊이 공명하는 바가 컸으며, 로버트 브루스틴의 비평론에서 깊은 영향을 받고 있었다. 그러나 우리가 주목하는 것은 한상철 평론의 방법론이 어쩔 수 없이 서구적인 것이라 하더라도 그의 관점은 지극히 한국적이라는 데 있다. 다음에 지목하는 평론을 읽으면 그의 입장을 쉽게 이해할 수 있다. 『한국 연극의 대사회적 관계』, 『한국 소극장 운동의 방향』, 『한국 연극의 레퍼토리 선정』, 『탈 미학적 마당극』, 『한국적 상황이 빚어내는 갈등구조』, 『현 단계의 연극과 그 각성』, 『극예술연구회의 창작극』, 『전통연극의 현대적 수용』, 『김우진의 비평』 등이다.

연극평론가로서의 그의 업적을 평가할 때 반드시 읽어야 되는 책은 1972년에서 1988년에 걸쳐서 발표한 평론집 『한국 연극의 쟁점과 반성』(1992)이다. 그 가운데서도 가장 중요한 부분은 『오태석론 Ⅰ』과 『오태석론 Ⅱ』가 된다. 아르토와 그로토브스키의 반리얼리즘연극이 한국적 상황 속에서 어떻게 변용되고 활용될 수 있는가에 대한 실험이 오태석에 의해 가능하게 되었다고 그는 생각했다. 그는 또한 연출가 안민수의 연극에서도 이와 흡사한 모형을 발견하고, 이 문제를 심층적으로 분석하는 글을 썼는데, 이런 일련의 글은 한상철 평론의 개성이 가장 빛나는 부분이었다. 한상철은 오태석의 놀이연극이 한국인의 삶의 근원과 정체성을 탐색한 것으로서 "제의적 방식을 통해 현대극과 전통연희를 조화시키면서 서양의 연극과는 전혀 다른 새로운 연극 세계의 문을 열었다"라고 평가했다.

『한국 연극의 쟁점과 반성』은 저자의 말대로 "신극사상 가장 큰 변화와 발전을 이루었던 최대의 격변기"였던 1970년대와 80년대 20년간의 연극을 예리하게 관찰하고 심층적으로 평가한 평론집이다. 이 평론집에는 공연 평, 연극예술과 연극문화의 관련성, 창작극과 극작가의 문제 등이 다뤄지고 있다. 이 글들은 그동안 신문과 잡지에 실린 글들을 모은 것이다. 이 가운데서 우리의 눈길을 끄는 것은 당시 화제를 모았던 아르토의 '잔혹연극론'과 그로토브스키의 '가난한 연극론'이다. 이 글은 계간 『연극평론』에 발표되었다. 이들 두서구연극의 선구자요 개척자들은 한상철 자신이 영향을 크게 입은 정신적 배경이었다. 그가 쓴 마당극론인 「탈(脫)미학적 마당극」도 당시에는 적절하게 잘 쓴 평문이었고, 오태석의 작품세계를 끈질기게 추적하면서 분석 평가한 「오태석론 I, II」는 극작가 오태석의 작품을 통해 한국적인 정체성을 면밀하게 탐구한 독보적인 극작가론이다. 그는 아끼는 오태석은 물론이거니와 한국연극 전반에 대해서도 늘 걱정하고 염려하면서 비판하고 있었다. 그 이유를 그는 「다양화와 그 허상」이라는 제목의 평문에서 이렇게 말하고 있다. "오늘 우리의 연극은 우리가 살아가고 있는 현실, 연극을 탄생시키며 성장시키는 그 사회를 충분하고 완전하게 반영시켜 주지 못하고 있다." 이런 견해는 그의 글 「부정을 통해서」에서도 명백하게 드러나고 있다. "한국의 대부분의 극작가들은 오늘 그들이 살고 있는 현실에 대해서 거의 무감각하거나 의식적으로 기피하려 드는 듯하다. 우리는 무대에서 현대 한국인이 겪고 있는 심각한 문제들이 정직하게 토론되고 있는 경우를 보기 힘들다. 오늘 우리는 정치적으로나 사회적으로, 그리고 무엇보다도 의식에 크나큰 변화를 겪고 있지만 그 변화의 실상과 의미가 무엇인지 적어도 무대를 통해서는 알 길이 없다." 이런 견해는 한상철 연극의 신념이 된다.

1974년에서 2008년 사이 발표한 평문을 모은 그의 두 번째이며 마지막 평론집 『현대극의 상황과 한국 연극』은 첫 번째 평론집에서 빠졌던 글과 새로 쓴 글을 모은 것이었다. 내용은 현대극의 이슈와 시론, 창작극론과 오태석 연극, 연극비평론, 해외연극, 아동극과 청소년연극, 그리고 대학극 등 기타 연극론이다. 시론 분야에서 내가 비상한 관심을 기울이면서 감동을 받은 글은 '50년 분단 상황 속에서 문화예술의 대응'이라는 제목의 평문인데 한상철은 "통일

문제는 한국의 운명에 직결되는 중대한 문제인 만큼 그에 합당한 관심과 주의"를 기울여야한다는 심정을 토로하고 있었다. 오태석에 대한 한상철의 긍정적 평가를 한마디로 요약한 글이 「극작가 오태석?」이다. 그는 이 글에서 말하고 있다. "한국 연극의 역사를 한 몸으로 대변하고 있는 오태석의 작품은 바로 한국 신극사의 축도라고 해야 할 것이다. 한국인의 말하는 법, 한국인의 거동과 몸짓, 한국인의 의식과 사고방식, 한국인의 풍속과 생활방식을 오태석 만큼 다양하고 풍요하게 파헤친 작가가 또 있는지 모르겠다." 이런 일방적인 경도(傾倒)현상은 그로서는 이론적으로 당연한 일이었지만 일부 연극인들은 못마땅해 하는 풍조가 있었다.

그러나 한상철의 평론을 꼼꼼하게 읽어보면 70년대에 그는 오태석을 옹호하고 찬탄의 축사를 보내기도 했지만 80년대에는 혹독하게 비판하는 경우도 있었고, 2000년대 이후에는 객관적인 거리를 유지하면서 오태석에 대해서 비판적인 입장을 취하고 있다는 것을 알 수 있다. 그는 "1980년의 〈태〉에 대해서 날카로운 평필을 휘둘렀다. "이번 공연은 전체적으로 거칠고 세련되지 못했으며 치밀성과 정확성의 부족으로 작자 자신의 의도를 십분 살려 내지 못한 결함을 안고 있다. 작품에 대한 새로운 해석의 불명확성도 실패의 원인이 된다." 이런 비판적 자세는 그의 평문 「초현실주의의 연극성 – 오태석의 〈1980년 5월〉」에서도 이어지고 있다. 그는 맹목적으로 오태석을 칭찬하고 있는 것이 아니었다. 그는 언제나 찬부(贊否) 의견에 대해서 단단한 이론적 근거를 제시하고 있었다. 본인이 경탄해마지 않는 것은 찬양을 하던 비판을 하던 그것은 평론가의 독자적인 권한일 터인데 한상철 만큼 한 작가의 총체성을 시종여일(始終如一) 집중적으로 분석하고 평가한 평론가는 별로 찾을 수 없다는 데 있다. 무섭게 야단치다가도 1994년에 공연된 오태석의 〈도라지〉 공연 평을 보면 찬부양론의 균형이 잘 잡혀있는 글이 되었음을 알 수 있다. "극 중간부의 내용과 그것을 표현한 고안들은 긴장이 풀리고 템포가 느려 자칫 따분함을 주고 있다. 전체적으로 갈등의 요소가 첨예하고 힘있게 부가되지 못한 것은 인물과 사건의 유기적이고 긴밀한 관계가 짜임새 있게 전개되지 못했기 때문이다." 이상의 불만은 오태석연극제의 대미를 보다 강력하고 감동적으로 장식하지 못한 아쉬움을 말하는 것이다. 그럼에도 불구하고 "오태석은 오늘의 극작가로서 여전히 한국을 대표할 만하며 연출의 솜씨 또한 수일(秀逸)하다 하지 않을 수 없다. 그 때문에 그는 연극제 동안 작가로서 연출가로서 진지한 연구대상이 될 만한 자격이 있다고 생각한 많은 관객들이 몰려들었으며 그런 사람들을 위해 이번 연극제는 더할 수 없는 좋은 기회가 되었다"라고 말했다.

한상철이 다룬 해외 연극인들은 셰익스피어, 유진 오닐, 브레히트, 베케트, 에드워드 올비, 이오네스코, 케네스 타이넌, 에릭 벤트리, 브룩스 애트킨슨, 잉그마르 베르히만, 워올 소잉카 등이다. 이들에 관한 글은 깊고 넓은 지식에 바탕을 두고 있으며, 그 글은 쉽고 감동적이며 설득력이 있다. 그의 평문 「케네스 타이넌의 죽음」에는 가슴 벅찬 구절이 있다.

"예술과 윤리와 정치와 경제는 서로 분리될 수 없다는 것을 나는 깨달았다. 나는 연극은 자기표현의 한 수단이면서 사회학의 한 분야임을 알았다. 연극은 무대에서 일어나고 있는 것과 세상에서 벌어지고 있는 것 사이에 탯줄로 연결되어 있지 않으면 건전하게 융성할 수 없다. 대부분의 훌륭한 연극은 결국 생과 어울리는 문제, 적대적이고 위협적인 환경에 굴복하지 않고 적응해가는 문제를 다루고 있다. 오늘의 연극도 과거 영웅들에게서 그처럼 많은 것을 빼앗아 간 동일한 문제에 부딪치고 있다. 우리의 임무는 연극이 현실을 직면할 수 있도록 요구하는 것이다. 비록 그 현실이 햄릿이나 오이디푸스가 꾼 악몽보다 더욱 복잡하고 무섭더라도 말이다. 타이넌은 5권의 비평집과 많은 예술가의 인물평전을 쓰고, 국립극장의 문학담당 디렉터(1963~1973)를 역임했으며, 67년 이후 아직도 공연되고 있는 〈오! 캘커터〉를 구성하는 등 다채로운 재능을 많은 사람에게 선사하고 지난달 26일(1980년 7월) 세상을 떠났다. 그것은 한 시대의 막을 내리는 것만큼이나 애석한 일이다. 그의 명복을 빈다."

이 글은 1980년 8월 24일 『주간조선』에 발표한 글이다. 그 당시 『주간조선』은 매주 연극평론가들이 교대로 연극칼럼을 담당하고 있었다. 한상철 아니면 누가 영국의 탁월한 연극인, 세계 연극의 마당발 케네스 타이넌의 죽음과 생애의 업적을 알리겠는가. 잉그마르 베르히만, 소잉카 등 그가 소개한 해외연극인들은 모두 중요하고 귀중한 인물들인데, 한상철이 아니면 도저히 전달할 수 없는 그런 내용을 그는 흥미롭게 써서 전하고 있다. 그가 쓴 글의 내용은 그가 수집한 방대한 책과 자료가 없으면 불가능한 일이었고, 글의 내용 하나 하나는 그가 꼼꼼하게 읽지 않으면 알 수 없었던 일이었고, 그의 혜안(慧眼)이 아니면 찾아낼 수 없는 인간사의 디테일이었다. 평론가는 어느 정도의 책을 읽어야 하는가에 대한 답은 바로 평론가 한상철 자신이 말해주고 있다. 그의 글 「외국의 연극전문지」, 두 번째 평론집 제4부 「주목할 해외극의 새로운 흐름」 등은 평론가 한상철의 진면목이 드러나는 분야가 된다.

그의 평론 가운데서 내가 특히 감탄하는 글은 「관객과의 만남을 통한 창조와 충돌」(1981), 「70년대의 계승과 변화」(1989), 「셰익스피어는 여전히 우리들의 동시대인가?」(1990)이다. 첫 번째 글은 현대 한국연극 쇠태의 원인과 그 극복의 문제를 다루고 있다. 그는 이 문제를 정치사회적 측면, 리얼리즘과 민속극 문제, 연극인의 책임 등의 분야로 나누어 탐색하고 있는데 나는 그의 접근 방식이 합리적이라고 보고 있다. 그는 이 글에서 말하고 있다.

"한국의 민속극은 서민예술이었기 때문에 양반의 관심과 보호를 받지 못하였다. 그래서 민속극은 일본의 노(Noh), 중국의 경극(Peking Opera)처럼 형식적 세련과 양식적 정교화에 실패했으며 연희자는 하층계급으로 천시와 사회적 모멸을 면치 못하였다. 즉, 민속가면극은 춤과 노래, 가면 등 스펙터클이 주요소가 되고 플롯은 지극히 단순하며, 대사라야 고상하지 못하고 외설스러운 유머이기 때문에 서구의 치밀한 고급 문학적 드라마(elaborate, highly literary drama)로 발전할 소지가 없었다. 당시 지식인들은 근대화가 지상 목표였으며 그들의 근대화 모델은 일본이나 서구문화였기 때문에 한국의 옛 전통적인 가치와 여러 가지 관습 형식들을 무조건 배격하고 편견에 사로잡혀 있었다. 이 가운데서도 전통연희에 대한 천시와 배격은 더욱 강했다. 이 점에서 그들의 연극관은 매우 편협했음을 알 수 있다. 그들은 연극의 오락적, 카타르시스 기능을 전혀 무시하는 반면 연극은 나라 회복을 위한 도구여야 하고 계몽적, 교훈적인 내용만을 담아야 한다고 주장했다. 이 같은 경직된 연극관은 그 후 연극에 대한 일반적 통념으로 굳어져서 연극 발전에 적잖은 장애요인이 되었다.

(중략)

한국 연극은 1930년대부터 서구의 리얼리즘 연극을 도입하여 이 땅에 토착화시키려고 노력하였다. 그러나 우리는 아직 입센, 체호프, 쇼를 배출하지 못했다. 체험의 내면화, 빈틈없는 구성, 뛰어난 성격화, 고도의 문학적인 대사 등에서 성공하지 못했기 때문이다. 한국의 현대연극이 리얼리즘 연극에서 벗어나기 시작한 것은 겨우 1960년대 말에서 1970년대 초였다. 부조리연극과 앙토넹 아르토의 연극론이 소개되면서 변화하기 시작했다.

1970년대 군사독재에 대항하고, 산업화, 서구화되는 사회 속에서 문화적 아이덴티티를 찾고자 하는 열의가 마당극 운동을 촉발시켰다. 그러나 마당극은 정치적, 사회적, 연극 미학적 측면에서 상당한 갈등과 문제점을 제공하였다. 정치적으로 정권과 마찰을 빚음으로써 여러 작품이 공연 중지를 당했으며, 사회적으로 노동자, 농민을 지지하는 마당극 지지 세력과 반대 세력의 분열을 초래했고, 미학적으로 예술적 성과에 대한 첨예한 의견 대립을 노정시켰다.

전통에의 복귀는 오늘의 한국 연극의 가장 활기찬 활동의 하나이다. 그러나 전통극의 현대화는 큰 성과를 거두지 못하고 있고, 지나친 과거로의 복귀에 대해 반대의 소리도 높게 일고 있다. 그 같은 한국 연극의 70년대와 80년대는 가장 괴롭고 시끄러운 시대였다. 가장 큰 원인은 정치적인 이유였다. 군사독재 정권의 인권 탄압, 표현의 자유봉쇄, 검열의 강화로 인해 수많은 작품이 공연될 수 없었으며, 극단의 활동중지와 극장 폐쇄까지 있었다. 이렇듯 창작 소재의 제한이 많고 관의 감시와 제재가 심하기 때문에 한국의 창작극은 역사 등을 빌려 우회적으로 현실을 표현하거나 우화의 형식을 이용하지 않을 수 없었다. 또는 민감한 현실 문제를 아예 기피하는 경향도 있었다. 대신 미국의 풍속 희곡이나 섹스 코미디를 무절제하게 표현하였다. 이 때문에 관객들은 극장에 등을 돌리게 되었다. 한국 연극은 관객을 어떻게 극장에 끌어드릴 수 있는가하는 지혜로운 방편을 보여주지 못하고 있다.

　이제 한국 연극은 연극과 관객을 다 살리고 그들의 수준을 향상시킬 수 있는 방법을 찾아야 한다. 오늘의 한국 현실이 아무리 드라마보다 더 드라마틱하고 젊은 관객층의 취향이 아무리 변했다 해도 오늘의 진실을 연극처럼 직접적으로 설득력 있게 전달해 줄 수 있는 매체는 없다."

　70년대와 80년대 한국 연극의 문제를 다룬 두 번째 글 초두에서 언급한 극작가에 대한 간절한 소망은 그가 왜 연극을 사랑하고 집착하는지 그 이유를 알 수 있는 대목이다.

　"극작가는 연극과 삶, 연극과 사회를 매개하는 가장 중요한 인물이다. 그의 인생관과 사회관은 그의 예술관과 더불어 한 편의 연극을 이루는 기반이며 초석이다. 우리는 극작가를 시대의 시인이며 예언적 지혜의 현시자로 찬양하고 기대하지만 그 정도는 아니더라도 극작가는 적어도 사회의 흐름과 그 속에서 영위되는 삶의 양상들을 누구보다 열정적이고 이지적으로 관찰하고 있다는 사실을 시인한다. 특히 변화하는 시대, 격변하는 사회에서 더욱 그러하다. 진정한 자유와 평등을 쟁취하기 위한 민주화의 큰 역사가 시작되고 분단 조국을 통일 조국으로 바꾸려는 열망이 분출하고 있는 오늘의 순간, 극작가에게 거는 우리의 희망과 바람은 그 어느 때보다도 크고 강하다. 우리는 극작가에게 이 혼란의 사회에 질서를 부여하고 진실에 대한 올바른 가치판단을 해주기를 원한다. 무엇이 옳고 그른지를 분명히 헤아리고 내일을 정확히 설계할 수 있도록 지도해주기를 바란다. 인생에 대한 뜨거운 확신을 제공하고 삶이 즐겁고 가치 있는 것임을 역설해주기를 원한다."

　세 번째 셰익스피어의 한국적 수용을 논한 글은 그의 깊고 넓은 학식, 예리한 분석, 그리고 합리적인 판단을 엿볼 수 있는 내용이어서 나의 심금(心琴)을 울린다.

　"셰익스피어는 시대가 달라도 변치 않고 인간의 근본적인 주제를 훌륭하게 다루어 놓았기 때문에 그의 등장인물들의 성격과 그들이 처한 상황의 패턴은 시대와 장소를 추월하는 보편성을 지니고 있다고 믿고 있는 것이다. 따라서 의상을 현대적으로 갈아 입히고 장소를 옮겨 놓아도 셰익스피어의 극들은 똑같은 감동과 현실성을 제공해 준다고 믿게 된 것이다. 사실 셰익스피어처럼 신축성이 강한 작가는 없다. 그의 극에 대해서 새로운 해석이 끊임없이 나오고 있는 것도 그 때문이다. 어느 방향으로든 얼마든지 잡아 늘릴 수 있는 작품이 셰익스피어의 극이기 때문이다. 얀 코트는 '셰익스피어는 역사의 어느 순간에 더욱 우리와 동시대인이 된다. 즉, 훨씬 시사적이 된다'고 했다.

　그러나 셰익스피어의 작품을 현대적인 의상을 입혀 공연하는 연극이 대체로 우리를 열광시키기보다 실망시키는 이유는 '단순화' 때문이며, 단순화가 지나쳐 거의 독단화하기 때문이다. 그것은 우리가 셰익스피어에게서 기대하고 감동받고자 하는 삶의 총체적 진실을 표현해 주는 것이 아니라, 그것으로부터 연출자가 선택한 어느 일면—흔히 시사적 연관성이 있는—부분만을 남겨 놓고 나머지는 모두 절단해 버린 채로 공연하기 때문이다.

　이런 공연이 일부 감수성이 한정된 젊은층 관객에게는 크게 호응을 받을런지는 모르겠으나 인간과 세계를 보다 복합적이고 깊이 있게 관찰하고 느껴 보려는 관객에게는, 셰익스피어 극의 다양하고 개성적인 측면—그의 언어, 사상, 풍속, 심지어는 그의 노래, 춤까지를 향유해 보고 싶은 관객에게는 그야말로 모래알을 씹는 기분이고 향기 없는 꽃을 감상하는 기분이다."

　그는 한 때 뉴욕 컬럼비아대학 방문 교수로 미국에 가서 평소 보고 싶었던 교수들과 연극인들을 만나고, 브로드웨이 주변을 돌면서 연극, 영화, 미술을 만끽하고 돌아왔다. '에릭 벤트리의 연극비평'(2006)은 이런 체험의 일단이 된다. 미국 현지 연극순례(巡禮)는 그에게 아마도 평생 잊을 수 없는 행복한 순간이었을 것이다. 특히 서점 순례는 그에게 꿈같은 일락(逸樂)의 순간이었다고 필자에게 말하고 또 말했다. 그는 성신여대 교수로 재직하다가 한림대로 자리를 옮긴 후 한림대 영문과 교수를 끝으로 교직생활을 마감했다. 서울서 춘천으로 오가는 나들이 길이었지만 책 속에 묻혀서 사색하고 제자들과 담론하는 기쁨에 푹 빠져 있었다.

그의 빛나는 업적 가운데서도 특히 강조하고 싶은 것은 여석기 교수와 함께 연극전문지 『연극평론』의 편집을 맡고 평필을 든 일이었고, 한국극작가 워크숍을 운영하면서 우수한 극작가를 배출한 일이 된다. 그는 연극의 가능성과 그 문화형성력을 집중적으로 가르친 탁월한 교사였다.

그는 평론 쓰는 일이 느리다. 연상 담배를 물고 눈을 지그시 감으며 사색하고, 지우고 다시 쓰며 집중하는 모습은 불공드리는 선사(禪師)와 같다. 그는 즐겨 피우던 담배를 건강 때문에 끊었지만, 이상하게도 곧잘 낙상을 입었다. 한때 타고 가던 자동차 충돌로 차문 밖으로 떨어져 후각신경이 마비된 적이 있었다. 처음에는 음식 맛을 몰라 식욕을 잃었지만 얼마 후 다시 후각을 찾았다고 말했다. 나중에 알았지만 그 후각은 상상 속의 미각이었다. 그래도 그는 항상 웃고 살았다. 육체와 속세 일에 그는 결코 연연하지 않았다. 젊을 때 걸린 병 때문에 허약 체질이었지만 무쇠처럼 강한 의지와 끈기를 몸속에 담고 있었다. 외국에서나, 국내에서나 그의 관극 행보는 대단했다. 어디서 힘이 나는지 모르는 일이었다. 몇 년 전에 신병을 앓고 운신이 어려웠지만, 그 어려운 고비를 넘긴 것은 절도 있는 건강관리와 초월적인 사생관(死生觀) 때문이었다. 그 당시 아픈 몸을 끌고 대학로에 나와 젊은 평론가들과 토론하는 모습은 너무나 존경스러웠다. 그는 듣는 귀가 말하는 입보다 더 빠르고 민첩했다. 쉽게 흥분하지 않고 언제나 침착하고 냉엄한 외모였지만 속은 그지없이 순하고, 낭만적인 성격이었다. 한상철 앞에서 나는 입 밖에 내지는 못했지만 속으로는 항상 묻고 있었다. 이 세상에 왜 왔는가. 잡스런 세상에 왔으면 잡스런 일도 하고,

잡스런 욕도, 싸움도 하고 먼지구덕에 뒹굴며 살아야지 독야청청(獨也靑靑) 그렇게 고고(孤高)하게 있을 수 있는가. 그는 흐트러짐이 없었다. 그는 잡문도 쓰지 않고, 잡스런 행사와 일에도 눈을 돌리지 않고, 견고한 고독의 패각(貝殼) 속에서 유유자적(悠悠自適)하다가 무섭도록 예지(叡智)가 번득이는 평론집 두 권이 세상 바다에 던져놓고 2009년 여름 훌쩍 먼 길을 가버렸다.

찾아보기

인명

이태주(李泰柱) Lee, Tae Ju

1952   서울 경복고등학교 졸업

1956   서울대학교 문리과 영문과 졸업

1965   서울대학교 대학원 영문학과 졸업(석사)

1957~1966 서울 숙명여고, 경희대부고 교사

1966~1967 美 하와이대 및 조지타운 대 대학원 수학

1968~1976 서울 숭실대학교 전강-부교수 영문과장, 대학주보주간, 대학공로상 수상

1976   국제극예술협회 한국본부(ITI)이사 및 베세토 연극제 위원

1977~1979 서울 덕성여자대학교 영문과 부교수 겸 박물관장

1979~1999 서울 단국대학교 영문과 교수 및 학과장, 연극영화과 교수 및 학과장, 동 대학
            부설 공연예술연구소 소장

1999   단국대학교 영문과 교수직 정년퇴임

1999~2005 단국대학교 영문과 초빙교수

1980~1986 한국연극학회 회장, 국립극장 운영위원

1986~1987 아시안게임 문화축전 위원

1988~1991 올림픽 문화축전 위원, 한국공연윤리위원회 위원, 한국연극평론가협회 회장

1989~1999 한국 유진 오닐학회 회장

1990~1996 국제연극평론가협회(IATC) 집행위원 겸 아시아-태평양지역센터 위원장

1991~1993 공익자금관리위원회 위원

1991   '연극영화의 해' 집행위원회 위원(정책위원회 위원장)

1995~1998 한국 예술의전당 이사

1996~1999 한극연극학과 교수협의회 회장

1997~1998 ITI(International Theatre Institute) 세계총회 조직위원

1997~1998 IFHETI(International Federation for Higher Education Theatre Institutes) 세계총회 및 대
학연극축제 집행위원장

1997~1999 한국연극교육학회 회장

1998 서울시민의 날 자문위원

1999~2002 서울예술단 이사, 세종문화회관 운영위원, 서울시 국제 북 페스티벌 자문위원

1999~2005 한국예술발전협의회 회장

2000 국립극장 레퍼토리 자문위원

2000 카이로 국제연극제 심사위원

2000~2001 새천년 〈D.M.Z. 2000〉 임진각 대축제 집행위원장

2001~2005 세종문화회관 서울시극단장

2001~2003 베세토 국제연극제 한국위원회 위원장

2001~2002 서울 예장로터리클럽회장, 서울시 무대공연작품 지원사업 심의위원 및 평가
위원 서울시 문화상 심사위원

2002~2005 한국 국·공립극단협의회 회장

2002~ 장터포토클럽 회장

2003. 12 최청자 뒷마루 무용단 〈겨울 이야기〉 (셰익스피어 작, 이태주 번안 및 공연 자문)

2003~2004 단국대학교 대중문화예술대학원장

2004 한국공연예술박물관 및 도서관 건립추진위원회 위원장

2004~2005 세종대학교 무용과 대학원 강사

2005 세종문화회관 서울시극단장 사임

2005~2007 브라이트 하우스 회장, 씨어터 드림 극장장

2006~2007 브로딘 아트센터 고문 및 예술감독

2006~2007 디지로그 뮤지컬 〈The Play〉 예술감독

2007~9 다큐멘타리 디지로그 총체극 〈흥남철수〉 희곡작품 완성

2007~9 FM Communications 고문

2008~2 사단법인 무용가최승희기념사업회 이사

2009~2 2009 Dancers' Heart Award 수상 (사단법인 한국현대무용진흥회)

2009~9 동아방송예술대학 초빙교수

2010~6 〈리어왕〉 (셰익스피어 작) 연출 (동아방송예술대)

2010~10 〈키친〉 (아놀드 웨스커 작) 연출 (동아방송예술대)

2011~6 〈리차드 III〉 (셰익스피어 작) 연출 (동아방송예술대)

1975년 이후 현재까지 호암상, 대한민국연극제, 동아연극상, 백상예술상, 서울연극제, 전국연극제, 대학연극제, 전국 청소년연극제 등의 심사위원 역임, 국립극장 운영위원, 제4회 (1987) 서울문화예술평론상 수상, 국무총리 표창, 국민훈장 모란장(제1977호), 제3회 PAF 공로상 등을 수상하였다.

연구업적

단행본

1) Modern British and American Plays With an Introduction and Notes/ 한신문화사/ 1973/ 편저

2) Comtemporary British and American Plays With an Introduction and Notes/ 한신문화사/ 1973/ 편저

3) 시련/ 아서 밀러/ 평민사/ 1978/ 역서

4) 말을 타고 달아난 여인/ D.H. 로렌스/ 평민사/ 1978/ 역서

5) 한국 연극과 젊은 의식/ 민음사/ 1979/ 공저

6) 브로드웨이/ 홍성사/ 1982/ 저서

7) 세계 연극의 미학/ 단국대 출판부/ 1983/ 저서

8) 문예사조/ 고려원/ 1983/ 공저

9) 연극은 무엇을 할 수 있는가/ 단국대 출판부/ 1983/ 저서

10) 한국현역극작가론/ 예니/ 1984/ 공저

11) 예술정보/ 한국문화예술진흥원/ 1987/ 편저

12) 문화공간 활용에 대한 조사연구/ 한국문화예술진흥원/1988/공저

13) 70년대 연극평론자료집(1,2)/ 파일/ 1989/ 편저

14) 문화공간 운영의 기초/ 한국문화예술진흥원/ 1990/ 공저

15) Representative Modern British Plays/ 한신문화사/1990/ 편저

16) 연극원론/ G.B. 테니슨/ 현대미학사/ 1992/ 역서

17) 셰익스피어 4대 비극/ 범우사/ 1991/ 역서

18) 셰익스피어 4대 희극/ 범우사/ 1997/ 역서

19) 충격과 방황의 한국 연극/ 현대미학사/ 1999/ 저서

20) 셰익스피어 명언집/ 범우사/ 2000/ 역서

21) 이웃사람 셰익스피어/법우사/2007/저서

22) 셰익스피어 4대 비극(개역판)2007/역서

23) 〈키친〉 아놀드 웨스커/범우사/2008/역서

24) 〈한여름 밤의 꿈〉 셰익스피어/범우사/ 2008/역서

25) 〈햄릿〉 셰익스피어/ 범우사/ 2009/ 역서

주요논문

1) W.B.Yeats 연구/ 숭전대 영문과 Pegasus 2호/ 1968

2) T.S.Eliot의 "Preludes"론/ 숭전대 논문집/ 2집/ 1970

3) T.S.Eliot의 "Gerontion"론/ 숭전대 논문집/ 3집/ 1971

4) 영국문학의 시대구분/ 성심여대 학보/ 1호/ 1972

5) T.S.Eliot의 정지점, "Four Quartets"론/ 숭전대 논문집/ 4집/ 1973

6) Dylan Thomas 연구(1)/ 숭전대 논문집/ 5집/ 1975

7) Dylan Thomas 연구(2)/ 숭전대 논문집/ 7집/ 1978

8) An Introductory Note on HAMLET/ 단국대 영미문화연구소/ 영미문화/ 1집/ 1981

9) 연극과 사회/ 예술원 논문집/ 22집/ 1983

10)Dilatoriness in HAMLET Reconsidered/ 단국대 영미문화연구소/ 영미문화/ 2집/ 1983

11) 프란시스 에이츠의 엘리자베스조시대 공중극장론/ 전팔근 박사 회갑기념 논문집/
1987

12) 민중연극론/ 한국컴퓨터산업/ 최준기 박사 회갑기념 논문집/ 1987

13) 사무엘 베케트의 '고도를 기다리며'론/ 문학세계사/ 영미극작가론/ 1987

14) 현대 미소연극의 형성과 발전/ 단국대 출판부/ 미소연구/ 5집/ 1992

15) 폴란드 연극의 무대적 특성/ 예술원 논문집/ 31집/ 1992

16) 문화의 중앙집중, 그 문제점과 대책/ 현대미학사/ 공연과 리뷰/ 1994

17) 광복 50년의 연극론/ 문예진흥원/ 문예연감/ 1996

18) 셰익스피어 사극의 역사적 배경/ 단국대 연극영화과 학술지/ 1995

19) Perspectives on Contemporary Korean Theatre and Criticism, Sketching in Contemporary Korean Theatre, Korean Association of Theatre Critics, Seoul, 2006

20) 셰익스피어 극 번안의 문제/한국연극평론가협회 기관지 〈연극평론〉/ 2007−8(연재)

21) 김동훈, 한국현대연극 100년, 인물연극사, 한국연극협회, 연극과 인간, 서울, 2009

22) 권오일, 한국현대연극 100년, 인물연극사, 한국연극협회, 연극과 인간, 서울, 2009

23) 한국적 셰익스피어, 무엇이 어떻게 가능한가?−극단 미추의 〈리어왕〉을 중심으로, 한국연극학회 2009년 학술회의 주제논문, 한국연극학회, 2009

24) 이진순과 그의 시대, 지촌 이진순 선집 (2), 이진순기념사업회, 연극과 인간, 서울, 2010